AF820431

Am Schlusse dieses Bandes befindet sich ein Nachweis wichtiger Gesetzesausgaben, in dem die meisten Bände der jetzt über 240 Nummern umfassenden

Guttentagschen Sammlung
Deutscher Reichs-
und Preußischer Gesetze

sowie größere und kleinere Kommentare, Lehrbücher, Sammelwerke, Entscheidungssammlungen und Zeitschriften verzeichnet sind

Guttentagsche Sammlung
Nr. 62 a. Deutscher Reichsgesetze. Nr. 62 a.
Textausgaben mit Anmerkungen und Sachregister

Gesetz über die Beaufsichtigung der privaten Versicherungsunternehmungen und Bausparkassen

Vom 6. Juni 1931.

Textausgabe,

enthaltend den vollständigen, geltenden Gesetzestext sowie Erläuterungen zu den neuen, auf dem Gesetz vom 30. März 1931 beruhenden Vorschriften.

Nachtrag zu Koenige-Petersen, Private Versicherungsunternehmungen, 3. Auflage. (Nr. 62 der Sammlung.)

Bearbeitet von

H. Koenige
Dr. jur. h. c.,
Senatspräsident
am Reichsgericht i. R.

A. Petersen
Ob.-Reg.-Rat a. D., Direktor
des Preuß. Beamtenvereins,
Lebensversich.-Vereins a. G.

K. Wirth
Dr., Reg.-Rat u. ständigem
Mitgl. des Reichsaufsichts-
amts f. Privatversicherung.

Berlin und Leipzig 1931

Walter de Gruyter & Co.

vormals G. J. Göschen'sche Verlagshandlung — J. Guttentag, Verlagsbuchhandlung — Georg Reimer — Karl J. Trübner — Veit & Comp.

Vorwort.

Die vorliegenden Erläuterungen zu einzelnen Vorschriften des Gesetzes vom 6. Juni 1931 bilden die notwendig gewordene Ergänzung zu dem Kommentar des VAG. von Koenige-Petersen, 3. Auflage 1927, Guttentagsche Sammlung Deutscher Reichsgesetze Nr. 62. Den Kommentar in einer neuen Auflage erscheinen zu lassen, ist zur Zeit noch nicht möglich. Die Verfasser mußten sich daher einstweilen auf die Erläuterung der durch die Novelle vom 30. März 1931 veranlaßten *Änderungen* beschränken, während hinsichtlich der *unverändert* gebliebenen gesetzlichen Vorschriften auf den erwähnten Kommentar verwiesen wird. Indessen enthält der nachstehend abgedruckte Gesetzestext den *vollständigen* Wortlaut des Gesetzes in seiner neuesten Fassung entsprechend der Veröffentlichung im Reichsgesetzblatt 1931 Teil I Nr. 23 S. 315ff.

Inhaltsübersicht.

Verzeichnis der Abkürzungen.

AG. = Amtsgericht.

AktREntw. = Entwurf eines Gesetzes über Aktiengesellschaften und Kommanditgesellschaften auf Aktien sowie Entwurf eines Einführungsgesetzes nebst erläuternden Bemerkungen. Veröffentlicht durch das Reichsjustizministerium, Berlin 1930.

Anschütz = Verfassung des Deutschen Reichs, Kommentar, 12. Aufl., Berlin 1930.

Art. = Artikel.

AufwG. = Aufwertungsgesetz v. 16. Juli 1925.

Ausschußbericht = Mündlicher Bericht des 8. Ausschusses (Volkswirtschaft). Nr. 969 der Drucksachen des Reichstags, V. Wahlperiode 1930.

BayObLG. = Bayerisches Oberstes Landesgericht.

Begr. = Begründung zum Entwurf eines Gesetzes zur Änderung des Gesetzes über die privaten Versicherungsunternehmungen. Nr. 848 der Drucksachen des Reichstags, V. Wahlperiode 1930.

Block = Alexander Block, Bausparen in England, Amerika und Deutschland, Berlin 1931.

Bruck = Das Privatversicherungsrecht, Mannheim 1930.

BSpK. = Bausparkasse.

BGB. = Bürgerliches Gesetzbuch für das Deutsche Reich.

BörsG. = Börsengesetz v. 8. Mai 1908, mehrfach geändert.

Dannenbaum = Deutsche Hypothekenbanken, 2. Aufl., Berlin 1928.

DurchfVO.	=	Durchführungsverordnung.
EG.	=	Einführungsgesetz.
Friedlaender	=	Hypothekenbankgesetz, 3. Aufl. (früher Göppert-Seydel), Berlin 1930.
GBO.	=	Grundbuchordnung.
GenG.	=	Gesetz betr. die Erwerbs- und Wirtschaftsgenossenschaften, neue Fassung v. 20. Mai 1898.
Ges.	=	Gesetz.
GewO.	=	Gewerbeordnung für das Deutsche Reich v. 21. Juni 1869, vielfach geändert.
Giese	=	Verfassung des Deutschen Reichs, 8. Aufl., Berlin 1931.
GmbHG.	=	Gesetz betr. die Gesellschaften mit beschränkter Haftung, neue Fassung v. 20. Mai 1898.
GS.	=	Preußische Gesetzsammlung.
Gürtler	=	Die Theorie und Technik der Versicherungsbuchführung, Berlin 1929.
GVG.	=	Gerichtsverfassungsgesetz.
HGB.	=	Handelsgesetzbuch.
HypBG.	=	Hypothekenbankgesetz v. 13. Juli 1899, mehrfach geändert.
JR.	=	Juristische Rundschau für die Privatversicherung, Berlin.
JW.	=	Juristische Wochenschrift, Leipzig.
KG.	=	Kammergericht.
KO.	=	Konkursordnung.
Koburger	=	Versicherungsbuchführung, 2. Aufl., Berlin 1923.
Koenige-Petersen	=	Gesetz über die privaten Versicherungsunternehmungen, 3. Aufl., Berlin 1927.
KraftfG.	=	Gesetz über den Verkehr mit Kraftfahrzeugen v. 3. Mai 1909.
LG.	=	Landgericht.

LLuftvG. = Luftverkehrsgesetz v. 1. Aug. 1922.
LOLG. = Oberlandesgericht.
RA. = Reichsaufsichtsamt für Privatversicherung.
RAbgO. = Reichsabgabenordnung v. 22. Mai 1931.
RFinH. = Reichsfinanzhof.
RG. = Reichsgericht.
RGBl. = Reichsgesetzblatt.
RGSt. = Entscheidungen des Reichsgerichts in Strafsachen, Berlin u. Leipzig.
RGZ. = Entscheidungen des Reichsgerichts in Zivilsachen, Berlin u. Leipzig.
RR. = Reichsrat.
RT. = Reichstag.
RV. = Verfassung des Deutschen Reichs v. 11. Aug. 1919.
RWR. = Vorläufiger Reichswirtschaftsrat.
RWM. = Reichswirtschaftsminister.
Staub = Kommentar zum Handelsgesetzbuch, 12. u. 13. Aufl., bearbeitet von Koenige, Pinner, Bondi, Berlin 1927.
StGB. = Strafgesetzbuch.
StrK. = Strafkammer.
UnlWG. = Gesetz gegen den unlauteren Wettbewerb v. 7. Juni 1909.
V. = Versicherung, Versicherungs-.
VA. = Veröffentlichungen des Reichsaufsichtsamts für Privatversicherung, Berlin.
VAG. = Versicherungsaufsichtsgesetz (Gesetz über die privaten Versicherungsunternehmungen vom 12. Mai 1901).
VerglO. = Vergleichsordnung v. 5. Juli 1927.
VGH. = Verwaltungsgerichtshof.

VLex. = Versicherungslexikon, herausgegeben von Manes, 3. Aufl., Berlin 1930.

VO. = Verordnung.

VU. = Versicherungsunternehmung(en).

VVG. = Versicherungsvertragsgesetz (Gesetz über den Versicherungsvertrag v. 30. Mai 1908).

Z. = Zeitschrift für die gesamte Versicherungswissenschaft, Berlin.

ZPO. = Zivilprozeßordnung.

ZVW. = Neumanns Zeitschrift für Versicherungswesen, Berlin.

Einleitung.

I. Entstehung des Gesetzes.

Das Gesetz über die privaten Versicherungsunternehmungen vom 12. Mai 1901 (RGBl. S. 139), das nach dem Vorgange des Reichsaufsichtsamts für Privatversicherung allmählich auch in der Reichsgesetzgebung kurz als **Versicherungsaufsichtsgesetz** (VAG.) bezeichnet wurde, ist im Laufe seiner Geltungsdauer mehrfach durch Gesetze geändert worden. Größere Änderungen hat bisher nur das Gesetz vom 19. Juli 1923 (RGBl. I S. 684) gebracht, dessen Vorschriften durch die damalige Währungszerrüttung geboten waren. In den folgenden Jahren haben sich bei der Anwendung des VAG. wiederum verschiedene Mängel und Lücken gezeigt, die das RA. schon im Jahre 1927 bestimmten, einen Vorschlag für die Änderung einzelner Gesetzesbestimmungen auszuarbeiten. Diese Änderungspläne wurden jedoch zunächst nicht verwirklicht. Da wurde im Jahre 1929 durch den Zusammenbruch der Frankfurter Allgemeinen Versicherungs-Aktien-Gesellschaft die Notwendigkeit einer mehr oder weniger einschneidenden Gesetzesänderung dargetan (über diesen Zusammenbruch vgl. VA. 30, 85). Die genannte Gesellschaft war weniger wegen der von ihr betriebenen V.geschäfte als wegen ihrer Beteiligung an v.fremden Unternehmungen zusammengebrochen. Das Gesetz vom 30. März 1931 schuf die Grundlage für eine wesentliche Verschärfung der V.aufsicht. Man kann die Neuerungen, die es für die **Versicherungsunternehmungen** brachte, einteilen in solche, die durch die Frankfurter Vorgänge herbeigeführt wurden, und in solche, die sich unabhängig von den Frankfurter Ereignissen aus der allgemeinen wirtschaftlichen Entwicklung und aus den Erfahrungen des RA. bei der Anwendung des Gesetzes ergeben haben.

Das Gesetz vom 30. März 1931 hat aber nicht nur einen Ausbau der Staatsaufsicht über die V.unternehmungen gebracht. Vielmehr ist durch dieses Gesetz in das VAG. eine ganz neue Gruppe von Vorschriften eingefügt worden, die sich auf die Beaufsichtigung von **Bausparkassen** beziehen. Schon seit 1929 hat das RA. in vielfachen Beratungen an der Schaffung eines Bausparkassenaufsichtsgesetzes mitgearbeitet. Die Aufsicht über die Bausparkassen sollte ursprünglich durch ein Gesetz über Depot- und Depositengeschäfte geregelt werden. Das frühere Gesetz über Depot- und Depositengeschäfte vom 26. Juni 1925 (RGBl. I S. 89) galt nach dem Gesetz vom 24. Dez. 1927 (RGBl. I S. 512) nur bis zum 31. Dez. 1929. Als seine Geltungsdauer abgelaufen war, sollte ein neues Gesetz über Depot- und Depositengeschäfte mit einem besonderen Abschnitt über Bausparkassen geschaffen werden. Ein amtlicher Gesetzentwurf wurde ausgearbeitet. Dann wurde jedoch beschlossen, das Depot- und Depositenrecht einer späteren gesetzlichen Regelung vorzubehalten und die in dem Gesetzentwurf enthaltenen Vorschriften über die Bausparkassen in den Entwurf eines Gesetzes zur Änderung des VAG. hineinzuarbeiten.

Der Entwurf eines Gesetzes zur Änderung des Gesetzes über die privaten Versicherungsunternehmungen ist in seiner ersten, die Vorschriften über die BSpK. noch nicht enthaltenden Fassung im Sept. 1930 im RWR. beraten und im Okt. 1930 vom RR. verabschiedet worden (Nr. 160 der Drucksachen des RR., Tagung 1930). Der einen Abschnitt über BSpK. enthaltende Entwurf eines Gesetzes über Depot- und Depositengeschäfte ist im Juni 1930 im RWR. beraten und im Juli 1930 vom RR. verabschiedet worden (Nr. 72 der Drucksachen des RR., Tagung 1930).

Der aus der Vereinigung der beiden Gesetzentwürfe entstandene Entwurf eines Gesetzes zur Änderung des Gesetzes über die privaten Versicherungsunternehmungen wurde am 26. Febr. vom RR. verabschiedet (Nr. 23 der Drucksachen des RR., Tagung 1931).

Der Entwurf wurde noch am 26. Febr. 1931 dem RT. zugeleitet (Nr. 848 der Drucksachen des RT., V. Wahlperiode 1930).

Der 8. Ausschuß (Volkswirtschaft) beriet den Entwurf in mehreren Sitzungen und beantragte eine Reihe von Änderungen (besonders zu den §§ 14, 64, 116 VAG.). Außerdem beantragte der Ausschuß zu dem Gesetzentwurfe mehrere Entschließungen, die vor allem die AbonnentenV. und die BSpK. betreffen (vgl. Ausschußbericht vom 20. März 1931, Nr. 969 der Drucksachen des RT., V. Wahlperiode 1930). Am 23. März 1931 wurde der Entwurf mit den Abänderungsanträgen des Ausschusses vom RT. in zweiter und dritter Beratung verabschiedet unter gleichzeitiger Annahme der vom Ausschuß gefaßten Entschließungen (49. Sitzung vom 23. März 1931; stenographischer Bericht ausgegeben am 27. März 1931). Das Gesetz wurde am 30. März 1931 vollzogen als Gesetz zur Änderung des Gesetzes über die privaten Versicherungsunternehmungen und am 1. April 1931 im RGBl. verkündet (RGBl. I S. 102).

Der RWM. hat den Wortlaut des abgeänderten Gesetzes über die privaten Versicherungsunternehmungen als „Gesetz über die Beaufsichtigung der privaten Versicherungsunternehmungen und Bausparkassen" vom 6. Juni 1931 im RGBl. neu bekanntgemacht (RGBl. I S. 315). Hierbei hat der RWM. gemäß Art. V d. Ges. v. 30. März 1931 folgende Vorschriften des früheren VAG. als gegenstandslos weggelassen: §§ 94 Abs. 2, 98, 99, 100, 101 Abs. 2 und 3, 104, 125 Abs. 1—3 und 5.

Durch die Zweite Verordnung des Reichspräsidenten zur Sicherung von Wirtschaft und Finanzen vom 5. Juni 1931, zweiter Teil Kapitel VIII (RGBl. I S. 279) wurde § 81 VAG. in der Fassung des Gesetzes vom 30. März 1931 (§ 101 des Gesetzes vom 6. Juni 1931) geändert.

II. Grundzüge des Gesetzes.

A. Beaufsichtigung der Versicherungsunternehmungen.

Für die Aufsicht über die VU. enthält das Gesetz vom 6. Juni 1931 (nach dem Vorgange des Gesetzes vom 30. März 1931) im wesentlichen folgende **Neuerungen:**

1. Recht der Aufsichtsbehörde, mit bindender Wirkung für Gerichte und Verwaltungsbehörden über die Aufsichtspflicht einer Unternehmung zu entscheiden (§ 2).

2. Übergang der Rechte und Pflichten aus dem V.vertrag und Berücksichtigung sozialer Belange bei Bestandsübertragungen (§ 14).

3. Recht der Aufsichtsbehörde zu unmittelbaren Anordnungen gegenüber den an der AbonnentenV. beteiligten Verlagsunternehmungen (§ 81).

4. Jährliche Pflichtprüfung der größeren Unternehmungen (§§ 57—64).

5. Ausbau des bisherigen Rechts der Aufsichtsbehörde, örtliche Prüfungen vorzunehmen, zu einer Pflicht (§§ 83 bis 85).

6. Schaffung eines Treuhänders zur Überwachung des Deckungsstocks (§§ 70—76).

7. Verschärfung der Vorschriften über die Anlegung des Deckungsstocks (§ 68).

8. Recht der Aufsichtsbehörde zur Untersagung von Darlehensgeschäften in Verbindung mit V.abschlüssen, soweit die V.summe höher als das Darlehen ist (§ 81).

9. Recht der Aufsichtsbehörde, den VU. die Beteiligung an v.fremden Unternehmungen zu untersagen oder nur unter Bedingungen zu gestatten (§ 82).

10. Schaffung eines Vorzugsrechts der Schadenversicherten im Konkurse des Versicherers (§ 80).

11. Aufsicht über die KraftfahrzeugV. und die FahrradV. (§ 148 Abs. 2).

12. Ermächtigung des RWM., mit Zustimmung des RR. die Aufsicht auf die Kursverlust-, Transport- und RückV. auszudehnen oder bestimmte Vorschriften des Gesetzes auf sie anzuwenden (§ 148 Abs. 1).

13. Maßnahmen zur Vereinheitlichung der Rechts- und Verwaltungsgrundsätze für die Reichs- und Landesaufsicht (§ 152).

B. Beaufsichtigung der Bausparkassen.

Die Vorschriften über die Beaufsichtigung der BSpK. sind im wesentlichen in den §§ 112—121 enthalten, die als ein neuer Abschnitt VII in das Gesetz eingefügt worden sind. Außerdem sind Vorschriften über die BSpK. in § 101 und in den Abschnitten IX (Strafvorschriften) und X (Schlußvorschriften) enthalten.

Das Gesetz regelt nur die **verwaltungsrechtliche** (aufsichtsrechtliche), nicht die privatrechtliche Seite des Bausparwesens. Die Bausparbewegung ist noch zu sehr im Fluß, als daß jetzt schon das materielle Bausparrecht geregelt werden könnte. Auch im V.wesen wurde durch das VAG. vom 12. Mai 1901 zuerst die verwaltungsrechtliche Seite geregelt. Erst sieben Jahre später wurde durch das VVG. vom 30. Mai 1908 auch das V.privatrecht geordnet (vgl. **Koenige-Petersen**, Einl. S. 19ff.; Begr. z. GesEntw. S. 28).

Das Gesetz regelt nur die Aufsicht über die **privaten** BSpK. Die öffentlich-rechtlichen BSpK. unterliegen den Vorschriften des Gesetzes ebensowenig wie die öffentlichen V.anstalten. Nur zur Einreichung von Zählnachweisen sind die öffentlich-rechtlichen BSpK. ebenso verpflichtet wie die öffentlichen V.anstalten (§ 151; vgl. auch § 152).

In weitem Umfange gelten für VU. und BSpK. **dieselben Grundsätze** (vgl. § 112 Abs. 1).

III. Schlußbemerkungen.

A. In dem vorstehenden Abschnitt II ist kurz dargelegt, welche Neuerungen das Gesetz vom 6. Juni 1931 für die beteiligten Kreise enthält. Solange die zuständigen Stellen an der Vorbereitung des Gesetzes arbeiteten, wurden von berufener und unberufener Seite in der Öffentlichkeit zahlreiche Gesetzgebungsvorschläge erörtert, die in dem jetzt vorliegenden Gesetze nicht verwirklicht worden sind. Einige dieser nicht durchgeführten Vorschläge seien hier kurz erwähnt:

1. Vielfach wurde die Schaffung einer einheitlichen Reichsaufsicht unter Beseitigung der heute noch in bunter Mannigfaltigkeit vorhandenen Landesaufsicht gefordert (vgl. z. B. **Manes** in Nr. 587 der „Kölnischen Zeitung" vom 26. Okt. 1930). Diese Forderung ist durch das Gesetz vom 6. Juni 1931 nicht erfüllt worden. Den aufsichtführenden Landesbehörden ist nicht einmal (wie auch schon vorgeschlagen wurde) die Pflicht auferlegt worden, in ihrem Geschäftsbereiche die Rechts- und Verwaltungsgrundsätze des RA. anzuwenden. Das, was sich wegen Einheitlichkeit der Aufsichtführung zurzeit erreichen läßt, ist durch die Vorschrift des § 152 verwirklicht worden.

2. Nicht erfüllt wurde der von mancher Seite geäußerte Wunsch, die gesamte Transport- und RückV. unter Aufsicht zu stellen. Auch der weniger weitgehenden Forderung, die TransportV. mit Ausnahme der SeeV. unter Aufsicht zu stellen, wurde nicht stattgegeben. Bis auf weiteres hat es bei dem Rechtszustande zu verbleiben, der sich aus § 148 des Gesetzes vom 6. Juni 1931 ergibt.

B. Der 8. **RT.ausschuß** (Volkswirtschaft) hat zu dem Gesetzentwurf im ganzen fünf **Entschließungen** beantragt, die vom RT. angenommen worden sind (Ausschußbericht S. 1 Nr. 2a—e; vgl. oben S. 15). Diese Entschließungen sollen die Reichsregierung veranlassen, der Aufsichtsbehörde Anweisungen zur Handhabung des Gesetzes nach bestimmten Richtungen zu erteilen und zwei Gesetzentwürfe zur Ergänzung der V.gesetzgebung vorzulegen.

Nach der einen dieser fünf Entschließungen soll die Reichsregierung ersucht werden, einen Gesetzentwurf vorzulegen, wonach V.agenten und Werber, welche, ohne ein selbständiges Handelsgewerbe zu betreiben, damit betraut sind, ständig für ein Unternehmen V.geschäfte abzuschließen oder zu vermitteln, rechtlich den Bestimmungen der §§ 59 ff. Handelsgesetzbuchs unterstellt werden, auch wenn sie ganz oder überwiegend nur gegen Provision angestellt sind.

Die übrigen vier Entschließungen sind wiedergegeben in § 80 Anm. 9; § 81 Anm. 2; § 112 Anm. 6; § 116 Anm. 5.

Gesetz
über die Beaufsichtigung der privaten Versicherungsunternehmungen und Bausparkassen.

Vom 6. Juni 1931 (RGBl. I S. 315 ff.)*).

I. Einleitende Vorschriften.

§ 1 (1).

Privatunternehmungen, die den Betrieb von Versicherungsgeschäften zum Gegenstand haben (Versicherungsunternehmungen), unterliegen der Aufsicht nach diesem Gesetze.

Nicht als Versicherungsunternehmungen anzusehen sind Personenvereinigungen, die ihren Mitgliedern, ohne daß diese einen Rechtsanspruch haben, Unterstützungen gewähren, besonders die Unterstützungseinrichtungen und Unterstützungsvereine der Berufsverbände.

Dasselbe gilt von Unternehmungen, die den Grundkredit durch Übernahme des Hypothekenschutzes fördern wollen, namentlich dadurch, daß sie gegen ein Entgelt des Hypothekenschuldners sich für seine Leistungen verbürgen oder darauf Vorschüsse zahlen.

---

*) Den Paragraphennummern des Gesetzes vom 6. Juni 1931 sind in Klammern die früheren Paragraphennummern beigefügt, wie sie sich aus dem Gesetz über die privaten Versicherungsunternehmungen vom 12. Mai 1901 (RGBl. S. 139) und aus Art. I des Gesetzes vom 30. März 1931 (RGBl. I S. 102) ergeben. Vgl. auch die Fußnoten zu den §§ 131 und 158 des Gesetzes vom 6. Juni 1931.

§ 2 (1a).

Ob eine Unternehmung nach § 1 der Aufsicht unterliegt, entscheidet die Aufsichtsbehörde; die Entscheidung bindet die Gerichte und Verwaltungsbehörden. Eine vor dem 1. April 1931 ergangene Entscheidung eines Gerichts oder einer Verwaltungsbehörde steht einer Entscheidung der Aufsichtsbehörde nicht entgegen.

§ 3 (2).

Die Versicherungsunternehmungen werden, wenn ihr Geschäftsbetrieb durch die Satzung oder andere Geschäftsunterlagen auf ein Land beschränkt ist, von Landesbehörden, sonst vom Reichsaufsichtsamte für Privatversicherung beaufsichtigt.

§ 4 (3).

Versicherungsunternehmungen, deren Geschäftsbetrieb auf ein Land beschränkt ist, werden vom Reichsaufsichtsamte beaufsichtigt, wenn es das Land beantragt und der Reichspräsident mit Zustimmung des Reichsrats anordnet.

Versicherungsunternehmungen, deren Geschäftsbetrieb sich zwar über ein Land hinaus erstreckt, aber sachlich, örtlich oder dem Personenkreise nach eng begrenzt ist, werden von der Behörde des Landes beaufsichtigt, wo sie ihren Sitz haben, wenn es der Reichswirtschaftsminister im Einvernehmen mit den Regierungen der beteiligten Länder anordnet.

II. Erlaubnis zum Geschäftsbetriebe.

§ 5 (4).

Versicherungsunternehmungen bedürfen zum Geschäftsbetriebe der Erlaubnis der Aufsichtsbehörde.

Mit dem Antrag auf Erlaubnis ist der Geschäftsplan einzureichen; er hat den Zweck und die Einrichtung der Unternehmung, den Bezirk des beabsichtigten Geschäftsbetriebs sowie namentlich auch die Verhältnisse klarzulegen, woraus sich die künftigen Verpflichtungen der Unternehmung als dauernd erfüllbar ergeben sollen.

Als Bestandteil des Geschäftsplans sind besonders einzureichen:

1. der Gesellschaftsvertrag oder die Satzung, wenn die Unternehmung darauf beruht;
2. die allgemeinen Versicherungsbedingungen und die fachlichen Geschäftsunterlagen, soweit solche nach der Art der Versicherungen erforderlich sind.

§ 6 (5).

Die Erlaubnis wird ohne den Nachweis eines Bedürfnisses und, wenn nicht der Geschäftsplan den Wirkungskreis der Unternehmung auf eine bestimmte Zeit oder auf ein kleineres Gebiet beschränkt, ohne Zeitbeschränkung und für den Umfang des Reichs erteilt.

§ 7 (6).

Die Erlaubnis darf Personenvereinigungen, welche die Versicherung ihrer Mitglieder nach dem Grundsatz der Gegenseitigkeit betreiben wollen, nur erteilt werden, wenn die Vereinigungen als Versicherungsvereine auf Gegenseitigkeit (§§ 15 bis 53) errichtet werden.

Der Betrieb der verschiedenen Arten der Lebensversicherung sowie der Betrieb der Unfall-, Haftpflicht-, Feuer- oder Hagelversicherung darf außer Versicherungsvereinen auf Gegenseitigkeit nur Aktiengesellschaften erlaubt werden.

Als Lebensversicherung gilt auch die Invaliditäts-, Alters-, Witwen-, Waisen-, Aussteuer- und Wehrdienstversicherung, gleichviel, ob eine einmalige oder ob wiederkehrende Leistungen versprochen werden.

§ 8 (7).

Die Erlaubnis zum Geschäftsbetriebe darf nur versagt werden, wenn

1. der Geschäftsplan gesetzlichen Vorschriften widerspricht;
2. nach dem Geschäftsplan die Belange der Versicherten nicht ausreichend gewahrt oder die Verpflichtungen aus den Versicherungen nicht genügend als dauernd erfüllbar dargetan sind;
3. Tatsachen die Annahme rechtfertigen, der Geschäftsbetrieb werde nicht den Gesetzen oder den guten Sitten entsprechen.

Die Erlaubnis kann davon abhängig gemacht werden, daß eine angemessene Sicherheit gestellt wird; dabei sind ihr Zweck und die Bedingungen für ihre Rückgabe festzustellen.

§ 9 (8).

Der Gesellschaftsvertrag einer Aktiengesellschaft soll die einzelnen Versicherungszweige, worauf sich der Geschäftsbetrieb erstreckt, und die Grundsätze für die Vermögensanlage festsetzen; er soll auch bestimmen, ob das Versicherungsgeschäft nur unmittelbar oder zugleich auch mittelbar (durch Rückversicherung) betrieben werden soll.

Beruht eine Unternehmung auf einer Satzung, soll diese die Angaben nach Abs. 1 enthalten.

§ 10 (9).

Die allgemeinen Versicherungsbedingungen sollen die Bestimmungen enthalten:

1. über die Ereignisse, bei deren Eintritt der Versicherer zu einer Leistung verpflichtet ist, und über die Fälle, wo aus besondern Gründen diese Pflicht ausgeschlossen oder aufgehoben sein soll (z. B. wegen unrichtiger Angaben im Antrag oder wegen des Eintritts von Änderungen während der Vertragsdauer);
2. über die Art, den Umfang und die Fälligkeit der Leistungen des Versicherers;
3. über die Feststellung und Leistung des Entgelts, das

der Versicherte an den Versicherer zu entrichten hat, und über die Rechtsfolgen, die eintreten, wenn er damit in Verzug ist;

4. über die Dauer des Versicherungsvertrags, besonders, ob und wie er stillschweigend verlängert, ob und wie er gekündigt oder sonst ganz oder teilweise aufgehoben werden kann, und wozu der Versicherer in solchen Fällen verpflichtet ist (Löschung, Rückkauf, Umwandlung der Versicherung, Herabsetzung und dergleichen);
5. über den Verlust des Anspruchs aus dem Versicherungsvertrag, wenn Fristen versäumt werden;
6. über das Verfahren bei Streitigkeiten aus dem Versicherungsvertrag, über das zuständige Gericht und die Bestellung eines Schiedsgerichts;
7. über die Grundsätze und Maßstäbe, wonach die Versicherten an den Überschüssen teilnehmen;
8. bei Lebensversicherungen über die Voraussetzungen und den Umfang von Vorauszahlungen oder Darlehen auf Versicherungsscheine.

Bei Versicherungsvereinen auf Gegenseitigkeit können die Bestimmungen des Abs. 1 statt in den allgemeinen Versicherungsbedingungen in der Satzung enthalten sein.

Von den allgemeinen Versicherungsbedingungen darf zuungunsten des Versicherten nur aus besonderen Gründen und nur dann abgewichen werden, wenn der Versicherungsnehmer vor dem Vertragsabschluß darauf ausdrücklich hingewiesen worden ist und sich danach schriftlich damit einverstanden erklärt hat.

§ 11 (11).

Der Geschäftsplan einer Lebensversicherungsunternehmung hat die von ihr angenommenen Staffeln (Tarife) und die Grundsätze für die Berechnung der Entgelte (Prämien) und Deckungsrücklagen (Prämienreserven) vollständig darzustellen, namentlich auch den Zinsfuß und die Höhe des Zuschlags zum Reinentgelte (Nettoprämie) anzugeben. Beizufügen sind die für die Berechnungen maßgebenden Wahrscheinlichkeitstafeln, besonders über die Sterblichkeit und die Invaliditäts- und Krankheitsgefahr.

Für jede Versicherungsart (z. B. Versicherung auf den Lebens- oder auf den Todesfall, Versicherung einmaliger oder wiederkehrender Leistungen) sind die für die Berechnung der Entgelte und der Deckungsrücklagen maßgebenden Formeln vorzulegen und durch ein Zahlenbeispiel zu erläutern.

Sollen auch Versicherungen gegen ein erhöhtes Entgelt übernommen werden, so ist im Geschäftsplan ferner anzugeben, ob und nach welchen Grundsätzen dafür eine besondere Deckungsrücklage gebildet werden soll.

§ 12 (12).

§ 11 gilt entsprechend für Kranken- oder Unfallversicherungsunternehmungen, soweit sie Versicherungen nach Art der Lebensversicherung auf Grund bestimmter Wahrscheinlichkeitstafeln betreiben, besonders die Versicherung von Renten, Versicherungen mit Rückgewähr des Entgelts oder andere Versicherungen übernehmen, die eine Deckungsrücklage fordern.

§ 13 (13).

Jede Änderung des Geschäftsplans muß der Aufsichtsbehörde angezeigt und darf erst in Kraft gesetzt werden, wenn sie genehmigt worden ist. Die Genehmigung darf nur aus den Gründen des § 8 versagt werden.

§ 14 (14).

Jedes Übereinkommen, wodurch der Versicherungsbestand einer Unternehmung in seiner Gesamtheit oder in einzelnen Zweigen mit seinen Rücklagen und Entgeltüberträgen (Prämienüberträgen) auf eine andere Unternehmung übertragen werden soll, bedarf der Genehmigung durch die Aufsichtsbehörden, die für die beteiligten Unternehmungen zuständig sind. Die Genehmigung darf nur aus den Gründen des § 8 oder deshalb versagt werden, weil die sozialen Belange der Angestellten der Unternehmung, deren Versicherungsbestand übertragen wird, nicht ausreichend nach den Anordnungen der Aufsichtsbehörde gewährleistet sind. Die Rechte und Pflichten der übertragenden Versicherungsunternehmung aus den Versicherungsverträgen gehen mit der Bestandsübertragung auf die übernehmende Versicherungsunternehmung über.

Das Übereinkommen braucht nicht gerichtlich oder notarisch beurkundet zu werden; Schriftform genügt.

III. Versicherungsvereine auf Gegenseitigkeit.

§ 15 (15).

Ein Verein, der die Versicherung seiner Mitglieder nach dem Grundsatz der Gegenseitigkeit betreiben will, wird dadurch rechtsfähig, daß ihm die Aufsichtsbehörde erlaubt, als „Versicherungsverein auf Gegenseitigkeit" Geschäfte zu betreiben.

§ 16 (16).

Die Vorschriften des ersten und dritten Buches des Handelsgesetzbuchs über Kaufleute gelten außer den §§ 1 bis 7 entsprechend auch für Versicherungsvereine auf Gegenseitigkeit, soweit dieses Gesetz nichts anderes vorschreibt.

§ 17 (17).

Die Verfassung eines Versicherungsvereins auf Gegenseitigkeit wird durch die Satzung bestimmt, soweit sie nicht auf den folgenden Vorschriften beruht.

Die Satzung muß gerichtlich oder notarisch beurkundet sein.

§ 18 (18).

Die Satzung hat den Namen (die Firma) und den Sitz des Vereins zu bestimmen.

Die Firma soll den Sitz des Vereins erkennen lassen.

Auch ist in der Firma oder in einem Zusatz auszudrücken, daß die Versicherung auf Gegenseitigkeit betrieben wird.

§ 19 (19).

Für alle Verbindlichkeiten des Vereins haftet den Vereinsgläubigern nur das Vereinsvermögen. Die Mitglieder haften den Vereinsgläubigern nicht.

§ 20 (20).

Die Satzung soll Bestimmungen über den Beginn der Mitgliedschaft enthalten. Mitglied kann nur werden, wer ein Versicherungsverhältnis mit dem Verein begründet. Die Mitgliedschaft endigt, soweit die Satzung nichts anderes bestimmt, wenn das Versicherungsverhältnis aufhört.

§ 21 (21).

Mitgliederbeiträge und Vereinsleistungen an die Mitglieder dürfen bei gleichen Voraussetzungen nur nach gleichen Grundsätzen bemessen sein.

Versicherungsgeschäfte gegen feste Entgelte, ohne daß die Versicherungsnehmer Mitglieder werden, darf der Verein nur betreiben, soweit es die Satzung ausdrücklich gestattet.

§ 22 (22).

In der Satzung ist vorzusehen, daß ein Gründungsstock gebildet wird, der die Kosten der Vereinserrichtung zu decken sowie als Gewähr- und Betriebsstock zu dienen hat. Die Satzung soll die Bedingungen, worunter der Gründungsstock dem Vereine zur Verfügung steht, enthalten und besonders bestimmen, wie er zu tilgen ist, sowie ob und in welchem Umfang die Personen, die ihn zur Verfügung gestellt haben, berechtigt sein sollen, an der Vereinsverwaltung teilzunehmen.

Der Gründungsstock ist bar einzuzahlen, soweit nicht die Satzung statt der Barzahlung die Hingabe eigener Wechsel gestattet; als Barzahlung gilt nur die Zahlung in gesetzlichen Zahlungsmitteln und in Noten der Privatnotenbanken.

Den Personen, die den Gründungsstock zur Verfügung gestellt haben, darf kein Kündigungsrecht eingeräumt werden. In der Satzung kann ihnen außer einer Verzinsung aus den Jahreseinnahmen eine Beteiligung an dem Überschusse nach der Jahresbilanz zugesichert werden; die Aufsichtsbehörde entscheidet nach freiem Ermessen, welchen Hundertsatz des bar eingezahlten Betrags die Zinsen und die gesamten Bezüge nicht übersteigen dürfen. Der Gründungsstock darf in Anteile zerlegt werden, worüber Anteilscheine ausgegeben werden können.

Getilgt werden darf der Gründungsstock nur aus den Jahreseinnahmen und nur so weit, wie die Verlustrücklage des § 37 angewachsen ist; die Tilgung muß beginnen, sobald die Errichtungs- und die Einrichtungskosten des ersten Geschäftsjahrs gedeckt worden sind.

§ 23 (23).

Die Aufsichtsbehörde kann gestatten, daß die Bildung eines Gründungsstocks unterbleibt, wenn nach der Eigenart der Geschäfte oder durch besondere Einrichtungen einer Unternehmung eine andere Sicherheit gegeben ist.

§ 24 (24).

Die Satzung hat zu bestimmen, ob die Ausgaben gedeckt werden sollen durch einmalige oder wiederkehrende Beiträge, die im voraus erhoben werden, oder durch Beiträge, die umgelegt werden je nach Bedarf.

Sind Beiträge im voraus zu erheben, so hat die Satzung ferner zu bestimmen, ob Nachschüsse vorbehalten oder ausgeschlossen sind; sollen sie ausgeschlossen sein, so ist außerdem zu bestimmen, ob die Versicherungsansprüche gekürzt werden dürfen.

Die Satzung kann für Nachschüsse und Umlagen einen Höchstbetrag festsetzen. Eine Beschränkung, daß Nachschüsse oder Umlagen nur ausgeschrieben werden dürfen, um Versicherungsansprüche der Mitglieder zu decken, ist unzulässig.

§ 25 (25).

Zu den Nachschüssen oder Umlagen haben auch die im Laufe des Geschäftsjahrs ausgeschiedenen oder eingetretenen Mitglieder beizutragen. Ihre Beitragspflicht bemißt sich danach, wie lange sie in dem Geschäftsjahr dem Verein angehört haben.

Bemißt sich der Nachschuß- oder Umlagebetrag eines Mitglieds nach dem im voraus erhobenen Beitrag oder der Versicherungssumme, so ist, wenn während des Geschäftsjahrs der Beitrag oder die Versicherungssumme herauf- oder herabgesetzt worden ist, der höhere Betrag bei der Berechnung zugrunde zu legen.

Abs. 1, 2 gelten nur, soweit die Satzung nichts anderes bestimmt.

§ 26 (26).

Gegen eine Forderung des Vereins aus der Beitragspflicht kann das Mitglied nicht aufrechnen.

§ 27 (27).

Die Satzung soll bestimmen, unter welchen Voraussetzungen Nachschüsse oder Umlagen ausgeschrieben werden dürfen, besonders, wieweit zuvor andere Deckungsmittel (Gründungsstock, Rücklagen) verwendet werden müssen.

Die Satzung soll ferner bestimmen, wie die Nachschüsse oder Umlagen ausgeschrieben und eingezogen werden.

§ 28 (28).

Die Satzung hat zu bestimmen, wie die Vereinsbekanntmachungen erlassen werden.

Bekanntmachungen, die durch öffentliche Blätter ergehen sollen, sind, wenn sich der Geschäftsbetrieb des Vereins über ein Land hinaus erstreckt, in den Reichsanzeiger einzurücken; doch kann die Aufsichtsbehörde Ausnahmen zulassen. Bei Beschränkung des Geschäftsbetriebs auf ein Land kann die oberste Landesbehörde statt des Reichsanzeigers ein anderes Blatt bestimmen. Weitere Blätter bestimmt die Satzung.

§ 29 (29).

Die Satzung hat zu bestimmen, wie ein Vorstand, ein Aufsichtsrat und eine oberste Vertretung (oberstes Organ; Versammlung von Mitgliedern oder von Vertretern der Mitglieder) zu bilden sind.

Obliegenheiten der obersten Vertretung können auf mehrere dem Vorstand und dem Aufsichtsrat übergeordnete Vertretungen verteilt sein.

§ 30 (30).

Sämtliche Vorstands- und Aufsichtsratsmitglieder haben den Verein bei dem Gericht, in dessen Bezirk er seinen Sitz hat, zur Eintragung ins Handelsregister anzumelden.

Die Aufsichtsbehörde hat jede Erlaubnis zum Geschäftsbetriebe (§ 15) dem Registergerichte mitzuteilen.

§ 31 (31).

Der Anmeldung sind beizufügen:

1. die Urkunde über die Erlaubnis zum Geschäftsbetriebe;
2. die Satzung;
3. die Urkunden über die Bestellung des Vorstandes und des Aufsichtsrats;
4. die Urkunden über die Bildung des Gründungsstocks mit einer Erklärung des Vorstandes und des Aufsichtsrats, wieweit der Gründungsstock bar eingezahlt und in ihrem Besitz ist.

Die Vorstandsmitglieder haben ihre Namensunterschrift zur Aufbewahrung beim Gerichte zu zeichnen.

Die der Anmeldung beigefügten Schriftstücke werden beim Gericht in Urschrift oder in beglaubigter Abschrift aufbewahrt.

§ 32 (32).

Bei der Eintragung ins Handelsregister sind anzugeben die Firma und der Sitz des Vereins, die Versicherungszweige, auf die sich der Betrieb erstrecken soll, die Höhe des Gründungsstocks, der Tag, an dem der Geschäftsbetrieb erlaubt worden ist, und die Vorstandsmitglieder.

Bestimmt die Satzung etwas über die Dauer des Vereins oder über die Befugnis der Vorstandsmitglieder oder der Liquidatoren zur Vertretung des Vereins, so ist auch das einzutragen.

§ 33 (33).

Öffentlich bekanntzumachen ist zugleich mit dem Inhalt der Eintragung:

1. ob die Ausgaben durch im voraus erhobene oder durch nachträglich umgelegte Beiträge gedeckt werden sollen und, wenn im voraus Beiträge erhoben werden sollen, ob Nachschüsse vorbehalten oder ausgeschlossen sind, ob die Beitragspflicht beschränkt ist und ob die Versicherungsansprüche gekürzt werden dürfen (§ 24);
2. was nach § 28 festgesetzt ist;
3. wie die Vereinsvertretungen (Vereinsorgane) bestellt und zusammengesetzt werden;
4. wer (Name, Stand und Wohnort) dem ersten Aufsichtsrat angehört;
5. wie die oberste Vertretung zu berufen ist.

§ 34 (34).

Für den Vorstand gelten entsprechend die §§ 231 bis 239, 241, 242 des Handelsgesetzbuchs. Was dort von den Beschlüssen der Generalversammlung gesagt ist, gilt hier für die Beschlüsse der obersten Vertretung; außerdem treten an Stelle des § 236 Abs. 1 und des § 241 Abs. 3 des Handelsgesetzbuchs folgende Vorschriften:

1. Die Vorstandsmitglieder dürfen, wenn die Satzung nichts anderes bestimmt, ohne Einwilligung des Aufsichtsrats weder ein Handelsgewerbe betreiben noch dem Vorstand oder Aufsichtsrat einer gleichartigen Versicherungsunternehmung angehören.
2. Die Vorstandsmitglieder sind besonders zum Schadenersatze verpflichtet, wenn entgegen dem Gesetze der Gründungsstock verzinst oder getilgt oder das Vereinsvermögen verteilt wird oder wenn Zahlungen geleistet werden, nachdem der Verein zahlungsunfähig geworden ist oder sich seine Überschuldung ergeben hat.

§ 35 (35).

Für den Aufsichtsrat gelten entsprechend die §§ 243 bis 249 des Handelsgesetzbuchs. Die dort der Generalversammlung übertragenen Aufgaben hat hier die oberste Vertretung wahrzunehmen; außerdem treten an Stelle des § 243 Abs. 4 Satz 2, des § 245 Abs. 1 und des § 249 Abs. 3 Satz 1 des Handelsgesetzbuchs folgende Vorschriften:

1. Die Satzung hat zu bestimmen, ob für einen Beschluß der obersten Vertretung, der die Bestellung zum Aufsichtsratsmitgliede widerruft, eine besondere Mehrheit erforderlich sein soll.
2. Eine nach dem Jahresüberschusse bemessene Vergütung für die Aufsichtsratsmitglieder darf nur von dem Betrage gewährt werden, der nach sämtlichen Abschreibungen und Rücklegungen verbleibt; außerdem muß vorher für die Personen, die den Gründungsstock zur Verfügung gestellt haben, der ihnen nach § 22 Abs. 3 zugesicherte Anteil am Überschuß abgezogen werden.

3. Die Aufsichtsratsmitglieder sind besonders zum Schadenersatze verpflichtet, wenn mit ihrem Wissen und ohne ihr Einschreiten die Handlungen im § 34 Nr. 2 vorgenommen werden.

§ 36 (36).

Für die oberste Vertretung gelten entsprechend die für die Generalversammlung der Aktionäre gegebenen Vorschriften der §§ 250, 251, 252 Abs. 3, 4, §§ 253, 256 bis 260, 261 Nr. 3 bis 6, §§ 264, 265, 266 Abs. 1, § 267 Abs. 1, 2, §§ 268 bis 273 des Handelsgesetzbuchs und, wenn oberste Vertretung die Mitgliederversammlung ist, auch die Vorschriften des § 252 Abs. 2 und der §§ 254, 255, 263 des Handelsgesetzbuchs, jedoch mit folgenden Änderungen:

1. Soweit diese Vorschriften einer Minderheit von Aktionären, deren Anteile den zehnten oder den zwanzigsten Teil des Grundkapitals erreichen, gewisse Rechte gewähren, hat die Satzung die erforderliche Minderheit der Mitglieder der obersten Vertretung zu bestimmen.
2. Die bezeichneten Vorschriften gelten so weit nicht, wie sie eine Hinterlegung von Aktien oder die Angabe des Betrags der vertretenen Aktien vorschreiben.
3. Die Aufsichtsbehörde kann bei der Erlaubnis zum Geschäftsbetriebe gestatten, daß die Errichtungs- und die Einrichtungskosten des ersten Geschäftsjahrs, soweit sie weder die Hälfte des gesamten Gründungsstocks noch den bar eingezahlten Teil übersteigen, auf mehrere, höchstens jedoch auf die ersten fünf Geschäftsjahre verteilt werden und der jedesmal verbleibende Rest als Aktivum in die Bilanz eingestellt wird.

Die Satzung hat die Form und, soweit nicht nach Abs. 1 die §§ 254, 255 des Handelsgesetzbuchs entsprechend gelten, auch die Voraussetzungen und die Frist für die Berufung der obersten Vertretung zu bestimmen.

§ 37 (37).

Die Satzung hat zu bestimmen, daß zur Deckung eines außergewöhnlichen Verlustes aus dem Geschäftsbetrieb eine Rücklage (Verlustrücklage, Reservefonds) zu bilden ist, welche Beträge jährlich zurückzulegen sind und welchen Mindestbetrag die Rücklage erreichen muß.

Aus den Gründen, woraus die Aufsichtsbehörde gestatten kann, daß kein Gründungsstock gebildet wird (§ 23), kann sie auch gestatten, daß keine Verlustrücklage gebildet wird.

§ 38 (38).

Ein sich nach der Bilanz ergebender Überschuß wird, soweit er nicht nach der Satzung der Verlustrücklage oder anderen Rücklagen zuzuführen oder zur Verteilung von Vergütungen zu verwenden oder auf das nächste Geschäftsjahr zu übertragen ist, an die in der Satzung bestimmten Mitglieder verteilt.

Die Satzung hat zu bestimmen, welcher Maßstab der Verteilung zugrunde zu legen ist und ob der Überschuß nur an die am Schlusse des Geschäftsjahrs vorhandenen oder auch an ausgeschiedene Mitglieder verteilt werden soll.

Der Überschuß darf erst verteilt werden, nachdem die Kosten der Errichtung und ersten Einrichtung (§ 36 Abs. 1 Nr. 3) getilgt sind.

§ 39 (39).

Nur die oberste Vertretung kann die Satzung ändern.

Sie kann das Recht zu Änderungen, die nur die Fassung betreffen, dem Aufsichtsrat übertragen.

Sie kann den Aufsichtsrat ermächtigen, für den Fall, daß die Aufsichtsbehörde, bevor sie den Änderungsbeschluß genehmigt, Änderungen verlangt, dem zu entsprechen.

Ein Beschluß der obersten Vertretung, wonach ein Versicherungszweig aufgegeben oder ein neuer eingeführt werden soll, bedarf einer Mehrheit von drei Vierteln der abgegebenen Stimmen; die Satzung kann noch anderes fordern. Zu anderen Beschlüssen nach Abs. 1 bis 3 bedarf es einer solchen Mehrheit nur, wenn die Satzung nichts anderes vorschreibt.

§ 40 (40).

Die Satzungsänderung ist zur Eintragung ins Handelsregister anzumelden. Der Anmeldung ist die Genehmigungsurkunde beizufügen.

Bei der Eintragung kann, soweit nicht die Änderung die Angaben nach § 32 betrifft, auf die dem Gericht eingereichten Urkunden über die Änderung verwiesen werden. Öffentlich bekanntzumachen sind alle Bestimmungen, worauf sich die im § 33 vorgeschriebenen Veröffentlichungen beziehen.

Die Änderung wirkt nicht, bevor sie bei dem Gericht, in dessen Bezirk der Verein seinen Sitz hat, ins Handelsregister eingetragen worden ist.

§ 41 (41).

§ 39 Abs. 1 bis 3 gelten entsprechend auch für Änderungen der nach § 10 festgesetzten allgemeinen Versicherungsbedingungen.

Die Satzung oder die oberste Vertretung kann den Aufsichtsrat ermächtigen, bei dringendem Bedürfnis die allgemeinen Versicherungsbedingungen mit Genehmigung der Aufsichtsbehörde vorläufig zu ändern. Die Änderungen sind der obersten Vertretung bei ihrem nächsten Zusammentritte vorzulegen und außer Kraft zu setzen, wenn es diese verlangt.

Eine Änderung der Satzung oder der allgemeinen Versicherungsbedingungen berührt ein bestehendes Versicherungsverhältnis nur, wenn der Versicherte der Änderung ausdrücklich zustimmt. Dies gilt nicht für solche Bestimmungen, wofür die Satzung ausdrücklich vorsieht, daß sie auch mit Wirkung für die bestehenden Versicherungsverhältnisse geändert werden können.

§ 42 (42).

Der Ablauf der in der Satzung bestimmten Zeit löst den Verein auf.

§ 43 (43).

Nur die oberste Vertretung kann die Auflösung des Vereins beschließen.

Der Beschluß bedarf einer Mehrheit von drei Vierteln der abgegebenen Stimmen, wenn die Satzung nichts anderes bestimmt. Mitglieder der obersten Vertretung, die gegen die Auflösung gestimmt haben, können dem Auflösungsbeschlusse zur Niederschrift widersprechen (§ 94).

Der Beschluß bedarf der Genehmigung der Aufsichtsbehörde. Diese hat die Genehmigung dem Registergerichte mitzuteilen.

Die Versicherungsverhältnisse zwischen den Mitgliedern und dem Verein erlöschen mit der Zeit, die der Beschluß bestimmt, frühestens jedoch mit dem Ablauf von vier Wochen; Versicherungsansprüche, die bis dahin entstanden sind, können geltend gemacht, im übrigen aber nur die für künftige Versicherungszeitabschnitte vorausbezahlten Beiträge, nach Abzug der aufgewandten Kosten, zurückgefordert werden.

Für Lebensversicherungsverhältnisse gilt Abs. 4 nicht. Sie bleiben unberührt, wenn die Satzung nichts anderes bestimmt.

§ 44 (44).

§ 43 Abs. 1, 2 Satz 1 gelten entsprechend auch für Beschlüsse, die ein Übereinkommen nach § 14 betreffen.

§ 45 (45).

Außer bei Konkurs hat der Vorstand die Auflösung des Vereins zur Eintragung ins Handelsregister anzumelden.

§ 46 (46).

Nach Auflösung des Vereins findet die Liquidation statt, wenn nicht über sein Vermögen Konkurs eröffnet ist.

Bis zur Beendigung der Liquidation gilt der Verein als fortbestehend, soweit sich aus den folgenden Vorschriften oder dem Zwecke der Liquidation nichts anderes ergibt; besonders können Nachschüsse oder Umlagen (§§ 24 bis 27) ausgeschrieben und eingezogen werden.

Neue Versicherungen dürfen nicht mehr übernommen, die bestehenden nicht erhöht oder verlängert werden.

§ 47 (47).

Für die Liquidation gelten entsprechend § 295 Abs. 1, Abs. 3 Satz 2, die §§ 296 bis 299, 302 des Handelsgesetzbuchs. Aus wichtigen Gründen kann das Gericht, in dessen Bezirk der Verein seinen Sitz hat, Liquidatoren ernennen, wenn es der Aufsichtsrat oder eine in der Satzung zu bestimmende Minderheit von Mitgliedern beantragt. Das Gericht kann die Liquidatoren unter denselben Voraussetzungen abberufen. Die §§ 145, 146 des Gesetzes über die Angelegenheiten der freiwilligen Gerichtsbarkeit gelten entsprechend.

Der Gründungsstock darf erst getilgt werden, sobald die Ansprüche sämtlicher übrigen Gläubiger, besonders die der Mitglieder aus Versicherungsverhältnissen, befriedigt oder gesichert worden sind. Zur Tilgung dürfen keine Nachschüsse oder Umlagen erhoben werden.

§ 48 (48).

Das Vereinsvermögen, das nach Berichtigung der Schulden verbleibt, wird, wenn die Satzung keine anderen Anfallberechtigten bestimmt, an die Mitglieder verteilt, die zur Zeit der Auflösung vorhanden waren; dabei gilt, wenn die Satzung nichts anderes bestimmt, derselbe Maßstab, wonach vorher der Überschuß verteilt worden ist.

Die Satzung kann die Bestimmung der Anfallberechtigten der obersten Vertretung überlassen.

Für die Ausführung der Verteilung gilt entsprechend § 301 des Handelsgesetzbuchs.

§ 49 (49).

Die Konkurseröffnung löst den Verein auf. § 307 Abs. 2, 3 des Handelsgesetzbuchs gelten entsprechend.

§ 50 (50).

Soweit Mitglieder oder ausgeschiedene Mitglieder nach dem Gesetz oder der Satzung zu Beiträgen verpflichtet sind (§§ 24 bis 26), haften sie bei Konkurs dem Vereine gegenüber für seine Schulden.

Mitglieder, die im letzten Jahre vor der Konkurseröffnung ausgeschieden sind, haften für die Schulden des Vereins, wie wenn sie ihm noch angehörten.

§ 51 (51).

Die Ansprüche auf Tilgung des Gründungsstocks stehen allen übrigen Konkursforderungen nach. Unter diesen werden Ansprüche aus einem Versicherungsverhältnis, die den bei Konkurseröffnung dem Verein angehörenden oder im letzten Jahre vorher ausgeschiedenen Mitgliedern zustehen, im Range nach den Ansprüchen der anderen Konkursgläubiger befriedigt.

Zur Tilgung des Gründungsstocks dürfen keine Nachschüsse oder Umlagen erhoben werden.

§ 52 (52).

Die Nachschüsse oder Umlagen, die der Konkurs fordert, werden vom Konkursverwalter festgestellt und ausgeschrieben. Dieser hat sofort nach Niederlegung der Bilanz auf der Geschäftsstelle (§ 124 der Konkursordnung) zu berechnen, wieviel die Mitglieder zur Deckung des in der Bilanz bezeichneten Fehlbetrags nach ihrer Beitragspflicht vorzuschießen haben. Für diese Vorschußberechnung und für Zusatzberechnungen gelten entsprechend § 106 Abs. 2, 3, die §§ 107 bis 113 des Genossenschaftsgesetzes.

Alsbald nach Beginn der Schlußverteilung (§ 161 der Konkursordnung) hat der Konkursverwalter zu berechnen, welche Beiträge die Mitglieder endgültig zu leisten haben.

Dafür und für das weitere Verfahren gelten entsprechend § 114 Abs. 2, die §§ 115 bis 118 des Genossenschaftsgesetzes.

§ 53 (53).

Für Vereine, die bestimmungsgemäß einen sachlich, örtlich oder dem Personenkreise nach eng begrenzten Wirkungskreis haben (kleinere Vereine), gelten von den im Abschnitt III gegebenen Vorschriften nur die §§ 15, 17 Abs. 1, § 18 Abs. 1, §§ 19, 20, 21 Abs. 1, §§ 22 bis 27, 28 Abs. 1, §§ 37, 38 Abs. 1, 2, § 39 Abs. 1 bis 3, §§ 41 bis 44, 47 Abs. 2, §§ 50 bis 52. Versicherungen gegen festes Entgelt, ohne daß der Versicherungsnehmer Mitglied wird, dürfen nicht übernommen werden.

Soweit sich nach Abs. 1 nichts anderes ergibt, bewendet es für die kleineren Vereine bei den für Vereine gegebenen allgemeinen Vorschriften der §§ 24 bis 53 des Bürgerlichen Gesetzbuchs. Geändert wird aber:

1. In den Fällen des § 29 und des § 37 Abs. 2 des Bürgerlichen Gesetzbuchs tritt an Stelle des Amtsgerichts die Aufsichtsbehörde.
2. Im Falle des § 45 Abs. 3 des Bürgerlichen Gesetzbuchs ist das Vermögen an die Mitglieder nach dem Maßstab im § 48 Abs. 1 dieses Gesetzes zu verteilen.

Soll nach der Satzung ein Aufsichtsrat bestellt werden, so gelten dafür entsprechend § 36 Abs. 2, 3, die §§ 37 bis 40, 41 Abs. 1, 2, 4 des Genossenschaftsgesetzes.

Ob ein Verein ein kleinerer Verein ist, entscheidet die Aufsichtsbehörde.

IV. Geschäftsführung der Versicherungsunternehmungen.

1. Allgemeine Vorschriften.

Rechnungslegung. Bilanzprüfung.

§ 54 (54).

Zum Erwerbe von Grundstücken bedürfen Versicherungsaktiengesellschaften und Versicherungsvereine auf

Gegenseitigkeit der Genehmigung der Aufsichtsbehörde, soweit sie nicht die Grundstücke beliehen haben und im Zwangsversteigerungsverfahren erwerben. Der Erwerb ist zu genehmigen, wenn außerhalb des Zwangsversteigerungsverfahrens eine eingetragene Forderung gesichert werden soll oder das Grundstück für den Geschäftsbetrieb bestimmt ist.

In keinem Falle ist zum Erwerb eine staatliche Genehmigung nach Artikel 86 des Einführungsgesetzes zum Bürgerlichen Gesetzbuch nötig.

§ 55 (55).

Die Bücher einer Versicherungsunternehmung sind jährlich abzuschließen; auf Grund der Bücher sind für das abgelaufene Geschäftsjahr ein Rechnungsabschluß und ein Jahresbericht anzufertigen und der Aufsichtsbehörde einzureichen; der Jahresbericht hat die Verhältnisse und die Entwicklung der Unternehmung darzustellen.

Soweit nicht in diesem Gesetz oder in anderen Reichsgesetzen oder durch den Reichswirtschaftsminister mit Zustimmung des Reichsrats Vorschriften über die Buchführung und Rechnungslegung der Versicherungsunternehmungen getroffen sind, kann die Aufsichtsbehörde Näheres über die Fristen sowie die Art und Form des Rechnungsabschlusses und des Jahresberichts bestimmen.

Versicherungsaktiengesellschaften und Versicherungsvereine auf Gegenseitigkeit haben in dem Geschäftsjahr, das dem Berichtsjahr folgt, jedem Versicherten auf Verlangen ein Stück des Rechnungsabschlusses und des Jahresberichts mitzuteilen. Im übrigen kann die Aufsichtsbehörde bestimmen, wieweit und auf welche Weise jährlich Rechnungsabschluß und Jahresbericht den Versicherten zugänglich zu machen oder zu veröffentlichen sind.

Bevor das Reichsaufsichtsamt für Privatversicherung etwas nach den Abs. 2, 3 vorschreibt, hat es den Versicherungsbeirat zu hören.

§ 56 (55a).

Wertpapiere, die einen Börsen- oder Marktpreis haben, dürfen im Rechnungsabschluß in keinem Falle zu einem höheren Preise angesetzt werden als dem Börsen- oder Marktpreis des Bilanzstichtags. Übersteigt dieser Preis den Durchschnittspreis, der sich aus den ersten Börsenpreisen der letzten sechs Kalendermonate des Geschäftsjahrs ergibt, so darf höchstens dieser Durchschnittspreis angesetzt werden oder der Anschaffungspreis, soweit dieser nicht den Börsen- oder Marktpreis übersteigt. Bei Berechnung des Durchschnittspreises bleiben der höchste und der niedrigste Preis außer Betracht.

Andere Vermögensgegenstände dürfen höchstens zu dem Werte angesetzt werden, der als wirklicher Verkehrswert bei vorsichtiger Schätzung zuverlässig bezeichnet werden kann. Die Aufsichtsbehörde kann anordnen, wie der Wert zu ermitteln ist, soweit er den Anschaffungs- oder Herstellungspreis übersteigt.

Mehrbeträge, die sich bei einer Bewertung nach den Abs. 1, 2 gegenüber der des Handelsgesetzbuchs (§ 261 Nr. 1 und 2) ergeben, sind, soweit sie nicht einen sonst eintretenden Bilanzverlust zu decken haben, einer besonderen Rücklage zuzuführen, die gleichfalls zur Deckung von Bilanzverlusten dient.

§ 57 (55b).

Der Rechnungsabschluß einer Versicherungsunternehmung ist unter Einbeziehung der zugrunde liegenden Buchführung und des Jahresberichts durch einen Prüfer zu prüfen, bevor er der obersten Vertretung zur Genehmigung vorgelegt wird.

Die Prüfung darf sich nicht darauf beschränken, ob der Rechnungsabschluß äußerlich sachgemäß aufgestellt ist und mit der Bestandsaufnahme und den Geschäftsbüchern übereinstimmt, sondern muß sich darauf erstrecken, ob die Grundsätze ordnungsmäßiger Buchführung und Bilanzierung gewahrt und die Vorschriften eingehalten sind, die über die Aufstellung des Rechnungsabschlusses und des Jahresberichts in Gesetzen und Verordnungen getroffen oder nach § 55 Abs. 2 erlassen sind.

Wie im übrigen die Prüfung durchzuführen ist, kann die Aufsichtsbehörde bestimmen.

§ 58 (55c).

Der Vorstand hat mit der Prüfung einen Prüfer zu beauftragen, den der Aufsichtsrat bestimmt; die Bestimmung soll vor dem Ablauf jedes Geschäftsjahrs erfolgen.

Der Vorstand hat, bevor er den Prüfer beauftragt, der Aufsichtsbehörde anzuzeigen, wen der Aufsichtsrat bestimmt hat. Die Aufsichtsbehörde kann, wenn sie gegen die Bestimmung des Prüfers Bedenken hat, verlangen, daß innerhalb einer angemessenen Frist ein anderer Prüfer bestimmt werde. Unterbleibt das oder hat die Aufsichtsbehörde auch gegen die Bestimmung des neuen Prüfers Bedenken, so hat sie den Prüfer selbst zu bestimmen.

§ 59 (55d).

Als Prüfer sollen nur bestimmt werden:

1. Personen, die in der Buchführung ausreichend vorgebildet und erfahren sind;
2. Prüfungsgesellschaften, deren Inhaber, Vorstandsmitglieder oder Geschäftsführer die in Nr. 1 bezeichneten Eigenschaften besitzen.

Prüfer, auf deren Geschäftsführung Vorstandsmitglieder der Versicherungsunternehmung maßgebenden Einfluß haben, sollen nicht bestimmt werden. Vorstands- oder Aufsichtsratsmitglieder und Angestellte der Versicherungsunternehmung können nicht als Prüfer bestimmt werden. Die Bestimmung von Personen, die als Prüfer der Versicherungsunternehmung vom Aufsichtsrate bestellt und nur seinen Weisungen, nicht aber denen des Vorstandes unterworfen sind, ist zulässig.

§ 60 (55e).

Der Vorstand hat dem Prüfer die Einsicht der Bücher und Schriften der Versicherungsunternehmung sowie die Untersuchung der Kasse und Wertpapiere zu gestatten.

Der Prüfer kann vom Vorstand alle Aufklärungen und Nachweise verlangen, deren er für eine sorgfältige Prüfung bedarf.

§ 61 (55f).

Der Prüfer hat über das Ergebnis der Prüfung schriftlich zu berichten. In dem Bericht hat er besonders festzustellen, ob die Buchführung, der Rechnungsabschluß und der Jahresbericht den Vorschriften entsprechen und ob der Vorstand die verlangten Aufklärungen und Nachweise geliefert hat. Der Prüfer hat den Bericht zu unterzeichnen.

Der Bericht ist dem Vorstand und durch ihn dem Aufsichtsrat vorzulegen. Jedes Aufsichtsratsmitglied kann den Bericht einsehen.

Der Vorstand hat eine Ausfertigung des Berichts mit seinen und des Aufsichtsrats Bemerkungen der Aufsichtsbehörde vorzulegen. Diese kann den Bericht mit dem Prüfer erörtern und, wenn nötig, Ergänzungen der Prüfung und des Berichts auf Kosten der Versicherungsunternehmung veranlassen.

Der Vorstand hat der obersten Vertretung, die über die Genehmigung des Rechnungsabschlusses zu beschließen hat, Auskunft zu erteilen, ob nach ihrem abschließenden Ergebnis die Prüfung zu wesentlichen Beanstandungen Anlaß gegeben hat.

§ 62 (55g).

Ist nach dem abschließenden Ergebnis der Prüfung gegen den Rechnungsabschluß der Versicherungsunternehmung, die zugrunde liegende Buchführung und den Jahresbericht nichts einzuwenden, so hat der Prüfer den Befund unter der Gewinn- und Verlustrechnung mit den Worten zu bestätigen: „Nach dem abschließenden Ergebnis der Prüfung entsprechen der Rechnungsabschluß der Versicherungsunternehmung, die zugrunde liegende Buchführung und der Jahresbericht des Vorstandes den gesetzlichen Vorschriften." Der Bestätigungsvermerk ist in allen Veröffentlichungen und Vervielfältigungen des Rechnungsabschlusses aufzunehmen.

§ 63 (55h).

Der Prüfer und, wenn er sich bei der Prüfung eines Gehilfen bedient, auch dieser sind zur gewissenhaften Prüfung und zur Verschwiegenheit verpflichtet. Sie dürfen Geschäfts- und Betriebsgeheimnisse, die sie bei der Prüfung erfahren haben, nicht unbefugt verwerten. Wer seine Obliegenheiten verletzt, haftet der Versicherungsunternehmung für den Schaden; mehrere haften als Gesamtschuldner.

Bei Fahrlässigkeit beschränkt sich die Haftpflicht für eine Prüfung auf zweihundertundfünfzigtausend Reichsmark, auch wenn an der Prüfung mehrere beteiligt waren oder mehrere zum Ersatz verpflichtende Handlungen begangen worden sind; bei Vorsatz gilt dasselbe, wenn mehrere Personen haften, zugunsten der Personen, die selbst nicht vorsätzlich gehandelt haben.

Die Verpflichtung zur Verschwiegenheit nach Abs. 1 Satz 1 besteht, wenn eine Prüfungsgesellschaft Prüfer ist, auch gegenüber dem Aufsichtsrat und den Aufsichtsratsmitgliedern der Prüfungsgesellschaft. Der Aufsichtsratsvorsitzer der Prüfungsgesellschaft und sein Stellvertreter dürfen jedoch die Berichte der Prüfungsgesellschaft einsehen, ihre Kenntnisse daraus aber nur verwerten, soweit es die Erfüllung der Überwachungspflicht des Aufsichtsrats fordert.

Die Haftung nach diesen Vorschriften kann durch Vertrag weder ausgeschlossen noch beschränkt werden.

Die Ansprüche nach diesen Vorschriften verjähren in fünf Jahren.

§ 64 (55i).

Die §§ 57 bis 63 gelten nicht für Versicherungsunternehmungen, die als kleinere Vereine (§ 53) anerkannt sind oder keinen Aufsichtsrat haben; ob und wie solche Unternehmungen zu prüfen sind, kann die Aufsichtsbehörde bestimmen.

2. Besondere Vorschriften über die Deckungsrücklage bei der Lebensversicherung.

§ 65 (56).

Die Deckungsrücklage für Lebensversicherungen ist für die laufenden Versicherungsverträge für den Schluß jedes Geschäftsjahrs, getrennt nach den einzelnen Versicherungsarten, zu berechnen und zu buchen; dabei sind die Rechnungsgrundlagen des § 11 anzuwenden.

Durch mindestens einen mit der Berechnung der Deckungsrücklage bei Lebens-, Kranken- oder Unfallversicherungsunternehmungen (§ 12) beauftragten Sachverständigen ist, ohne daß dies die Verantwortlichkeit der Vertreter der Unternehmung berührt, unter der Bilanz zu bestätigen, daß die eingestellte Deckungsrücklage nach Abs. 1 berechnet ist. Für kleinere Vereine (§ 53) gilt dies nicht.

§ 66 (57).

Der Vorstand der Unternehmung hat dafür zu sorgen, daß unverzüglich die der Berechnung (§ 65) entsprechenden Beträge dem Deckungsstock (Prämienreservefonds) zugeführt und vorschriftsmäßig angelegt werden. Die Zuführung darf nur so weit unterbleiben, wie im Ausland zugunsten bestimmter Versicherungen eine besondere Sicherheit aus den eingenommenen Versicherungsentgelten gestellt werden muß.

Der Deckungsstock (Gelder, Wertpapiere, Urkunden usw.) ist gesondert von jedem anderen Vermögen zu verwalten und am Sitze der Unternehmung aufzubewahren;

die Art der Aufbewahrung ist der Aufsichtsbehörde anzuzeigen; diese kann genehmigen, daß der Deckungsstock anderswo aufbewahrt wird.

Die Bestände des Deckungsstocks sind einzeln in ein Verzeichnis einzutragen. Doch brauchen darin die Forderungen aus Vorauszahlungen oder Darlehen auf die eigenen Versicherungsscheine der Unternehmung, soweit sie zu den Beständen des Deckungsstocks gehören, nur in einer Gesamtsumme nachgewiesen zu werden. Bei Forderungen, die durch eine Grundstücksbelastung gesichert und in Teilbeträgen zurückzuzahlen sind, ist das Verzeichnis nach näherer Bestimmung der Aufsichtsbehörde zu berichtigen; dasselbe gilt für Grundstücksbelastungen, die keine persönliche Forderung sichern. Am Schlusse jedes Geschäftsjahrs ist der Aufsichtsbehörde eine Abschrift der in dessen Laufe vorgenommenen Eintragungen vorzulegen; der Vorstand hat die Richtigkeit der Abschrift zu bescheinigen. Die Aufsichtsbehörde hat die Abschrift aufzubewahren.

Mit Genehmigung der Aufsichtsbehörde können selbständige Abteilungen des Deckungsstocks gebildet werden. Was für den Deckungsstock und die Ansprüche daran vorgeschrieben ist, gilt dann entsprechend für jede selbständige Abteilung.

§ 67 (58).

Bei Rückversicherungen hat die rückversicherte Unternehmung die Deckungsrücklage auch für die in Rückversicherung gegebenen Summen nach den §§ 65, 66 zu berechnen sowie selbst aufzubewahren und zu verwalten.

§ 68 (59).

Die Bestände des Deckungsstocks (§ 66) können angelegt werden:

1. so, wie nach § 1807 Abs. 1 Nr. 1 bis 4 des Bürgerlichen Gesetzbuchs Mündelgeld angelegt werden soll, außerdem in Wertpapieren, die landesgesetzlich zur

Anlegung von Mündelgeld zugelassen sind, sowie in solchen auf den Inhaber lautenden Pfandbriefen deutscher Hypothekenbanken, die von der Reichsbank in Klasse I beliehen werden;

2. in Forderungen, wenn dabei solche Hypotheken oder Wertpapiere, worin eine Anlegung nach Nr. 1 und 4 gestattet ist, verpfändet und die Grundsätze der Reichsbank beachtet werden;
3. so, daß auf die eigenen Versicherungsscheine der Unternehmung nach den allgemeinen Versicherungsbedingungen (§ 10 Nr. 8) Vorauszahlungen oder Darlehen gewährt werden;
4. in verbrieften Forderungen gegen inländische Körperschaften des öffentlichen Rechtes, soweit sie nicht unter Nr. 1 fallen, sowie gegen Schul- und Kirchengemeinden, wenn diese Forderungen entweder vom Gläubiger gekündigt werden können oder regelmäßig zu tilgen sind;
5. in inländischen Grundstücken;
6. für die Deckungsrücklage wertbeständiger Inlandsversicherungen nach den Vorschriften der Aufsichtsbehörde in wertbeständigen inländischen oder ausländischen Vermögenswerten;
7. für die Deckungsrücklage von Versicherungen, die in ausländischer Währung zu erfüllen sind, nach den Vorschriften der Aufsichtsbehörde in Vermögenswerten, die auf dieselbe ausländische Währung lauten.

Die Aufsichtsbehörde kann über Art, Umfang und Berechnung der Anlagen Näheres bestimmen. Die Anlagen in inländischen Grundstücken dürfen ein Viertel des Solls der Deckungsrücklage nur mit Zustimmung der Aufsichtsbehörde überschreiten.

Erscheint es nach den besonderen Umständen zweckmäßig, die Bestände des Deckungsstocks nicht nach Abs. 1 anzulegen, so können sie bei der Reichsbank, einer Staatsbank, einer öffentlichen Bank oder Sparkasse oder mit

Zustimmung der Aufsichtsbehörde bei einer anderen geeigneten inländischen Bank oder einer der Versicherungsunternehmung nahestehenden Unternehmung angelegt werden. Die Aufsichtsbehörde kann gestatten, daß die Bestände des Deckungsstocks auch anders angelegt werden.

§ 69 (60).

Werden Bestände des Deckungsstocks nach § 68 Abs. 1 Nr. 1 angelegt, so darf die Sicherheit einer Hypothek, einer Grundschuld oder einer Rentenschuld angenommen werden, wenn die Beleihung nicht die ersten drei Fünftel des Wertes des Grundstücks übersteigt. Soweit jedoch eine oberste Landesbehörde nach § 11 Abs. 2 des Hypothekenbankgesetzes die Beleihung landwirtschaftlicher Grundstücke bis zu zwei Dritteln des Wertes gestattet hat, darf die Sicherheit auch bei einer solchen Beleihung angenommen werden.

Beliehen werden darf in der Regel nur zur ersten Stelle.

Bauplätze und Neubauten, die noch nicht fertiggestellt und ertragsfähig sind, sowie Grundstücke, die keinen dauernden Ertrag gewähren, besonders Gruben, Brüche und Bergwerke, dürfen nicht beliehen werden.

Der bei der Beleihung angenommene Wert des Grundstücks darf nicht den durch sorgfältige Ermittlung festgestellten Verkaufswert übersteigen. Bei Feststellung dieses Wertes sind nur die dauernden Eigenschaften des Grundstücks und der Ertrag zu berücksichtigen, den es bei ordnungsmäßiger Wirtschaft jedem Besitzer nachhaltig gewähren kann.

Auf Verlangen der Aufsichtsbehörde haben die Unternehmungen über die Wertermittlung eine Anweisung zu erlassen; sie bedarf der Genehmigung der Aufsichtsbehörde.

§ 70 (60a).

Zur Überwachung des Deckungsstocks sind ein Treuhänder und ein Stellvertreter für ihn zu bestellen. Für einen kleineren Verein (§ 53) gilt dies nur, wenn es die Aufsichtsbehörde anordnet.

§ 71 (60b).

Den Treuhänder bestellt der Aufsichtsrat. Hat ein kleinerer Verein (§ 53) keinen Aufsichtsrat, bestellt der Vorstand den Treuhänder.

Wer als Treuhänder in Aussicht genommen ist, muß vor Bestellung der Aufsichtsbehörde benannt werden. Hat diese gegen die Bestellung Bedenken, kann sie verlangen, daß binnen angemessener Frist jemand anders benannt werde. Unterbleibt das oder hat die Aufsichtsbehörde auch gegen die Bestellung des neu Vorgeschlagenen Bedenken, so hat sie den Treuhänder selbst zu bestellen.

Abs. 2 Satz 2, 3 gelten auch, wenn die Aufsichtsbehörde Bedenken hat, daß ein bestellter Treuhänder sein Amt weiterverwaltet.

§ 72 (60c).

Der Deckungsstock ist so sicherzustellen, daß nur mit Zustimmung des Treuhänders darüber verfügt werden kann; das Nähere bestimmt die Aufsichtsbehörde.

Der Treuhänder hat besonders die Bestände des Deckungsstocks unter Mitverschluß der Versicherungsunternehmung zu verwahren. Er darf die Bestände nur herausgeben, soweit es dieses Gesetz gestattet; doch gelten entsprechend § 31 Abs. 2, 3 des Hypothekenbankgesetzes.

Der Treuhänder kann einer Verfügung nur schriftlich zustimmen; soll ein Gegenstand im Verzeichnis der Bestände des Deckungsstocks gelöscht werden, so genügt, daß der Treuhänder neben oder unter den Löschungsvermerk seinen Namen schreibt.

§ 73 (60d).

Der Treuhänder hat, ohne daß diese Pflicht die Verantwortlichkeit der zur Vertretung der Unternehmung berufenen Stellen berührt, unter der Bilanz zu bestätigen, daß die eingestellten Deckungsrücklagen vorschriftsmäßig angelegt und aufbewahrt sind.

§ 74 (60e).

Der Treuhänder kann jederzeit die Bücher und Schriften der Versicherungsunternehmung einsehen, soweit sie sich auf den Deckungsstock beziehen.

§ 75 (60f).

Streitigkeiten zwischen dem Treuhänder und der Versicherungsunternehmung über seine Obliegenheiten entscheidet die Aufsichtsbehörde.

§ 76 (60g).

Die §§ 71 bis 75 gelten auch für den Stellvertreter des Treuhänders.

§ 77 (61).

Dem Deckungsstock dürfen außer den Mitteln, die zur Vornahme und Änderung der Kapitalanlagen erforderlich sind, nur die Beträge entnommen werden, die durch Eintritt des Versicherungsfalls, durch Rückkauf oder dadurch frei werden, daß sonst ein Versicherungsverhältnis beendigt oder der Geschäftsplan geändert wird.

Durch Zwangsvollstreckung oder Arrestvollziehung darf über die Bestände des Deckungsstocks nur so weit verfügt werden, wie für den Anspruch, zu dessen Gunsten verfügt wird, die Zuführung zum Deckungsstock vorgeschrieben (§ 66 Abs. 1) und tatsächlich erfolgt ist.

Durch die Konkurseröffnung erlöschen die Lebensversicherungsverhältnisse; die Versicherten können den Betrag fordern, der als rechnungsmäßige Deckungsrücklage zur Zeit der Konkurseröffnung auf sie entfällt; ihre weitergehenden Ansprüche aus dem Versicherungsverhältnis werden dadurch nicht berührt.

Bei Befriedigung aus den Gegenständen, die in das Verzeichnis der Bestände des Deckungsstocks (§ 66 Abs. 3) eingetragen sind, gehen die Forderungen auf die rechnungsmäßige Deckungsrücklage, soweit wie für sie die Zuführung zum Deckungsstock vorgeschrieben ist (§ 66 Abs. 1), den Forderungen aller übrigen Konkursgläubiger vor. Untereinander haben sie denselben Rang. Für den Anspruch der Versicherten auf Befriedigung aus dem andern Vermögen der Unternehmung gelten entsprechend die Vorschriften, die in den §§ 64, 153, 155, 156, 168 Nr. 3 der Konkursordnung für die Absonderungsberechtigten erlassen worden sind.

§ 78 (62).

Das Konkursgericht hat den Versicherten zur Wahrung ihrer Rechte nach § 77 einen Pfleger zu bestellen. Für die Pflegschaft tritt an Stelle des Vormundschaftsgerichts das Konkursgericht.

Der Pfleger hat den Umfang des vorhandenen Deckungsstocks festzustellen sowie die Ansprüche der Versicherten zu ermitteln und anzumelden.

Der Pfleger hat die Versicherten, soweit es geschehen kann, vor der Anmeldung anzuhören und sie von der Anmeldung nachher zu benachrichtigen, ihnen auf Verlangen auch sonst Auskunft über die Tatsachen zu geben, die für ihre Ansprüche erheblich sind. Das Recht des einzelnen Versicherten, seinen Anspruch selbst anzumelden, bleibt unberührt. Soweit die Anmeldung des Versicherten von der des Pflegers abweicht, gilt, bis die Abweichung beseitigt ist, die Anmeldung, die dem Versicherten günstiger ist.

Der Konkursverwalter hat dem Pfleger die Einsicht aller Bücher und Schriften des Gemeinschuldners zu gestatten und ihm auf Verlangen den Bestand des Deckungsstocks nachzuweisen.

Der Pfleger kann für die Führung seines Amtes eine angemessene Vergütung verlangen. Die ihm zu erstattenden Auslagen und die Vergütung fallen dem Deckungsstocke zur Last.

Vor Bestellung des Pflegers und vor Festsetzung der Vergütung ist die Aufsichtsbehörde zu hören.

§ 79 (63).

Für Kranken- und Unfallversicherungen der im § 12 bezeichneten Art gelten die §§ 65 bis 78 entsprechend.

3. Vorschriften über Konkursvorrechte bei der Schadenversicherung.

§ 80 (63a).

In Versicherungszweigen, wofür nicht die besonderen Vorschriften der §§ 65 bis 79 über die Deckungsrücklage gelten, gehen bei Konkurs die Forderungen aus Versicherungsverträgen auf Rückerstattung eines auf die Zeit nach Beendigung des Versicherungsverhältnisses entfallenden Teiles des Versicherungsentgelts und auf Ersatz eines zur Zeit der Konkurseröffnung bereits eingetretenen Schadens den übrigen Konkursforderungen des § 61 Nr. 6 der Konkursordnung im Range vor. Dabei werden Forderungen auf Rückerstattung des Teiles eines Versicherungsentgelts im Range nach den Forderungen auf Ersatz eines Schadens, Forderungen derselben Rangordnung nach Verhältnis ihrer Beträge berichtigt.

V. Beaufsichtigung der Versicherungsunternehmungen.

1. Aufgaben und Befugnisse der Aufsichtsbehörden.

§ 81 (64).

Die Aufsichtsbehörde hat den ganzen Geschäftsbetrieb der Versicherungsunternehmungen, besonders die Befolgung der gesetzlichen Vorschriften und die Einhaltung des Geschäftsplans zu überwachen.

Die Aufsichtsbehörde kann die Anordnungen treffen, die geeignet sind, den Geschäftsbetrieb mit den gesetzlichen Vorschriften und dem Geschäftsplan im Einklang zu erhalten oder Mißstände zu beseitigen, welche die Belange der Versicherten gefährden oder den Geschäftsbetrieb mit den guten Sitten in Widerspruch bringen. Die Aufsichtsbehörde kann namentlich untersagen, daß Darlehnsgeschäfte und Versicherungsabschlüsse verbunden werden, soweit die Versicherungssumme das Darlehen übersteigt. Auch kann sie allgemein oder für einzelne Versicherungszweige den Versicherungsunternehmungen und Vermittlern von Versicherungsverträgen untersagen, dem Versicherungsnehmer in irgendeiner Form Sondervergütungen zu gewähren; ebenso kann sie allgemein oder für einzelne Versicherungszweige den Versicherungsunternehmungen untersagen, Begünstigungsverträge abzuschließen und zu verlängern. Die Anordnungen nach Satz 3 werden einen Monat nach ihrer Bekanntmachung im Deutschen Reichsanzeiger wirksam; bei Versicherungsunternehmungen, die der Landesaufsicht unterstehen, genügt die Bekanntmachung in dem Blatte, das für die amtlichen Bekanntmachungen der Landesregierung bestimmt ist.

Zur Befolgung ihrer Anordnungen nach Abs. 2 kann die Aufsichtsbehörde die Inhaber und Geschäftsleiter der Versicherungsunternehmungen durch Ordnungsstrafen in Geld anhalten. Solche Strafen werden ebenso beigetrieben wie Gemeindeabgaben.

Hat ein Verlag Bezieher von ihm verlegter Zeitschriften oder Zeitungen bei einer Versicherungsunternehmung versichert, so kann die Aufsichtsbehörde Anordnungen nach Abs. 2 Satz 1 auch unmittelbar gegenüber dem Verlage treffen. Abs. 3 gilt entsprechend.

§ 82 (64a).

Ist eine Versicherungsunternehmung an einer anderen Unternehmung, die nicht der Aufsicht unterliegt, beteiligt, und ist die Beteiligung nach ihrer Art oder ihrem Umfang geeignet, die Versicherungsunternehmung zu gefährden, so kann die Aufsichtsbehörde der Versicherungsunternehmung die Fortsetzung der Beteiligung untersagen oder nur unter der Bedingung gestatten, daß sich die Unternehmung nach den §§ 57 bis 63 auf ihre Kosten oder auf Kosten der Versicherungsunternehmung prüfen läßt. Verweigert dies die Unternehmung oder ergeben sich bei der Prüfung Bedenken gegen die Beteiligung, so hat die Aufsichtsbehörde der Versicherungsunternehmung die Fortsetzung zu untersagen.

Als Beteiligung gilt auch, daß ein Vorstands- oder Aufsichtsratsmitglied der Versicherungsunternehmung auf die Geschäftsführung einer anderen Unternehmung maßgebenden Einfluß ausübt oder auszuüben in der Lage ist.

§ 83 (65).

Die Aufsichtsbehörde kann jederzeit die Geschäftsführung und Vermögenslage einer Versicherungsunternehmung auch daraufhin prüfen, ob die veröffentlichten Rechnungsabschlüsse und die Jahresberichte mit den Tatsachen und dem Bücherinhalt übereinstimmen und ob die vorgeschriebenen Rücklagen vorhanden und vorschriftsmäßig angelegt und verwaltet sind.

Die Inhaber, Geschäftsleiter, Bevollmächtigten und Agenten einer Unternehmung sowie die Makler, die für die Unternehmung tätig sind oder waren, haben in ihren Geschäftsräumen der Aufsichtsbehörde auf Verlangen alle Bücher, Belege und die Schriften vorzulegen, die für die Beurteilung des Geschäftsbetriebs und der Vermögenslage bedeutsam sind, sowie jede von ihnen geforderte Auskunft über den Geschäftsbetrieb und die Vermögenslage zu geben. Dazu sind sie auch verpflichtet, wenn die Aufsichtsbehörde vermutet, daß eine Unternehmung den Betrieb von Versicherungsgeschäften zum Gegenstande hat und die Prüfung klarstellen soll, ob die Unternehmung der Aufsicht unterliegt. § 81 Abs. 3 gilt entsprechend.

Bei Versicherungsunternehmungen, die einen Aufsichtsrat, eine Mitgliederversammlung oder ähnliche

Stellen haben, kann die Aufsichtsbehörde Vertreter in deren Versammlungen und Sitzungen entsenden; die Vertreter sind jederzeit anzuhören. Die Aufsichtsbehörde kann ferner verlangen, daß Versammlungen und Sitzungen berufen sowie Gegenstände zur Beratung und Beschlußfassung angekündigt werden; wird dem Verlangen nicht entsprochen, so kann sie die Berufung oder Ankündigung auf Kosten der Unternehmung selbst vornehmen. In den Versammlungen und Sitzungen, welche die Aufsichtsbehörde berufen hat, sitzt ein Vertreter der Aufsichtsbehörde vor. Als Vertreter der Aufsichtsbehörde sind Leiter und Beamte öffentlicher Versicherungsanstalten ausgeschlossen.

§ 84 (65a).

Die Aufsichtsbehörde soll, wenn möglich unvermutet, die Prüfung nach § 83 Abs. 1 mindestens alle fünf Jahre einmal vornehmen. Die Aufsichtsbehörde kann zu der Prüfung Personen heranziehen, die nach § 59 zu Prüfern bestimmt werden können. Sie kann die Prüfung auch so vornehmen, daß sie an einer von der Versicherungsunternehmung nach § 57 veranlaßten Prüfung teilnimmt und selbst weitere Feststellungen trifft, die sie für nötig hält.

Abs. 1 Satz 1, 3 gelten nicht für Versicherungsunternehmungen, die als kleinere Vereine (§ 53) anerkannt sind oder keinen Aufsichtsrat haben.

§ 85 (65b).

Prüfer, die nach § 84 Abs. 1 Satz 2 zu einer Prüfung herangezogen werden, und Gehilfen, deren sie sich dabei bedienen wollen, sind von der Aufsichtsbehörde unter Hinweis auf die Strafvorschriften des § 137 auf die gewissenhafte Erfüllung ihrer Obliegenheiten durch Handschlag zu verpflichten. Über die Verpflichtung ist eine Niederschrift aufzunehmen, die der Verpflichtete mitunterzeichnet. Wird jemand wiederholt herangezogen, genügt ein Hinweis auf die frühere Verpflichtung. Wird eine Prüfungsgesellschaft herangezogen, so sind die Inhaber, Vorstandsmitglieder oder Geschäftsführer zu verpflichten. Im übrigen gilt § 63.

§ 86 (66).

Die Aufsicht hat sich auch auf die Liquidation einer Unternehmung und auf die Abwicklung der bestehenden Versicherungen zu erstrecken, wenn der Geschäftsbetrieb untersagt oder freiwillig eingestellt oder die Erlaubnis zum Geschäftsbetriebe widerrufen wird.

§ 87 (67).

Handelt eine Unternehmung fortgesetzt den Pflichten zuwider, die ihr nach dem Gesetz oder dem genehmigten Geschäftsplan obliegen, oder ergeben sich bei Prüfung ihrer Geschäftsführung oder ihrer Vermögenslage so schwere Mißstände, daß eine Fortsetzung des Geschäftsbetriebs die Belange der Versicherten gefährdet, oder widerspricht der Geschäftsbetrieb den guten Sitten, so kann die Aufsichtsbehörde den Geschäftsbetrieb mit der Wirkung untersagen, daß keine neuen Versicherungen abgeschlossen, früher abgeschlossene nicht erhöht oder verlängert werden können.

Wird der Geschäftsbetrieb untersagt, so kann die Aufsichtsbehörde alles das anordnen, was zur einstweiligen Sicherung des Vermögens der Unternehmung zum Besten der Versicherten nötig ist, besonders die Vermögensverwaltung geeigneten Personen übertragen. § 81 Abs. 3 gilt entsprechend.

Bei Versicherungsvereinen auf Gegenseitigkeit wirkt die Untersagung des Geschäftsbetriebs wie ein Auflösungsbeschluß. Die Untersagung wird ins Handelsregister auf Anzeige der Aufsichtsbehörde eingetragen.

§ 88 (68).

Das Konkursgericht hat auf Antrag der Aufsichtsbehörde den Konkurs über das Vermögen einer Versicherungsaktiengesellschaft oder eines Versicherungsvereins auf Gegenseitigkeit zu eröffnen; doch bleibt § 107 Abs. 1 der Konkursordnung unberührt. Nur die Aufsichtsbehörde kann die Konkurseröffnung beantragen. Der Eröffnungsbeschluß ist unanfechtbar.

Sobald die Versicherungsunternehmung zahlungsunfähig wird, hat es ihr Vorstand der Aufsichtsbehörde anzuzeigen. Ebenso ist zu verfahren, sobald sich bei Aufstellung der Jahresbilanz oder einer Zwischenbilanz Überschuldung ergibt. Diese Anzeigepflicht tritt an Stelle der dem Vorstand durch andere gesetzliche Vorschriften auferlegten Pflicht, bei Zahlungsunfähigkeit oder Überschuldung die Konkurseröffnung zu beantragen. Bleiben bei Versicherungsvereinen auf Gegenseitigkeit, bei denen Nachschüsse oder Umlagen zu leisten sind, ausgeschriebene Nachschüsse oder Umlagen fünf Monate über die Fälligkeit rückständig, so hat der Vorstand zu prüfen, ob sich, wenn die nicht bar eingegangenen Nachschüsse oder Umlagen außer Betracht bleiben, Überschuldung ergibt; ist dies der Fall, so hat er es binnen einem Monat nach Ablauf der bezeichneten Frist der Aufsichtsbehörde anzuzeigen. Die gleichen Pflichten haben die Liquidatoren.

§ 89 (69).

Ergibt sich bei Prüfung der Geschäftsführung und der Vermögenslage einer Unternehmung, daß diese für die Dauer nicht mehr imstande ist, ihre Verpflichtungen zu erfüllen, die Vermeidung des Konkurses aber zum Besten der Versicherten geboten erscheint, so kann die Aufsichtsbehörde das hierzu Erforderliche anordnen, auch die Vertreter der Unternehmung auffordern, binnen bestimmter Frist eine Änderung der Geschäftsgrundlagen oder sonst die Beseitigung der Mängel herbeizuführen. Alle Arten Zahlungen, besonders Versicherungsleistungen, Gewinnverteilungen und bei Lebensversicherungen der Rückkauf oder die Beleihung des Versicherungsscheins sowie Vorauszahlungen darauf, können zeitweilig verboten werden.

Unter der Voraussetzung im Abs. 1 Satz 1 kann die Aufsichtsbehörde, wenn nötig, die Verpflichtungen einer Lebensversicherungsunternehmung aus ihren Versicherungen dem Vermögensstand entsprechend herabsetzen. Dabei werden zunächst die rechnungsmäßigen Deckungsrücklagen der einzelnen Versicherungen herabgesetzt und danach die Versicherungssummen neu festgestellt. Die Pflicht der Versicherungsnehmer, die Versicherungsentgelte in der bisherigen Höhe weiterzuzahlen, wird dadurch nicht berührt.

Die Maßnahmen nach Abs. 1, 2 können auf eine selbständige Abteilung des Deckungsstocks (§ 66 Abs. 4) beschränkt werden.

2. Verfassung und Verfahren der Aufsichtsbehörden.

§ 90 (70).

Das Reichsaufsichtsamt für Privatversicherung hat seinen Sitz in Berlin. Es besteht aus einem Vorsitzer sowie ständigen und nichtständigen Mitgliedern.

Den Vorsitzer und die ständigen Mitglieder ernennt auf Vorschlag des Reichsrats der Reichspräsident; die nichtständigen Mitglieder wählt der Reichsrat. Die ständigen Mitglieder werden auf Lebenszeit ernannt; nur Inhaber eines anderen Reichs- oder Landesamts werden für dessen Dauer berufen.

Die übrigen Beamten ernennt der Reichswirtschaftsminister.

Die Mitglieder des Reichsaufsichtsamts dürfen nicht gleichzeitig Leiter oder Beamte öffentlicher Versicherungsanstalten sein.

§ 91 (71).

Um den Geschäftsverkehr des Reichsaufsichtsamts mit den seiner Aufsicht unterstehenden Versicherungsunternehmungen zu erleichtern, kann der Reichswirtschaftsminister nach Bedarf im Einvernehmen mit der beteiligten Landesregierung aus den Landesbeamten besondere Beauftragte bestellen, die im Auftrag und nach näherer Anordnung des Reichsaufsichtsamts bestimmte Unternehmungen unmittelbar beaufsichtigen.

§ 90 Abs. 4 gilt entsprechend.

§ 92 (72).

Zur Mitwirkung bei der Aufsicht besteht beim Reichsaufsichtsamt ein Beirat aus Sachverständigen des Versicherungswesens; die Mitglieder ernennt auf Vorschlag des Reichsrats der Reichspräsident auf fünf Jahre.

Die Mitglieder des Versicherungsbeirats sollen das Reichsaufsichtsamt auf Erfordern bei Vorbereitung wichtigerer Beschlüsse gutachtlich beraten und bei den Entscheidungen nach den §§ 93 bis 96 mit Stimmrecht mitwirken.

Sie verwalten ihr Amt als unentgeltliches Ehrenamt; für ihre Teilnahme an Sitzungen erhalten sie Tagegelder und Vergütung der Reisekosten nach festen Sätzen, die der Reichswirtschaftsminister bestimmt. § 16 des Reichsbeamtengesetzes gilt für sie nicht.

§ 90 Abs. 4 gilt auch hier entsprechend.

§ 93 (73).

Das Reichsaufsichtsamt entscheidet auf Grund mündlicher Beratung durch drei Mitglieder, darunter den Vorsitzer, unter Zuziehung von zwei Mitgliedern des Versicherungsbeirats,

1. ob eine Unternehmung der Aufsicht unterliegt (§ 2),
2. ob ein Geschäftsbetrieb zu erlauben ist (§§ 5 bis 8),
3. ob eine Änderung des Geschäftsplans zu genehmigen ist (§ 13), aber nur, wenn das Reichsaufsichtsamt Bedenken hat, sie ohne weiteres zu genehmigen,
4. ob eine Bestandsveränderung zu genehmigen ist (§ 14),
5. ob die Auflösung eines Versicherungsvereins auf Gegenseitigkeit zu genehmigen ist (§ 43),

6. ob ein Verein ein kleinerer Verein ist (§ 53),
7. ob nach § 81 Abs. 2 eine Anordnung zu treffen ist, aber nur, wenn dabei eine Strafe nach § 81 Abs. 3 angedroht werden soll,
8. ob eine Beteiligung nach § 82 vorliegt und eine Anordnung danach zu erlassen ist,
9. ob ein Geschäftsbetrieb zu untersagen ist (§ 87),
10. ob die Konkurseröffnung zu beantragen ist (§ 88),
11. ob nach § 89 Abs. 1 Satz 2, Abs. 2 etwas anzuordnen ist,
12. sonst, wenn es der Vorsitzer des Reichsaufsichtsamts anordnet.

Die Mitglieder des Versicherungsbeirats werden in der Regel in einer im voraus (§ 100) aufgestellten Reihenfolge zugezogen. Weicht der Vorsitzer des Reichsaufsichtsamts aus besondern Gründen von der Reihenfolge ab, so sind diese in den Akten zu vermerken.

Die Vorschriften der Zivilprozeßordnung über Ausschließung und Ablehnung der Gerichtspersonen gelten entsprechend für alle zur Mitwirkung bei der Entscheidung berufenen Personen.

Vor einer Entscheidung sind Vertreter der beteiligten Unternehmungen anzuhören und auf ihren Antrag zur mündlichen Verhandlung zu laden; in den Fällen des Abs. 1 Nr. 2 bis 6 gilt dies nur, wenn ein Antrag abgelehnt werden soll.

Die Entscheidungen sind zu begründen; die Einschränkung des Abs. 4 Halbsatz 2 gilt auch hier.

Hält der Vorsitzer des Reichsaufsichtsamts den Antrag, einen Geschäftsbetrieb zu erlauben oder eine Änderung des Geschäftsplans oder des Versicherungsbestandes zu genehmigen, für nicht gerechtfertigt, so kann er ihn durch einen Vorbescheid ablehnen; binnen zwei Wochen nach dessen Zustellung kann eine Entscheidung nach den Abs. 1 bis 5 beantragt werden.

Sämtliche Entscheidungen sind den Beteiligten zuzustellen. Die rechtskräftige Erlaubnis zum Geschäftsbetriebe, die Genehmigung einer Bestandsveränderung und die Untersagung eines Geschäftsbetriebs hat das Reichsaufsichtsamt im Reichsanzeiger öffentlich bekanntzumachen.

§ 94 (74).

Gegen die Entscheidungen nach § 93 Abs. 1 können die Beteiligten Berufung einlegen. Beteiligte sind, wenn ein Auflösungsbeschluß nicht genehmigt worden ist, nur der Vereinsvorstand, bei einer Genehmigung dagegen nur die Mitglieder der obersten Vertretung, die dem Auflösungsbeschlusse zur Niederschrift widersprochen haben. Ist ein Verein nicht als kleinerer Verein anerkannt worden, so ist Beteiligter nur der Vereinsvorstand, der die Anerkennung beantragt hatte. Betrifft die Entscheidung eine Beteiligung nach § 82, so ist Beteiligter nur die Versicherungsunternehmung, die an der anderen Unternehmung beteiligt ist.

Über die Berufung entscheidet das Reichsaufsichtsamt durch drei Mitglieder, darunter den Vorsitzer, unter Zuziehung von zwei Mitgliedern des Versicherungsbeirats, eines richterlichen Beamten und eines Mitglieds eines höchsten Verwaltungsgerichts eines Landes.

Die richterlichen Beamten sowie die Mitglieder höchster Verwaltungsgerichte ernennt für die Dauer ihres Hauptamts auf Vorschlag des Reichsrats der Reichspräsident.

Für die Zuziehung der Mitglieder des Versicherungsbeirats gilt § 93 Abs. 2, für die Ausschließung und Ablehnung der zur Mitwirkung bei der Entscheidung berufenen Personen § 93 Abs. 3.

§ 95 (75).

Die Berufung ist binnen einem Monat nach Zustellung der Entscheidung beim Reichsaufsichtsamte schriftlich einzulegen und zu begründen. Eine Berufung, die sich gegen Anordnungen bei Untersagung eines Geschäftsbetriebs (§ 87 Abs. 2), gegen ein Zahlungsverbot (§ 89 Abs. 1 Satz 2) oder gegen eine Entscheidung richtet, wonach Konkurs zu beantragen ist, schiebt die Wirkung der angefochtenen Entscheidung nicht auf. Wird die Entscheidung, wonach Konkurs zu beantragen ist, aufgehoben, so hat es das Reichsaufsichtsamt dem Konkursgerichte mitzuteilen. Dieses hat das Verfahren einzustellen.

An der Entscheidung über die Berufung darf außer dem Vorsitzer des Reichsaufsichtsamts niemand teilnehmen, der bei der angefochtenen Entscheidung mitgewirkt hat.

Der Vorsitzer des Reichsaufsichtsamts ernennt einen ersten und einen zweiten Berichterstatter; einen Berichterstatter muß er dabei aus den richterlichen Beamten oder aus den Mitgliedern höchster Verwaltungsgerichte ernennen.

Entschieden wird auf Grund mündlicher und öffentlicher Verhandlung, zu der die Beteiligten zu laden sind. Die Öffentlichkeit kann aus den Gründen des § 173 des Gerichtsverfassungsgesetzes ausgeschlossen werden.

§ 96 (76).

Hat das Reichsaufsichtsamt nach § 83 Abs. 2 oder nach § 87 Abs. 2 eine Strafe angedroht, so können sich die Beteiligten binnen zwei Wochen nach Zustellung darüber beschweren. Über die Beschwerde entscheidet das Reichsaufsichtsamt in der Besetzung nach § 93.

§ 97 (77).

Soweit in diesem Gesetze nicht ausdrücklich ein Rechtsmittel zugelassen ist, sind die Verfügungen oder Entscheidungen des Reichsaufsichtsamts für die Beteiligten unanfechtbar.

§ 98 (78).

Das Reichsaufsichtsamt kann jeden Beweis erheben, besonders Zeugen und Sachverständige, auch eidlich, vernehmen oder vernehmen lassen.

§ 99 (79).

Die Gerichte und andern öffentlichen Behörden haben den Ersuchen des Reichsaufsichtsamts zu entsprechen, die auf Grund dieses Gesetzes an sie ergehen. Die Ersuchen um eidliche Vernehmungen sind an die Landesbehörden zu richten, die zur eidlichen Vernehmung von Zeugen und Sachverständigen zuständig sind. Als Rechtshilfekosten sind der ersuchten Behörde die baren Auslagen nach § 79 des Gerichtskostengesetzes zu erstatten.

§ 100 (80).

Die Zahl und die Zuziehung der nichtständigen Mitglieder, das Verfahren und der Geschäftsgang des Reichsaufsichtsamts, die Zusammensetzung des Versicherungsbeirats und die Zuziehung seiner Mitglieder werden, soweit dieses Gesetz nichts darüber vorschreibt, durch eine Verordnung geregelt, die der Reichspräsident mit Zustimmung des Reichsrats erläßt. Die Verordnung ist dem Reichstag bei seinem nächsten Zusammentritt zur Kenntnis vorzulegen.

§ 101 (81).

Die Kosten des Reichsaufsichtsamts für Privatversicherung und des Verfahrens vor ihm sind dem Reiche von den seiner Aufsicht unterstellten Versicherungsunternehmungen und Bausparkassen (Abschnitt VII) durch Entrichtung von Gebühren nach Abs. 2 zu erstatten; zu den Kosten gehören auch die Kosten, die durch eine Heranziehung von Prüfern nach § 84 Abs. 1 Satz 2 entstanden sind. Zu den Kosten sind hinzuzurechnen die Gebühren, die im Vorjahr nicht eingegangen sind.

Der Gesamtbetrag der Gebühren soll drei Viertel*) der Kosten des Abs. 1 betragen. Der Satz von eins vom Tausend der gebührenpflichtigen Einnahme an Versiche-

*) Vgl. Zweite Verordnung des Reichspräsidenten zur Sicherung von Wirtschaft und Finanzen vom 5. Juni 1931, zweiter Teil Kapitel VIII: „neun Zehntel" (RGBl. I S. 292).

rungsentgelten sowie an Spar- und Tilgungsbeiträgen (Bausparkassen) darf nicht überschritten werden. Bei Versicherungsunternehmungen werden die Gebühren nach dem Verhältnis der Rohentgelte (Bruttoprämien, Beiträge, Vor- und Nachschüsse, Umlagen) berechnet, die einer jeden Unternehmung im letzten Geschäftsjahr aus den von ihr im Inland abgeschlossenen Versicherungen, jedoch nach Abzug der zurückgewährten Überschüsse oder Gewinnanteile, erwachsen sind; bei Bausparkassen treten an Stelle der Rohentgelte die um Zuschläge für Verwaltungskosten oder ähnliche Aufwendungen erhöhten Spar- und Tilgungsbeiträge.

Den Gebührensatz bestimmt jährlich das Reichsaufsichtsamt in Tausendteilen der gebührenpflichtigen Einnahme an Versicherungsentgelten sowie an Spar- und Tilgungsbeiträgen. Dabei kann es die gebührenpflichtige Einnahme und die Gebühren nach Grundsätzen abrunden, die der Genehmigung des Reichswirtschaftsministers bedürfen. Der Reichswirtschaftsminister kann einen Mindestgebührenbetrag festsetzen.

Die Gebühren setzt das Reichsaufsichtsamt fest; es übermittelt den Unternehmungen einen Verteilungsplan und fordert sie auf, die Gebühren an die Reichshauptkasse binnen einem Monat einzuzahlen. Nach Fristablauf können fällige Beträge wie öffentliche Abgaben eingezogen werden.

§ 102 (82).

Das Reichsaufsichtsamt kann bei einem Beweisverfahren, das durch unbegründete Anträge oder Beschwerden veranlaßt worden ist, sowie bei einem erfolglosen Rechtsmittel die baren Auslagen ganz oder teilweise den Antragstellern auferlegen.

§ 103 (83).

Das Reichsaufsichtsamt veröffentlicht jährlich Mitteilungen über den Stand der seiner Aufsicht unterstellten Versicherungsunternehmungen sowie über seine Wahrnehmungen auf dem Gebiete des Versicherungswesens.

Ebenso veröffentlicht es fortlaufend seine Rechts- und Verwaltungsgrundsätze.

§ 104 (84).

Entscheidungen der aufsichtführenden Landesbehörden, die Gegenstände nach § 93 Abs. 1 betreffen, können binnen einem Monat nach Zustellung im Verwaltungsstreitverfahren oder, wo kein solches besteht, durch Rekurs nach den §§ 20, 21 der Gewerbeordnung angefochten werden.

Im übrigen regelt sich das Verfahren der Landesbehörden bei der Beaufsichtigung nach Landesrecht.

VI. Ausländische Versicherungsunternehmungen.

§ 105 (85).

Ausländische Versicherungsunternehmungen, die im Inland durch Vertreter, Bevollmächtigte, Agenten oder andere Vermittler das Versicherungsgeschäft betreiben wollen, bedürfen der Erlaubnis.

Für die Unternehmungen gilt entsprechend dieses Gesetz, soweit sich nichts anderes aus den §§ 106 bis 111 ergibt.

§ 106 (86).

Über den Antrag auf Erlaubnis entscheidet ausschließlich der Reichswirtschaftsminister.

Die Erlaubnis darf nur erteilt werden, wenn

1. das Reichsaufsichtsamt für Privatversicherung sich nach Anhörung des Versicherungsbeirats gutachtlich äußert, daß keiner der Gründe des § 8 zum Versagen der Erlaubnis vorliege,
2. die Unternehmung nachweist, daß sie an ihrem Sitze unter ihrem Namen Rechte erwerben und Ver-

bindlichkeiten eingehen, vor Gericht klagen und verklagt werden kann,

3. die Unternehmung sich verpflichtet, im Reiche eine Niederlassung zu unterhalten und dafür einen Hauptbevollmächtigten zu bestellen, der im Reiche wohnt. Dieser gilt als ermächtigt, die Unternehmung zu vertreten, besonders die Versicherungsverträge mit Versicherungsnehmern im Inland und über inländische Grundstücke verbindlich abzuschließen, auch alle Ladungen und Verfügungen für die Unternehmung zu empfangen.

Im übrigen entscheidet der Reichswirtschaftsminister nach freiem Ermessen.

§ 107 (87).

Ausländische Versicherungsunternehmungen, denen der Geschäftsbetrieb im Inland erlaubt worden ist, dürfen die Versicherungsverträge mit Versicherungsnehmern, die ihren gewöhnlichen Aufenthalt im Reiche haben, sowie Versicherungsverträge über inländische Grundstücke nur durch Bevollmächtigte abschließen, die im Reiche wohnen.

§ 108 (88).

Die Pflichten, die dieses Gesetz den Inhabern oder Vertretern einer inländischen Unternehmung auferlegt, hat für die ausländische Unternehmung ihr für das Reich bestellter Hauptbevollmächtigter zu erfüllen.

§ 109 (89).

Für Klagen, die aus dem inländischen Versicherungsgeschäft gegen die Unternehmung erhoben werden, ist das Gericht zuständig, in dessen Bezirk sie ihre Niederlassung (§ 106 Abs. 2 Nr. 3) hat. Dieser Gerichtsstand darf nicht durch Vertrag ausgeschlossen werden.

§ 110 (90).

Für ausländische Versicherungsunternehmungen gelten die §§ 57 bis 64 nur, soweit es das Reichsaufsichtsamt bestimmt. § 65, § 66 Abs. 1 Satz 1, Abs. 2, 3, 4, die §§ 67 bis 69, 77 bis 79 gelten bei ausländischen Unternehmungen nur für die im Inland abgeschlossenen Versicherungen.

Der Deckungsstock für diese Versicherungen ist nach näherer Bestimmung des Reichsaufsichtsamts so sicherzustellen, daß nur mit seiner Genehmigung darüber verfügt werden kann. Ein Treuhänder nach den §§ 70 bis 76 wird nicht bestellt.

§ 111 (91).

Die ausländischen Versicherungsunternehmungen, denen der Geschäftsbetrieb erlaubt worden ist, werden vom Reichsaufsichtsamte nach diesem Gesetze beaufsichtigt.

Auf Antrag des Reichswirtschaftsministers kann auch der Reichsrat den Geschäftsbetrieb nach freiem Ermessen untersagen. Den Beschluß führt das Reichsaufsichtsamt aus.

VII. Bausparkassen.

§ 112 (91a).

Privatunternehmungen, bei denen durch die Leistungen mehrerer Sparer ein Vermögen aufgebracht werden soll, woraus die einzelnen Sparer Darlehen für Beschaffung oder Verbesserung von Wohnungen oder Siedlungen oder zur Ablösung hierzu eingegangener Verpflichtungen erhalten (Bausparkassen), unterliegen der Aufsicht. Soweit dieses Gesetz keine besonderen Vorschriften über Bausparkassen enthält, gelten entsprechend die §§ 2, 5, 6, 8 Abs. 1 Nr. 1 und 3, Abs. 2, § 10 Abs. 3, §§ 13, 14, 54, 55, 57 bis 64, 81 bis 86, 87 Abs. 1, 2, §§ 88 bis 91, 93 bis 100, 102, 103, 105 bis 109, 110 Abs. 1 Satz 1, § 111. Dabei kann die Aufsichtsbehörde bestimmen, daß und in welchem Sinne Vorschriften, die für Unternehmungen einer bestimmten

Rechtsform erlassen sind, auch auf die einer anderen Rechtsform anzuwenden sind.

Der Reichswirtschaftsminister kann im Einvernehmen mit dem Reichsarbeitsminister und mit Zustimmung des Reichsrats Geschäftsbetriebe, die wirtschaftlich dieselben oder ähnliche Zwecke wie Bausparkassen verfolgen, den für diese geltenden Vorschriften unterstellen; die Geschäftsbetriebe sind im einzelnen zu bezeichnen. Die Anordnung des Reichswirtschaftsministers ist im Reichsgesetzblatt bekanntzumachen.

Als Bausparkassen sind nicht anzusehen Wohnungsunternehmen, die nach Kapitel III des Siebenten Teils der Verordnung des Reichspräsidenten zur Sicherung von Wirtschaft und Finanzen vom 1. Dezember 1930 (Reichsgesetzbl. I S. 517) als gemeinnützig anerkannt sind.

§ 113 (91b).

Bausparkassen werden vom Reichsaufsichtsamte für Privatversicherung beaufsichtigt, auch wenn ihr Geschäftsbetrieb auf ein Land beschränkt ist.

Bevor das Reichsaufsichtsamt über einen Antrag auf Erlaubnis zum Geschäftsbetrieb entscheidet, soll es die für den Hauptsitz der Bausparkasse zuständige oberste Landesbehörde oder die von dieser bestimmte Stelle über die Zuverlässigkeit der verantwortlichen Geschäftsleiter und die der Bausparkasse zur Verfügung stehenden Mittel hören.

§ 114 (91c).

Der Geschäftsbetrieb darf nur Aktiengesellschaften, Kommanditgesellschaften auf Aktien und Gesellschaften mit beschränkter Haftung erlaubt werden.

§ 115 (91d).

Die Erlaubnis zum Geschäftsbetriebe darf außer den Gründen des § 8 Abs. 1 Nr. 1 und 3 nur versagt werden, wenn nach dem Geschäftsplan die Belange der Bausparer nicht hinreichend gewahrt oder durch die eingereichten sachlichen Geschäftsunterlagen die Verpflichtungen aus den Bausparverträgen nicht genügend als erfüllbar dargetan sind.

Die Erfüllbarkeit darf nicht deshalb allein bezweifelt werden, weil bei der Sicherung der Baudarlehen nicht die Grundsätze des § 69 für die Beleihung von Grundstücken eingehalten werden.

§ 116 (91e).

Der Geschäftsplan hat den Zweck und die Einrichtung der Bausparkasse und den Bezirk des beabsichtigten Geschäftsbetriebs anzugeben sowie die Staffeln unter Hervorhebung der längsten und kürzesten Wartezeit vollständig darzustellen.

Der Geschäftsplan hat ferner Angaben zu enthalten:

1. welche Grundsätze bei den Berechnungen angewandt, besonders ob und wie die Leistungen der Bausparer und der Bausparkasse zu verzinsen sind;
2. ob und wie die Bausparer in Spargruppen zusammengefaßt werden;
3. welche gesonderten Nachweisungen über das für die Zuteilung von Baudarlehen anzusammelnde Vermögen, das in dinglich gesicherten Baudarlehen angelegte Vermögen sowie über das andere Vermögen der Bausparkasse geführt werden;
4. unter welchen Voraussetzungen Baudarlehen zugeteilt werden und zu welcher Zeit es geschieht;
5. wie die Verwaltungskosten gedeckt werden;
6. wie Rücklagen gebildet werden;
7. ob und wie Darlehen aufgenommen und gesichert werden, die eine beschleunigte Zuteilung der Baudarlehen ermöglichen sollen.

§ 117 (91f).

Der Gesellschaftsvertrag soll die einzelnen Geschäftsarten bezeichnen und die Grundsätze für die Vermögensanlage angeben.

§ 118 (91g).

Die allgemeinen Spar- und Darlehnsbedingungen sollen Bestimmungen enthalten:

1. über Höhe und Fälligkeit der Leistungen der Bausparer und über die Rechtsfolgen eines Verzuges;
2. über Höhe und Fälligkeit der Leistungen der Bausparkasse, über die Grundsätze für die Gewährung von Baudarlehen, über die Dauer der Wartezeiten unter Hervorhebung der längsten und kürzesten Wartezeit sowie über die Voraussetzungen, wovon Zuteilung und Auszahlung der Baudarlehen abhängen;
3. über die dingliche Sicherung der Baudarlehen;
4. darüber, ob und unter welchen Voraussetzungen die Bausparer ihre Ansprüche abtreten oder verpfänden dürfen;
5. darüber, ob und wie der Bausparvertrag gekündigt oder sonst ganz oder teilweise aufgehoben werden kann, und welche Verpflichtungen daraus dem Bausparer und der Bausparkasse erwachsen;
6. darüber, ob auf die Bausparer eine Lebensversicherung genommen wird;
7. über das Verfahren bei Streitigkeiten aus dem Bausparvertrag und über das zuständige Gericht;
8. darüber, ob und nach welchen Grundsätzen und Maßstäben Bausparer an den Überschüssen der Bausparkasse teilnehmen.

§ 119 (91h).

Bei jeder Bausparkasse hat das Reichsaufsichtsamt im Einvernehmen mit der für den Sitz der Bausparkasse zuständigen obersten Landesbehörde nach Anhörung der Bausparkasse einen Vertrauensmann zu bestellen; dieser hat darüber zu wachen, daß die Baudarlehen an die Bausparer nach dem Geschäftsplan zugeteilt werden. Das Reichsaufsichtsamt kann dem Vertrauensmann weitere

Aufgaben übertragen. Es kann die Bestellung jederzeit widerrufen.

Der Vertrauensmann kann jederzeit die Bücher und Schriften der Bausparkasse einsehen, soweit es seine Pflichten fordern.

Der Vertrauensmann kann von der Bausparkasse eine angemessene Vergütung für seine Tätigkeit verlangen; die Höhe der Vergütung ist dem Reichsaufsichtsamt anzuzeigen. Bestehen Bedenken gegen die Höhe der Vergütung oder kommt eine Einigung des Vertrauensmannes mit der Bausparkasse über die Höhe der Vergütung nicht zustande, so setzt das Reichsaufsichtsamt die Vergütung fest.

Streitigkeiten zwischen dem Vertrauensmann und der Bausparkasse über dessen Obliegenheiten entscheidet das Reichsaufsichtsamt.

In besonderen Fällen kann das Reichsaufsichtsamt anordnen, daß statt eines Vertrauensmanns ein von der Gesamtheit der Bausparer aus ihrer Mitte zu wählender, aus mindestens drei Mitgliedern bestehender Ausschuß bestellt wird, der ehrenamtlich tätig ist. Die Anordnung ist widerruflich. Abs. 2, 4 gelten entsprechend.

§ 120 (91i).

Das Gesetz über den Vergleich zur Abwendung des Konkurses (Vergleichsordnung) gilt nicht für Bausparkassen.

§ 121 (91k).

Beim Reichsaufsichtsamt wird aus Sachverständigen des Bausparwesens ein Beirat für Bausparkassen gebildet. Die Mitglieder haben bei der Aufsicht über die Bausparkassen ebenso mitzuwirken wie die Mitglieder des Versicherungsbeirats bei der Aufsicht über die privaten Versicherungsunternehmungen. Im übrigen gilt § 92 entsprechend.

VIII. Übergangsvorschriften.

§ 122 (92).

Die Versicherungsunternehmungen, die am 1. Januar 1902 in einem oder in mehreren Ländern landesgesetzlich zum Geschäftsbetrieb befugt gewesen sind, bedürfen keiner Erlaubnis nach diesem Gesetze, wenn sie ihren Geschäftsbetrieb in den Grenzen fortsetzen, die sie bis zum 1. Januar 1902 eingehalten gehabt hatten oder die ihnen, wenn ihre Befugnis zum Geschäftsbetrieb auf besonderer Erlaubnis beruht hat, durch die Erlaubnis gezogen waren.

§ 123 (93).

Die deutschen Versicherungsunternehmungen, die am 1. Januar 1902 zum Geschäftsbetriebe befugt gewesen sind, werden, wenn ihr Geschäftsbetrieb sich über ein Land hinaus erstreckt hat oder ihnen ein solcher Geschäftsbetrieb ausdrücklich erlaubt gewesen ist, vom Reichsaufsichtsamt für Privatversicherung, sonst von Landesbehörden beaufsichtigt.

§ 124 (94).

War einer Versicherungsunternehmung vor dem 1. Januar 1902 landesgesetzlich für eine bestimmte Zeit der Geschäftsbetrieb erlaubt worden, so bedarf sie nach deren Ablauf einer neuen, nach diesem Gesetze zu erwirkenden Erlaubnis der Aufsichtsbehörde.

§ 125 (95).

War einer Versicherungsunternehmung der Geschäftsbetrieb vor dem 1. Januar 1902 widerruflich erlaubt worden, so kann die Aufsichtsbehörde nach freiem Ermessen die Erlaubnis widerrufen, bis die Unternehmung die Erlaubnis zum Geschäftsbetriebe nach diesem Gesetz erlangt hat.

§ 126 (96).

Versicherungsunternehmungen, die am 1. Januar 1902 in einem oder in mehreren Ländern zum Geschäftsbetriebe befugt gewesen sind, können jederzeit die Erlaubnis nach diesem Gesetze nachsuchen. Wenn sie ihren Geschäftsbetrieb auf ein anderes Land ausdehnen wollen, bedürfen sie der Erlaubnis des Reichsaufsichtsamts.

§ 127 (97).

Bei Übergang der Aufsicht von Landesbehörden auf das Reichsaufsichtsamt gehen auf dieses kraft Gesetzes auch alle Rechte und Pflichten über, die durch Sicherheitsbestellung, Hinterlegung, Eintragung von Schuldverschreibungen in ein Staatsschuldbuch oder ins Reichsschuldbuch oder sonst für die Landesbehörden begründet gewesen sind.

Wenn das Reichsaufsichtsamt darum ersucht, haben die Landesbehörden die Sicherheiten einstweilen, jedoch auf höchstens fünf Jahre, weiter zu verwahren und zu verwalten.

§ 128 (101).

Für Vereine, die am 1. Januar 1902 die Versicherung ihrer Mitglieder nach dem Grundsatz der Gegenseitigkeit betrieben haben und rechtsfähig gewesen sind, gelten auch die Vorschriften dieses Gesetzes über die Versicherungsvereine auf Gegenseitigkeit (Abschnitt III) außer den Vorschriften über den Gründungsstock und die Verlustrücklage.

§ 129 (102).

Abschnitt III gilt nicht für solche eingetragenen Genossenschaften und solche nach dem sächsischen Gesetz vom 15. Juni 1868, betreffend die juristischen Personen, errichteten eingetragenen Vereine, welche die Versicherung ihrer Mitglieder nach dem Grundsatz der Gegenseitigkeit betreiben.

Für die Genossenschaften und Vereine nach Abs. 1 gelten entsprechend § 88 Abs. 1, 2 Satz 1 bis 3, Abs. 5, für die Vereine auch die §§ 16, 88 Abs. 2 Satz 4.

§ 130 (103).

Für Vereine, die am 1. Januar 1902 die Versicherung ihrer Mitglieder nach dem Grundsatz der Gegenseitigkeit betrieben haben, aber nicht rechtsfähig gewesen sind, gilt nicht Abschnitt III. Die Aufsichtsbehörde kann solche Vereine auffordern, binnen einer Frist, die wenigstens sechs Monate betragen soll, die Erlaubnis zum Geschäftsbetriebe nach diesem Gesetze nachzusuchen. Kommt ein Verein einer solchen Aufforderung nicht nach, so kann die Aufsichtsbehörde ihm den weitern Geschäftsbetrieb untersagen; dafür gelten entsprechend § 93 Abs. 1 bis 5, die §§ 94, 95.

§ 131 (Art. II)*).

Soweit Bestände des Deckungsstocks einer Versicherungsunternehmung am 1. April 1931 in Aktien inländischer Aktiengesellschaften oder Kommanditgesellschaften auf Aktien oder in kurzfristigen verbrieften Forderungen gegen inländische kaufmännische, gewerbliche oder landwirtschaftliche Unternehmungen angelegt gewesen sind, hat sie die Versicherungsunternehmung bis zum 31. Dezember 1933 so anzulegen, wie es § 68 vorschreibt. Die Aufsichtsbehörde kann auf Antrag Ausnahmen zulassen.

§ 132 (Art. III).

Versicherungsunternehmungen, die am 1. April 1931 die Kraftfahrzeugversicherung oder die Fahrradversicherung betrieben haben, bedürfen keiner Erlaubnis, haben aber der Aufsichtsbehörde auf Erfordern binnen einer Frist, die sie bestimmt, ihren Geschäftsplan klarzulegen. Dafür gilt entsprechend § 81 Abs. 3.

Versicherungsunternehmungen nach Abs. 1 unterliegen keiner Aufsicht, wenn seit dem 1. April 1931 keine neuen

---

*) Die §§ 131—133 des Gesetzes vom 6. Juni 1931 entsprechen den Art. II—IV des Gesetzes vom 30. März 1931 (RGBl. I S. 102).

Versicherungen mehr abgeschlossen und bestehende nicht mehr erhöht oder verlängert werden.

§ 133 (Art. IV).

Bausparkassen, die am 31. Dezember 1929 nach dem Gesetz über Depot- und Depositengeschäfte vom 16. Juni 1925 (Reichsgesetzbl. 1925 I S. 89) zum geschäftsmäßigen Betriebe von Depot- und Depositengeschäften berechtigt gewesen sind, bedürfen keiner Erlaubnis; sie haben dem Reichsaufsichtsamt im Oktober 1931 den Geschäftsplan einzureichen. Dafür gilt entsprechend § 81 Abs. 3. Wird eine Bausparkasse in einer andern Rechtsform betrieben, als § 114 zuläßt, so kann das Reichsaufsichtsamt bis zum 30. September 1933 ihr eine Frist setzen, binnen der sie sich in eine zugelassene Rechtsform umzubilden hat. Nach fruchtlosem Fristablaufe kann ihr die Fortführung des Geschäftsbetriebs untersagt werden.

Bausparkassen, die in der Zeit vom 1. Januar 1930 bis zum 30. September 1931 den Geschäftsbetrieb begonnen oder die einen vor dem 1. Januar 1930 ohne Berechtigung zum geschäftsmäßigen Betriebe von Depot- und Depositengeschäften begonnenen Geschäftsbetrieb fortgesetzt haben, können bis zur Entscheidung des Reichsaufsichtsamts über einen Antrag auf Erlaubnis den Geschäftsbetrieb fortsetzen, wenn sie einen solchen Antrag im Oktober 1931 stellen. Das Reichsaufsichtsamt kann, wenn es den Geschäftsbetrieb erlaubt, die Beibehaltung einer andern Rechtsform gestatten, als § 114 zuläßt.

Für Bausparkassen, die am 1. Oktober 1931 in Liquidation sind oder über deren Vermögen Konkurs eröffnet ist, gilt für die Dauer der Liquidation oder des Konkurses nicht dieses Gesetz.

IX. Strafvorschriften.

§ 134 (105).

Wer der Aufsichtsbehörde gegenüber wissentlich falsche Angaben macht, um für eine Versicherungsunternehmung oder eine Bausparkasse die Erlaubnis zum Geschäftsbetrieb, die Verlängerung einer Erlaubnis oder die Genehmigung zu einer Änderung der Geschäftsunterlagen, des Versicherungsbestandes oder des Bestandes an Bausparverträgen (§§ 14, 112) zu erlangen, wird mit Gefängnis und zugleich mit Geldstrafe bestraft.

Auch kann auf Verlust der bürgerlichen Ehrenrechte erkannt werden.

Bei mildernden Umständen kann ausschließlich auf die Geldstrafe erkannt werden.

§ 135 (106).

Mit Gefängnis bis zu sechs Monaten und zugleich mit Geldstrafe oder mit einer dieser Strafen werden die Mitglieder des Vorstandes, eines Aufsichtsrats oder einer ähnlichen Stelle sowie die Liquidatoren einer Versicherungsaktiengesellschaft oder eines Versicherungsvereins auf Gegenseitigkeit bestraft, wenn sie wissentlich

1. entgegen den Vorschriften des Gesetzes oder der Satzung über die Bildung von Rücklagen eine Gewinnverteilung vorschlagen oder zulassen;
2. den gesetzlichen Vorschriften über die Berechnung und Buchung, Verwaltung und Aufbewahrung der Deckungsrücklage (§§ 65 bis 69, 77, 79) zuwiderhandeln oder die Bescheinigung nach § 66 Abs. 3 Satz 4 falsch erteilen;
3. den Vorschriften der Satzung über die Anlegung von Geldbeständen zuwiderhandeln;
4. Geschäfte betreiben, die in dem genehmigten Geschäftsplan nicht vorgesehen sind, oder den Betrieb solcher Geschäfte zulassen.

Ebenso werden Vorstands- oder Aufsichtsratsmitglieder, persönlich haftende Gesellschafter, Geschäftsführer oder Liquidatoren einer Bausparkasse bestraft, wenn sie eine der im Abs. 1 Nr. 1, 3 und 4 bezeichneten Handlungen begehen.

§ 136 (106a).

Mit Gefängnis oder mit Geldstrafe werden Vorstandsmitglieder, persönlich haftende Gesellschafter, Geschäftsführer, Liquidatoren oder Bevollmächtigte einer Bausparkasse bestraft, wenn sie zum Nachteil eines oder mehrerer Bausparer bei der Zuteilung von Baudarlehen vom Geschäftsplan abweichen.

Ebenso wird bestraft, wer als Vertrauensmann bei einer Bausparkasse oder Mitglied eines Ausschusses (§ 119) zum Nachteil eines oder mehrerer Bausparer handelt.

§ 137 (106b).

Prüfer oder Gehilfen, deren sich ein Prüfer bei der Prüfung bedient, werden, wenn sie über das Ergebnis der Prüfung falsch berichten oder erhebliche Umstände im Berichte verschweigen, mit Gefängnis bis zu einem Jahr oder mit Geldstrafe bestraft.

Ebenso wird bestraft, wer entgegen § 63 Abs. 1 oder § 85 Satz 5 seine Pflicht zur Verschwiegenheit verletzt oder Geschäfts- und Betriebsgeheimnisse, die er bei Wahrnehmung seiner Obliegenheiten erfahren hat, unbefugt verwertet.

Ebenso wird ferner bestraft, wer als Aufsichtsratsvorsitzer einer Prüfungsgesellschaft oder als sein Stellvertreter entgegen § 63 Abs. 3 Satz 2 oder § 85 Satz 5 die durch Einsicht eines Berichts erlangten Kenntnisse verwertet, ohne daß es die Erfüllung der Überwachungspflicht des Aufsichtsrats fordert.

Die Handlungen werden nur auf Antrag der Aufsichtsbehörde oder des Vorstandes der Versicherungsunternehmung oder der Bausparkasse verfolgt.

§ 138 (106c).

Treuhänder, die zur Überwachung eines Deckungsstocks bestellt sind, oder ihre Stellvertreter (§ 70) werden, wenn sie zum Nachteil der Versicherten handeln, wegen Untreue nach § 266 des Strafgesetzbuchs bestraft.

§ 139 (107).

Sachverständige, welche die Berechnung der Deckungsrücklage bei Lebens-, Kranken- oder Unfallversicherungsunternehmungen zu prüfen haben, werden, wenn sie die Erklärung unter der Vermögensübersicht (§ 65 Abs. 2) wissentlich falsch abgeben, mit Gefängnis und zugleich mit Geldstrafe bestraft.

Ebenso werden Treuhänder, die zur Überwachung eines Deckungsstocks bestellt sind, oder ihre Stellvertreter (§ 70) bestraft, wenn sie die Erklärung unter der Bilanz (§ 73) wissentlich falsch abgeben.

Auch kann auf Verlust der bürgerlichen Ehrenrechte erkannt werden.

Bei mildernden Umständen kann ausschließlich auf die Geldstrafe erkannt werden.

§ 140 (108).

Wer im Inland das Versicherungsgeschäft oder eine Bausparkasse ohne die vorgeschriebene Erlaubnis betreibt, wird mit Geldstrafe oder mit Haft oder mit Gefängnis bis zu drei Monaten bestraft.

Ebenso wird bestraft, wer im Inland einen Versicherungsvertrag oder einen Bausparvertrag für eine dort zum Geschäftsbetriebe nicht befugte Unternehmung als Vertreter oder Bevollmächtigter abschließt oder wer den Abschluß solcher Verträge geschäftsmäßig vermittelt.

§ 360 Nr. 9 des Strafgesetzbuchs ist, soweit sich die Vorschrift auf Versicherungsunternehmungen (§ 1) bezieht, aufgehoben.

Vermittler von Versicherungsverträgen, die gegen eine Anordnung nach § 81 Abs. 2 Satz 3, 4 verstoßen, werden mit Geldstrafe bestraft.

§ 141 (109).

Mit Gefängnis bis zu drei Monaten und zugleich mit Geldstrafe werden die Vorstandsmitglieder oder die Liquidatoren einer Versicherungsaktiengesellschaft, eines Versicherungsvereins auf Gegenseitigkeit, einer eingetragenen Genossenschaft oder eines Vereins der im § 129 bezeichneten Art oder die Vorstandsmitglieder, persönlich haftenden Gesellschafter, Geschäftsführer oder Liquidatoren einer Bausparkasse bestraft, wenn entgegen § 88 Abs. 2 der Aufsichtsbehörde eine der dort vorgeschriebenen Anzeigen nicht gemacht worden ist.

Bei mildernden Umständen tritt ausschließlich die Geldstrafe ein.

Straflos bleibt der, den kein Verschulden daran trifft, daß die Anzeige unterblieben ist.

§ 142 (110).

Die Mitglieder des Vorstandes, eines Aufsichtsrats oder einer ähnlichen Stelle sowie die Liquidatoren eines Versicherungsvereins auf Gegenseitigkeit werden, wenn sie absichtlich zum Nachteil des Vereins handeln, mit Gefängnis und zugleich mit Geldstrafe bestraft.

Auch kann auf Verlust der bürgerlichen Ehrenrechte erkannt werden.

Bei mildernden Umständen kann ausschließlich auf die Geldstrafe erkannt werden.

§ 143 (111).

Die Mitglieder des Vorstandes, eines Aufsichtsrats oder einer ähnlichen Stelle sowie die Liquidatoren eines Versicherungsvereins auf Gegenseitigkeit werden mit Gefängnis bis zu einem Jahre und zugleich mit Geldstrafe bestraft, wenn sie wissentlich in ihren Darstellungen, in ihren Übersichten über den Vermögensstand des Vereins oder in ihren Vorträgen vor der obersten Vertretung den Stand des Vereins unwahr darstellen oder verschleiern.

Zugleich kann auf Verlust der bürgerlichen Ehrenrechte erkannt werden.

Bei mildernden Umständen kann ausschließlich auf die Geldstrafe erkannt werden.

§ 144 (112).

Die §§ 239 bis 241 der Konkursordnung gelten gegen die Vorstandsmitglieder und die Liquidatoren eines Versicherungsvereins auf Gegenseitigkeit, der seine Zahlungen eingestellt hat oder über dessen Vermögen Konkurs eröffnet worden ist, wenn sie in dieser Eigenschaft die mit Strafe bedrohten Handlungen begangen haben.

§ 145 (113).

Die §§ 135, 141 bis 144 gelten auch für die Mitglieder des Vorstandes, eines Aufsichtsrats oder einer ähnlichen Stelle sowie die Liquidatoren eines Vereins, der nach § 128 als Versicherungsverein auf Gegenseitigkeit zu behandeln ist.

X. Schlußvorschriften.

§ 146 (114).

Der Reichswirtschaftsminister kann mit Zustimmung des Reichsrats nach Anhörung des Versicherungsbeirats zur Durchführung der für Versicherungsunternehmungen geltenden Vorschriften dieses Gesetzes Rechtsverordnungen und allgemeine Verwaltungsvorschriften erlassen.

Der Reichswirtschaftsminister kann im Einvernehmen mit dem Reichsarbeitsminister mit Zustimmung des Reichsrats nach Anhörung des Beirats für Bausparkassen zur Durchführung der für Bausparkassen geltenden Vorschriften dieses Gesetzes Rechtsverordnungen und allgemeine Verwaltungsvorschriften erlassen, besonders auch darüber, wie Bausparkassen ihre Vermögensgegenstände in der Bilanz zu bewerten haben.

§ 147 (115).

Der Vorstand einer Versicherungsunternehmung, deren Geschäftsbetrieb sich über ein Land hinaus erstreckt, hat den obersten Behörden der Länder, wo die Unternehmung

Geschäfte betreiben will, bei Eröffnung des Geschäftsbetriebs Anzeige zu machen.

Jede Versicherungsunternehmung hat in dem Lande, worauf sie ihren Betrieb erstreckt, ohne daß sie dort ihren Sitz hat, auf Verlangen der obersten Landesbehörde einen Hauptbevollmächtigten zu bestellen, wenn der Geschäftsbetrieb in dem Lande so umfangreich ist oder nach dem Geschäftsplan werden soll, daß sich die Bestellung eines Hauptbevollmächtigten rechtfertigt. Bestreitet die Unternehmung, daß die Voraussetzung dafür gegeben sei, so entscheidet darüber der Reichsrat auf Grund der ihm vorzulegenden Nachweise. Sind mehrere Länder beteiligt, so können ihre obersten Behörden zusammen die Bestellung eines gemeinschaftlichen Hauptbevollmächtigten verlangen. Der Hauptbevollmächtigte muß in dem Lande oder bei Beteiligung mehrerer Länder in einem von ihnen wohnen; er gilt als ermächtigt, die Unternehmung zu vertreten, besonders die Versicherungsverträge mit Versicherungsnehmern des Landes oder der Länder und über dort belegene Grundstücke verbindlich abzuschließen, auch alle Ladungen und Verfügungen für die Unternehmung zu empfangen. Lebensversicherungsverträge darf er jedoch nur abschließen, wenn es die Hauptleitung der Versicherungsunternehmung vorher erlaubt hat; die Erlaubnis muß in den Verträgen zum Ausdruck gebracht werden.

Für Klagen, die aus dem Versicherungsgeschäft in dem Lande oder in den Ländern gegen die Unternehmung erhoben werden, ist das Gericht zuständig, in dessen Bezirk der Hauptbevollmächtigte wohnt. Dieser Gerichtsstand darf nicht durch Vertrag ausgeschlossen werden.

§ 148 (116).

Unternehmungen, welche die Versicherung gegen Kursverluste oder die Transportversicherung oder ausschließlich die Rückversicherung zum Gegenstande haben, mit Ausnahme von Versicherungsvereinen auf Gegenseitigkeit, unterliegen nicht der Aufsicht nach diesem Gesetze. Der Reichswirtschaftsminister kann jedoch mit Zustimmung des Reichsrats anordnen, daß auch solche Unternehmungen der Aufsicht unterliegen oder bestimmte Vorschriften dieses Gesetzes für sie gelten.

Als Transportversicherung sind die Kraftfahrzeugversicherung und die Fahrradversicherung nicht anzusehen.

§ 149 (117).

Die Reichsregierung kann mit Zustimmung des Reichsrats anordnen:

1. daß § 7 Abs. 2 auch für andere als die dort bezeichneten Versicherungszweige gilt;
2. daß für Versicherungszweige, wofür nicht § 7 Abs. 2 gilt, dieses Gesetz ganz oder teilweise unanwendbar bleibt.

§ 150 (118).

Alle Unternehmungen, die nach diesem Gesetze der Aufsicht unterliegen, haben dem Reichsaufsichtsamte für Privatversicherung die von ihm erforderten Zählnachweise über ihren Geschäftsbetrieb einzureichen. Über die Art der Nachweise ist der Versicherungsbeirat, soweit es die Bausparkassen betrifft, der Beirat für Bausparkassen zu hören.

§ 151 (119).

Öffentliche Versicherungsanstalten, die auf Grund landesgesetzlicher Vorschriften errichtet sind, unterliegen zwar nicht diesem Gesetze, haben aber dem Reichsaufsichtsamte bestimmte Zählnachweise über ihren Geschäftsbetrieb einzureichen. Näheres ordnet die Reichsregierung mit Zustimmung des Reichsrats an.

Abs. 1 gilt auch für öffentlich-rechtliche Bausparkassen.

§ 152 (119a).

Das Reichsaufsichtsamt und die aufsichtführenden Landesbehörden sind verpflichtet, ihre Rechts- und Verwaltungsgrundsätze sich gegenseitig mitzuteilen. Dies gilt auch für die Grundsätze, welche die Landesbehörden bei der Beaufsichtigung der öffentlich-rechtlichen Versicherungsunternehmungen und Bausparkassen aufstellen.

§ 153 (120).

Unberührt bleiben die landesgesetzlichen Vorschriften, die den Betrieb bestimmter Versicherungsgeschäfte öffentlichen Anstalten vorbehalten.

§ 154 (121).

Unberührt bleiben die landesrechtlichen Vorschriften über die polizeiliche Überwachung der Feuerversicherungsverträge nach ihrem Abschluß und der Auszahlung von Brandentschädigungen; dagegen sind aufgehoben die landesrechtlichen Vorschriften, die den Abschluß von Feuerversicherungsgeschäften von einer vorher zu erwirkenden polizeilichen Zustimmung abhängig machen, sowie die landesrechtlichen Vorschriften, die den unmittelbaren Abschluß von Feuerversicherungsverträgen mit solchen Vertretungen verbieten, die sich nicht im Lande befinden.

Unberührt bleiben ferner die landesrechtlichen Vorschriften und die mit Landesbehörden getroffenen Vereinbarungen über die Verpflichtungen der Feuerversicherungsunternehmungen zu Abgaben für gemeinnützige Zwecke, besonders zur Förderung des Feuerlöschwesens oder zur Unterstützung von Mitgliedern von Feuerwehren und andern bei Hilfeleistung in Brandfällen verunglückten Personen oder ihrer Hinterbliebenen.

Unberührt bleiben auch Verpflichtungen, die Feuerversicherungsunternehmungen am 1. Januar 1901 in einem Lande nach Landesrecht oder auf Grund von Vereinbarungen mit Landesbehörden zur Übernahme gewisser Versicherungen oblagen, wenn die Unternehmung ihren Geschäftsbetrieb in dem Lande fortgesetzt hat und fortsetzt oder ihr nach diesem Gesetze der Geschäftsbetrieb erlaubt worden ist. Die Erfüllung der Verpflichtungen überwacht die Aufsichtsbehörde nach diesem Gesetze.

§ 155 (122).

Dieses Gesetz gilt nicht für die auf Grund landesrechtlicher Vorschriften errichteten Hilfskassen (§ 75 Abs. 4 des früheren Krankenversicherungsgesetzes), für die auf Grund der Gewerbeordnung von Innungen oder Innungsverbänden errichteten Unterstützungskassen sowie für die auf Grund berggesetzlicher Vorschriften errichteten Knappschaftskassen.

Die beteiligten Landesregierungen können auch die Hilfskassen des Abs. 1 diesem Gesetz unterstellen und dabei den Beginn der Unterstellung sowie das sonst Erforderliche bestimmen.

§ 156 (123).

§ 39 Abs. 3 gilt entsprechend auch für Versicherungsaktiengesellschaften und Bausparkassen.

§ 157 (124).

Die Aufsichtsbehörde kann für die Erlaubnis zum Geschäftsbetriebe, die Geschäftsführung und die Rechnungslegung der Vereine auf Gegenseitigkeit, die nicht eingetragen zu werden brauchen, Abweichungen von den §§ 11, 12, 55, 56, 65, 66 gestatten.

Soweit sich die Abweichungen auf die Geschäftsführung und die Rechnungslegung beziehen, können sie besonders davon abhängig gemacht werden, daß in mehrjährigen Zeiträumen auf Kosten des Vereins der Geschäftsbetrieb und die Vermögenslage durch einen Sachverständigen geprüft und der Prüfungsbericht der Aufsichtsbehörde eingereicht wird.

§ 158 (125)*).

Die Vorschriften dieses Gesetzes über Bausparkassen treten am 1. Oktober 1931 in Kraft.

Nach den §§ 57 bis 64 ist erstmalig der Rechnungsabschluß für das erste Geschäftsjahr zu prüfen, das nach dem 1. April 1931 abläuft; für Bausparkassen tritt an die Stelle des 1. April 1931 der 1. Oktober 1931.

Die im § 84 vorgesehene Pflicht der Aufsichtsbehörde, eine Prüfung mindestens alle fünf Jahre einmal vorzunehmen, beginnt als solche am 1. Januar 1932.

In Bayern tritt das Gesetz, soweit es das Immobiliarversicherungswesen betrifft, nur mit Zustimmung der Bayerischen Regierung in Kraft.

---

*) § 158 des Gesetzes vom 6. Juni 1931 entspricht dem § 125 Abs. 4 des Gesetzes vom 12. Mai 1901 (RGBl. S. 139) und dem Art. VI des Gesetzes vom 30. März 1931 (RGBl. I S. 102).

Gegenüberstellung der Paragraphenfolge des Versicherungsaufsichtsgesetzes

nach der bisherigen Fassung (unter Berücksichtigung der durch das Gesetz vom 30. März 1931 neu eingefügten Bestimmungen) mit der Paragraphenfolge nach der Bekanntmachung der Fassung des Gesetzes vom 6. Juni 1931 (RGBl. I S. 315).

Es entspricht:

Bisher	Jetzt	Bisher	Jetzt
§ 1	§ 1	§ 22*)	§ 22*)
§ 1a*)	§ 2*)	§ 23	§ 23
§ 2	§ 3	§ 24	§ 24
§ 3	§ 4	§ 25	§ 25
§ 4	§ 5	§ 26	§ 26
§ 5	§ 6	§ 27	§ 27
§ 6	§ 7	§ 28	§ 28
§ 7	§ 8	§ 29	§ 29
§ 8	§ 9	§ 30	§ 30
§ 9	§ 10	§ 31	§ 31
§ 10[1])	—	§ 32	§ 32
§ 11	§ 11	§ 33	§ 33
§ 12	§ 12	§ 34	§ 34
§ 13	§ 13	§ 35	§ 35
§ 14*)	§ 14*)	§ 36	§ 36
§ 15	§ 15	§ 37	§ 37
§ 16	§ 16	§ 38	§ 38
§ 17	§ 17	§ 39	§ 39
§ 18	§ 18	§ 40	§ 40
§ 19	§ 19	§ 41	§ 41
§ 20	§ 20	§ 42	§ 42
§ 21	§ 21	§ 43	§ 43

*) Diese Paragraphen sind durch die Novelle entweder geändert oder neu eingefügt worden.

[1]) Bereits durch Gesetz vom 19. Juli 1923 (RGBl. I S. 684) aufgehoben.

Bisher	Jetzt	Bisher	Jetzt
§ 44	§ 44	§ 60e*)	§ 74*)
§ 45	§ 45	§ 60f*)	§ 75*)
§ 46	§ 46	§ 60g*)	§ 76*)
§ 47	§ 47	§ 61	§ 77
§ 48	§ 48	§ 62	§ 78
§ 49	§ 49	§ 63	§ 79
§ 50	§ 50	§ 63a*)	§ 80*)
§ 51	§ 51	§ 64*)	§ 81*)[2]
§ 52	§ 52	§ 64a*)	§ 82*)
§ 53	§ 53	§ 65*)	§ 83*)
§ 54	§ 54	§ 65a*)	§ 84*)
§ 55	§ 55	§ 65b*)	§ 85*)
§ 55a	§ 56	§ 66	§ 86
§ 55b*)	§ 57*)	§ 67	§ 87
§ 55c*)	§ 58*)	§ 67a*)	—[3]
§ 55d*)	§ 59*)	§ 68	§ 88
§ 55e*)	§ 60*)	§ 69*)	§ 89*)
§ 55f*)	§ 61*)	§ 70	§ 90
§ 55g*)	§ 62*)	§ 71	§ 91
§ 55h*)	§ 63*)	§ 72	§ 92
§ 55i*)	§ 64*)	§ 73*)	§ 93*)
§ 56	§ 65	§ 74*)	§ 94*)
§ 57*)	§ 66*)	§ 75	§ 95
§ 58	§ 67	§ 76	§ 96
§ 59*)	§ 68*)	§ 77	§ 97
§ 60	§ 69	§ 78	§ 98
§ 60a*)	§ 70*)	§ 79	§ 99
§ 60b*)	§ 71*)	§ 80	§ 100
§ 60c*)	§ 72*)	§ 81*)	§ 101*)[4]
§ 60d*)	§ 73*)	§ 82	§ 102

[2]) Der bisherige letzte Satz des Abs. 2, der eine Übergangsvorschrift enthielt, fehlt in der neuen Fassung des Gesetzes.

[3]) Durch die Novelle gestrichen.

[4]) Bereits erneut geändert durch Kapitel VIII des Zweiten Teils der Zweiten Verordnung des Reichspräsidenten zur Sicherung von Wirtschaft und Finanzen vom 5. Juni 1931 (RGBl. I S. 292).

Bisher	Jetzt	Bisher	Jetzt
§ 83	§ 103	Art. III der Novelle*)	§ 132*)
§ 84	§ 104	Art. IV der Novelle*)	§ 133*)
§ 85	§ 105	§ 105*)	§ 134*)
§ 86	§ 106	§ 106*)	§ 135*)
§ 87	§ 107	§ 106a*)	§ 136*)
§ 88	§ 108	§ 106b*)	§ 137*)
§ 89	§ 109	§ 106c*)	§ 138*)
§ 90*)	§ 110*)	§ 107*)	§ 139*)
§ 91	§ 111	§ 108*)	§ 140*)
§ 91a*)	§ 112*)	§ 109*)	§ 141*)
§ 91b*)	§ 113*)	§ 110	§ 142
§ 91c*)	§ 114*)	§ 111	§ 143
§ 91d*)	§ 115*)	§ 112	§ 144
§ 91e*)	§ 116*)	§ 113	§ 145
§ 91f*)	§ 117*)	§ 114*)	§ 146*)
§ 91g*)	§ 118*)	§ 115	§ 147
§ 91h*)	§ 119*)	§ 116*)	§ 148*)
§ 91i*)	§ 120*)	§ 117	§ 149
§ 91k*)	§ 121*)	§ 118*)	§ 150*)
§ 92	§ 122	§ 119*)	§ 151*)
§ 93	§ 123	§ 119a*)	§ 152*)
§ 94	§ 124[5])	§ 120	§ 153
§ 95	§ 125	§ 121	§ 154
§ 96	§ 126	§ 122	§ 155
§ 97	§ 127	§ 123*)	§ 156*)
§ 98	—	§ 124	§ 157
§ 99	—	§ 125 Abs. 1—3	—
§ 100	—	Art. VI der Novelle*)	§ 158 Abs. 1—3*)
§ 101	§ 128[6])	§ 125 Abs. 4	§ 158 Abs. 4
§ 102	§ 129		
§ 103	§ 130		
§ 104	—		
Art. II der Novelle*)	§ 131*)		

[5]) Der bisherige Abs. 2 von § 94, der eine Übergangsvorschrift enthielt, fehlt in der neuen Fassung.

[6]) Die bisherigen Abs. 2 und 3 von § 101 fehlen in der neuen Fassung.

Erläuterungen zu den neuen Gesetzesbestimmungen.

§ 1.

(Abs. 2:) Nicht als Versicherungsunternehmungen anzusehen sind Personenvereinigungen, die ihren Mitgliedern, ohne daß diese einen Rechtsanspruch haben, Unterstützungen gewähren, besonders die Unterstützungseinrichtungen und Unterstützungsvereine der Berufsverbände.

Die Unterstützungseinrichtungen und Unterstützungsvereine der Berufsverbände wurden schon bisher vom RA. nicht als aufsichtspflichtige VU. angesehen. Der 8. RT.ausschuß hielt es für erforderlich, die Aufsichtsfreiheit dieser Unterstützungseinrichtungen und Unterstützungsvereine durch einen ausdrücklichen Zusatz zu § 1 Abs. 2 VAG. klarzustellen. Vgl. im übrigen § 2 Anm. 2 und 5.

§ 2.

Ob eine Unternehmung nach § 1 der Aufsicht unterliegt, entscheidet die Aufsichtsbehörde; die Entscheidung bindet die Gerichte und Verwaltungsbehörden. Eine vor dem 1. April 1931 ergangene Entscheidung eines Gerichts oder einer Verwaltungsbehörde steht einer Entscheidung der Aufsichtsbehörde nicht entgegen.

1. Die Vorschrift des § 2 ist von besonderer Bedeutung für die sogenannten Unterstützungsvereine (Anm. 2) und für die AbonnentenV. (Anm. 3.)

2. **Unterstützungsvereine** (vgl. Koenige-Petersen § 1 Anm. 9 und 10).

a) Nach § 1 Abs. 2 sind als V.unternehmungen im Sinne des Gesetzes solche Personenvereinigungen nicht anzusehen, die ihren

Mitgliedern **Unterstützung** gewähren, **ohne** ihnen einen **Rechtsanspruch** darauf einzuräumen. Diese Vorschrift war im ursprünglichen Entwurf zum VAG. nicht enthalten. Sie ist erst von der Reichstagskommission eingefügt worden (RT.drucksache, 10. Legislaturperiode, II. Session 1900/1901, Nr. 244 S. 9). Bei der Schaffung der Vorschrift dachte man offenbar an Vereinigungen auf berufsgenossenschaftlicher, gewerkschaftlicher oder eng nachbarlicher Grundlage, bei denen ein besonderes Vertrauensverhältnis zwischen Mitgliedern und Leitung vorausgesetzt werden kann (vgl. z. B. VA. 03, 96, 105; 06, 92). Vgl. jetzt auch § 1 Abs. 2 in der Fassung des Gesetzes v. 6. Juni 1931.

b) Die bisherigen Gesetzesvorschriften konnten aber nicht verhindern, daß mit der Anwendung des § 1 Abs. 2 ein **bedenklicher Mißbrauch** getrieben wurde. Immer häufiger traten angebliche Unterstützungsvereinigungen auf, die sich ganz wie große beaufsichtigte VU., meist mit entlohnten Agenten, an die große Öffentlichkeit wandten, eine starke Werbetätigkeit entfalteten und sich auch sonst in ihrem Geschäftsbetriebe den beaufsichtigten VU. weitgehend anpaßten. Diese Vereinigungen suchten sich der behördlichen Aufsicht zu entziehen, indem sie durch Satzungsbestimmung, zum Teil unter ausdrücklichem Hinweis auf § 1 Abs. 2 VAG., den Rechtsanspruch auf die den Mitgliedern versprochenen Leistungen ausschlossen. Bei der Werbung wurde der Ausschluß des Rechtsanspruchs meist mit Vorbedacht verschwiegen. Personen mit schlechtem Leumund und zahlreichen Vorstrafen haben es auf diese Weise verstanden, unter dem Deckmantel eines Unterstützungsvereins V.geschäfte zu betreiben und V.bedürftige auszubeuten. Besonders schlimm war es, wenn derartige schwindelhafte Unternehmungen ihren Mitgliedern Krankenunterstützungen, Sterbegelder oder sogar Pensionen in Aussicht stellten, wenn sie also auf v.technisch schwierigen Gebieten arbeiteten, die besondere Kenntnisse und Fähigkeiten und besondere Zuverlässigkeit erfordern.

c) **Das Reichsaufsichtsamt** hat stets den Standpunkt vertreten, daß zur Befreiung eines Unternehmens von der V.aufsicht der rein äußerliche und formale Ausschluß des Rechtsanspruchs in der Satzung nicht genügt, wenn das Vorliegen eines aufsichtspflichtigen V.betriebs aus dem gesamten Inhalt der

Satzung oder aus der ganzen Eigenart des Unternehmens hervorgeht (VA. 03, 105; 04, 23, 87; 05, 70; 26, 179; 28, 164; 29, 158). Das RA. konnte aber diese Auffassung bisher nicht immer durchsetzen. Wenn ein Unternehmen V.geschäfte ohne die vorgeschriebene Erlaubnis betrieb und sich gegen die Unterstellung unter die behördliche Aufsicht wehrte, so konnte das RA. gegen die verantwortlichen Leiter des Unternehmens nur Strafanzeige nach § 108 (jetzt 140) Abs. 1 VAG. erstatten; es konnte aber nicht selbst verbindlich darüber entscheiden, ob ein Unternehmen aufsichtspflichtig ist oder nicht.

d) Die **Gerichte** haben in einer Reihe von Fällen, in denen nach Ansicht der Aufsichtsbehörde und nach allgemeiner Auffassung von Kennern des V.wesens ein aufsichtspflichtiger V.betrieb vorlag, das Unternehmen als Unterstützungsverein im Sinne des § 1 Abs. 2 angesehen (KG. v. 8. Febr. 1906, VA. 06, Anh. 36; KG. v. 11. Jan. 1926, VA. 26, 227; OLG. Breslau v. 4. Juni 1926, VA. 26, 239). Besonders bedenklich vom Standpunkte der V.aufsicht aus betrachtet waren die in Sachen eines **Glasschutzvereins** ergangenen strafgerichtlichen Entscheidungen, darunter die angeführte Entscheidung des KG. v. 11. Jan. 1926 (vgl. hierzu die Bemerkungen in VA. 26, 179; 29, 158). In Sachen desselben Vereins haben im Gegensatz zu den Strafgerichten die Finanzgerichte in sämtlichen Rechtszügen ausgesprochen, daß v.steuerpflichtige Versicherungen vorlägen; aus der Art, wie die Vereinsgeschäfte tatsächlich geführt würden, sei zu ersehen, daß ein Rechtsanspruch gegeben sei (RFinH. v. 30. Okt. 1925, VA. 26, 308; vgl. auch RFinH. v. 7. Mai 1927, VA. 28, 67). Andere ordentliche Gerichte haben entgegen der Ansicht des KG. in ähnlichen Fällen den Standpunkt eingenommen, daß ein aufsichtspflichtiger V.betrieb vorliege (OLG. Dresden v. 25. Febr. 1904, VA. 04, Anh. 174; StrK. beim AG. Geestemünde v. 2. Dez. 1921, VA. 22, Anh. 38; AG. Mannheim v. 11. Jan. 1926, VA. 26, 249; AG. Breslau v. 5. Mai 1928, VA. 28, 205). Vgl. auch die Entscheidung des bayr. VGH. v. 20. Febr. 1929 (VA. 29, 206); ferner die Entscheidungen des RFinH. v. 24. Juli 1925 (VA. 25, 184), v. 16. Nov. 1928 (VA. 29, 60), v. 11. Febr. 1930 (VA. 30, 49). Das Ergebnis war eine völlige Rechtsunsicherheit auf dem Gebiete der

Unterstützungsvereine. Neu entstandene Vereine haben sich auf die ihnen günstigen Gerichtsurteile berufen und sich dadurch der Beaufsichtigung entzogen.

3. **Abonnentenversicherung** (vgl. Koenige-Petersen § 1 Anm. 7).

a) Die AbonnentenV. (ZeitschriftenV.) entspricht offenbar einem starken **wirtschaftlichen Bedürfnisse** der Bevölkerung. Die Gesamtzahl der in Verbindung mit einem Zeitschriftenbezuge versicherten Personen wird heute in Deutschand auf etwa 10 Millionen, die Summe der jährlichen V.leistungen auf etwa 25 Millionen Reichsmark geschätzt. Im Jahre 1928 wurden von einer einzigen V.gesellschaft, die die AbonnentenV. in besonders großem Umfange betreibt, V.leistungen von insgesamt 8,7 Millionen Reichsmark ausgezahlt. Ein Verbot der AbonnentenV., wie es von manchen Wirtschaftskreisen angestrebt wird, würde daher empfindlich in bestehende Verhältnisse eingreifen und schwer durchzuführen sein. Ein gesetzliches Verbot wäre nur durch eine Änderung des VAG. zu erreichen. Das Gesetz v. 30. März 1931 hat ein solches Verbot nicht ausgesprochen, weil die Wirtschaft eine solche Erschütterung nicht vertragen würde und die beaufsichtigte AbonnentenV. gut gearbeitet hat (VA. 31, 83).

b) Wie in § 1 Anm. 7 ausgeführt ist, hat man die von VU. betriebene, **beaufsichtigte** und die von Zeitschriftenverlegern selbst gewährte, **unbeaufsichtigte** AbonnentenV. zu unterscheiden (vgl. auch VA. 28, 102; 29, 81; 30, 91). Das **Reichsaufsichtsamt** hat stets den Standpunkt vertreten, daß die AbonnentenV. in jeder Form als ein Betrieb von V.geschäften zu betrachten und daher aufsichtspflichtig sei. Es konnte aber seinen Standpunkt, ebenso wie in Sachen der Unterstützungsvereine, oft nicht durchsetzen wegen der abweichenden Auffassung der **Gerichte**, vor allem des **Reichsgerichts**. Der letzte Versuch, eine andere Rechtsprechung des RG. herbeizuführen, ist gescheitert durch die Entscheidung des RG. v. 26. Jan. 1915 (RGSt. 49, 152; VA. 15, Anh. 11). Das RA. hat eine Verantwortung für die dadurch hervorgerufenen Mißstände ausdrücklich abgelehnt und sich bei Beschwerden von Versicherten oder anderen Beteiligten auf den Bescheid beschränkt, daß es angesichts der Rechtsprechung nicht wirksam eingreifen könne (VA. 16, 99).

c) Das RA. bemüht sich unablässig, durch Verhandlungen mit den VU. über die Aufstellung von **Musterverträgen** und **Musterbedingungen** und durch sonstige Anordnungen die AbonnentenV. auf eine geordnete Grundlage zu stellen und sie auf die **V.zweige** zu beschränken, die sich für den Betrieb in Form der AbonnentenV. eignen (Unfall-, Sterbegeld-, in beschränkterem Umfange auch HaftpflichtV.). Infolge der Rechtsprechung konnte es die vom Aufsichtsstandpunkte aus sehr unerwünschte unbeaufsichtigte AbonnentenV. nicht unterdrücken. Da die Verleger infolge der Rechtsprechung der Gerichte bisher nicht genötigt waren, Verträge mit beaufsichtigten VU. abzuschließen, sondern die ZeitschriftenV. auch auf eigene Rechnung betreiben konnten, so war es dem RA. selbst in der **beaufsichtigten AbonnentenV.** nicht immer möglich, die für die Versicherten wünschenswerten Verbesserungen einzuführen. Denn die Verleger drohten häufig, bei einer Verschärfung der behördlichen Anforderungen den Vertrag mit der beaufsichtigten VU. zu lösen und die V. künftig auf eigene Rechnung ohne Aufsicht zu betreiben.

d) Während die Bekämpfung der unbeaufsichtigten AbonnentenV. durch die Rechtsprechung der Gerichte gehemmt wurde, haben Strafverfolgungsbehörden und Gerichte wiederholt der beaufsichtigten AbonnentenV. durch Anwendung **gewerbepolizeilicher** Vorschriften Schwierigkeiten bereitet. Zeitschriften, mit deren Bezug eine AbonnentenV. verbunden ist, wurden von Strafgerichten zu den Druckschriften gerechnet, die durch § 56 Abs. III Nr. 12 GewO. vom Feilbieten und vom Aufsuchen von Bestellungen im Umherziehen ausgeschlossen sind (VA. 28, 102). Die Verhandlungen über die Änderung der angeführten Bestimmung der GewO. sind noch nicht abgeschlossen (VA. 30, 83).

4. Über die Aufsichtspflicht der **EinheitsV.** vgl. Koenige-Petersen § 116 Anm. 5, 6; allgemeine V.bedingungen VA. 28, 157; 31, 152; MontageV. als EinheitsV. VA. 30, 157; 31, 167. Über die Anwendung des § 2 auf die **Bausparkassen** vgl. § 112 Abs. 1 S. 2.

5. Nach **Satz 1 Halbsatz 1** hat die **Aufsichtsbehörde** darüber zu **entscheiden**, ob eine Unternehmung nach § 1 der Aufsicht unterliegt. Die Fassung dieser Gesetzesbestimmung beruht darauf, daß „überhaupt nicht beabsichtigt ist, die Rechtsgrundsätze zu ändern, nach denen sich die Frage der Aufsichtspflichtigkeit einer Unternehmung bestimmt" (Begr. S. 12). Durch die Fassung dieser Vorschrift soll nur der unhaltbare Zustand beseitigt werden, daß in der Frage der Aufsichtspflicht nicht die Aufsichtsbehörden als die Fachbehörden für das V.gewerbe, sondern die Gerichte das letzte Wort zu sprechen haben, noch dazu „fast stets Strafgerichte, die zwangsläufig die Frage unter dem besonderen Gesichtspunkt des strafrechtlichen Verschuldens prüfen müssen und denen kein Vorwurf gemacht werden kann, wenn sie auch nur geringe Zweifel und Unsicherheiten in der Begriffsabgrenzung zur Rechtsgrundlage der Freisprechung eines Angeklagten machen" (Begr. S. 12). Die Aufsichtsbehörde kann als oberste Fachbehörde auf dem Gebiete des privaten V.wesens in der Frage der Aufsichtspflicht besonders sachkundig urteilen. Vgl. auch § 1 Abs. 2 in der Fassung des Gesetzes v. 6. Juni 1931.

6. Nach **Satz 1 Halbsatz 2** ist die Entscheidung der Aufsichtsbehörde für die Gerichte und Verwaltungsbehörden **bindend**. Das heißt: Die Gerichte und Verwaltungsbehörden sind nicht befugt, die Richtigkeit der von der Aufsichtsbehörde getroffenen Entscheidung nachzuprüfen, sondern müssen in ihren Entscheidungen und Verfügungen von der durch die Entscheidung der Aufsichtsbehörde geschaffenen Rechtslage ausgehen. In der Frage der Aufsichtspflicht darf nur die Rechtsansicht der Aufsichtsbehörde gelten. Die ausschließliche Zuständigkeit der Aufsichtsbehörde zur Entscheidung über die Aufsichtspflicht gewährleistet eine gleichmäßige Behandlung der einzelnen Fälle.

7. Nach **Satz 2** kann die Aufsichtsbehörde eine Unternehmung auch dann für aufsichtspflichtig erklären, wenn **vor dem 1. April 1931** (d. h. vor dem Inkrafttreten des Gesetzes v. 30. März 1931) ein Gericht oder eine Verwaltungsbehörde über dieselbe Unternehmung eine gegenteilige Entscheidung getroffen hat. Ohne eine solche Bestimmung müßten unter Umständen gerade die bedenklichsten Unternehmungen von der Aufsichtsbehörde ge-

schont werden, wenn ein Gericht sie vor dem Inkrafttreten des Gesetzes für aufsichtsfrei erklärt haben sollte.

8. Gesetzliche Vorschriften, nach denen die Entscheidung bestimmter Fragen unter Ausschluß der ordentlichen Gerichte einer **Verwaltungsbehörde** oder einem **Verwaltungsgericht** übertragen ist, sind im geltenden Rechte nicht selten. Auch in der **Versicherungsgesetzgebung** waren schon früher bestimmte Maßnahmen (Anträge und Entscheidungen) der Aufsichtsbehörde vorbehalten. Vgl. § 88, § 93 Abs. 1 Nr. 10 VAG. (Antrag auf Konkurseröffnung); § 192 VVG. (Anerkennung einer VU. als öffentliche Anstalt); Art. 107 DurchfVO. v. 29. Nov. 1925 zum AufwG. (RGBl. I S. 392) (Feststellung des Teilungsplans); Art. 115 ebd. (Entscheidung über Reichsaufsicht).

9. Die Entscheidung über das Vorliegen eines aufsichtspflichtigen V.betriebs ist, soweit das Reichsaufsichtsamt als Aufsichtsbehörde in Betracht kommt, im **verwaltungsrechtlichen Verfahren** durch einen Senat zu treffen (vgl. § 93 Abs. 1 Nr. 1 und Anm. 1 ebd.). Die Aufsicht soll bestehenden Unternehmungen gegenüber mit der gebotenen Schonung und Rücksicht ausgeübt werden (Regierungserklärung in der RT.sitzung v. 23. März 1931).

10. Über das Recht der Aufsichtsbehörde, zur Klarstellung der Aufsichtspflicht **Auskunft** zu verlangen und sich durch **Prüfungen** an Ort und Stelle über die tatsächlichen Verhältnisse zu unterrichten, vgl. § 83 Abs. 2 Satz 2, Anm. 3 ebd. und Vorbem. 2c vor § 83.

§ 14.

Jedes Übereinkommen, wodurch der Versicherungsbestand einer Unternehmung in seiner Gesamtheit oder in einzelnen Zweigen mit seinen Rücklagen und Entgeltüberträgen (Prämienüberträgen) auf eine andere Unternehmung übertragen werden soll, bedarf der Genehmigung durch die Aufsichtsbehörden, die für die beteiligten Unternehmungen zuständig sind. Die Genehmigung darf nur aus den Gründen des § 8 oder deshalb versagt werden, weil die sozialen Belange der Angestellten der Unternehmung, deren Versicherungsbestand übertragen wird, nicht ausreichend nach den Anordnungen der Aufsichtsbehörde gewährleistet sind. Die Rechte und Pflichten der übertragenden Versicherungsunternehmung aus den Versicherungsverträgen gehen mit der Bestandsübertragung auf die übernehmende Versicherungsunternehmung über.

Das Übereinkommen braucht nicht gerichtlich oder notarisch beurkundet zu werden; Schriftform genügt.

1. **Zu Abs. 1 Satz 2.** Nach der früheren Fassung des § 14 Abs. 1 Satz 2 durfte die Genehmigung nur aus den Gründen des § 8 (früher 7) versagt werden. Der RWR. hat bei der Beratung des Gesetzentwurfs angeregt, den § 14 durch einen Zusatz zu ergänzen, der die Aufsichtsbehörde verpflichtet, die Genehmigung einer Verschmelzung von VU. zu versagen, „wenn die sozialen Interessen der V.angestellten nicht ausreichend gemäß den Anordnungen des Amtes gewährleistet sind". Der RWM. hat bei der Vorlage des Gesetzentwurfs an den RR. und an den RT. davon abgesehen, den vom RWR. angeregten Zusatz in den Entwurf aufzunehmen. Für diese ablehnende Haltung waren folgende Gründe maßgebend: Das VAG. bezweckt den Schutz der Versicherten, nicht der V.angestellten. Demgemäß hat auch die Aufsichtsbehörde nur die Belange der Versicherten wahrzunehmen; eine Fürsorge für die V.angestellten ist der Aufsichtsbehörde nicht übertragen. Ein Schutz der Arbeitnehmer gegen die aus einer Verschmelzung verschiedener Unternehmungen entspringenden Gefahren wäre nur durch ein allgemeines sozialpolitisches Gesetz zu erreichen, das nicht nur das V.gewerbe erfassen dürfte (Begr. S. 9). Der volkswirtschaftliche Ausschuß des RT. hat jedoch die Anregung des RWR. wiederaufgenommen, und der RT. hat demgemäß den § 14 Abs. 1 Satz 2 geändert (Ausschußbericht S. 4). Infolge dieser Änderung des § 14 hat die Aufsichtsbehörde bei Einreichung von Anträgen auf Genehmigung von Bestandsübertragungen stets darauf zu achten, daß im Übernahmevertrag auch Bestimmungen darüber enthalten sind, wie die sozialen Belange der An-

gestellten der zu übertragenden Unternehmung geregelt werden sollen. Tatsächlich hat das RA. schon vor der Änderung des § 14 bei Verschmelzungen und Bestandsübertragungen auf die Belange der V.angestellten Rücksicht genommen.

2. **Zu Abs. 1 Satz 3.** Bisher bestand keine gesetzliche Vorschrift, wonach mit der Bestandsübertragung auch die **Rechte und Pflichten** der übertragenden VU. aus dem **V.vertrag** auf die übernehmende VU. **übergehen.** Die von der Aufsichtsbehörde gemäß § 14 ausgesprochene Genehmigung einer Bestandsübertragung hatte nur aufsichtsrechtliche (v.polizeiliche), nicht privatrechtliche Bedeutung. Eine Gesamtrechtsnachfolge war bisher nur anerkannt bei der Verschmelzung zweier V.Aktiengesellschaften gegen Gewährung von Aktien der aufnehmenden Gesellschaft mit Ausschluß der Liquidation (Koenige-Petersen § 14 Anm. 13). Ein Rücktrittsrecht der Versicherten war in diesem Falle auch bisher nicht anerkannt. Ebenso wenig gab es ein Rücktrittsrecht bei der Verschmelzung eines VVaG. mit einer aufnehmenden Aktiengesellschaft (a. a. O. Anm. 19 und 20). Abgesehen von diesen beiden Fällen war der einzelne Versicherte, der mit der Übertragung seiner V. auf ein anderes Unternehmen nicht einverstanden war, nach der überwiegenden Meinung an die Übertragung nicht gebunden, sondern konnte sich nach wie vor an den früheren Versicherer halten (Koenige-Petersen § 14 Anm. 4; RG. v. 20. Nov. 1925, RGZ. 112, 119; VA. 26, 10; RG. v. 4. Okt. 1927, VA. 28, 3; vgl. VA. 26, 180; 28, 164; Bruck S. 124). Die Folge war, daß bei den meisten Bestandsübertragungen große Rechtsunsicherheit hinsichtlich der einzelnen V.verträge bestand (vgl. hierzu Bruck in JR. 30, 395; Kisch in JR. 29, 341ff.; Petersen in Z. 30, 6ff. und 31, 11; Moldenhauer in der „Versicherungspraxis" 31, 13; Matthes in JR. 31, 156). Früher war streitig, ob diese Rechtsunsicherheit durch eine Änderung des VAG. oder des VVG. zu beseitigen sei. Die Streitfrage hat jetzt keine praktische Bedeutung mehr, nachdem der § 14 auf Antrag des volkswirtschaftlichen Ausschusses durch die neue Vorschrift des Abs. 1 Satz 3 ergänzt worden ist (Ausschußbericht S. 4). Mit dieser Änderung ist ein von der V.praxis seit jeher schwer empfundener Mangel des deutschen V.rechts, der namentlich bei Sanierungen

äußerst hinderlich werden konnte, nunmehr beseitigt. (Ähnliche Vorschriften enthält das ausländische V.recht: Englisches Gesetz v. 3. Dez. 1909 § 13; Österreichisches Bundesgesetz v. 30. Sept. 1921 § 1; Schweizerisches Kautionsgesetz v. 4. Febr. 1929 Art. 18.) Die Rechte und Pflichten aus dem Versicherungsvertrag gehen mit der Bestandsübertragung **kraft Gesetzes** auf die übernehmende Unternehmung über. Die Genehmigung der Aufsichtsbehörde hat jetzt nicht mehr nur aufsichtsrechtliche, sondern auch privatrechtliche Bedeutung. Die Genehmigung wirkt von dem Zeitpunkt ab, in dem sie erteilt wird. Die Aufsichtsbehörde ist jedoch berechtigt, die Genehmigung mit Rückwirkung von einem früheren Zeitpunkt ab auszusprechen (Matthes in JR. 31, 157). Abzulehnen ist die Ansicht, daß durch Abs. 1 Satz 3 nur der Zeitpunkt des Übergangs der Rechte und Pflichten bestimmt werde, daß aber die Versicherten an die Bestandsübertragung nicht gebunden seien, da privatrechtliche Fragen im VAG. überhaupt nicht geregelt werden könnten. Das VAG. enthält auch sonst zahlreiche Vorschriften von eingreifenden privatrechtlichen Wirkungen. Vgl. auch Berliner in „Die öffentlich-rechtliche Versicherung“ 31, 127; Ehrenzweig ebd. 31, 138.

§ 22.

(Abs. 3 Satz 2 Halbsatz 2:) die Aufsichtsbehörde entscheidet nach freiem Ermessen, welchen Hundertsatz des bar eingezahlten Betrags die Zinsen und die gesamten Bezüge nicht übersteigen dürfen.

1. Über die den Zeichnern des Gründungsstocks einzuräumenden, in die Satzung aufzunehmenden **Vorteile** vgl. Koenige-Petersen § 22 Anm. 5.

2. Nach der früheren Fassung des Abs. 3 Satz 2 Halbsatz 2 waren bestimmte Hundertsätze des bar eingezahlten Betrags als Höchstgrenze für die **Verzinsung** der Einlagen und für die **gesamten Bezüge** der Zeichner festgesetzt. Diese gesetzliche Begrenzung der Verzinsung und Gewinnbeteiligung konnte bei ungünstigen wirtschaftlichen Verhältnissen und bei geringem Angebot auf dem Geldmarkte die Beschaffung der für die Gründung von Gegenseitigkeits-

vereinen erforderlichen Mittel über Gebühr erschweren. Nach der jetzigen Fassung des Abs. 3 Satz 2 Halbsatz 2 besteht keine gesetzliche Höchstgrenze mehr. Die Höchstgrenzen für die Verzinsung und die gesamten Bezüge werden von der Aufsichtsbehörde nach freiem Ermessen festgesetzt. Die Aufsichtsbehörde kann die Zinssätze und die gesamten Bezüge der Zeichner der jeweiligen wirtschaftlichen Lage anpassen.

Vorbemerkungen zu den §§ 57 bis 64.

1. Die §§ 57 bis 64 enthalten die Vorschriften über die **jährliche Pflichtprüfung** der V.unternehmungen. Die Prüfung wird durch einen **Prüfer** vorgenommen. Sie ist Sache der VU.; der Vorstand der VU. erteilt den Prüfungsauftrag. Gegenstand der Prüfung ist der **Rechnungsabschluß** der VU. unter Einbeziehung der zugrunde liegenden Buchführung und des Jahresberichts. Nach § 55 Abs. 1 und 2 prüft auch die Aufsichtsbehörde jährlich den Rechnungsabschluß und den Jahresbericht. Der Aufsichtsbehörde müssen zu diesem Zwecke mit dem Rechnungsabschlusse sehr umfangreiche Nachweisungen auf vorgeschriebenen Formblättern eingereicht werden. Aber die Aufsichtsbehörde erhält die von den VU. ausgefüllten Vordrucke meist erst 6 bis 8 Monate nach Abschluß des Geschäftsjahres. In der Zwischenzeit können sich die Dinge schon sehr verändert haben. Außerdem kann die Aufsichtsbehörde bei der jährlichen Prüfung des Rechnungsabschlusses meist nicht untersuchen, ob der Abschluß mit der wirklichen Vermögenslage übereinstimmt. Die Aufsichtsbehörde ist bei dieser Prüfung (nicht bei den nach den §§ 83—85 von ihr vorzunehmenden Prüfungen) vom Vorstande der VU. und von der Zuverlässigkeit seiner Berichterstattung abhängig. Der Prüfer dagegen prüft den Rechnungsabschluß, bevor dieser der obersten Vertretung zur Genehmigung vorgelegt wird (§ 57). Außerdem ist durch einzelne Gesetzesvorschriften die Unabhängigkeit des Prüfers vom Vorstande der Unternehmung sichergestellt.

2. Durch die Vorschriften der §§ 57—64 ist für das private Versicherungswesen ein Teil der in Vorbereitung befindlichen **Neugestaltung des Aktienrechts** vorweggenommen. Der Entwurf eines Gesetzes über Aktiengesellschaften und Kommanditgesell-

schaften auf Aktien („Aktienrechtsentwurf") enthält in den §§ 118 bis 124 Vorschriften über die Prüfung des Jahresabschlusses (vgl. auch § 125, § 197 Abs. 1 Nr. 3, Abs. 2 aaO. und Art. 1 des Entwurfs eines Einführungsgesetzes zum Gesetz über Aktiengesellschaften und Kommanditgesellschaften auf Aktien). Über das **Inkrafttreten** der Vorschriften des VAG. über die Pflichtprüfung vgl. § 158 Abs. 2. Der Rechnungsabschluß der VU. ist erstmalig nach den Vorschriften der §§ 57—64 für das erste nach dem 1. April 1931 ablaufende Geschäftsjahr zu prüfen. Wann dagegen die Vorschriften des AktREntw. über die Pflichtprüfung in Kraft treten werden, läßt sich auch nicht annähernd voraussagen. Bei den privaten VU. wurde die Einführung der Pflichtprüfung als besonders vordringlich angesehen. Die Art und Weise, in der sich die einzelnen Vorschriften über die Pflichtprüfung bei den VU. bewähren, kann auf die künftige Regelung im Aktienrecht von Einfluß sein. Vorläufig besteht eine weitgehende Übereinstimmung zwischen den Vorschriften des VAG. und den entsprechenden Vorschriften des AktREntw. Die §§ 57—63 des Gesetzes entsprechen den §§ 118—124 des AktREntw.; § 64 des Gesetzes entspricht dem § 197 Abs. 1 Nr. 3, Abs. 2 des Entwurfs; § 137 entspricht dem § 258 des Entwurfs. In einer Reihe von Einzelheiten bestehen Abweichungen. Während nach § 119 AktR Entw. die Bilanzprüfer von der Generalversammlung gewählt werden, wird der Prüfer bei der VU. nach § 58 des Gesetzes vom Aufsichtsrat bestimmt. Auch die Verantwortlichkeit der Prüfer ist im § 63 des Gesetzes anders geregelt als im § 124 AktREntw. (vgl. S c h m ö l d e r in JW. 30, 2623, 3687).

3. Das Gesetz v. 6. Juni 1931 hat die der Aufsichtsbehörde nach § 83 zustehende Befugnis zur Vornahme örtlicher Prüfungen nicht aufgehoben, sondern sie im Gegenteil noch weiter ausgestaltet (§§ 83—85). Aber durch die Vorschriften der §§ 57—64 werden neben den amtlichen Prüfungen **nichtamtliche**, von der VU. selbst zu bewirkende, **jährliche Prüfungen** angeordnet. Die Einführung privater neben den amtlichen Prüfungen wird damit begründet, daß die Aufsichtsbehörde mit dem ihr zur Verfügung stehenden Beamtenstand unter keinen Umständen in der Lage wäre, bei jeder VU. oder auch nur bei jeder größeren VU. den Rechnungs-

abschluß und die ihm zugrunde liegende Buchführung jährlich zu prüfen. Man hält es auch nicht für richtig, die eigenen Organe der VU. von ihrer Verantwortlichkeit durch eine Regelung zu entlasten, die in ihnen die Überzeugung aufkommen lassen könnte, als sei in erster Reihe der Staat zur Überwachung berufen und als stände nichts im Wege, sich unbekümmert auf das Nichtversagen staatlicher Aufsicht zu verlassen (Begr. S. 17; vgl. Vorbem. 1 vor § 83 und die Bemerkungen von Petersen in Z. 29, 361; 31, 1; Bruck in JR. 30, 393; Gerhard in JW. 30, 3587; Gottschalk in Z. 31, 22).

4. Sieht man von der Prüfung des Rechnungsabschlusses und des Jahresberichts ab, die die Aufsichtsbehörde nach § 55 Abs. 1 und 2 auf Grund der ihr eingereichten schriftlichen Unterlagen (also nicht in den Geschäftsräumen der Unternehmung) vornimmt, so hat sich die VU. folgenden **verschiedenartigen Prüfungen** zu unterziehen:

a) jährlich der Prüfung des Rechnungsabschlusses unter Einbeziehung der Buchführung und des Jahresberichts durch den Prüfer nach den §§ 57—64;

b) mindestens alle 5 Jahre einmal der Prüfung der Geschäftsführung und Vermögenslage durch die Aufsichtsbehörde nach den §§ 83—85;

c) (Großbetriebe) mindestens alle 3 Jahre einmal einer Buch- und Betriebsprüfung durch Beamte oder Sachverständige der Reichsfinanzverwaltung nach § 162 RAbgO.;

d) fortlaufend der Prüfung durch den Aufsichtsrat nach § 246 HGB., § 35 VAG. (vgl. auch § 79 AktREntw.);

e) nach Beschluß der Generalversammlung (der obersten Vertretung) einer Prüfung der Bilanz, der Vorgänge bei der Gründung oder der Geschäftsführung durch Prüfer nach § 266 HGB., § 36 VAG. (vgl. auch § 129 AktREntw.).

Diese **Häufung von Prüfungen** kann dadurch etwas gemildert werden, daß die Aufsichtsbehörde gemäß § 84 Abs. 1 Satz 3 an einer von der VU. nach § 57 veranlaßten Prüfung teilnimmt. Dagegen die Prüfung nach § 266 HGB., § 36 VAG. wird durch die privaten und amtlichen Prüfungen nach den §§ 57—64, 83—85 nicht ausgeschaltet, weil sie auf einem besonderen Recht der Aktionäre der V.aktiengesellschaft (der Mitglieder des Gegenseitigkeitsvereins) beruht.

5. a) Über die Prüfung von VU., die als **kleinere Vereine** anerkannt sind oder bei denen kein Aufsichtsrat gebildet ist, kann die Aufsichtsbehörde Bestimmungen treffen (§ 64).

b) Für **ausländische Unternehmungen** gelten die Vorschriften der §§ 57—64 nur, soweit das Reichsaufsichtsamt für Privatversicherung es bestimmt (§ 110 Abs. 1).

c) Über die Prüfung von **anderen als VU.** nach den Vorschriften der §§ 57—64 wegen des Vorliegens einer **Beteiligung** vgl. § 82 Anm. 6.

d) Über die Prüfung von **Transport-** und **RückV.Unternehmungen** vgl. § 148 Anm. A 3.

e) Über die Prüfung von **Bausparkassen** vgl. § 112 Anm. 2.

6. § 57 stellt die Grundsätze für die Prüfung des Rechnungsabschlusses auf. § 58 handelt von der Bestimmung, § 59 von der Auswahl, § 60 vom Auskunftsrecht des Prüfers, § 61 vom Prüfungsbericht, § 62 vom Bestätigungsvermerk. § 63 regelt die vom Prüfer zu beobachtende Sorgfalt und seine privatrechtliche Haftung. § 64 enthält eine Sondervorschrift für kleinere Vereine. § 137 ist Strafvorschrift.

7. Über das **Inkrafttreten** der Vorschriften über die jährliche Pflichtprüfung vgl. § 158 Abs. 2.

§ 57.

Der Rechnungsabschluß einer Versicherungsunternehmung ist unter Einbeziehung der zugrunde liegenden Buchführung und des Jahresberichts durch einen Prüfer zu prüfen, bevor er der obersten Vertretung zur Genehmigung vorgelegt wird.

Die Prüfung darf sich nicht darauf beschränken, ob der Rechnungsabschluß äußerlich sachgemäß aufgestellt ist und mit der Bestandsaufnahme und den Geschäftsbüchern übereinstimmt, sondern muß sich darauf erstrecken, ob die Grundsätze ordnungsmäßiger Buchführung und Bilanzierung gewahrt und die Vorschriften eingehalten sind, die über die Aufstellung des Rechnungsabschlusses und des Jahresberichts in Gesetzen und Verordnungen getroffen oder nach § 55 Abs. 2 erlassen sind.

Wie im übrigen die Prüfung durchzuführen ist, kann die Aufsichtsbehörde bestimmen.

1. Vgl. AktREntw. § 118.

2. § 57 enthält die **grundsätzlichen Vorschriften** für die **jährliche Pflichtprüfung** der VU. In Abs. 1 ist bestimmt, wer zu prüfen hat, was zu prüfen ist und wann zu prüfen ist. In Abs. 2 ist der Umfang der vorzunehmenden Prüfung näher umschrieben. In Abs. 3 ist der Aufsichtsbehörde der Erlaß von Durchführungsbestimmungen übertragen.

3. **Abs. 1.** a) In den §§ 57—64 sind die **nichtamtlichen Prüfungen** geregelt im Gegensatze zu den amtlichen Prüfungen nach den §§ 83—85. Die nichtamtlichen unterscheiden sich von den amtlichen Prüfungen durch die Stelle, von der der Prüfungsauftrag ausgeht, durch die mit der Prüfung betrauten Personen und durch den Gegenstand der Prüfung; vgl. Vorbem. 3 vor § 57; Vorbem. 1 vor § 83; § 59 Anm. 3; § 84 Anm. 3. Die **Pflichtprüfungen** nach den §§ 57—64 sind Sache der VU., nicht Sache der Aufsichtsbehörde. Die Prüfung ist durch einen **Prüfer** vorzunehmen. Über die Bestimmung und die Auswahl des Prüfers sind in den §§ 58 und 59 besondere Vorschriften enthalten. Der Prüfer wird vom Aufsichtsrat der Unternehmung bestimmt; der Prüfungsauftrag wird vom Vorstand erteilt (§ 58 Abs. 1). Die Kosten dieser Prüfung sind von der VU. zu tragen. Die Aufsichtsbehörde kann zwar Ergänzungen der Prüfung veranlassen; aber die Prüfung wird dadurch nicht zu einer amtlichen. Auch die Kosten, die durch die Ergänzung der Prüfung entstehen, sind von der VU. zu tragen (§ 61 Abs. 3 Satz 2; vgl. auch § 61 Anm. 5). Zu beachten ist, daß das Gesetz in allen Vorschriften der §§ 57—64 nur von **einem** Prüfer spricht. Die Personen, deren sich der Prüfer bei der Prüfung bedient, sind selbst nicht als Prüfer bezeichnet (§ 63; vgl. auch § 137). Der AktREntw. dagegen läßt in § 118 Abs. 1 die Prüfung durch einen oder mehrere sachver-

ständige Prüfer (Bilanzprüfer) zu. Man wird jedoch annehmen müssen, daß es auch bei VU. zulässig ist, für verschiedene V.zweige oder für mehrere Niederlassungen derselben Unternehmung mehrere Prüfer zugleich oder nebeneinander zu bestellen. Über die Bestellung von Prüfungsgesellschaften vgl. § 59 Anm. 3.

b) **Gegenstand** der Prüfung ist nach Abs. 1 der **Rechnungsabschluß** unter Einbeziehung der zugrunde liegenden **Buchführung** und des **Jahresberichts**. Der Rechnungsabschluß besteht aus der Bilanz sowie aus der Gewinn- und Verlustrechnung. Näheres über den Rechnungsabschluß in Koenige-Petersen § 55 Anm. 2—6, § 36 Anm. 11—13. Näheres über den Jahresbericht ebd. in § 55 Anm. 7. Daß der Rechnungsabschluß besonders strengen und besonders häufigen Prüfungen unterworfen wird, hat seinen guten Grund. Denn eine gewissenhafte Rechnungsführung ist nicht nur für die VU. selbst, ihre Mitglieder, V.nehmer und sonstigen Gläubiger, sondern auch für die gesamte Volkswirtschaft von größter Wichtigkeit.

c) Der Rechnungsabschluß ist zu prüfen, **bevor** er der **obersten Vertretung** (d. h. in der Regel der Generalversammlung oder der Mitgliederversammlung) zur Genehmigung **vorgelegt** wird (§ 260 HGB.; § 36 VAG.). Nach den §§ 61 und 62 sind mit dem schriftlichen Berichte des Prüfers zahlreiche einzelne Handlungen vorzunehmen, bevor der Rechnungsabschluß der obersten Vertretung unterbreitet werden kann. Auch die Prüfung selbst wird, jedenfalls bei großen Unternehmungen, viel Zeit in Anspruch nehmen. Es wird daher bei großen Unternehmungen nicht angehen, erst nach Fertigstellung des Rechnungsabschlusses mit der Prüfung zu beginnen; sonst würde der Zusammentritt der obersten Vertretung ungebührlich verzögert werden. Vielmehr wird es nötig sein, daß der Prüfer und seine Gehilfen auf Grund einer festen Anstellung im Dienste der Unternehmung ihre Prüfungstätigkeit während des ganzen Geschäftsjahres ausüben (Schmitt in ZVW. 30, 1160; Gerhard in JW. 30, 3588).

4. Nach Abs. 2 darf sich die Prüfung nicht nur auf die förmliche Richtigkeit der Rechnungsführung beschränken, sondern muß sich auch auf die **sachliche Übereinstimmung** des **Rechnungswesens** mit den **Bilanzvorschriften** erstrecken. Eine Prüfung, die sich nur

mit der buchtechnischen und rechnerischen Richtigkeit der Buchführung befaßt, kann Unrichtigkeiten in der Darstellung des Vermögensstandes, namentlich willkürliche Über- oder Unterbewertungen, nicht aufdecken und hat deshalb nur wenig Wert. Damit die Prüfung nicht an Äußerlichkeiten hängenbleibt, sondern auch die gegenständliche Seite der Buchführung und Bilanzierung erfassen kann, muß der Vorstand nach § 60 dem Prüfer die Einsicht in die Geschäftsbücher und Schriften, die Untersuchung der Kasse und Wertpapiere gestatten, ihm auch alle Aufklärungen und Nachweise geben, deren er für eine sorgfältige Prüfung bedarf. Nach § 57 Abs. 2 genügt es nicht, daß der Prüfer die Zahlen des Rechnungsabschlusses mit den Ausweisen im Hauptbuch vergleicht und daneben vielleicht einzelne Zahlen und Kassenbelege durch Stichproben sachlich prüft. Das Gesetz stellt in Abs. 2 zwei grundsätzliche Regeln für die Prüfung auf und überläßt gemäß Abs. 3 das Übrige der Bestimmung durch die Aufsichtsbehörde.

a) Zu prüfen ist, ob die Grundsätze **ordnungsmäßiger Buchführung** und **Bilanzierung** gewahrt sind. Die Grundsätze ordnungsmäßiger Buchführung sind nur dann gewahrt, wenn die Lage des Vermögens aus den Büchern ersichtlich ist (§ 38 HGB.) und wenn die gesetzlich vorgeschriebene Form der Eintragungen beobachtet ist (§ 43 HGB.). Für die Bilanzierung kommt vor allem in Betracht, daß die wichtigsten Verbindlichkeiten der VU., die sogenannten technischen Rücklagen (Deckungsrücklagen, Entgeltüberträge und Schadenrücklagen), nicht ziffernmäßig genau ermittelt, sondern nur nach ihrer wahrscheinlichen Höhe berechnet werden können. Während bei allen anderen Arten von wirtschaftlichen Unternehmungen die Verbindlichkeiten in der Regel feststehen und die Schwierigkeit mehr in der Bewertung der Vermögensgegenstände liegt, ist es bei den VU. umgekehrt: Hier liegt stets die Gefahr einer Über- oder Unterbewertung der Verbindlichkeiten vor. Die **gesetzlichen Vorschriften** für die Buchführung und die Bilanzierung sind in den §§ 38—47, 261 HGB., §§ 55, 56 VAG. enthalten. Gesetzliche Bilanzvorschriften für Konzerne bestehen noch nicht, da sich bewährte Grundsätze für die Aufstellung von Konzernbilanzen noch nicht herausgebildet haben (vgl. jedoch § 116 Nr. 2 AktREntw.). Eingehende Bilanzierungsvorschriften sind in den vom Reichsaufsichtsamt erlassenen Vorschriften über die Rechnungslegung enthalten (s. die folgende Anm. b).

b) Zu prüfen ist die Einhaltung der Vorschriften, die über die Aufstellung des **Rechnungsabschlusses** und des **Jahresberichts** in Gesetzen und Verordnungen getroffen oder gemäß § 55 Abs. 2 erlassen sind. Der RWM. hat bisher keine Vorschriften über die Aufstellung des Rechnungsabschlusses und des Jahresberichts erlassen. Dagegen hat das RA. Rechnungsvorschriften für die verschiedenen V.zweige aufgestellt (Koenige-Petersen § 55 Anm. 2). Neue, ausführliche Rechnungsvorschriften wurden erlassen am 2. Juni 1927 für die größeren Lebens-, Unfall-, Haftpflicht- und SachVU. und am 23. Jan. 1928 für die RückVU. (VA. 27, 295 ff.). Diese Vorschriften sowie die Rechnungsvorschriften v. 2. Juni 1902 für die größeren Hagel- und ViehVU. (VA. 02, 127 ff.) wurden ergänzt und zum Teil geändert durch Rundschreiben R. 27 (A III 869) v. 8. Aug. 1930 (VA. 31, 76). Rechnungsvorschriften für die Ersatzkrankenkassen VA. 31, 114. Über die Rechnungslegung der ausländischen VU. vgl. Koenige-Petersen § 55 Anm. 8. Der Prüfer hat in seinem schriftlichen Prüfungsbericht besonders festzustellen, ob die Buchführung, der Rechnungsabschluß und der Jahresbericht den Vorschriften entsprechen (§ 61 Abs. 1 Satz 2).

5. Nach Abs. 3 ist die **Aufsichtsbehörde** zum Erlasse von **Durchführungsbestimmungen** befugt (vgl. auch AltREntw. § 125 Nr. 2). Das Gesetz hat sich in Abs. 1 und 2 auf die notwendigsten Grundsätze beschränkt und läßt im übrigen verschiedene Wege offen. Der Betrieb einer VU. ist, zumal wenn mehrere V.zweige betrieben werden, meist sehr verwickelt. Jeder V.zweig bietet seine besonderen Schwierigkeiten. Eine erfolgreiche Prüfung ist nur gut eingearbeiteten Kräften mit praktischer Erfahrung möglich. Aus der Zusammenarbeit der Einzelprüfer, der Prüfungsgesellschaften und der von der Aufsichtsbehörde mit der Prüfung beauftragten Beamten werden sich im Laufe der Zeit weitere Regeln für die Durchführung der Prüfungen herausbilden. Manche VU. haben schon seit langer Zeit freiwillig ständige Prüfungsstellen (Prüfungsabteilungen) eingerichtet, deren Bestand auf der Satzung der Unternehmung

beruht und die mit den nach § 266 HGB. bestellten Prüfern nicht verwechselt werden dürfen. Diese Prüfungsstellen, die vom Vorstande, zum Teil auch vom Aufsichtsrat völlig unabhängig sind, haben den gesamten Geschäftsbetrieb ständig oder in regelmäßigen Zeitabständen nachzuprüfen (vgl. § 59 Anm. 4b). In den von der Aufsichtsbehörde zu erlassenden Durchführungsbestimmungen wird auszusprechen sein, ob und inwieweit diese vorhandenen Einrichtungen als Prüfer, die dem jetzigen Gesetze entsprechen, anzuerkennen sind. Über die Vorzüge ständiger vor den in Zeitabständen erfolgenden Prüfungen vgl. Koburger S. 124ff.; derselbe in BLex. Sp. 1287ff.; Gürtler S. 199; Schmitt in ZBW. 30, 1160.

§ 58.

Der Vorstand hat mit der Prüfung einen Prüfer zu beauftragen, den der Aufsichtsrat bestimmt; die Bestimmung soll vor dem Ablauf jedes Geschäftsjahrs erfolgen.

Der Vorstand hat, bevor er den Prüfer beauftragt, der Aufsichtsbehörde anzuzeigen, wen der Aufsichtsrat bestimmt hat. Die Aufsichtsbehörde kann, wenn sie gegen die Bestimmung des Prüfers Bedenken hat, verlangen, daß innerhalb einer angemessenen Frist ein anderer Prüfer bestimmt werde. Unterbleibt das oder hat die Aufsichtsbehörde auch gegen die Bestimmung des neuen Prüfers Bedenken, so hat sie den Prüfer selbst zu bestimmen.

1. Vgl. AktREntw. § 119.

2. § 58 handelt von der **Bestimmung des Prüfers** und der **Erteilung des Prüfungsauftrags.** Da die VU. selbst zur Herbeiführung der Prüfung verpflichtet ist, so hat der Vorstand als das geschäftsführende Organ der Unternehmung den Prüfungsauftrag zu erteilen (Abs. 1). Die Bestimmung des Prüfers ist in § 58 anders geregelt als in § 119 AktREntw. Nach dem künftigen Aktiengesetze werden die Bilanzprüfer von der Generalversammlung für

jedes Jahr im voraus gewählt. Hierbei wird dem Vorstand, dem Aufsichtsrat und einer Minderheit ein Widerspruchsrecht eingeräumt; nötigenfalls werden die Bilanzprüfer vom Gericht bestellt. Bei VU. dagegen hat der Aufsichtsrat den Prüfer vor dem Ablauf eines jeden Geschäftsjahrs zu bestimmen (Abs. 1). Daneben kann die Aufsichtsbehörde in maßgebender Weise auf die Bestimmung des Prüfers einwirken (Abs. 2 Satz 2 und 3). Die Einwirkung der Aufsichtsbehörde soll verhindern, daß die Vertretung der VU. den Prüfer in unlauterer Weise beeinflußt. Wegen des Mitwirkungsrechts der Aufsichtsbehörde konnte die Bestimmung des Prüfers nicht, wie es für das künftige Aktienrecht vorgesehen ist, der Generalversammlung oder der obersten Vertretung übertragen werden. Denn für den Fall, daß die Aufsichtsbehörde gemäß Abs. 2 Satz 2 die Bestimmung eines anderen Prüfers verlangt, muß eine dauernd tätige, nicht nur eine hin und wieder zusammentretende Vertretung vorhanden sein, um einen neuen Prüfer zu bestimmen. Hinzu kommt, daß in den nächsten Jahren das Prüfungswesen in Deutschland noch nicht so ausgebildet sein wird, daß man den Generalversammlungen die Auswahl in jeder Hinsicht geeigneter Prüfer überlassen könnte (Begr. S. 14). Die Aufsichtsbehörde wird im Laufe der Zeit die zur Verfügung stehenden Prüfer gründlich kennenlernen und imstande sein, die Unternehmungen vor ungeeigneten Prüfern zu warnen. Über die Bestellung mehrerer Prüfer vgl. § 57 Anm. 3 a. Vgl. auch die Vorschriften über die Bestellung des Treuhänders im § 71. Sofern die gesetzlichen Voraussetzungen der §§ 59 und 71 erfüllt sind, können als Prüfer und Treuhänder die gleichen Personen bestellt werden.

3. Aus den Vorschriften im Abs. 1 und 2 ergibt sich folgende Reihe der **vorzunehmenden Handlungen:**

a) Bestimmung des Prüfers durch den Aufsichtsrat (Abs. 1).

b) Anzeige des Vorstandes von der getroffenen Bestimmung an die Aufsichtsbehörde (Abs. 2 Satz 1).

c) Gegebenenfalls Anordnungen der Aufsichtsbehörde (Abs. 2 Satz 2 und 3).

d) Erteilung des Prüfungsauftrags durch den Vorstand (Abs. 1).

Vgl. auch Rundschreiben des RA. A I 844 (R. 23) v. 13. Mai 1931 (VA. 31, 74).

4. **Die Bedenken der Aufsichtsbehörde** (Abs. 2 Satz 2) können sich gegen die persönliche oder berufliche Zuverlässigkeit des Prüfers oder gegen seine sachliche Eignung im allgemeinen richten. Bedenken können sich auch daraus ergeben, daß der vom Aufsichtsrat bestimmte Prüfer die VU. schon wiederholt geprüft hat (Begr. S. 14). Damit ist nicht gesagt, daß die Aufsichtsbehörde auf einem Wechsel ausschließlich um des Wechsels willen bestehen sollte. Vielmehr sind die Verhältnisse des einzelnen Falles zu prüfen. Zu denken ist hier an den Fall, daß der Prüfer infolge wiederholter Prüfungen bei einer VU. von den leitenden Personen der Unternehmung nicht mehr ganz unabhängig ist oder daß seine Prüfungsberichte eine gewisse Einseitigkeit aufweisen, die den Wert der Prüfung beeinträchtigen. Die besonders geringe Vertrautheit des Prüfers mit dem V.wesen berechtigt die Aufsichtsbehörde ebenfalls zur Geltendmachung von Bedenken (vgl. § 59 Anm. 3). Ferner kann die Aufsichtsbehörde daraus Bedenken ableiten, daß es sich bei der zu prüfenden Unternehmung um Sonderfragen handelt, denen der vom Aufsichtsrat bestimmte Prüfer bei aller sonstigen Eignung nicht in vollem Umfange gewachsen ist. Die Aufsichtsbehörde ist nicht verpflichtet, die von ihr erhobenen Bedenken zu begründen. Sonst würde sich aus der Bestimmung des Prüfers oft ein langwieriger und zweckloser Schriftwechsel ergeben, der vom Gesetz nicht gewollt sein kann.

5. **Die Rechtsstellung des Prüfers** ergibt sich aus den gesetzlichen Vorschriften über seine Bestimmung (§ 58) und über seine Rechte und Pflichten (§§ 60—63).

a) **Stellung zur Aufsichtsbehörde.**

Die Aufsichtsbehörde hat einen maßgebenden Einfluß auf die Bestimmung des Prüfers; unter gewissen Voraussetzungen kann sie den Prüfer selbst bestimmen (§ 58 Abs. 2). Die Aufsichtsbehörde ist berechtigt, dem Prüfer in seinem gesetzlichen Aufgabenkreise Weisungen zu erteilen. Das ergibt sich aus § 61 Abs. 3 Satz 2, wonach die Aufsichtsbehörde den Prüfungsbericht mit dem Prüfer erörtern und Ergänzungen der Prüfung und des Berichts veranlassen kann. Es ergibt sich weiterhin aus § 57 Abs. 3, wonach die Aufsichtsbehörde Bestimmungen für die Durchführung der Prüfung erlassen kann. Die Aufsichtsbehörde ist ferner berechtigt, Beschwerden über den Prüfer zu behandeln und zu erledigen. Doch hat sie keine unmittelbaren Zwangsbefugnisse gegenüber dem Prüfer. Im äußersten Falle hat die Aufsichtsbehörde zu veranlassen, daß durch den Aufsichtsrat ein anderer Prüfer bestimmt wird.

b) **Stellung zur Versicherungsunternehmung.**

Im Regelfalle wird der Prüfer durch den Aufsichtsrat bestimmt. Der vom Vorstand abzuschließende Vertrag mit dem Prüfer ist, je nachdem der Prüfer unentgeltlich oder gegen Vergütung zu arbeiten hat, ein Auftrag (§ 662 BGB.) oder ein Dienstvertrag, der eine Geschäftsbesorgung zum Gegenstande hat (§ 675 BGB.). In der großen Mehrzahl der Fälle wird Dienstvertrag vorliegen. Bestimmt die Aufsichtsbehörde den Prüfer, so geschieht die Bestimmung formlos, etwa durch schriftliche Anzeige an den Prüfer und die VU. Der Vertrag mit dem Prüfer wird auch in diesem Falle durch den Vorstand abgeschlossen; die Aufsichtsbehörde kann den Vorstand nach § 81 hierzu anhalten. (Vgl. die verschiedenartige Ausdrucksweise in § 58 und § 71: „bestimmen“ und „bestellen“.) Auf Grund des Dienstvertrags hat der Prüfer gegen die VU. ein klagbares Recht auf die vereinbarte Vergütung (vgl. § 61 Abs. 3 Satz 2, wonach die Kosten der Prüfung von der VU. zu tragen sind). Neben diesem persönlichen Recht hat er eine Reihe von sachlichen, mit seinen gesetzlichen Aufgaben zusammenhängenden Rechten gegen die VU. nach § 60. Die etwa erforderliche zwangsweise Durchführung dieser Rechte geschieht nach § 81 durch die Aufsichtsbehörde. Den Rechten des Prüfers entspricht eine Reihe von Pflichten, die sich aus dem Gesetz, aus den Bestimmungen der Aufsichtsbehörde (§ 57 Abs. 3) und aus dem Dienstvertrag ergeben. Die gesetzlichen Pflichten sind in den §§ 57, 61—63 geregelt. Die bürgerlich-rechtliche Haftung des Prüfers gegenüber der Unternehmung bestimmt sich nach § 63. Über den besonderen strafrechtlichen Schutz der VU. vgl. § 137.

c) **Stellung zu den Versicherten.**

Der Prüfer ist im Verhältnisse nach außen nicht Vertreter der

Versicherten und im Verhältnisse nach innen nicht deren Beauftragter. Er ist nicht Vertreter (weder gesetzlicher noch bevollmächtigter Vertreter) der Versicherten, weil er nicht in ihrem Namen handelt. Er ist nicht ihr Beauftragter, weil die Versicherten keinen Einfluß auf seine Bestimmung haben. Eine Haftung des Prüfers gegenüber den Versicherten wegen deren Schädigung durch schuldhafte Verletzung seiner Obliegenheiten könnte nur auf die Vorschriften der §§ 823ff. BGB. gestützt werden. Dabei ist jedoch folgendes zu beachten: § 823 Abs. 1 gewährt ein Recht auf Schadenersatz nur bei Verletzung der dort besonders aufgeführten („ausschließlichen") Rechte oder eines „sonstigen Rechts". Hierzu zählen aber anerkanntermaßen nicht **Forderungsrechte** (Kommentar der Reichsgerichtsräte zum BGB., 6. Aufl., § 823 Anm. 9). Eine Haftung des Prüfers gegenüber den Versicherten gemäß § 823 Abs. 2 würde voraussetzen, daß man das VAG. oder wenigstens einzelne Vorschriften (etwa die §§ 57 ff.) als Schutzgesetz ansieht. Diese Frage ist zweifelhaft und bestritten (RGZ. 63, 327). Auf Grund der Rechtsprechung des Reichsgerichts wird die Frage jedoch zu verneinen sein (a. a. O. und 73, 30 und 392). Hier handelt es sich um die §§ 241, 249 HGB. Wird doch diese Frage vom Reichsgericht sogar für die Unfallverhütungsvorschriften der Berufgenossenschaften verneint (RGZ. Bd. 95 S. 180 und 235). Eine **unmittelbare** Haftung des Prüfers gegenüber den Versicherten wird aus diesem Grunde in der Regel nicht gegeben sein. Mittelbar sind die Versicherten jedoch geschützt durch § 63 (vgl. § 63 Anm. 3).

d) **Stellung zu sonstigen Personen.**

Auch zu anderen Personen als den Versicherten können sich Rechtsbeziehungen nur auf Grund besonderer Tatbestände ergeben. Der Prüfer kann daher derartigen außenstehenden Personen nur nach § 823 Abs. 1 oder § 826 BGB. oder auf Grund besonderer Abreden haftbar sein (vgl. Koenige-Petersen § 34 Anm. 13).

§ 59.

Als Prüfer sollen nur bestimmt werden:

1. Personen, die in der Buchführung ausreichend vorgebildet und erfahren sind;

2. Prüfungsgesellschaften, deren Inhaber, Vorstandsmitglieder oder Geschäftsführer die in Nr. 1 bezeichneten Eigenschaften besitzen.

Prüfer, auf deren Geschäftsführung Vorstandsmitglieder der Versicherungsunternehmung maßgebenden Einfluß haben, sollen nicht bestimmt werden. Vorstands- oder Aufsichtsratsmitglieder und Angestellte der Versicherungsunternehmung können nicht als Prüfer bestimmt werden. Die Bestimmung von Personen, die als Prüfer der Versicherungsunternehmung vom Aufsichtsrate bestellt und nur seinen Weisungen, nicht aber denen des Vorstandes unterworfen sind, ist zulässig.

1. Vgl. AktREntw. § 120.

2. § 59 handelt von der **Auswahl des Prüfers.** Abs. 1 bezeichnet positiv, wer als Prüfer bestimmt werden soll; Abs. 2 ordnet negativ an, wer als Prüfer nicht bestimmt werden soll oder kann.

3. Nach **Abs. 1** sollen **Einzelpersonen** oder **Prüfungsgesellschaften** als Prüfer bestimmt werden. Werden Einzelpersonen bestimmt, so müssen sie in der **Buchführung** ausreichend vorgebildet und erfahren sein. Werden Prüfungsgesellschaften bestimmt, so müssen deren Inhaber, Vorstandsmitglieder oder Geschäftsführer die bezeichneten Eigenschaften haben. Vorläufig läßt sich noch nicht übersehen, ob die erforderlichen Eigenschaften künftig durch den Nachweis einer Prüfung, einer Zulassung oder staatlichen Bestätigung dargetan werden können. Die Zulassung von Prüfungsgesellschaften neben Einzelpersonen in § 59 entspricht der tatsächlichen Entwicklung des Buchprüfungswesens in Deutschland. Als Prüfungsgesellschaften werden vor allem die Treuhand- und Revisionsgesellschaften in Betracht kommen, die in mehreren Fachverbänden zusammengeschlossen sind und sich ohnehin mehr der Buch- und Betriebsprüfung als der eigentlichen Treuhandtätigkeit widmen (vgl. Vorbem. 3 vor § 70). Gesellschaften, die Finanzierungs- und Vermittlungsgeschäfte betreiben, werden für die

Prüfungstätigkeit ebensowenig geeignet sein wie für die Tätigkeit als Treuhänder. Als geeignete Prüfer sind zunächst jedenfalls solche Personen oder Gesellschaften anzusehen, die schon wiederholt und möglichst unter eigener Verantwortung VU. oder andere wirtschaftliche Unternehmungen geprüft haben, deren Größe und Umfang der zu prüfenden VU. etwa entsprechen. Nicht gefordert wird, daß der Prüfer neben der Vorbildung und Erfahrung in der Buchführung auch noch über ausreichende Kenntnisse des **Versicherungswesens** verfüge. Die in den §§ 57—64 behandelte Prüfung braucht „grundsätzlich die Fragen der eigentlichen Versicherungstechnik nicht einzubeziehen" (Begr. S. 15; vgl. hierzu die Bemerkungen von Bruck in JR. 30, 394; Petersen in Z. 31, 6; Manes im „Deutschen Volkswirt" Nr. 31 v. 2. Mai 1931). Die Fragen der V.technik bleiben der Prüfung durch die Aufsichtsbehörde nach den §§ 83—85 überlassen (vgl. § 84 Anm. 3). Da aber die Grenzen zwischen der buchmäßigen und der v.technischen Prüfung bisweilen flüssig sind, so muß die Aufsichtsbehörde befugt sein, gemäß § 58 Abs. 2 Bedenken gegen die Bestimmung eines Prüfers dann zu erheben, wenn ausreichende Anhaltspunkte dafür vorliegen, daß der vom Aufsichtsrat bestimmte Prüfer mit dem V.wesen besonders wenig vertraut ist (vgl. § 58 Anm. 4). Das Gesetz geht davon aus, daß Prüfer mit besonderen Kenntnissen im V.wesen vorläufig nicht in genügender Zahl vorhanden sind, daß aber die als Prüfer der Unternehmungen in Betracht kommenden Personen sich mit der Zeit diese Fachkenntnisse aneignen werden und daß es dann möglich sein wird, solche Kenntnisse von dem Prüfer einer VU. allgemein zu verlangen (Begr. S. 15). Über die gleichzeitige Bestellung mehrerer Prüfer vgl. § 57 Anm. 3a.

4. Nach **Abs. 2** sind nur **unbeteiligte Personen** als Prüfer zu berufen. Der Prüfer muß von der Leitung der zu prüfenden VU. unabhängig sein.

a) Nach Abs. 2 Satz 1 sollen Prüfer, die in ihrer Geschäftsführung vom Vorstande der VU. in starkem Maße abhängig sind, nicht als Prüfer bestimmt werden. Diese Vorschrift wurde für erforderlich gehalten, weil in Deutschland Treuhandgesellschaften häufig an Unternehmungen anderer Art, namentlich an Banken, angelehnt sind. Die Fassung der Vorschrift ist etwas unbestimmt. Die Entwicklung der Verhältnisse ist noch im Fluß. Der Versuch einer schärferen Abgrenzung oder einer Aufzählung aller hier in Betracht kommenden Tatbestände hätte die Gefahr einer unvollständigen Regelung heraufbeschworen. Die Vorschrift ist nicht allzu eng auszulegen. Das Wort „maßgebenden" soll betont werden. Die Unabhängigkeit des Prüfers von der Leitung der VU. darf nicht in Frage gestellt sein. Die Unabhängigkeit ist in Frage gestellt, wenn der Vorstand der VU. auf die Geschäftsführung des Prüfers maßgebenden Einfluß tatsächlich hat, nicht nur, wenn er solchen Einfluß ausüben kann. Der Regierungsentwurf wollte das Gegenteil aussprechen. Allein der zum Gesetz gewordene Ausschußantrag spricht vom Besitz eines Einflusses, nicht von der bloßen Möglichkeit hierzu. Nicht jede Prüfungsgesellschaft, die mit der zu prüfenden VU. ein Aufsichtsratsmitglied gemeinsam hat, soll von vornherein als für die Prüfung ungeeignet bezeichnet werden (Begr. S. 15).

b) Nach Abs. 2 Satz 2 können Mitglieder des Vorstandes oder des Aufsichtsrats sowie Angestellte der VU. nicht als Prüfer bestimmt werden. Diese Vorschrift enthält ein unbedingtes Verbot und ist nicht nur Sollvorschrift wie die Vorschriften in Abs. 1 und in Abs. 2 Satz 1. Verstößt der Aufsichtsrat bei der Bestimmung des Prüfers gegen diese Vorschrift, so hat das dieselbe Bedeutung, als ob der Aufsichtsrat überhaupt keinen Prüfer bestimmt hätte (vgl. § 58 Abs. 2 Satz 3). Die Vorschrift in Abs. 2 Satz 3, die im AktREntw. kein Gegenstück hat, ist getroffen zum Ausschluß von Zweifeln. Es ist zulässig, als Prüfer solche Personen zu bestimmen, die bei einer VU. dauernd Prüfungsarbeiten verrichten, aber nicht vom Vorstand, sondern vom Aufsichtsrat der Unternehmung bestellt, auch nur dessen Weisungen unterworfen sind (vgl. § 58 Anm. 5).

§ 60.

Der Vorstand hat dem Prüfer die Einsicht der Bücher und Schriften der Versicherungsunternehmung sowie die Untersuchung der Kasse und Wertpapiere zu gestatten.

Der Prüfer kann vom Vorstand alle Aufklärungen und Nachweise verlangen, deren er für eine sorgfältige Prüfung bedarf.

1. Vgl. AktREntw. § 121.

2. Die Prüfung soll nach § 57 Abs. 2 nicht eine rein förmliche, sondern eine **gegenständliche** sein; sie hat auf die sachlichen Unterlagen der Buchführung und Bilanzierung einzugehen (vgl. § 57 Anm. 4). Notwendige Voraussetzung einer gegenständlichen Prüfung sind die dem Prüfer in § 60 eingeräumten Befugnisse auf Einsichtgewährung und Auskunfterteilung. Die Ausübung dieser Befugnisse ist dadurch gewährleistet, daß der Prüfer in seinem Berichte festzustellen hat, ob der Vorstand die verlangten Aufklärungen und Nachweise geliefert hat (§ 61 Abs. 1 Satz 2). Vgl. auch das Recht des Treuhänders auf Einsicht der Bücher und Schriften gemäß § 74.

§ 61.

Der Prüfer hat über das Ergebnis der Prüfung schriftlich zu berichten. In dem Bericht hat er besonders festzustellen, ob die Buchführung, der Rechnungsabschluß und der Jahresbericht den Vorschriften entsprechen und ob der Vorstand die verlangten Aufklärungen und Nachweise geliefert hat. Der Prüfer hat den Bericht zu unterzeichnen.

Der Bericht ist dem Vorstand und durch ihn dem Aufsichtsrat vorzulegen. Jedes Aufsichtsratsmitglied kann den Bericht einsehen.

Der Vorstand hat eine Ausfertigung des Berichts mit seinen und des Aufsichtsrats Bemerkungen der Aufsichtsbehörde vorzulegen. Diese kann den Bericht mit dem Prüfer erörtern und, wenn nötig, Ergänzungen der Prüfung und des Berichts auf Kosten der Versicherungsunternehmung veranlassen.

Der Vorstand hat der obersten Vertretung, die über die Genehmigung des Rechnungsabschlusses zu

beschließen hat, Auskunft zu erteilen, ob nach ihrem abschließenden Ergebnis die Prüfung zu wesentlichen Beanstandungen Anlaß gegeben hat.

1. Vgl. AktREntw. § 122.

2. Der Prüfer hat einen von ihm zu unterzeichnenden **schriftlichen Bericht** zu verfassen. Die in dem Bericht nach Abs. 1 Satz 2 zu treffenden besonderen Feststellungen entsprechen den gesetzlichen Vorschriften der §§ 57 und 60 (vgl. § 57 Anm. 4, § 60 Anm. 2). War gegen den Rechnungsabschluß, die Buchführung und den Jahresbericht nichts einzuwenden, so hat der Prüfer dies außerdem durch einen besonderen, in allen Veröffentlichungen und Vervielfältigungen des Rechnungsabschlusses aufzunehmenden Vermerk zu bestätigen (§ 62).

3. Aus den Vorschriften in Abs. 1—4 ergibt sich folgende Reihe der **vorzunehmenden Handlungen**:

a) Der Prüfer verfaßt den schriftlichen Bericht und unterzeichnet ihn (Abs. 1).

b) Der Prüfer legt den Bericht dem Vorstand vor (Abs. 2 Satz 1).

c) Der Vorstand legt den Bericht (erforderlichenfalls mit seinen schriftlichen Bemerkungen, vgl. Abs. 3 Satz 1) dem Aufsichtsrat vor (Abs. 2 Satz 1).

d) Der Aufsichtsrat gibt, nachdem er seinen Mitgliedern die Möglichkeit der Einsicht gewährt hat (Abs. 2 Satz 2), den Bericht (erforderlichenfalls mit seinen schriftlichen Bemerkungen) an den Vorstand zurück (vgl. Abs. 3 Satz 1).

e) Der Vorstand legt den Bericht in einer Ausfertigung (nicht etwa nur in einer Abschrift) mit den von ihm und dem Aufsichtsrat etwa hinzugefügten Bemerkungen der Aufsichtsbehörde vor (Abs. 3 Satz 1).

f) Die Aufsichtsbehörde kann den Bericht mit dem Prüfer erörtern und Ergänzungen von Prüfung und Bericht veranlassen (Abs. 3 Satz 2).

g) Der Vorstand erteilt der obersten Vertretung auf Befragen Auskunft über wesentliche Beanstandungen (Abs. 4; vgl. auch die nachfolgende Anm. 4).

4. Wie sich aus der Reihenfolge in Anm. 3a—g ergibt, ist **keine unmittelbare Berichterstattung** an die oberste Vertretung vorgesehen. Eine solche unmittelbare Berichterstattung könnte die VU. schädigen, zumal wenn in dem Bericht Einzelheiten der Organisation, der RückV., der Auslandsbeziehungen u. dgl. erörtert würden. Infolgedessen ist im Abs. 4 nur dem Vorstand die Pflicht zur Auskunfterteilung in bestimmt begrenztem Umfang auferlegt (vgl. auch § 62 Anm. 2). Der Vorstand hat nur auf Befragen oder auf Verlangen Auskunft zu erteilen. Hätte das Gesetz etwas anderes bestimmen wollen, so hätte es sagen müssen: „Der Vorstand hat der obersten Vertretung . . . darüber zu berichten, ob . . .".

5. Das der Aufsichtsbehörde nach Abs. 3 Satz 2 zustehende Recht, den Bericht unmittelbar mit dem Prüfer zu erörtern und **Ergänzungen** der Prüfung und des Berichts zu veranlassen, findet seine Schranke in den gesetzlichen Vorschriften der §§ 57 und 60. Verlangt die Aufsichtsbehörde von dem Prüfer Feststellungen, die über diesen gesetzlichen Rahmen hinausgehen, so handelt es sich nicht mehr um eine private Prüfung nach den §§ 57—64, sondern um eine amtliche Püfung nach den §§ 83—85. Das bedeutet, daß die **Kosten** der Prüfung nicht gemäß § 61 von der VU. zu tragen, sondern gemäß § 101 als Kosten der Aufsichtsbehörde zu verrechnen sind (vgl. § 57 Anm. 3a; § 84 Anm. 2 und 3; § 101 Anm. 1).

§ 62.

Ist nach dem abschließenden Ergebnis der Prüfung gegen den Rechnungsabschluß der Versicherungsunternehmung, die zugrunde liegende Buchführung und den Jahresbericht nichts einzuwenden, so hat der Prüfer den Befund unter der Gewinn- und Verlustrechnung mit den Worten zu bestätigen: „Nach dem abschließenden Ergebnis der Prüfung entsprechen der Rechnungsabschluß der Versicherungsunternehmung, die zugrunde liegende Buchführung und der Jahresbericht des Vorstandes den gesetzlichen Vorschriften." Der Bestätigungsvermerk ist in allen Veröffentlichungen und Vervielfältigungen des Rechnungsabschlusses aufzunehmen.

1. Vgl. AktREntw. § 123.

2. Der Prüfer hat, wenn die Prüfung keinen Anlaß zu Beanstandungen gab, unter die Gewinn- und Verlustrechnung einen **Bestätigungsvermerk** zu setzen (vgl. den vom Treuhänder gemäß § 73 unter der Bilanz zu erteilenden Bestätigungsvermerk). Für diesen Vermerk ist im Gesetz ein genauer Wortlaut vorgeschrieben. Der Prüfer muß bestätigen, daß der Rechnungsabschluß der BU., die zugrunde liegende Buchführung und der Jahresbericht des Vorstandes den gesetzlichen Vorschriften entsprechen (vgl. §§ 57 und 61). Einen solchen Vermerk kann der Prüfer nur dann unter die Gewinn- und Verlustrechnung setzen, wenn er glaubt, den Vermerk nach seinem vollen Inhalt vertreten zu können. Entsprechen der Rechnungsabschluß und der Jahresbericht den gesetzlichen Vorschriften, ist aber die Buchführung zu bemängeln, so muß jeder Vermerk unterbleiben. Denn der Vermerk ist der großen Öffentlichkeit zugänglich; er ist nach Satz 2 in allen Veröffentlichungen und Vervielfältigungen des Rechnungsabschlusses aufzunehmen. Die Öffentlichkeit aber würde einen Vermerk, der die Ordnungsmäßigkeit des Rechnungsabschlusses und des Jahresberichts bestätigte, dagegen die Buchführung unerwähnt ließe, als den gesetzlich vorgeschriebenen Vermerk ansehen, und so würden irrige Vorstellungen über die Bedeutung des Vermerks entstehen. In solchen Fällen müßte der Vorstand der obersten Vertretung bei der Auskunfterteilung nach § 61 Abs. 4 im einzelnen darlegen, aus welchen Gründen der Prüfer nicht den gesetzlich vorgeschriebenen Bestätigungsvermerk unter die Gewinn- und Verlustrechnung setzte (vgl. auch § 61 Anm. 4).

3. Bei den dem Erlaß des Gesetzes vorangegangenen Erörterungen haben Vertreter des Berufs der **Buchprüfer** geltend gemacht, es könne keinem Prüfer zugemutet werden, bestimmt, eindeutig und ohne Einschränkung zu erklären, daß der Rechnungsabschluß, die Buchführung und der Jahresbericht den gesetzlichen Vorschriften entsprächen. Um diese Gewissensbedenken zu beseitigen, wurden in den Wortlaut des von dem Prüfer zu erteilen-

den Bestätigungsvermerks die abschwächenden Worte eingefügt: „nach dem abschließenden Ergebnis der Prüfung" (Begr. S. 16).

§ 63.

Der Prüfer und, wenn er sich bei der Prüfung eines Gehilfen bedient, auch dieser sind zur gewissenhaften Prüfung und zur Verschwiegenheit verpflichtet. Sie dürfen Geschäfts- und Betriebsgeheimnisse, die sie bei der Prüfung erfahren haben, nicht unbefugt verwerten. Wer seine Obliegenheiten verletzt, haftet der Versicherungsunternehmung für den Schaden; mehrere haften als Gesamtschuldner.

Bei Fahrlässigkeit beschränkt sich die Haftpflicht für eine Prüfung auf zweihundertundfünfzigtausend Reichsmark, auch wenn an der Prüfung mehrere beteiligt waren oder mehrere zum Ersatz verpflichtende Handlungen begangen worden sind; bei Vorsatz gilt dasselbe, wenn mehrere Personen haften, zugunsten der Personen, die selbst nicht vorsätzlich gehandelt haben.

Die Verpflichtung zur Verschwiegenheit nach Abs. 1 Satz 1 besteht, wenn eine Prüfungsgesellschaft Prüfer ist, auch gegenüber dem Aufsichtsrat und den Aufsichtsratsmitgliedern der Prüfungsgesellschaft. Der Aufsichtsratsvorsitzer der Prüfungsgesellschaft und sein Stellvertreter dürfen jedoch die Berichte der Prüfungsgesellschaft einsehen, ihre Kenntnisse daraus aber nur verwerten, soweit es die Erfüllung der Überwachungspflicht des Aufsichtsrats fordert.

Die Haftung nach diesen Vorschriften kann durch Vertrag weder ausgeschlossen noch beschränkt werden.

Die Ansprüche nach diesen Vorschriften verjähren in fünf Jahren.

1. Vgl. AltREntw. § 124.

2. Der Prüfer kann sich bei der Prüfung auch eines oder mehrerer Gehilfen bedienen (vgl. § 57 Anm. 3a). Der Prüfer und seine Gehilfen haben nach **Abs. 1 Satz 1 und 2** eine Reihe von **Pflichten.** Sie haben gewissenhaft zu prüfen. Sie sind zur Verschwiegenheit verpflichtet. Sie dürfen Geschäfts- und Betriebsgeheimnisse, die sie bei der Prüfung erfahren haben, nicht unbefugt verwerten. Die dem Prüfer und seinen Gehilfen auferlegte Pflicht zur gewissenhaften Prüfung ist eine gesetzliche Leistungspflicht, zugleich aber auch Haftungsmaßstab (s. die folgende Anm. 3). Über die Pflicht zur Verschwiegenheit vgl. Abs. 3 und Anm. 6. Hinsichtlich der unbefugten Verwertung von Geschäfts- und Betriebsgeheimnissen vgl. § 17 UnlWG. und die Rechtsprechung hierzu. Geschäfts- oder Betriebsgeheimnisse sind nicht nur solche geschäftlichen Vorkommnisse, deren Geheimhaltung dem Prüfer ausdrücklich zur Pflicht gemacht ist. Vielmehr kann Geschäfts- oder Betriebsgeheimnis jede Tatsache sein, die wirklich geheim und für den Betrieb des Geschäfts von Wichtigkeit ist. Was wegen mangelnder Neuheit nicht als Betriebsgeheimnis gelten kann, kann doch als Geschäftsgeheimnis in Betracht kommen. Zu den Geschäftsgeheimnissen gehört namentlich der Inhalt der Handelsbücher mit Einschluß der Bilanzen, soweit diese nicht veröffentlicht sind. Die Bemessung des Selbstbehalts (Maximalkontrolle) ist Geschäftsgeheimnis (BayObLG. v. 29. Okt. 1912, VA. 13, Anh. 7). Die unbefugte Verwertung von Geheimnissen ist mehr als unbefugte Mitteilung an andere. Verwertung kann eigene Verwertung oder Verwertung durch Mitteilung an andere sein. Die Erfüllung der dem Prüfer und seinen Gehilfen obliegenden Pflichten ist bürgerlich-rechtlich und strafrechtlich gewährleistet. Die bürgerlich-rechtliche Verantwortlichkeit des Prüfers und seiner Gehilfen ist in § 63, ihre strafrechtliche Verantwortlichkeit in § 137 geregelt.

3. Nach **Abs. 1 Satz 3** haften der Prüfer und seine Gehilfen bei **Verletzung ihrer Obliegenheiten.** Unter Obliegenheiten sind alle Pflichten zu verstehen, die dem Prüfer und seinen Gehilfen nach den §§ 57—64 oder nach den Bestimmungen der Aufsichtsbehörde (vgl. § 57 Abs. 3) erwachsen. Das Wort Obliegen-

heiten hat demnach hier eine andere Bedeutung als in § 6 VVG. Die Haftung besteht nur bei **schuldhafter** Verletzung der Obliegenheiten. Das Gesetz stellt für den Prüfer und seine Gehilfen einen besonderen **Haftungsmaßstab** auf. So wie schon in früheren Gesetzen der allgemeine Haftungsmaßstab des § 276 BGB. („die im Verkehr erforderliche Sorgfalt") vielfach durch einen besonderen Haftungsmaßstab ersetzt wurde (z. B. „Sorgfalt eines ordentlichen Kaufmanns", § 347 HGB.; „Sorgfalt eines ordentlichen Geschäftsmanns", § 241 HGB.), so sagt hier das Gesetz in Abs. 1 Satz 1, der Prüfer sei zur „gewissenhaften Prüfung" verpflichtet. Man kann daher der Sorgfalt eines ordentlichen Kaufmanns, eines ordentlichen Geschäftsmanns, eines gewissenhaften Rechtsanwalts, Notars usw. hier die Sorgfalt eines gewissenhaften Prüfers an die Seite setzen. Die Haftung ist Verschuldenshaftung, und zwar in der Regel Haftung für Verschulden innerhalb eines Vertragsverhältnisses, da der Aufsichtsrat der Unternehmung den Prüfer bestimmt und der Vorstand den Prüfungsauftrag erteilt (§ 58 Abs. 1; vgl. auch § 58 Anm. 5b). § 63 ist nicht Schutzgesetz im Sinne des § 823 Abs. 2 BGB., wohl aber § 137 (vgl. § 58 Anm. 5c; § 137 Anm. 2).

4. a) Der Prüfer und seine Gehilfen **haften** bei Verletzung ihrer Obliegenheiten der VU. für den daraus entstehenden **Schaden** (Abs. 1 Satz 3 **Halbsatz 1**). Nach dieser Vorschrift ist die Schadenhaftung gegenüber der VU. an drei Voraussetzungen gebunden:

1. Es muß eine objektive Verletzung der dem Prüfer oder seinem Gehilfen obliegenden Pflichten vorliegen;

2. Es muß ein Schaden entstanden sein;

3. Es muß ein ursächlicher Zusammenhang zwischen der Pflichtverletzung und dem Schaden bestehen.

Diese drei Voraussetzungen muß im Streitfalle die klagende Unternehmung beweisen. Über die Beweislast hinsichtlich des Verschuldens s. unten Anm. 5b.

b) Die **gesamtschuldnerische Haftung** (Abs. 1 Satz 3 **Halbsatz 2**) bedeutet nicht, daß der Prüfer und seine sämtlichen Gehilfen für das Versehen eines einzigen haften. Vielmehr haftet zunächst nur der, der seine Obliegenheiten verletzt hat. Hat nur der Prüfer seine Obliegenheiten verletzt, so haften seine Gehilfen nicht. Hat jedoch ein Gehilfe seine Obliegenheiten verletzt, so haftet auch der Prüfer selbst, da in der Regel Vertragshaftung besteht, gemäß § 278 BGB. für das Verschulden des Gehilfen wie für eigenes Verschulden. Haben mehrere ihre Obliegenheiten verletzt, so haften diejenigen, aus deren schuldhaftem Verhalten ein Schaden entstanden ist, als Gesamtschuldner. Voraussetzung der gesamtschuldnerischen Haftung ist ein einheitlicher Schadensfall: Nur wenn und insoweit das gemeinsame oder einzelne schuldhafte Verhalten der mehreren Beteiligten denselben schädlichen Erfolg hatte, haften die Beteiligten als Gesamtschuldner. Hat dagegen ein Gehilfe durch eine Pflichtverletzung einen Schaden verursacht und ein anderer Gehilfe durch eine neue, von der Pflichtverletzung des ersten unabhängige Pflichtverletzung einen neuen Schaden geschaffen, so haften die beiden nicht als Gesamtschuldner für beide Schäden, sondern jeder haftet nur für den von ihm verursachten Schaden. Besteht die Pflichtverletzung nicht in einem Tun, sondern in einem Unterlassen, so ist zu unterscheiden, ob eine allgemeine Pflicht des Prüfers und seiner Gehilfen oder eine Sonderpflicht eines einzelnen von ihnen verletzt worden ist. In dem ersten Falle haften alle Beteiligten; im zweiten Falle haftet nur der, der zum Handeln verpflichtet war. Im einzelnen richtet sich die gesamtschuldnerische Haftung nach den §§ 421—426 BGB., soweit sich nicht aus § 63 Abs. 2 etwas anderes ergibt (vgl. unten Anm. 5b). Im Rechtsstreit sind die Gesamtschuldner Streitgenossen, aber nicht notwendige Streitgenossen (§§ 59, 61, 100 ZPO.).

c) Trifft Verschulden des Prüfers (und seiner Gehilfen) mit schuldhaftem Verhalten der **Gesellschaftsorgane** (des Vorstands oder des Aufsichtsrats) zusammen, so haftet der Prüfer nach § 63 VAG., der Vorstand nach § 241 HGB., § 34 VAG., der Aufsichtsrat nach § 249 HGB., § 35 VAG. Hierbei ist der Grundsatz des § 254 BGB. anzuwenden. D. h. es ist zu ermitteln, ob der zu ersetzende Schaden vorwiegend von dem Prüfer oder von dem schuldigen Gesellschaftsorgan verursacht worden ist, und danach ist der Schaden zu verteilen. Hierbei kann ein Verschulden des Prüfers durch das stärkere Verschulden des Vorstandes oder des Aufsichtsrats aufgewogen werden.

d) Eine Sondervorschrift für **Treuhandgesellschaften** entsprechend dem § 124 Abs. 2 Satz 2 des AktREntw. (Zulassung eines Entlastungsbeweises) besteht nach dem § 63 nicht. Vgl. aber § 63 Abs. 3 und unten Anm. 6.

5. Die in Abs. 1 Satz 3 grundsätzlich angeordnete Haftung erfährt durch Abs. 4 eine **Verschärfung**, durch Abs. 2 eine **Milderung**.

a) Nach **Abs. 4** kann die Haftung durch Vertrag **weder ausgeschlossen noch beschränkt** werden. Diese Vorschrift bedeutet eine Verschärfung gegenüber § 276 Abs. 2 BGB., wonach dem Schuldner nur die Haftung wegen Vorsatzes nicht im voraus erlassen werden kann. Sie ist außerdem eine Verschärfung gegenüber § 278 Satz 2 BGB., wonach die Haftung für Vorsatz von Gehilfen sogar durch Vereinbarung im voraus ausgeschlossen werden kann.

b) Nach **Abs. 2** ist die Haftung bei **Fahrlässigkeit** durch die Festsetzung einer **Höchstgrenze** beschränkt. Die Begründung zum Gesetzentwurf (S. 16) bemerkt hierzu folgendes: „Hierfür war die Überlegung maßgebend, daß erfahrungsgemäß bei Prüfungen der hier zur Erörterung stehenden Art geringfügige Versehen zu ungewöhnlich großen Schäden führen können und daß ein Prüfer zum Nutzen seiner Arbeit von der drückenden Besorgnis, unbeschränkt zum Schadenersatz verpflichtet zu sein, befreit werden müsse." Dem wäre allerdings entgegenzuhalten, daß auch Richter, Rechtsanwälte und Notare für Berufsversehen unbeschränkt haften, obwohl auch bei diesen Berufen „geringfügige Versehen zu ungewöhnlich großen Schäden führen können". Die Haftungsgrenze bei Fahrlässigkeit ist auf 250 000 Reichsmark für eine Prüfung festgesetzt. Vgl. auch die Haftungsgrenzen in § 12 KraftfG. und in § 23 LuftvG. Die Begrenzung der Haftung tritt ein, auch wenn an der Prüfung mehrere Personen beteiligt waren oder mehrere zum Ersatz verpflichtende Handlungen begangen worden sind; die Begrenzung gilt also für das Prüfungsverfahren in seiner Gesamtheit. Bei **Vorsatz** besteht unbegrenzte Haftung. Wenn mehrere Prüfer oder Gehilfen als Gesamtschuldner haften, so soll sich auch bei Vorsatz des einen der andere, dem kein Vorsatz zur Last fällt, auf die Höchstgrenze berufen dürfen. Ohne diese in Abs. 2 Halbsatz 2 getroffene Bestimmung würde in vielen Fällen die in Abs. 2 Halbsatz 1 angeordnete Haftungsbeschränkung nicht wirksam werden. Läßt sich ein Gehilfe des Prüfers durch unlautere Einwirkungen eines Angestellten der VU. zur Erstattung eines falschen Berichts bestimmen, so haftet der Prüfer, wenn ihm selbst kein Vorsatz zur Last fällt, nach Abs. 2 Halbsatz 2 nur beschränkt. Die **Beweislast** gestaltet sich im Streitfalle wie folgt: Hat die VU. dem Prüfer nachgewiesen, daß durch sein Verhalten ein Schaden entstanden ist, so muß der Prüfer seinerseits dartun, daß er seine Pflichten mit der Sorgfalt eines gewissenhaften Prüfers erfüllt hat. Denn der Prüfer hat der VU. Rechenschaft abzulegen: er hat sich vor der VU. zu verantworten. Er hat daher sein Verhalten derartig nachzuweisen, daß sich daraus die Erfüllung seiner Pflichten ergibt (vgl. §§ 666, 675 BGB.). Verlangt die VU. von den an der Prüfung beteiligten Personen wegen vorsätzlicher Pflichtverletzung Schadenersatz in unbegrenzter Höhe, so hat sie den Vorsatz zu behaupten und zu beweisen. Dem in Anspruch Genommenen steht dann der Gegenbeweis offen, daß er seine Pflichten erfüllt hat oder daß ihm nur Fahrlässigkeit zur Last fällt (teilweise abweichend Schmölder in JW. 30, 3687).

6. Nach **Abs. 3** Satz 1 besteht, wenn eine **Prüfungsgesellschaft** Prüfer ist, die Pflicht zur Verschwiegenheit auch gegenüber dem Aufsichtsrat und den Mitgliedern des Aufsichtsrats der Prüfungsgesellschaft. Diese Vorschrift ist nach einer in der Begründung enthaltenen Bemerkung nur „zur Vermeidung von Zweifeln" aufgestellt. Die Vorschrift ist durch den nachfolgenden Satz 2 wieder eingeschränkt, damit dem Aufsichtsrat der Prüfungsgesellschaft nicht jede Möglichkeit genommen wird, die Tätigkeit des Vorstandes und der angestellten Hilfskräfte zu überwachen. Würde der Vorsitzende des Aufsichtsrats der Prüfungsgesellschaft durch die Einsicht der Prüfungsberichte die Überzeugung erlangen, daß der Vorstand seine Pflichten gröblich verletze, so würde die Verwertung der Kenntnisse in einem Rechtsstreit mit dem Vorstand nicht gegen die Pflicht zur Verschwiegenheit verstoßen (Begr. S. 16).

7. Die **Verjährungsvorschrift** in **Abs. 5** ist der Vorschrift in § 241 Abs. 5 HGB. nachgebildet (vgl. auch § 72 Abs. 5 AktREntw.). Die Verjährung beginnt mit der Entstehung des Anspruchs (§ 198 BGB.). Der Beginn der Verjährung richtet sich nicht nach

§ 852 BGB., da es sich nicht um außervertragliche, sondern um vertragliche Ansprüche der VU. handelt. Auf die **Kenntnis** der Unternehmung von dem Schaden und der Person des Ersatzpflichtigen kommt es daher nicht an. Das gilt auch dann, wenn der Anspruch der Unternehmung auf vorsätzliche Pflichtverletzung des Prüfers oder seiner Gehilfen gegründet wird. Der Anspruch ist nicht schon mit der Begehung der pflichtwidrigen Handlung, sondern erst mit dem Eintritt des Schadens entstanden. Ungewißheit über Umfang und Höhe des Schadens schließt den Beginn der Verjährung nicht aus; die Möglichkeit einer Feststellungsklage genügt. Der gemäß § 426 BGB. bestehende Ausgleichungsanspruch unter mehreren Ersatzpflichtigen unterliegt der regelmäßigen Verjährung von 30 Jahren (§ 195 BGB.). Ein Prüfer oder ein Gehilfe, der wegen Ablaufs der fünfjährigen Verjährungsfrist von der VU. nicht mehr mit Erfolg haftbar gemacht werden kann, darf demnach gewärtig sein, auf Grund seiner Ausgleichungspflicht noch nach Jahren zahlen zu müssen.

8. Über die Anwendung der Vorschriften des § 63 auf die von der Aufsichtsbehörde gemäß § 84 Abs. 1 Satz 2 **herangezogenen Prüfer** vgl. § 85 Satz 5.

§ 64.

Die §§ 57 bis 63 gelten nicht für Versicherungsunternehmungen, die als kleinere Vereine (§ 53) anerkannt sind oder keinen Aufsichtsrat haben; ob und wie solche Unternehmungen zu prüfen sind, kann die Aufsichtsbehörde bestimmen.

1. Vgl. AktREntw. § 197 Abs. 1 Nr. 3, Abs. 2.

2. **Kleinere Gegenseitigkeitsvereine** (§ 53) und VU., bei denen kein Aufsichtsrat gebildet ist, sind von den Vorschriften über die Pflichtprüfung ausgenommen. Das Gesetz geht von dem Grundsatz aus, daß der Prüfungsaufwand in einem angemessenen Verhältnis zum Umfang des Geschäftsbetriebs stehen soll (vgl. § 70 Anm. 4; § 84 Anm. 4). Dadurch, daß wegen der Prüfung der kleineren VU. der Aufsichtsbehörde die näheren Anordnungen überlassen sind, ist die Berücksichtigung der besonderen Verhältnisse des Einzelfalls ermöglicht.

§ 66.

(Abs. 3 Satz 3:) Bei Forderungen, die durch eine Grundstücksbelastung gesichert und in Teilbeträgen zurückzuzahlen sind, ist das Verzeichnis nach näherer Bestimmung der Aufsichtsbehörde zu berichtigen; dasselbe gilt für Grundstücksbelastungen, die keine persönliche Forderung sichern.

1. Über die Eintragung der den Deckungsstock bildenden Bestände in ein **Verzeichnis** vgl. Koenige-Petersen § 57 Anm. 3—5; über die Vorlegung von Abschriften an die Aufsichtsbehörde ebd. Anm. 6.

2. Die **Berichtigung** des Deckungsstockverzeichnisses verursacht vor allem bei **Tilgungshypotheken** viel Schreibarbeit. Tilgungshypotheken sind solche Hypotheken, die nicht auf einmal, sondern in jährlichen Tilgungsbeträgen (Annuitäten) zurückgezahlt werden (vgl. §§ 6, 19—21 HypBGes.). Abzahlungshypotheken, die in größeren Teilbeträgen getilgt werden, sind nicht Tilgungshypotheken, fallen aber auch unter die Vorschrift des Abs. 3 Satz 3. Durch die Menge der Eintragungen namentlich bei den Tilgungshypotheken kann die Übersichtlichkeit des Verzeichnisses leiden. Anderseits soll die Arbeitsbelastung die VU. nicht von dieser sehr zweckmäßigen Art der Grundstücksbeleihung abhalten. Tilgungshypotheken kommen besonders bei der Beleihung von Erbbaurechten in Frage, da in diesem Falle die Tilgung Voraussetzung für die Mündelsicherheit ist (VO. über das Erbbaurecht v. 15. Jan. 1919, RGBl. S. 72). Durch den in Abs. 3 neu eingefügten Satz 3 ist die Möglichkeit geschaffen, die Berichtigung des Registers bei Tilgungshypotheken oder sonstigen Grundstücksbelastungen, die in Teilbeträgen getilgt werden sollen, einfacher zu gestalten. Eine gleiche Möglichkeit besteht für Grund- und Rentenschulden. Die näheren Bestimmungen sind der Aufsichtsbehörde überlassen.

§ 68.

(Abs. 1 Nr. 5 ist gestrichen.)

(Abs. 1 Nr. 6:) für die Deckungsrücklage wert-

beständiger Inlandsversicherungen nach den Vorschriften der Aufsichtsbehörde in wertbeständigen inländischen oder ausländischen Vermögenswerten;

(Abs. 2 Satz 2:) Die Anlagen in inländischen Grundstücken dürfen ein Viertel des Solls der Deckungsrücklage nur mit Zustimmung der Aufsichtsbehörde überschreiten.

A. Zu der in Abs. 1 gestrichenen Nr. 5 und zu Abs. 2 Satz 2.

1. Über die durch das Gesetz v. 19. Juli 1923 in Abs. 1 eingefügte Nr. 5 und die auf Grund dieser Vorschrift erlassenen Bestimmungen des RA. vgl. Koenige-Petersen § 59 Anm. 2 und 11.

2. Zu der durch das Gesetz v. 30. März 1931 wieder angeordneten Streichung der Nr. 5 ist in der **Begründung** (S. 17) folgendes bemerkt: „Für die Beibehaltung der Bestimmung besteht gegenwärtig kein Bedürfnis mehr, nachdem die deutsche Währung gefestigt worden ist und andere als sicher anzusprechende Werte in ausreichendem Maße zur Verfügung stehen. Andererseits erheben sich Bedenken gegen die Beibehaltung der Bestimmung im § 59 Nr. 5, da sie ermöglicht, mit Mitteln des Prämienreservefonds **Beteiligungen** zu erwerben, die, wie die Erfahrungen gelehrt haben, die für die Bedeckung der Prämienreserve erforderliche Sicherheit nicht unbedingt bieten. Daneben gewinnen auch die Einwendungen wieder an Bedeutung, die in der zweiten Beratung des damaligen Entwurfs gegen die Zulassung der **Aktien** inländischer Aktiengesellschaften oder Kommanditgesellschaften auf Aktien als Anlagewerte für die Bedeckung der Prämienreserve erhoben wurden." Außerdem ist in der Begründung festgestellt, daß die VU. von der ihnen durch Nr. 5 erteilten Ermächtigung nur in sehr bescheidenem Umfange Gebrauch gemacht hätten; der Wegfall der Ermächtigung bedeute demnach keinen nennenswerten Eingriff in die gegenwärtige Geldpolitik der Unternehmungen (vgl. hierzu die Übersicht über die Kapitalanlagen der deutschen VU. in VA. 31, 65; Versicherungs-Statistik für 1928 und 1929, herausgegeben v. RA. 1930 S. 7).

3. Aus der Streichung der bisherigen Nr. 5 folgt nicht, daß die

Bestände des Deckungsstocks künftig überhaupt nicht mehr in Aktien angelegt werden dürften. Die **Aktien** gehören in Zukunft nur nicht mehr zu den Werten, die nach § 68 Abs. 1 ohne weiteres für die Anlegung der Deckungsrücklage geeignet sind. Dagegen kann nach wie vor die **Aufsichtsbehörde** gemäß § 68 Abs. 3 Satz 2 eine andere Anlegung der Bestände des Deckungsstocks gestatten. Die LebensVU. können daher mit vorheriger Erlaubnis der Aufsichtsbehörde auch künftig einen Teil der Deckungsrücklagen in einwandfreien Aktien anlegen.

4. Das in Anm. 2 und 3 Gesagte gilt auch von den in der früheren Nr. 5 des § 68 Abs. 1 genannten kurzfristigen **verbrieften Forderungen** und den **Industrieobligationen.** Die Anlegung der Deckungsrücklage auch in diesen Werten ist in Zukunft noch möglich mit Erlaubnis der Aufsichtsbehörde gemäß Abs. 3 Satz 2.

5. Über die **Frist** für die Abstoßung der nach § 68 Abs. 1 Nr. 5 bisher verwandten Werte vgl. § 131.

6. Die meisten LebensVU. haben in ihren **Satzungen** die Vorschrift, daß auch das sonstige Vermögen nach denselben Grundsätzen wie die Deckungsrücklage anzulegen sei. Wollen sich die VU. die Möglichkeit offenhalten, ihr sonstiges Vermögen zu einem Teile auch in Aktien anzulegen, so bleibt es ihnen überlassen, bei der Aufsichtsbehörde den Antrag auf Genehmigung einer Satzungsänderung zu stellen.

7. Die Änderung des **Abs. 2 Satz 2** war erforderlich wegen der Streichung der Nr. 5 in Abs. 1.

B. Zu Abs. 1 Nr. 6.

1. Über die Anlegung der Deckungsrücklage für **wertbeständige Inlandsversicherungen** und die vom RA. hierzu erlassenen Vorschriften vgl. Koenige-Petersen § 59 Anm. 2 und 12.

2. Bei Erlaß des Gesetzes v. 19. Juli 1923, durch das die Nr. 7 (jetzt Nr. 6) in § 59 (jetzt § 68) Abs. 1 eingefügt worden ist, bestand noch die VO. auf Grund des Notgesetzes (Maßnahmen gegen die Valutaspekulation) v. 8. Mai 1923 (RGBl. I S. 275). Wegen des damaligen Standes der Devisengesetzgebung mußten im § 59 Abs. 1 Nr. 7 Zahlungsmittel oder Forderungen in **ausländischer Währung** im Sinne der VO. gegen die Valutaspekulation von den für die Anlage der Prämienreserve geeigneten wertbeständigen

Vermögenswerten ausgeschlossen werden. Heute ist diese einschränkende Vorschrift nicht mehr nötig, zumal da auch die früheren Bestimmungen über den Verkehr mit Devisen wesentlich abgeschwächt worden sind (vgl. die schon von Koenige-Petersen zu § 59 Anm. 12 angeführte VO. v. 1. Mai 1926, RGBl. I S. 217). Vgl. aber VO. des Reichspräsidenten über die Devisenbewirtschaftung v. 1. August 1931 (RGBl. I S. 421).

C. Vgl. Gesetz über die Mündelsicherheit von Wertpapieren und Forderungen v. 29. Oktober 1927 (RGBl. I S. 325); Zweites Gesetz über die Mündelsicherheit von Wertpapieren und Forderungen v. 23. März 1931 (RGBl. I S. 69).

Vorbemerkungen zu den §§ 70—76.

1. Durch die Vorschriften der §§ 70—76 wird der **Deckungsstock unter den besonderen Schutz eines Treuhänders** gestellt. Nach den bisherigen gesetzlichen Vorschriften bestand kein besonderes Organ, das die Rechte der Versicherten am Deckungsstock dauernd wahrzunehmen hatte. Nur im Falle des Konkurses war den Versicherten zur Wahrung der ihnen nach § 77 (früher 61) zustehenden Vorzugsrechte gemäß § 78 (früher 62) ein Pfleger zu bestellen (vgl. Begr. zum Entw. des VAG. S. 44, RTdrucksache 1900 Nr. 5). Außerhalb des Konkurses bestand der Schutz der Versicherten hinsichtlich der Deckungsrücklage nur in der Überwachung durch die Aufsichtsbehörde nach den §§ 81 ff. (früher 64 ff.) und in den Strafvorschriften der §§ 135, 139 (früher 106, 107). Nach den in das Gesetz neu eingefügten Vorschriften der §§ 70—76 ist durch die Einsetzung eines Treuhänders ein dauernder, besonderer Schutz für die am Deckungsstock beteiligten Versicherten geschaffen.

2. Ein Treuhänder ist zur Überwachung des **Deckungsstocks** zu bestellen. Nach den §§ 65, 66 ist ein Deckungsstock bei der **LebensV.**, nach § 79 in Verbindung mit § 12 auch in der **Kranken- und UnfallV.** zu bilden (vgl. Koenige-Petersen § 12 Anm. 1; § 63 Anm.). Die Bildung eines Deckungsstocks kommt hiernach in Betracht für laufende Unfall- und Krankenrenten, für Unfall- und KrankenV. mit Entgeltrückgewähr und für lebenslängliche Eisenbahn- und Dampfschiff-UnglückV.

Der Deckungsstock umfaßt die Deckungskapitalien der laufenden Renten, bei Versicherungen mit Entgeltrückgewähr die aus den Entgelten angesammelte rechnungsmäßige Deckungsrücklage sowie etwaige andere nach v.technischen Grundsätzen zurückzustellende Rücklagen (VA. 02, 95; 03, 83; 06, 18, 27). Das gleiche gilt nach der Anordnung des RA. auch bei der **HaftpflichtV.**, soweit sie nach Art der LebensV. betrieben wird, d. h. bei Zahlung von Haftpflichtrenten durch den Versicherer hinsichtlich der zu bildenden Rentenrücklagen und bei der lebenslänglichen HaftpflichtV. hinsichtlich der zurückzustellenden Entgeltbeträge (VA. 03, 83; 04, 113; 05, 82; 06, 27; vgl. auch Koenige-Petersen § 12 Anm. 2; § 63 Anm.). Wegen weiterer Einzelheiten vgl. § 70 Anm. 1.

3. Der **Treuhänder** ist kein Vertreter, sondern ein Rechtsträger besonderer Art. Der Vertreter übt fremdes Recht in fremdem Namen aus. Der Treuhänder dagegen übt eigenes Recht in eigenem Namen, jedoch in fremdem Interesse aus. Dem Treuhänder werden durch privates Rechtsgeschäft oder durch obrigkeitliche Verfügung oder unmittelbar durch das Gesetz bestimmte Befugnisse übertragen. Er soll aber diese Befugnisse nicht in eigenem, sondern in fremdem Interesse auf Grund eines ihm geschenkten Vertrauens gebrauchen und ist daher zu getreuer Ausübung verpflichtet. Das altdeutsche Rechtsgebilde der treuen Hand, das im englischen und amerikanischen Recht zu den verschiedensten Zwecken einer anvertrauten Vermögensverwaltung verwendet wird, ist in neuerer Zeit auch in Deutschland für mancherlei Zwecke wieder eingeführt worden. Das HypBG. v. 13. Juli 1899 (RGBl. S. 375) ordnet für jede Hypothekenbank die Bestellung eines Treuhänders an. Von besonderer Bedeutung für das V.wesen waren die für die Aufwertung der V.ansprüche nach § 60 des AufwG. v. 16. Juli 1925 und Art. 95 ff. der DurchfVO. v. 29. Nov. 1925 bestellten Treuhänder.

Als eigentliche **Treuhandtätigkeit** wird heute allgemein angesehen die Fürsorge für Pfandbriefgläubiger und Inhaber von Teilschuldverschreibungen sowie sonstige Pfandhalterschaften, die Bildung von Schutzvereinigungen, die Durchführung außergerichtlicher Abwicklung von Unternehmungen, die Übernahme von

Testamentsvollstreckungen, Konkurs- und Vermögensverwaltungen. Bei den zahlreichen, heute in Deutschland bestehenden Treuhand- und Revisionsgesellschaften stehen weniger die eigentlichen Treuhandtätigkeiten als vielmehr die Buch- und Betriebsprüfung bei Gesellschaften und Einzelunternehmungen sowie die Wirtschafts- und Steuerberatung im Vordergrunde (vgl. § 59 Anm. 3). Die Verbindung von Finanzierungs- und Vermittlungsgeschäften mit der Treuhandtätigkeit ist abzulehnen.

4. Der nach § 71 zu bestellende Treuhänder soll der **Überwachung** des Deckungsstocks dienen. Nur mit seiner Zustimmung darf über den Deckungsstock verfügt werden. Er hat die Bestände des Deckungsstocks unter dem Mitverschluß der VU. zu verwahren (§ 72). Er hat zu bestätigen, daß die Deckungsrücklagen vorschriftsmäßig angelegt und aufbewahrt sind (§ 73). Er ist befugt, Bücher und Schriften der VU. einzusehen, soweit sie sich auf den Deckungsstock beziehen (§ 74). Die dem Treuhänder übertragenen Überwachungsbefugnisse dienen nur dem Interesse der am Deckungsstock beteiligten Versicherten. Abgesehen von der etwa vereinbarten Vergütung ist der Treuhänder ohne jedes eigene Interesse. Seine Tätigkeit ist eine **echte Treuhandtätigkeit**. Es handelt sich um eine Güterpflege kraft eigenen Rechts und in eigenem Namen, aber in fremdem Interesse und auf Grund besonderen Vertrauens.

5. a) Für einen **kleineren Verein** ist ein Treuhänder nur zu bestellen, wenn die Aufsichtsbehörde es anordnet (§ 70 Satz 2).

b) Für **ausländische Unternehmungen** ist kein Treuhänder zu bestellen (§ 110 Abs. 2 Satz 2).

6. § 70 handelt von den VU., bei denen ein Treuhänder zu bestellen ist, § 71 von der Bestellung, §§ 72—74 von den Aufgaben des Treuhänders, § 75 von Streitigkeiten zwischen Treuhänder und VU., § 76 vom Stellvertreter des Treuhänders. Die §§ 138 und 139 enthalten Strafbestimmungen gegen den Treuhänder und seinen Stellvertreter.

Die Vorschriften des VAG. über den Treuhänder sind im wesentlichen den Bestimmungen der §§ 29 ff. HypBG. (RGBl. 1899 S. 375) nachgebildet. Rechtsprechung und Schrifttum zu den einschlägigen Bestimmungen des HypBG. sind daher auch hier zu beachten. Vgl. namentlich Dannenbaum, Deutsche Hypothekenbanken, 2. Aufl., Berlin 1928; Friedlaender, Hypothekenbankgesetz, 3. Aufl. (früher Göppert-Seydel), Berlin und Leipzig 1929.

§ 70.

Zur Überwachung des Deckungsstocks sind ein Treuhänder und ein Stellvertreter für ihn zu bestellen. Für einen kleineren Verein (§ 53) gilt dies nur, wenn es die Aufsichtsbehörde anordnet.

1. Die Bestellung eines Treuhänders ist erforderlich, wenn ein Deckungsstock zu bilden ist. Für laufende Unfall- und Krankenrenten ist ein Deckungsstock erst bei Eintritt eines V.falles zu bilden, der den Versicherten zu einer Rente berechtigt. Hierbei ist zu beachten, daß die täglichen Entschädigungen in der UnfallV. und die täglichen Krankengelder in der KrankenV. keine Rentenleistungen darstellen, die zur Bildung eines Deckungsstocks verpflichten. Bei der UnfallV. und der KrankenV. mit Entgeltrückgewähr wird die Deckungsrücklage nur für den Rückgewähranspruch gebildet. Schwierig ist die Frage zu beantworten, wann in der HaftpflichtV. ein Deckungsstock zu bilden ist. Diese Frage hat auch bei der Auslegung von § 59 Abs. 1 AufsG. v. 16. Juli 1925 und Art. 95 DurchfVO. v. 29. Nov. 1925 zu langwierigen Erörterungen geführt. In der HaftpflichtV. ist (abgesehen von der heute durch das RA. nicht mehr zugelassenen lebenslänglichen HaftpflichtV.) eine Deckungsrücklage für einen bestimmten Versicherungsvertrag erst dann zu bilden, wenn ein Schadenfall eintritt, der den Versicherer zur Gewährung einer Rente verpflichtet (VA. 03, 83; 04, 113; 06, 27). Als Deckungsrücklage gilt in diesem Falle das zur Sicherstellung der Rente dienende, nach v.technischen Grundsätzen berechnete Rentendeckungskapital. Dieses ist gemäß §§ 66 ff. dem Deckungsstock zuzuführen und nach den für diesen geltenden Vorschriften anzulegen. Nach Auffassung des RA. ist die Deckungsrücklage erst dann zu bilden, wenn die Pflicht des Versicherers zur Rentenzahlung durch rechtskräftiges Urteil, Vergleich oder Anerkenntnis

festgestellt worden ist. Es genügt nicht, daß die Pflicht des Versicherten zur Rentenzahlung an den Geschädigten feststeht; vielmehr muß die Pflicht des Versicherers zur Rentenzahlung festgestellt sein (VA. 27, 111; 28, 99 unter II; über einen eigentümlich gelagerten Sonderfall vgl. ebd. unter III).

2. Ein **Treuhänder** und ein **Stellvertreter** sind zu bestellen. Treuhänder oder Stellvertreter kann jede geschäftsfähige Person sein (näheres über den Kreis der für das Treuhänderamt geeigneten Personen in § 71 Anm. 3). Der Stellvertreter ist gleichzeitig mit dem Treuhänder, nicht erst im Bedarfsfalle zu bestellen. Der Treuhänder soll sich vom Stellvertreter nur aushilfsweise, nicht dauernd vertreten lassen. Doch muß er im Einzelfalle als berechtigt angesehen werden, die Arbeit auch aus einem unwichtigen Grunde seinem Stellvertreter zu überlassen. Der Stellvertreter hat dieselben Rechte und Pflichten wie der Treuhänder selbst (§ 76).

3. Über die **Rechtsstellung** des Treuhänders vgl. § 71 Anm. 6.

4. Nach § 70 Satz 2 hat für **kleinere Vereine** die Aufsichtsbehörde die nötigen Anordnungen zu treffen. Auch hier ist wieder der **Grundsatz** verwirklicht, daß der Aufwand in einem angemessenen Verhältnis zum Umfange des Geschäftsbetriebs stehen soll (vgl. § 64 Anm. 2; § 84 Anm. 4).

§ 71.

Den Treuhänder bestellt der Aufsichtsrat. Hat ein kleinerer Verein (§ 53) keinen Aufsichtsrat, bestellt der Vorstand den Treuhänder.

Wer als Treuhänder in Aussicht genommen ist, muß vor Bestellung der Aufsichtsbehörde benannt werden. Hat diese gegen die Bestellung Bedenken, kann sie verlangen, daß binnen angemessener Frist jemand anders benannt werde. Unterbleibt das oder hat die Aufsichtsbehörde auch gegen die Bestellung des neu Vorgeschlagenen Bedenken, so hat sie den Treuhänder selbst zu bestellen.

Abs. 2 Satz 2, 3 gelten auch, wenn die Aufsichtsbehörde Bedenken hat, daß ein bestellter Treuhänder sein Amt weiter verwaltet.

1. Die **Bestellung des Treuhänders** einer VU. ist in § 71 anders geregelt als die Bestellung des Treuhänders einer Hypothekenbank in § 29 Abs. 2 HypBG. Während der Treuhänder einer Hypothekenbank durch die Aufsichtsbehörde nach Anhörung der Hypothekenbank bestellt wird, wird der Treuhänder einer VU. nach § 71 Abs. 1 Satz 1 grundsätzlich durch den **Aufsichtsrat**, nach Abs. 1 Satz 2 bei kleineren Vereinen gegebenenfalls durch den Vorstand bestellt. Die Person des Treuhänders muß aber der Aufsichtsbehörde genehm sein. Benennt die VU. keine Person, deren Bestellung die Billigung der Aufsichtsbehörde findet, so hat die Aufsichtsbehörde nach Abs. 2 Satz 3 den Treuhänder selbst zu bestellen. Vgl. auch die Vorschriften über die Bestimmung des Prüfers in § 58.

2. Aus den Vorschriften in Abs. 1 und 2 ergibt sich folgende Reihe der **vorzunehmenden Handlungen**:

a) Benennung der vom Aufsichtsrat (bei kleineren Vereinen vom Vorstand) in Aussicht genommenen Person gegenüber der Aufsichtsbehörde (Abs. 2 Satz 1).

b) Bei Zustimmung der Aufsichtsbehörde Bestellung durch den Aufsichtsrat, bei kleineren Vereinen unter Umständen durch den Vorstand (Abs. 1 Satz 1 und 2). Bei Bedenken der Aufsichtsbehörde Benennung einer anderen Person, gegebenenfalls Bestellung durch die Aufsichtsbehörde (Abs. 2 Satz 2 und 3). Vgl. auch Rundschreiben des RA. A III 864 (R. 22) v. 11. Mai 1931 (VA. 31, 74).

3. Über den Kreis der für das Treuhänderamt **geeigneten Personen** ist im Gesetz nichts bestimmt (vgl. dagegen hinsichtlich der Prüfer § 59). Es bleibt dem pflichtmäßigen Ermessen der berufenden Stelle überlassen, nur solche Personen auszuwählen, von denen nach ihren Kenntnissen und ihrer Zuverlässigkeit anzunehmen ist, daß sie ihrer Aufgabe gewachsen sind. Daß der Treuhänder Mitglied eines Organs der VU. oder ihr Angestellter ist, wird durch das Gesetz nicht verwehrt (vgl. Begr. S. 19; anders beim Treuhänder einer Hypothekenbank). Der Aktionär einer

V.aktiengesellschaft ist nicht ohne weiteres ungeeignet, bei dieser Gesellschaft die Stellung eines Treuhänders zu bekleiden. Selbstverständlich darf der Treuhänder bei der Gesellschaft in beliebiger Höhe versichert sein, da er die Interessen der Versicherten ohnedies wahrzunehmen hat. Treuhänder kann (im Gegensatze zum Prüfer) nur eine natürliche Person sein (vgl. § 138 mit § 137). Als Treuhänder und Prüfer können die gleichen Personen bestellt werden, sofern die sonstigen gesetzlichen Voraussetzungen erfüllt sind (§ 59). Die Beseitigung auftretender Mißstände ist Sache der Aufsichtsbehörde, der durch die Vorschriften des § 71 ein weitgehender Einfluß auf die Bestellung des Treuhänders eingeräumt ist.

4. Die **Tätigkeit** des Treuhänders **beginnt** mit der Bestellung, d. h. im Regelfalle mit dem Abschluß des Bestellungsvertrags zwischen **Aufsichtsrat** und Treuhänder. Dieser Vertrag ist, je nachdem der Treuhänder sein Amt unentgeltlich oder gegen eine Vergütung zu versehen hat, entweder ein Auftrag (§ 662 BGB.) oder ein Dienstvertrag, der eine Geschäftsbesorgung zum Gegenstand hat (§ 675 BGB.). In der großen Mehrzahl der Fälle wird Dienstvertrag vorliegen. Bestellt die Aufsichtsbehörde den Treuhänder, so geschieht die Bestellung formlos, etwa durch schriftliche Anzeige an den bestellten Treuhänder und die VU. Durch diese Bestellung kommt das Treuhandverhältnis zustande. (Vgl. die verschiedenartige Ausdrucksweise in § 58 und § 71: „bestimmen" und „bestellen".)

5. Die **Tätigkeit** des Treuhänders **endigt** mit dem Ablauf oder der Kündigung des Dienstverhältnisses (wenn Auftrag vorliegt, mit dem Widerruf oder der Kündigung des Auftrags). Zum Widerruf oder zur Kündigung ist der Aufsichtsrat (bei kleineren Vereinen der Vorstand) befugt; die Zustimmung der Aufsichtsbehörde ist hierzu nicht erforderlich. Nach Abs. 3 hat jedoch die Aufsichtsbehörde das Recht, die Abberufung des Treuhänders und seine Ersetzung durch eine andere Person zu verlangen, wenn sie Bedenken gegen die weitere Tätigkeit des Treuhänders hat; äußerstenfalls kann sie den Treuhänder selbst abberufen (vgl. unten Anm. 6a und § 75 Anm. 3). Selbstverständlich wird die Aufsichtsbehörde diese Befugnis nur ausüben, wenn ernste Be-

denken gegen die Belassung des Treuhänders in seiner Stellung bestehen. Nach der Abberufung ist der Treuhänder nicht mehr zur Dienstleistung befugt. Doch hat er unaufschiebbare Geschäfte, falls sie nicht von seinem Stellvertreter besorgt werden können, noch zu erledigen. Die Tätigkeit des Treuhänders endigt außerdem mit der Eröffnung des Konkurses über das Vermögen der VU. Die Fürsorge für die Versicherten und deren Forderungen auf die rechnungsmäßige Deckungsrücklage ist dann Sache des Konkursverwalters und des nach § 78 zu bestellenden Pflegers.

6. Die **Rechtsstellung des Treuhänders** ergibt sich aus den gesetzlichen Bestimmungen über seine Bestellung (§ 71) und über seine Rechte und Pflichten (§§ 72—75). Der Treuhänder ist nicht Beamter. Er ist in seiner Eigenschaft als Treuhänder auch dann nicht Beamter, wenn er im Hauptberufe Beamter sein sollte. Für seine privatrechtliche Haftung gelten nicht § 839 BGB. und Art. 77 EGBGB., auch nicht das Gesetz über die Haftung des Reichs für seine Beamten v. 22. Mai 1910 (RGBl. S. 798). Auch strafrechtlich kann er kein Beamtendelikt begehen (vgl. §§ 138, 139). Der Treuhänder ist auch nicht privatrechtlicher Vertreter der am Deckungsstock beteiligten Versicherten. Er ist ein im Interesse der Versicherten geschaffenes, seine Befugnisse aus dem Gesetz herleitendes Organ zur dauernden Sicherstellung des Deckungsstocks.

a) **Stellung zur Aufsichtsbehörde.**

Die Aufsichtsbehörde hat einen maßgebenden Einfluß auf die Bestellung und Abberufung des Treuhänders; sie kann unter bestimmten Voraussetzungen die Bestellung und Abberufung auch selbst vornehmen (§ 71 Abs. 2 und 3). Die Behörde entscheidet Streitigkeiten zwischen ihm und der VU. (§ 75). Die Aufsichtsbehörde ist berechtigt, dem Treuhänder in seinem gesetzlichen Aufgabenkreise Weisungen zu erteilen. Das ergibt sich aus § 81 Abs. 1 und 2, wonach die Aufsichtsbehörde den ganzen Geschäftsbetrieb der VU., besonders die Befolgung der gesetzlichen Vorschriften und die Einhaltung des Geschäftsplans, zu überwachen hat und die geeigneten Anordnungen treffen kann. Es ergibt sich weiterhin aus § 72 Abs. 1, wonach es der Aufsichtsbehörde überlassen ist, über die Sicherstellung des Deckungsstocks, zu deren Zweck die

Einrichtung des Treuhänders geschaffen worden ist, nähere Bestimmungen zu treffen. Die Aufsichtsbehörde ist ferner berechtigt, Beschwerden über den Treuhänder zu prüfen und zu erledigen. Doch besitzt die Aufsichtsbehörde keine unmittelbaren Zwangsbefugnisse gegenüber dem Treuhänder. Im äußersten Falle kann die Aufsichtsbehörde den Treuhänder abberufen.

b) **Stellung zur Versicherungsunternehmung.**

Auf Grund des Dienstvertrags (vgl. Anm. 4) hat der Treuhänder gegen die VU. ein klagbares Recht auf die vereinbarte Vergütung. Neben diesem persönlichen Rechte hat er eine Reihe von sachlichen, mit seinen gesetzlichen Aufgaben zusammenhängenden Rechten gegen die VU. nach den §§ 72—74. Er ist hierbei in der Auslegung der gesetzlichen Bestimmungen der VU. gleichgeordnet. Die etwa erforderliche zwangsweise Durchführung der Rechte des Treuhänders, z. B. des nach § 74 bestehenden Rechts auf Einsicht der Bücher und Schriften, geschieht nach § 81 durch die Aufsichtsbehörde. Der Treuhänder haftet der VU. für schuldhafte Schadenzufügung nach § 675 in Verbindung mit § 276 BGB. Die VU. ist für eine Schädigung der am Deckungsstock beteiligten Versicherten dem Treuhänder nicht verantwortlich.

c) **Stellung zu den Versicherten.**

Der Treuhänder ist im Verhältnis nach außen nicht Vertreter der Versicherten und im Verhältnis nach innen nicht deren Beauftragter. Er ist nicht Vertreter (weder gesetzlicher noch bevollmächtigter Vertreter) der Versicherten, weil er nicht in ihrem Namen handelt. Er ist nicht ihr Beauftragter, weil die Versicherten keinen Einfluß auf seine Bestellung oder Abberufung haben. Er handelt aber im Interesse der am Deckungsstock beteiligten Versicherten. Für eine schuldhafte Schädigung dieser Versicherten ist der Treuhänder nach den Vorschriften der §§ 823 ff. BGB. verantwortlich. Hier kommt vor allem die Schadenhaftung nach § 823 Abs. 2 BGB. in Betracht, wonach der zum Schadenersatze verpflichtet ist, der vorsätzlich oder fahrlässig gegen ein den Schutz eines anderen bezweckendes Gesetz verstößt. Die §§ 70—76 sind als derartige Schutzgesetze anzusehen (auch die §§ 30—33 HypBG. sind Schutzgesetze, vgl. Dannenbaum S. 275). Eine Schädigung der am Deckungsstock beteiligten Versicherten kann erst eintreten, wenn die VU. in Zahlungsschwierigkeiten gerät oder wenn über ihr Vermögen Konkurs eröffnet wird. Dann kann jeder einzelne Versicherte, dem ein Vorrecht am Deckungsstock zusteht, gegen den Treuhänder klagen. Auch der Konkursverwalter kann Schadenersatzklage gegen den Treuhänder erheben, der nach § 78 bestellte Pfleger jedoch nur kraft besonderen Auftrags (vgl. Koenige-Petersen § 62 Anm. 2). Über den besonderen strafrechtlichen Schutz der Versicherten vgl. § 138.

d) Stellung zu sonstigen Personen.

Zu anderen Personen als den Versicherten können sich Rechtsbeziehungen nur auf Grund besonderer Tatbestände ergeben. Es kann jemand einen Anspruch gegen den Treuhänder auf Herausgabe eines Hypothekenbriefs haben. Auf Grund des Eigentums an dem Briefe kann er gegen den Treuhänder klagen. Umgekehrt kann auch der Treuhänder Anlaß haben, aus besonderen Gründen gegen andere Personen vorzugehen. Nach § 77 Abs. 2 darf über die Bestände des Deckungsstocks durch Zwangsvollstreckung oder Arrestvollziehung nur soweit verfügt werden, wie für den Anspruch, zu dessen Gunsten die Verfügung ergeht, die Zuführung zum Deckungsstock vorgeschrieben und tatsächlich erfolgt ist. Unternimmt ein nichtberechtigter Gläubiger eine Zwangsvollstreckung in Bestände des Deckungsstocks, so haben nicht nur die VU. und die nach § 77 Abs. 2 geschützten Versicherten, sondern auch der Treuhänder ein Recht der Erinnerung nach § 766 ZPO. Der Treuhänder ist auch zur Erhebung der Widerspruchsklage nach § 771 ZPO. berechtigt.

§ 72.

Der Deckungsstock ist so sicherzustellen, daß nur mit Zustimmung des Treuhänders darüber verfügt werden kann; das Nähere bestimmt die Aufsichtsbehörde.

Der Treuhänder hat besonders die Bestände des Deckungsstocks unter Mitverschluß der Versicherungsunternehmung zu verwahren. Er darf die Bestände nur herausgeben, soweit es dieses Gesetz gestattet;

doch gelten entsprechend § 31 Abs. 2, 3 des Hypothekenbankgesetzes.

Der Treuhänder kann einer Verfügung nur schriftlich zustimmen; soll ein Gegenstand im Verzeichnis der Bestände des Deckungsstocks gelöscht werden, so genügt, daß der Treuhänder neben oder unter den Löschungsvermerk seinen Namen schreibt.

1. Nach Abs. 1 soll die **Sicherstellung des Deckungsstocks** in der Weise erfolgen, daß nur mit Zustimmung des Treuhänders über ihn verfügt werden kann. Damit ist der Zweck, den das Gesetz durch die Schaffung eines Treuhänders verfolgt, in allgemeiner Weise gekennzeichnet. Die näheren Bestimmungen sind der Aufsichtsbehörde überlassen (vgl. § 73 Anm. 2). Was das Gesetz selbst noch dem Treuhänder in Abs. 2 und 3 an besonderen Aufgaben zuweist, soll keine erschöpfende, sondern nur eine beispielsweise Aufzählung darstellen (Abs. 2 am Anfang: „Der Treuhänder hat **besonders** ..."). Dadurch, daß das Gesetz es der Aufsichtsbehörde überläßt, den Aufgabenkreis des Treuhänders durch nähere Bestimmungen zu regeln, sind alle Möglichkeiten offengelassen, das in der neueren deutschen Gesetzgebung wieder mehrfach verwandte und jetzt auch in das VAG. eingefügte Rechtsgebilde des Treuhänders den besonderen Bedürfnissen des V.wesens anzupassen und es zu einem wirksamen Schutz für die Versicherten auszubauen. Die in Abs. 1 angeordnete Verfügungsbeschränkung enthält ein gesetzliches Veräußerungsverbot nach § 135 BGB. Wird gegen das Veräußerungsverbot verstoßen, so ist die Verfügung gegenüber den Versicherten unwirksam. Doch ist nach § 135 Abs. 2 BGB. gutgläubiger Erwerb durch einen Dritten möglich (vgl. Koenige-Petersen § 90 Anm. 3 und die hier folgende Anm. 2a).

2. Die Vorschrift des Abs. 2 überträgt dem Treuhänder die **Verwahrung des Deckungsstocks** unter Anordnung eines **Mitverschlusses.** Die als entsprechend anwendbar erklärten Vorschriften des § 31 Abs. 2 und 3 HypBG. enthalten Bestimmungen über die **Herausgabe** der mitverschlossenen Gegenstände. Sie lauten:

„Er ist verpflichtet, Hypothekenurkunden sowie Wertpapiere und Geld auf Verlangen der Bank herauszugeben und zur Löschung im Hypothekenregister mitzuwirken, soweit die übrigen in das Register eingetragenen Hypotheken und Wertpapiere zur Deckung der Hypothekenpfandbriefe genügen oder die Bank eine andere vorschriftsmäßige Deckung beschafft. Ist die Bank dem Hypothekenschuldner gegenüber zur Aushändigung der Hypothekenurkunde oder zur Vornahme der im § 1145 des Bürgerlichen Gesetzbuchs bezeichneten Handlungen verpflichtet, so hat der Treuhänder die Urkunde auch dann herauszugeben, wenn die bezeichneten Voraussetzungen nicht vorliegen; wird die Hypothek zurückgezahlt, so ist in dem letzteren Falle das gezahlte Geld dem Treuhänder zur Verwahrung gemäß Abs. 1 zu übergeben.

Bedarf die Bank einer Hypothekenurkunde nur zu vorübergehendem Gebrauche, so hat der Treuhänder sie herauszugeben, ohne daß die Bank verpflichtet ist, eine andere Deckung zu beschaffen."

a) **Der Mitverschluß.**

Die Bestände des Deckungsstocks (Gelder, Wertpapiere, Urkunden usw.), also die in § 66 genannten Bestände, sind vom Treuhänder zu verwahren. Dieser hat in erster Linie über die Verwahrung zu bestimmen; die VU. hat nur den Mitverschluß. Durch den Mitverschluß der Unternehmung entsteht ein Mitbesitz (vgl. § 866 BGB.). Dieser Mitbesitz soll derart sein, daß die verwahrten Bestände keinem der beiden Mitbesitzer allein, vielmehr jedem nur in Gemeinschaft mit dem anderen Mitbesitzer zugänglich sind. Ein Verschluß, bei dem Treuhänder und VU. je einen gleichartigen Schlüssel zu demselben Schlosse haben, genügt also nicht. Vielmehr müssen beide Teile verschiedene Schlüssel haben, so daß weder der Treuhänder noch die VU. allein an die verschlossenen Gegenstände herankommen kann. Der Mitverschluß soll verhindern, daß die VU. unrechtmäßig über die Gegenstände verfügt oder daß Dritte gegen den Willen des Treuhänders pfänden. Zwangsvollstreckungen in den Deckungsstock sind nach § 77 Abs. 2 nur beschränkt zulässig. Bei Briefhypotheken hat der Treuhänder die Hypothekenbriefe zu verwahren, bei Buchhypotheken die Schuldverträge und die grundbuchlichen Nachrichten. Bei Grundstücken, die zum Deckungsstock gehören, ebenso bei allen Buchhypotheken ist eine Verfügungsbeschränkung im Grundbuch einzutragen (Begr. S. 19; vgl. auch Koenige-Petersen § 59 Anm. 11; § 90 Anm. 3; VA. 30, 166). Das Grundbuchamt wird von sich aus nicht prüfen, ob ein Grundstück oder eine Hypothek zum Deckungsstock gehört und im Verzeichnis der Bestände des Deckungsstocks eingetragen ist. Wohl aber wird die Aufsichtsbehörde auf Eintragung einer Verfügungsbeschränkung im Grundbuch dringen, damit die Versicherten gegen gutgläubigen Erwerb durch Dritte geschützt werden (vgl. o. Anm. 1). Für die Herausgabe der verwahrten Gegenstände sind nur die Vorschriften des § 31 Abs. 2, 3 HypBG. maßgebend, deren entsprechende Anwendung angeordnet ist. Abs. 2 behandelt die endgültige, Abs. 3 die vorübergehende Herausgabe.

b) **Endgültige Herausgabe.**

Der Treuhänder ist verpflichtet, die Bestände des Deckungsstocks (Gelder, Wertpapiere, Urkunden usw.) auf Verlangen der VU. herauszugeben und zur Löschung im Verzeichnis der Bestände des Deckungsstocks mitzuwirken, soweit die übrigen in das Verzeichnis eingetragenen Hypotheken und Wertpapiere zur Deckung des Rücklagesolls genügen (soweit also bisher Überdeckung bestand) oder die VU. eine andere vorschriftsmäßige Deckung beschafft. Eine Überdeckung ist nach der Fassung des § 31 Abs. 2 Satz 1 nicht vorhanden, wenn die vorgeschriebene Deckung nur durch Einrechnung des vom Treuhänder verwahrten Geldes erreicht wird. § 31 Abs. 2 Satz 2 handelt von der endgültigen Herausgabe in einem Falle, in dem weder Überdeckung besteht noch eine andere vorschriftsmäßige Deckung beschafft wird. Der Hypothekenschuldner kann nach Bezahlung seiner Schuld die Aushändigung des Hypothekenbriefs verlangen (§§ 1144, 1167 BGB.). Bei teilweiser Zahlung kann er einen entsprechenden Vermerk auf dem Briefe verlangen (§§ 1145, 1167). Darauf hat die VU. den Brief zur Berichtigung des Grundbuchs oder zur Löschung dem Grundbuchamt oder zur Herstellung eines Teilhypothekenbriefs dem Notar oder der sonst zuständigen Behörde vorzulegen. Reicht die Deckung nicht aus und zahlt der Schuldner Zug um Zug gegen Aushändigung des Briefs oder gegen Vornahme der in § 1145 BGB. bezeichneten Handlungen, so ist, falls die VU. keine andere Deckung in Hypotheken oder Wertpapieren beschafft, das ganze gezahlte Geld dem Treuhänder zur Verwahrung unter dem Mitverschluß der Unternehmung zu übergeben.

c) **Vorübergehende Herausgabe.**

Nur Hypothekenurkunden (Hypothekenbriefe, Löschungsbewilligungen, Quittungen, Umschreibungsbewilligungen) dürfen vorübergehend herausgegeben werden. Dagegen dürfen Gelder und Wertpapiere nicht herausgegeben werden, ohne daß dem Treuhänder eine andere Deckung für die Deckungsrücklage gegeben wird. Der Bestand des Deckungsstocks wird durch die vorübergehende Herausgabe nicht verändert. Die nach § 77 bestehenden Vorzugsrechte der Versicherten werden nicht berührt. Die vorübergehende Herausgabe aus der Verwahrung kann erforderlich sein zur Führung eines Rechtsstreits, zu Zwangsversteigerung oder Zwangsverwaltung oder nach §§ 62 ff. GBO. Der Treuhänder ist berechtigt, das Bedürfnis nachzuprüfen. Er hat dafür zu sorgen, daß die herausgegebenen Urkunden nach dem vorübergehenden Gebrauche sofort wieder in den gemeinsamen Gewahrsam zurückgebracht werden. Wird, während die Urkunden dem Gewahrsam entnommen sind, die Schuld zurückgezahlt, so gilt § 31 Abs. 2 Satz 2. Verweigert der Treuhänder die Herausgabe oder verweigert die Unternehmung die Wiederbeibringung der Urkunden, so hat die Aufsichtsbehörde nach § 75 zu entscheiden.

3. Nach Abs. 3 Halbsatz 1 kann der Treuhänder einer **Verfügung** über Bestände des Deckungsstocks nur **schriftlich zustimmen.** Verfügung ist ein Rechtsgeschäft, durch das unmittelbar (mit dinglicher Wirkung) eine Rechtsänderung herbeigeführt wird (Übergabe, Auflassung, Abtretung). Den Gegensatz zur Verfügung bildet das schuldrechtliche Rechtsgeschäft, durch das eine bloße Verpflichtung zur Herbeiführung einer Rechtsänderung begründet wird. Hat der Treuhänder einer Verfügung nicht schriftlich zugestimmt, so ist die Verfügung unwirksam. Das gilt nach Halbsatz 2 grundsätzlich auch von der **Löschung im Deckungsrücklageverzeichnis.** Die Eintragung der den Deckungsstock

bildenden Bestände in das Verzeichnis bildet die Grundlage für das nach §§ 77, 78 bestehende Vorzugsrecht der Versicherten. Das Vorzugsrecht ergreift alle Eingänge bis zur Löschung (Koenige-Petersen § 57 Anm. 3—5). Eine ohne die schriftliche Zustimmung des Treuhänders vorgenommene Löschung ist ohne rechtliche Wirkung. Die Bestände bleiben dann dem Vorzugsrechte der Versicherten weiter unterworfen. Auch wenn ein Vermögensstück versehentlich in das Verzeichnis eingetragen und so dem Vorzugsrechte der Versicherten unterworfen worden ist, kann es nur in der durch Abs. 3 vorgeschriebenen Form gelöscht werden. Der Treuhänder ist nicht verpflichtet, auf die Löschung eines nicht mehr als Deckung erforderlichen Vermögensstücks hinzuwirken. Denn Überdeckung der Deckungsrücklage ist nicht verboten, und das Fortbestehen einer nicht mehr erforderlichen Eintragung gefährdet die Rechte der Versicherten nicht. Für die schriftliche Zustimmung des Treuhänders zur Löschung genügt es, daß er neben oder unter den Löschungsvermerk im Verzeichnis seinen Namen schreibt. Über die Erfordernisse einer rechtsgültigen Namensunterschrift vgl. die Rechtsprechung zu § 126 BGB.

Die gesetzliche Vorschrift in Abs. 3 Halbsatz 2 bezieht sich nur auf die Löschung **im Verzeichnis der Bestände des Deckungsstocks**. Sie berührt also nicht die Frage, ob und unter welchen Voraussetzungen eine im Verzeichnis eingetragene Hypothek **im Grundbuch** gelöscht werden kann. Ist, wie dies bei Buchhypotheken geschehen soll, eine entsprechende Verfügungsbeschränkung im Grundbuch eingetragen, so ist auch zur **Löschung im Grundbuch** die Zustimmung des Treuhänders erforderlich. Soweit es jedoch, wie bei Briefhypotheken, an einer solchen Verfügungsbeschränkung fehlt, findet eine Nachprüfung durch den Grundbuchrichter, ob der Treuhänder seine Zustimmung erteilt hat, nicht statt. Es kann also vorkommen, daß eine im Verzeichnis der Bestände des Dekkungsstocks eingetragene Hypothek ohne Zustimmung des Treuhänders im Grundbuch gelöscht worden ist. Das Vorzugsrecht der Versicherten an dieser Hypothek besteht dann zwar noch der Form nach, ist aber gegenstandslos. In diesem Fall hat der Treuhänder, wenn durch die Löschung der Hypothek eine Unterdeckung eingetreten ist, die VU. zur entsprechenden Auffüllung des Deckungsstocks anzuhalten. Der Vorstand ist haftbar gemäß § 241 HGB., § 34 VAG. (vgl. Koenige-Petersen § 34 Anm. 9 S. 391), § 823 BGB. Eine Strafbestimmung ist für diesen Fall nicht vorgesehen, es sei denn, daß der Vorstand **absichtlich** zum Nachteil der VU., der Treuhänder zum Nachteil der Versicherten gehandelt hat (§ 312 HGB., §§ 138, 142 VAG.).

§ 73.

Der Treuhänder hat, ohne daß diese Pflicht die Verantwortlichkeit der zur Vertretung der Unternehmung berufenen Stellen berührt, unter der Bilanz zu bestätigen, daß die eingestellten Deckungsrücklagen vorschriftsmäßig angelegt und aufbewahrt sind.

1. Der Treuhänder hat nicht nachzuprüfen und demgemäß auch nicht zu bestätigen, daß die eingestellte Deckungsrücklage gemäß § 65 Abs. 1 berechnet ist. Diese Bestätigung ist Sache des nach § 65 Abs. 2 mit der Berechnung der Deckungsrücklage beauftragten **Sachverständigen** (Koenige-Petersen § 56 Anm. 3). Vgl. auch die vom Vorstand gemäß § 66 Abs. 3 auszustellende Bescheinigung (Koenige-Petersen § 57 Anm. 6) und den vom Prüfer gemäß § 62 zu erteilenden Bestätigungsvermerk (§ 62 Anm. 1—3).

2. Dagegen hat der Treuhänder die vorschriftsmäßige **Anlegung** und **Aufbewahrung** der eingestellten Deckungsrücklagen zu bestätigen. Die vorschriftsmäßige Anlegung kann der Treuhänder nur bestätigen, wenn er geprüft hat, ob die Bestände des Deckungsstocks in den durch §§ 68, 69 als geeignet bezeichneten Werten angelegt sind. Wie weit das Prüfungsrecht und die Prüfungspflicht des Treuhänders im einzelnen zu gehen hat, wird den näheren Anordnungen der Aufsichtsbehörde zu überlassen sein (vgl. § 72 Anm. 1).

3. Durch die Prüfung und den Bestätigungsvermerk des Treuhänders wird die eigene **Verantwortlichkeit** der Organe der Unternehmung nicht beseitigt. Über die privatrechtliche Verantwortlichkeit des Treuhänders vgl. § 71 Anm. 6. Über seine strafrechtliche Verantwortlichkeit vgl. § 138, § 139 Abs. 2—4. Über die privatrechtliche Verantwortlichkeit des Vorstandes vgl. § 241 HGB.,

§ 34 VAG.; über die privatrechtliche Verantwortlichkeit des Aufsichtsrats vgl. § 249 HGB., § 35 VAG. Über die strafrechtliche Verantwortlichkeit des Vorstandes, des Aufsichtsrats und der Liquidatoren vgl. § 135 Nr. 2.

§ 74.

Der Treuhänder kann jederzeit die Bücher und Schriften der Versicherungsunternehmung einsehen, soweit sie sich auf den Deckungsstock beziehen.

Das in § 74 bestimmte Recht auf Einsicht der Bücher und Schriften ergibt sich aus dem Aufgabenkreise des Treuhänders. Die auf den Deckungsstock sich beziehenden Bücher und Schriften darf der Treuhänder einsehen, ohne daß er dem Vorstande gegenüber ein besonderes Interesse an der Einsicht darzutun oder glaubhaft zu machen hat. Vgl. auch das Recht des Prüfers auf Einsicht der Bücher und Schriften gemäß § 60, § 61 Abs. 1 Satz 2.

§ 75.

Streitigkeiten zwischen dem Treuhänder und der Versicherungsunternehmung über seine Obliegenheiten entscheidet die Aufsichtsbehörde.

1. Unter die Vorschrift des § 75 fallen **Streitigkeiten** zwischen dem **Treuhänder** und der **Versicherungsunternehmung**. Auf seiten des Treuhänders kann der Treuhänder selbst oder sein Stellvertreter am Streite beteiligt sein. Auf seiten der Unternehmung wird es sich in der Regel um den Vorstand handeln. Doch sind auch Streitigkeiten mit dem Aufsichtsrat oder der obersten Vertretung (der Generalversammlung) denkbar.

2. Die Aufsichtsbehörde hat nur solche Streitigkeiten zu entscheiden, die sich auf die **Obliegenheiten** des Treuhänders beziehen. Unter Obliegenheiten sind die dem Treuhänder nach den §§ 72 bis 74 oder nach den Bestimmungen der Aufsichtsbehörde (vgl. § 72 Abs. 1) obliegenden Pflichten zu verstehen. Dagegen Streitigkeiten aus dem gemäß § 71 abgeschlossenen Bestellungsvertrage sind der Entscheidung durch die Aufsichtsbehörde nicht unter-

worfen. Im übrigen können die von der Aufsichtsbehörde zu entscheidenden Streitigkeiten von der verschiedensten Art sein, also z. B. die Erhaltung der vorschriftsmäßigen Deckung für die Deckungsrücklage oder den Mitverschluß oder die Pflicht zur Herausgabe einer Urkunde betreffen.

3. Soweit die Aufsichtsbehörde die unter § 75 fallenden Streitigkeiten entscheidet, übt sie **richterliche Befugnisse** aus. Sie hat vor der Entscheidung beide Teile zu hören. Im übrigen aber ist die Aufsichtsbehörde nicht an ein bestimmtes **Verfahren** gebunden. Die Entscheidung im verwaltungsrechtlichen Spruchverfahren ist nicht zwingend vorgeschrieben. Doch kann der Vorsitzer des RA. das verwaltungsrechtliche Verfahren gemäß § 93 Abs. 1 Nr. 12 anordnen. Die Aufsichtsbehörde entscheidet unter Ausschluß des Rechtswegs. Sie kann ihre Entscheidung der Unternehmung gegenüber mit den Zwangsmitteln durchsetzen, die ihr auch sonst gegen die beaufsichtigten Unternehmungen zustehen (vgl. §§ 81, 87). Gegenüber dem Treuhänder stehen der Aufsichtsbehörde keine unmittelbaren Zwangsbefugnisse zu. Sie kann aber den Treuhänder abberufen (vgl. § 71 Anm. 5, 6a).

§ 76.

Die §§ 71 bis 75 gelten auch für den Stellvertreter des Treuhänders.

Vgl. die Anmerkungen zu §§ 70—75, insbesondere § 70 Anm. 2.

§ 80.

In Versicherungszweigen, wofür nicht die besondern Vorschriften der §§ 65 bis 79 über die Deckungsrücklage gelten, gehen bei Konkurs die Forderungen aus Versicherungsverträgen auf Rückerstattung eines auf die Zeit nach Beendigung des Versicherungsverhältnisses entfallenden Teiles des Versicherungsentgelts und auf Ersatz eines zur Zeit der Konkurseröffnung bereits eingetretenen Schadens den übrigen Konkursforderungen des § 61

Nr. 6 der Konkursordnung im Range vor. Dabei werden Forderungen auf Rückerstattung des Teiles eines Versicherungsentgelts im Range nach den Forderungen auf Ersatz eines Schadens, Forderungen derselben Rangordnung nach Verhältnis ihrer Beträge berichtigt.

1. Die Wirkungen, die der **Konkurs des Versicherers** auf bestehende V.verhältnisse hat, waren bisher schon durch besondere Vorschriften geregelt für die LebensV. und die ihr gleichgestellten V.zweige (§ 77 VAG.) und für die SeeV. (§ 898 HGB.). Für die SchadensV. (SachV.) galt bisher nur die allgemeine Vorschrift des § 13 VVG.

2. In der **LebensV.** können die Versicherten nach § 77 Abs. 3 VAG. den Betrag fordern, der als rechnungsmäßige Deckungsrücklage zur Zeit der Konkurseröffnung auf sie entfällt. Nach § 77 Abs. 4 haben die Versicherten ein Recht auf bevorzugte Befriedigung aus den Gegenständen, die nach § 66 Abs. 3 als Bestände des Deckungsstocks in das Verzeichnis eingetragen sind. Ein gleiches Vorrecht haben die Versicherten in der Kranken-, Unfall- und HaftpflichtV., soweit sie nach Art der LebensV. betrieben werden, d. h. soweit in diesen V.zweigen ein Deckungsstock zu bilden ist (§ 79 und § 12; vgl. Koenige-Petersen § 12 Anm. 1; § 56 Anm. 2; § 63 Anm.; Vorbem. 2 vor § 70 und § 70 Anm. 1). Das Recht der Versicherten auf bevorzugte Befriedigung ist weder ein Recht auf Aussonderung (§ 43 KO.) noch ein Recht auf abgesonderte Befriedigung (§ 48 KO.), vielmehr ein Vorrecht, das sich von den bevorzugten Konkursforderungen des § 61 KO. dadurch unterscheidet, daß die Befriedigung nicht aus der gesamten Masse erfolgt (Koenige-Petersen § 49 Anm. 3 und 4; § 61 Anm. 6).

3. In der **SchadensV. (SachV.)** sowie in der Kranken-, Unfall- und HaftpflichtV., soweit diese drei V.zweige nicht nach Art der LebensV. betrieben werden, gab es nach den bisherigen gesetzlichen Vorschriften kein Vorzugsrecht der Versicherten im Konkurs des Versicherers. Der Mangel einer Deckungsrücklage verhinderte bisher eine bevorzugte Behandlung der Versicherten vor den andern

Gläubigern der VU. Nach § 13 VVG. (über dessen Geltung für die einzelnen V.zweige Koenige-Petersen § 49 Anm. 4—6 zu vergleichen ist) endigt das V.verhältnis mit dem Ablauf eines Monats seit der Konkurseröffnung; bis zu diesem Zeitpunkt bleibt es der Konkursmasse gegenüber wirksam. Tritt innerhalb eines Monats nach der Konkurseröffnung ein V.fall ein, so sind die Verpflichtungen des Versicherers hieraus gemäß § 59 Nr. 2 KO. Masseschulden; denn sie entspringen aus einem zweiseitigen Vertrage, der für die Zeit nach der Eröffnung des Verfahrens erfüllt werden muß. Ist der V.fall schon vor der Konkurseröffnung eingetreten, so kann der Anspruch des Versicherten gegen den Versicherer nur als Konkursforderung geltend gemacht werden. Tritt der Versicherungsfall nach Ablauf der einmonatigen Frist ein, so besteht, da das V.verhältnis beendigt ist, kein Anspruch auf die V.leistung. Der Versicherte hat gegen den Versicherer keinen Entschädigungsanspruch wegen Nichterfüllung nach § 26 KO. Aber er kann nach § 40 Abs. 3 VVG. den auf die Zeit nach der Beendigung des V.verhältnisses entfallenden Teil der Prämie unter Abzug der für diese Zeit aufgewendeten Kosten zurückfordern, und zwar als Konkursgläubiger (KG. v. 3. Febr. 1914, VA. 14, Anh. 65).

4. Durch die Vorschrift des § 80 ist jetzt für die V.zweige, für die die besonderen Vorschriften der §§ 65—79 über die Deckungsrücklage nicht gelten, ein neues **Vorzugsrecht der Versicherten im Konkurs** des Versicherers geschaffen worden. Nach der Begründung zum Gesetzentwurf (S. 20) waren für die Schaffung der neuen Schutzvorschrift folgende Erwägungen bestimmend:

a) Der für die Lebensversicherten im § 77 VAG. geschaffene Vorgang rechtfertigt eine ähnliche Regelung für die Versicherten in den anderen V.zweigen.

b) Bei den durch § 80 betroffenen Unternehmungen handelt es sich um VU., deren Vermögensanlage im Interesse der Versicherten in gleicher Weise von der Aufsichtsbehörde überwacht wird wie die Vermögensanlage der LebensVU., wenn auch nicht ohne weiteres die strengen Anlagevorschriften des § 68 anzuwenden sind.

c) Das Gesetz geht davon aus, daß zu dem V.bestande einer Unternehmung die darauf bezüglichen Rücklagen und Entgeltüberträge untrennbar gehören. Nach § 14 kann der Versicherungsbestand eines Unternehmens nur mit seinen Rücklagen und Entgeltüberträgen auf ein anderes Unternehmen übertragen werden. Diese natürliche wirtschaftliche Bindung würde ohne die Vorschrift des § 80 im Konkursfalle bei den hier in Betracht kommenden V.zweigen ohne Grund zerrissen werden, soweit nicht etwa nach § 13 VVG. in Verbindung mit § 59 Nr. 2 KO. der Anspruch des V.nehmers ein Masseanspruch ist (vgl. o. Anm. 3).

5. Nach § 80 Satz 1 bezieht sich das neu geschaffene Konkursvorrecht auf **Forderungen aus Versicherungsverträgen**, also nicht nur auf Forderungen der V.nehmer und Versicherten, sondern auch auf Forderungen der dinglichen Gläubiger nach §§ 99 ff. VVG. Die von der Vorschrift betroffenen Forderungen aus V.verträgen sind entweder Forderungen auf Rückerstattung eines auf die Zeit nach Beendigung des V.verhältnisses entfallenden Teils des V.entgelts („Forderungen wegen nicht verbrauchter Prämie"; § 40 Abs. 3 VVG.) oder auf Ersatz eines zur Zeit der Konkurseröffnung bereits eingetretenen Schadens (vgl. o. Anm. 3). Der auf die Zeit nach Beendigung des V.verhältnisses entfallende Teil des V.entgelts kann gemäß § 40 Abs. 3 VVG. nicht in voller Höhe, sondern nur nach Abzug der vom Versicherer für diese Zeit aufgewendeten Kosten zurückgefordert werden. Abzugsfähige Kosten sind allgemeine Verwaltungskosten, Abschluß- und Inkassovergütungen (Bruck S. 717). Das unverbrauchte V.entgelt begründet nur insoweit eine bevorrechtigte Konkursforderung, als es vor Konkurseröffnung bezahlt worden ist. Hat der V.nehmer nach Konkurseröffnung an den Konkursverwalter ein V.entgelt gezahlt, von dem ein Teil auf die Zeit nach Beendigung des V.verhältnisses entfällt, so ist sein Anspruch auf Rückerstattung des zu viel gezahlten Teils ein Masseanspruch nach § 59 Nr. 1 oder 3 KO. Zu den bevorrechtigten Schadenersatzforderungen gehören der Anspruch auf die Entschädigungsleistung und der Anspruch auf Ersatz von Aufwendungen. Die Aufwendungen des Versicherten zur Abwendung und Minderung des Schadens (§ 62 VVG.) sind ein Teil des V.schadens (Bruck S. 350; Matthes in JR. 31, 154). Die Ansprüche auf die Entschädigungsleistung und auf

den Ersatz von Aufwendungen gewähren nur dann ein Konkursvorrecht, wenn der V.fall vor der Konkurseröffnung eingetreten ist. Ist der V.fall in dem einen Monat zwischen der Konkurseröffnung und der Beendigung des V.verhältnisses eingetreten, so sind die Ansprüche auf Entschädigung und auf Ersatz von Aufwendungen Masseansprüche nach § 59 Nr. 2 KO. (vgl. o. Anm. 3). Tritt der V.fall erst nach Beendigung des V.verhältnisses ein, so besteht weder ein Masseanspruch noch eine Konkursforderung. Die beiden Arten der im Satz 1 genannten Forderungen aus V.verträgen gehen den im § 61 Nr. 6 KO. genannten übrigen Konkursforderungen vor, stehen aber den schon von früher her bevorrechtigten Konkursforderungen des § 61 Nr. 1—5 KO. nach. Das Konkursvorrecht erstreckt sich ebenso wie bei den übrigen im § 61 KO. aufgeführten Forderungen auf die ganze Konkursmasse, nicht wie bei den im § 77 Abs. 3 und 4 VAG. genannten Forderungen der Lebensversicherten auf einen bestimmten Teil der Masse (vgl. o. Anm. 2). — Nach § 80 Satz 2 werden Entschädigungsforderungen vor den Forderungen auf Rückerstattung eines Entgeltteils berichtigt. Diese **Rangordnung** entspricht der verschiedenen wirtschaftlichen Bedeutung der Forderungen.

6. § 80 stellt eine **materiellrechtliche Konkursvorschrift** dar, die ihren Platz eigentlich in der Konkursordnung haben müßte, nicht aber eine Verfahrensvorschrift, die die Beaufsichtigung von VU. berührt. Es wird deshalb angenommen werden müssen, daß das hier geregelte Konkursvorrecht im Konkurs sämtlicher SachV.unternehmungen gilt, gleichviel, ob sie aufsichtspflichtig sind oder nicht, nicht aber der RückV.unternehmungen. Eine Beschränkung des Vorrechts auf die aufsichtspflichtigen SachV.unternehmungen wird aus § 148 nicht gefolgert werden dürfen. Diese Bestimmung betrifft lediglich die **Beaufsichtigung** der VU. und stellt hiervon solche Unternehmungen frei, die die Versicherung gegen Kursverluste oder die Transportversicherung oder ausschließlich die Rückversicherung zum Gegenstand haben, mit Ausnahme der Versicherungsvereine auf Gegenseitigkeit. Auf die Rückversicherung ist das Konkursvorrecht deshalb nicht anwendbar, weil § 80 auf den Bestimmungen in den §§ 40, 13 VVG. aufgebaut ist (vgl. o. Anm. 4) und diese nur ergänzt; die dort geschaffenen Ansprüche der Versicherten gegen den in Konkurs geratenden

Versicherer privilegiert § 80. Für die Rückversicherung fehlt es an diesen positivrechtlich bestimmten Ansprüchen (§ 186 VVG.), also können sie auch nicht privilegiert werden.

7. Das Konkursvorrecht nach § 80 ist durch das Gesetz v. 30. März 1931 (RGBl. I S. 102) geschaffen worden, das (abgesehen von den Vorschriften über die VSpK.) am 1. April 1931 in Kraft getreten ist. Das Konkursvorrecht gilt daher nur gegenüber solchen VU., über deren Vermögen seit dem 1. April 1931 **Konkurs** eröffnet worden ist. Vorausgesetzt ist hierbei, daß diese VU. zur Zeit der Konkurseröffnung aufsichtspflichtig sind (vgl. o. Anm. 6). Hat eine VU. nur die Kraftfahrzeug- und die FahrradV. betrieben und vor dem 1. April 1931 den Betrieb von V.geschäften eingestellt (§ 132 Abs. 2), so gilt § 80 für diese VU. nicht, auch wenn der Konkurs erst an oder nach dem 1. April 1931 eröffnet worden ist. Über die Anwendung des § 80 auf ein vor dem 1. April 1931 eröffnetes, aber noch nicht beendetes Konkursverfahren vgl. Matthes in JR. 31, 155.

8. Die durch § 80 erfaßten Forderungen aus V.verträgen bilden eine **neue ranglezte Gruppe bevorrechtigter Konkursforderungen.** Nach der Begründung (S. 20) kann die Schaffung eines an sich nicht erwünschten weiteren gesetzlichen Konkursvorrechts wohl deshalb in Kauf genommen werden, weil bei einer VU. die Hauptgläubiger die Versicherten sind, durch die neue Vorschrift also in der Regel nur verhältnismäßig wenige gewöhnliche Konkursgläubiger in ihren Aussichten auf Befriedigung aus der Masse beeinträchtigt werden. Über die Berechtigung und die Tragweite des neu geschaffenen Konkursvorrechts vgl. im übrigen Petersen in Z. 31 S. 10 ff.; Bruck in JR. 30, 395; Gerhard in JW. 30, 3589; Matthes in JR. 31, 153.

9. Nach einer vom volkswirtschaftlichen Ausschuß des RT. beantragten, vom RT. angenommenen Entschließung soll die Reichsregierung ersucht werden, einen Gesetzentwurf vorzulegen, wonach in Erweiterung der Bestimmung des § 61 Ziffer 1 der Konkursordnung auch **Nebenforderungen aus dem Arbeitsvertrag,** insbesondere Ansprüche auf Pension und Hinterbliebenenfürsorge als bevorrechtigt im Konkurs zu behandeln sind.

§ 81.

(Abs. 2 Satz 2:) Die Aufsichtsbehörde kann namentlich untersagen, daß Darlehnsgeschäfte und Versicherungsabschlüsse verbunden werden, soweit die Versicherungssumme das Darlehen übersteigt.

(Abs. 4:) Hat ein Verlag Bezieher von ihm verlegter Zeitschriften oder Zeitungen bei einer Versicherungsunternehmung versichert, so kann die Aufsichtsbehörde Anordnungen nach Abs. 2 Satz 1 auch unmittelbar gegenüber dem Verlage treffen. Abs. 3 gilt entsprechend.

1. **Zu Abs. 2 Satz 2.** Die **LebensV.** wird häufig als Grundlage der **Kreditbeschaffung** benutzt. Hierbei können Versicherer und Darlehensgeber dieselben oder auch verschiedene Personen sein. Gegen die Verbindung von Versicherung und Darlehen läßt sich nicht viel einwenden, wenn der Darlehensschuldner zur Sicherung des Darlehensgläubigers eine LebensV. nimmt, die in einem richtigen Verhältnis steht zur Höhe des Darlehens. Schädlich aber ist es, wenn das Darlehensangebot als Lockmittel für den Abschluß einer LebensV. dient, zumal wenn der Schuldner gezwungen wird, den Gläubiger mehrfach (z. B. durch Verpfändung von Hausrat, durch Bürgen) sicherzustellen und außerdem eine das Darlehen um ein Mehrfaches übersteigende Summe zu versichern. Das RA. hat eine derartige, nur dem Vorteil der Geschäftsvermittler dienende Verbindung von Darlehen und LebensV. wiederholt gemißbilligt, aber bisher nicht geradezu verboten (vgl. VA. 05, 40; 06, 58; 13, 30; 27, 128; 29, 102).

2. **Zu Abs. 4.** Das RA. hat bisher in der **AbonnentenV.**, wenn durch das Verhalten des an der V. beteiligten Verlags Mißstände entstanden, die beteiligte VU. zur Aufhebung des mit dem Verlag abgeschlossenen Vertrags angehalten. Unmittelbare Anordnungen gegenüber Verlagsunternehmungen hat das RA. bis jetzt noch nicht getroffen. Auf Grund der neuen Vorschrift des Abs. 4 bleibt die Prüfung der Frage vorbehalten, ob ein unmittelbares Einschreiten gegen einzelne Verlagsunternehmungen geboten ist.

Der RT. hat bei der Verabschiedung des Gesetzes v. 30. März

1931 eine vom volkswirtschaftlichen Ausschuß beantragte Entschließung angenommen, wonach die Reichsregierung ersucht werden soll, die Aufsichtsbehörden anzuweisen, bei der Zulassung und Beaufsichtigung der AbonnentenV. zu prüfen, ob Leistung und Gegenleistung der Abonnenten in einem auffälligen Mißverhältnis zueinander stehen und ein hinreichender Schutz gegen Verwirkung des Anspruchs mangels Zahlung des Abonnementsbetrags gegeben ist (Ausschußbericht S. 1).

§ 82.

Ist eine Versicherungsunternehmung an einer anderen Unternehmung, die nicht der Aufsicht unterliegt, beteiligt, und ist die Beteiligung nach ihrer Art oder ihrem Umfang geeignet, die Versicherungsunternehmung zu gefährden, so kann die Aufsichtsbehörde der Versicherungsunternehmung die Fortsetzung der Beteiligung untersagen oder nur unter der Bedingung gestatten, daß sich die Unternehmung nach den §§ 57 bis 63 auf ihre Kosten oder auf Kosten der Versicherungsunternehmung prüfen läßt. Verweigert dies die Unternehmung oder ergeben sich bei der Prüfung Bedenken gegen die Beteiligung, so hat die Aufsichtsbehörde der Versicherungsunternehmung die Fortsetzung zu untersagen.

Als Beteiligung gilt auch, daß ein Vorstands- oder Aufsichtsratsmitglied der Versicherungsunternehmung auf die Geschäftsführung einer anderen Unternehmung maßgebenden Einfluß ausübt oder auszuüben in der Lage ist.

1. Die wirtschaftliche Entwicklung hat im V.wesen ebenso wie auf anderen Wirtschaftsgebieten vor allem in der Nachkriegszeit zu mannigfach gearteten Zusammenschlüssen verschiedener Unternehmungen geführt. Neben der völligen Verschmelzung von zwei oder mehreren VU. zu einer einzigen ist von besonderer Bedeutung die Bildung von **V.konzernen**. Die in einem Konzern zusammengefaßten VU. bleiben rechtlich selbständig, stehen aber

unter einheitlicher Verwaltung und bilden vielfach auch finanzielle Gemeinschaften. Eines der gebräuchlichsten Mittel für die Konzernbildung (bisweilen auch Ersatz für die völlige Verschmelzung) ist die Beteiligung an einer anderen VU. Am wichtigsten ist die kapitalmäßige Beteiligung. Daneben kommt auch die Abordnung von Aufsichtsrats- oder Vorstandsmitgliedern in die Organe der anderen Unternehmung vor. Innerhalb der Konzerne gibt es häufig eine gegenseitige Kapitalbeteiligung sowie einen Austausch von Aufsichtsrats- und Vorstandsmitgliedern (Konzernverschachtelung).

2. Die Beteiligung einer aufsichtspflichtigen VU. an einer anderen, gleichfalls aufsichtspflichtigen VU. kann durch die Aufsichtsbehörde schon nach § 81 VAG. ausreichend überwacht werden. Das RA. hat die Verteilung des Aktienbesitzes bei den einzelnen VU. und die Vermögensverteilung innerhalb der Konzerngesellschaften stets aufmerksam verfolgt und gegebenenfalls durch Anordnungen eingegriffen (Koenige-Petersen § 7 Anm. 6; § 8 Anm. 3; § 13 Anm. 2). Nach den vom RA. aufgestellten Richtlinien über die Vermögensanlegung in der SachV. bedarf die Anlegung des Vermögens in Aktien von 10 oder mehr vom Hundert des Aktienkapitals einer anderen Unternehmung der Genehmigung der Aufsichtsbehörde (VA. 27, 143). Das RA. schreitet ein, wenn sich eine VU. durch den Erwerb eines größeren Bestands von Aktien einer anderen VU. mit einer für ihre Vermögensverhältnisse erheblichen Nachzahlungsverpflichtung belastet (VA. 30, 90). Über die Behandlung von Beteiligungen bei der Rechnungslegung vgl. Koenige-Petersen § 55 Anm. 3; VA. 27, 301, 345, 388, 438; Rundschreiben des RA. A III (R. 27) v. 8. Aug. 30. Übersichten über die Beteiligungen der deutschen VU. an anderen VU. und an sonstigen Unternehmungen sind enthalten in den VA. 30, 77 und in der Versicherungs-Statistik für 1928 und 1929 über die unter Reichsaufsicht stehenden Unternehmungen, herausgegeben vom RA. 1930 S. 7, 9.

3. Durch die Vorschrift des § 82 erhält die Aufsichtsbehörde die Möglichkeit, die Beteiligung beaufsichtigter VU. an anderen, nicht beaufsichtigten Unternehmungen (an Transport- oder

RückVU. oder an Banken, Industrie- oder Verkehrsunternehmungen) zu überwachen.

4. Das Gesetz gibt keine Begriffsbestimmung der **Beteiligung**. Nach der Begründung des Gesetzes sind die wirtschaftlichen Tatbestände, die als Beteiligung angesehen werden können, zu mannigfaltig und zu verschieden, als daß ein einheitlich bestimmter Begriff aufzustellen wäre (Begr. S. 20). Die Vorschrift des § 82 ist nach ihrem Wortlaut und nach ihrer Entstehungsgeschichte auf die verschiedensten Arten der rechtlichen oder tatsächlichen Beteiligung anzuwenden. Eine Beteiligung kann auf Einlegung von Vermögen oder auf Einsetzung von Arbeitskraft beruhen. Die wichtigste Art der Beteiligung ist der Fall, daß die VU. Aktien oder Geschäftsanteile einer anderen Unternehmung besitzt. Eine solche auf Gesellschaftsvertrag beruhende Beteiligung ist wirtschaftlich von besonders einschneidender Bedeutung, wenn die VU. die Mehrheit der Aktien oder Geschäftsanteile besitzt, also die „Kontrolle" über die andere Unternehmung ausübt. Aber auch eine Minderheitsbeteiligung kann wirtschaftlich schon von erheblicher Bedeutung sein, wenn die VU. eine solche Minderheit von Aktien oder Geschäftsanteilen besitzt, daß sie bei der anderen Unternehmung Satzungsänderungen verhindern kann (Sperrminderheit). Leistet eine VU. als Kommanditist oder als stiller Gesellschafter eine Vermögenseinlage, so liegt gleichfalls eine Beteiligung vor. In allen diesen Fällen handelt es sich um gesellschaftsrechtliche Beteiligungsverhältnisse, kraft deren die VU. am Gewinn und Verlust einer anderen Unternehmung teilnimmt. Eine besondere Form der Beteiligung ist das partiarische Darlehen (Darlehen mit Gewinnbeteiligung). Der Darlehensgeber nimmt zwar wie ein Gesellschafter am Gewinn des Unternehmens teil, hat aber im Gegensatze zum Gesellschafter keine Überwachungsrechte. Fraglich kann sein, ob durch die Hingabe eines gewöhnlichen Darlehens (ohne Gewinnbeteiligung) ein Beteiligungsverhältnis begründet werden kann. Die Frage ist nach den Umständen des Einzelfalles zu entscheiden. Wenn eine ViehV.gesellschaft an ein Impfstoffwerk, eine TransportV.gesellschaft an ein Werftunternehmen, eine KreditV.gesellschaft an eine Auskunftei oder an ein Absatzfinanzierungsunternehmen Darlehen geben, so können

nach einer in Fachkreisen vertretenen Auffassung im Einzelfalle sehr wohl Beteiligungen vorliegen. Der Besitz von Schuldverschreibungen einer anderen Unternehmung, von Pfandrechten oder Hypotheken, die Übernahme von Bürgschaften (z. B. bei der KreditV.) werden im allgemeinen keine Beteiligungsverhältnisse begründen. Aber stets ist das Rechtsverhältnis als Ganzes zu betrachten. In den zuletzt genannten Fällen kann die VU. als Geldgeberin mit gewissen Überwachungsrechten gegenüber der anderen Unternehmung ausgestattet sein; sie kann Anspruch auf Einsicht in die Geschäftsbücher der anderen Unternehmung und Einfluß auf deren Geschäftsbetrieb haben. Darin kann eine Beteiligung liegen, auch wenn die VU. nicht am Gewinn und Verlust der anderen Unternehmung teilnimmt. Für die Annahme einer Beteiligung genügt es, daß zwischen dem Gläubiger und dem Schuldner eine engere, auf eine gewisse Dauer berechnete Verbindung von der Art besteht, daß der Gläubiger ein über den Zweck der bloßen Sicherung seines Darlehens hinausgehendes wirtschaftliches Interesse an den Geschäftsergebnissen des Schuldners hat. Nach Abs. 2 soll als Beteiligung auch der Fall gelten, daß ein Mitglied des Vorstandes oder des Aufsichtsrats der VU. auf die Geschäftsführung einer anderen Unternehmung maßgebenden Einfluß ausübt oder auszuüben in der Lage ist. Hiernach genügen auch rein persönliche Verbindungen, durch welche für die VU. ein besonderes Interesse am Gedeihen der anderen Unternehmung begründet wird.

5. Durch die Vorschrift des § 82 soll eine Beteiligung betroffen werden, die nach ihrer Art oder ihrem Umfange zu einer **Gefährdung der VU.** führen kann. Diese Voraussetzung wird die Aufsichtsbehörde in der Regel schon dann als gegeben ansehen dürfen, wenn sich bei der Prüfung der VU., die eine Beteiligung an einer anderen Unternehmung unterhält, herausstellt, daß mit dieser Unternehmung über den Besitz von Aktien, Geschäftsanteilen u. dgl. hinaus eine Geschäftsverbindung besteht, die nicht zum gewöhnlichen V.betriebe, d. h. zu dem auf den Abschluß und die beiderseitige Erfüllung von V.verträgen gerichteten Betriebe gehört (Begr. S. 20). Der bekannte Zusammenbruch der Frankfurter Allgemeinen Versicherungs-Aktien-Gesellschaft hat ge-

zeigt, wie gefährlich die Beteiligung an nicht beaufsichtigten Unternehmungen werden kann (VA. 30, 85). In Fachkreisen wurde die Zulässigkeit der Beteiligung von V.unternehmungen an Bankgeschäften irgendwelcher Art verneint. Im übrigen hat die Aufsichtsbehörde festzustellen, ob eine Beteiligung vorliegt, die nach § 82 Anlaß zum Einschreiten gibt.

6. Nach Abs. 1 kann die Aufsichtsbehörde der VU. die **Fortsetzung der Beteiligung** völlig untersagen oder nur unter Bedingungen gestatten. Als eine solche Bedingung nennt das Gesetz, daß sich die Unternehmung, an der die Beteiligung besteht, nach den Vorschriften der §§ 57—63 auf ihre Kosten oder auf Kosten der VU. prüfen läßt. Bei Weigerung der Unternehmung oder bei nicht einwandfreiem Prüfungsbefund hat die Aufsichtsbehörde der VU. die Fortsetzung zu untersagen.

7. Die Entscheidung darüber, ob eine Beteiligung nach § 82 vorliegt und eine Anordnung danach zu erlassen ist, hat das RA. im **verwaltungsrechtlichen** Spruchverfahren durch einen Senat zu treffen (§ 93 Abs. 1 Nr. 8). Als Beteiligte gilt nur die VU., die an der anderen Unternehmung beteiligt ist (§ 94 Abs. 1 Satz 4).

Vorbemerkungen zu den §§ 83—85.

1. Die §§ 83—85 enthalten die Vorschriften über die **amtlichen Prüfungen** der VU. durch die Aufsichtsbehörde. Schon nach der früheren Fassung des § 83 war die Aufsichtsbehörde befugt, jederzeit die Geschäftsführung und die Vermögenslage einer Unternehmung zu prüfen, und den Organen der Unternehmung war die Pflicht zur Auskunfterteilung und zur Vorlage von Büchern, Belegen und Schriften auferlegt. Durch die §§ 57—64 sind jährlich vorzunehmende, nichtamtliche Prüfungen eingeführt, die von der VU. selbst zu veranlassen sind und den Rechnungsabschluß unter Einbeziehung der Buchführung und des Jahresberichts zum Gegenstande haben. Die amtlichen Prüfungen nach § 83 sind durch die privaten Pflichtprüfungen nicht beseitigt worden. Im Gegenteil ist durch Hinzufügung neuer Vorschriften die Einrichtung der amtlichen Prüfungen noch weiter ausgestaltet worden. Die Befugnis der Aufsichtsbehörde, die Geschäftsführung und die Vermögens-

lage einer Unternehmung an Ort und Stelle zu prüfen und sich in den Geschäftsräumen der Unternehmung selbst alle erforderlichen Aufschlüsse durch Büchervorlage und Auskunfterteilung einzuholen, gehört zu den wichtigsten Aufsichtsbefugnissen. Sie läßt bei den beaufsichtigten Unternehmungen kein falsches Gefühl der Sicherheit aufkommen, und sie gewährt den Beamten der Aufsichtsbehörde die Möglichkeit, die tatsächliche Gestaltung des V.betriebs immer wieder aus eigener Anschauung kennenzulernen. Die in den §§ 57—64 geregelten Pflichtprüfungen sollen grundsätzlich nach allgemein kaufmännischen Gesichtspunkten erfolgen; sie können und sollen die in den §§ 83—85 geregelten amtlichen Prüfungen durch die Aufsichtsbehörde nicht ersetzen. Die amtlichen Prüfungen haben sich nicht auf den Rechnungsabschluß, die Buchführung und den Jahresbericht zu beschränken, sondern müssen daneben auch die besonderen Grundlagen erfassen, die einem V.betriebe eigentümlich sind, die Art und Weise der Geschäftsführung, die Einhaltung des Geschäftsplans und alle Sonderfragen v.technischer Art. Über die wesentlichen Unterschiede zwischen den nichtamtlichen und den amtlichen Prüfungen vgl. auch Vorbem. 3 vor § 57 und Anführungen; § 57 Anm. 3a; § 59 Anm. 3; § 84 Anm. 3. Über die Erschwerung der amtlichen Prüfungen durch ungenügende Ausstattung der Aufsichtsbehörde mit Beamten und mit Geldmitteln vgl. Petersen in Z. 29, 365ff.; 31, 13.

2. Für die durch die Aufsichtsbehörde vorzunehmenden amtlichen Prüfungen enthält das Gesetz v. 6. Juni 1931 folgende **Neuerungen:**

a) Das Recht der Aufsichtsbehörde zur Vornahme örtlicher Prüfungen ist zu einer Pflicht ausgebaut. Die Aufsichtsbehörde soll die Prüfung mindestens alle fünf Jahre einmal vornehmen (§ 84 Abs. 1 Satz 1).

b) Das Prüfungsrecht der Aufsichtsbehörde ist ausdrücklich auch auf Makler ausgedehnt (§ 83 Abs. 2 Satz 1).

c) Das Prüfungsrecht der Aufsichtsbehörde besteht auch, wenn die Aufsichtsbehörde vermutet, daß eine Unternehmung den Betrieb von V.geschäften zum Gegenstande hat, und die von ihr vorzunehmende Prüfung klarstellen soll, ob die Unternehmung der Beaufsichtigung unterliegt (§ 83 Abs. 2 Satz 2; vgl. § 2 Anm. 10).

d) Die Aufsichtsbehörde kann zu der Prüfung Personen heranziehen, die nach § 59 zu Prüfern bestimmt werden können (§ 84 Abs. 1 Satz 2; § 85).

e) Die Aufsichtsbehörde kann die Prüfung auch so vornehmen, daß sie an der jährlichen Pflichtprüfung der VU. teilnimmt und weitere, erforderliche Feststellungen selbst trifft (§ 84 Abs. 1 Satz 3).

3. Für VU., die als **kleinere Vereine** anerkannt sind oder keinen Aufsichtsrat haben, besteht eine Sondervorschrift (§ 84 Abs. 2).

4. Über die **Kosten** der amtlichen Prüfungen vgl. § 61 Anm. 5; § 84 Anm. 2 und 3; § 101 Anm. 1.

5. Über den **Beginn** der regelmäßigen amtlichen Prüfungen vgl. § 158 Abs. 3.

§ 83.

(Abs. 2:) Die Inhaber, Geschäftsleiter, Bevollmächtigten und Agenten einer Unternehmung sowie die Makler, die für die Unternehmung tätig sind oder waren, haben in ihren Geschäftsräumen der Aufsichtsbehörde auf Verlangen alle Bücher, Belege und die Schriften vorzulegen, die für die Beurteilung des Geschäftsbetriebs und der Vermögenslage bedeutsam sind, sowie jede von ihnen geforderte Auskunft über den Geschäftsbetrieb und die Vermögenslage zu geben. Dazu sind sie auch verpflichtet, wenn die Aufsichtsbehörde vermutet, daß eine Unternehmung den Betrieb von Versicherungsgeschäften zum Gegenstande hat und die Prüfung klarstellen soll, ob die Unternehmung der Aufsicht unterliegt. § 81 Abs. 3 gilt entsprechend.

1. Die Aufsichtsbehörde kann jederzeit **die Geschäftsführung und Vermögenslage** einer Unternehmung prüfen (§ 83 Abs. 1). Sie kann sich in den Geschäftsräumen der Unternehmung alle

Bücher, Belege und die Schriften vorlegen lassen, die für die Beurteilung des Geschäftsbetriebs und der Vermögenslage bedeutsam sind; ihr ist jede von ihr erforderte Auskunft über den Geschäftsbetrieb und die Vermögenslage zu erteilen (§ 83 Abs. 2). Vgl. auch das Recht des Prüfers auf Einsicht der Bücher und Schriften und auf Auskunfterteilung gemäß § 60 sowie das Recht des Treuhänders auf Einsicht der Bücher und Schriften gemäß § 74.

2. Nach **Abs. 2 Satz 1** bestand die Pflicht zur Vorlage von Büchern, Belegen und Schriften sowie zur Auskunfterteilung bisher jedenfalls für die Inhaber, Geschäftsleiter, Bevollmächtigten und Agenten einer Unternehmung. Bestritten war aber, ob die Vorschrift auch für **Versicherungsmakler** zu gelten hatte. Der V.makler übernimmt gewerbsmäßig für andere Personen, ohne von ihnen auf Grund eines Vertragsverhältnisses ständig damit betraut zu sein, die Vermittlung von V.verträgen (§ 93 HGB.). Der V.makler unterscheidet sich vom V.agenten (vgl. Koenige-Petersen § 1 Anm. 8; Clasen in JR. 29, 133, 160 und Ausführungen; Kisch in JR. 29, 274). V.agent ist, wer, ohne im Geschäftsbetriebe des Versicherers angestellt zu sein, ständig damit betraut ist, für den Versicherer V.verträge zu vermitteln oder in dessen Namen abzuschließen (§ 84 HGB.; §§ 43—48 VVG.). Der V.makler hat kein dauerndes Vertragsverhältnis zu einem bestimmten Versicherer. Er gilt als Vermittler beider Vertragsteile (§§ 98, 99 HGB.). Der V.agent dagegen ist auf Grund eines dauernden Vertragsverhältnisses zur Tätigkeit für einen bestimmten Versicherer verpflichtet. Er hat das Interesse seines Geschäftsherrn zu wahren und erhält nur von diesem seine Provision (§ 88 HGB.). Während an Seeplätzen heute noch eine klare Trennung zwischen Agenten und Maklern besteht, sind im Binnenlande beide Tätigkeiten vielfach miteinander vermischt. Es gibt Vermittlerfirmen, die teils als Agenten, teils als Makler auftreten (V.vermittlungsgesellschaften, V.büros u. dgl.). Die V.makler waren bisher im VAG. nicht erwähnt, ebensowenig wie im VVG. Das **Reichsaufsichtsamt** hat stets die Auffassung vertreten, daß es bindende Anordnungen auch für V.makler erlassen könne. So hat das RA. seine Anordnungen auf Grund des § 81 (früher 64) Abs. 2

(Verbot der Gewährung von Sondervergütungen und des Abschlusses von Begünstigungsverträgen) ganz allgemein gegenüber Vermittlern von V.verträgen ausgesprochen und nicht auf die in dauerndem Vertragsverhältnis zur VU. stehenden Vermittler (Agenten, Außenbeamte usw.) beschränkt (VA. 27, 93; vgl. auch Koenige-Petersen § 108 Anm. 5 und VA. 28, 130). Nach der Auffassung des RA. war auch die Vorschrift des § 83 Abs. 2 bisher schon auf Makler anzuwenden, die für eine VU. tätig sind oder tätig waren. Da jedoch die Richtigkeit dieser Auffassung nicht unbestritten war, so ist zur Beseitigung von Zweifeln der Wortlaut der Vorschrift durch einen entsprechenden Zusatz ergänzt worden. Die Erstreckung der Vorlage- und Auskunftspflicht auf die V.makler ist notwendig. Denn die Geschäftsführung und die Vermögenslage einer VU. läßt sich nicht zuverlässig beurteilen, wenn sich die oft recht lebhaften Geschäftsbeziehungen zwischen dem Unternehmen und den Maklern nicht übersehen lassen (vgl. Bruck in JR. 30, 393).

3. Die Vorschrift des in **Abs.** 2 neu eingefügten **Satzes** 2 ist notwendig geworden infolge der neuen Vorschrift des § 2. Soll die Aufsichtsbehörde mit bindender Wirkung für Gerichte und Verwaltungsbehörden darüber entscheiden, **ob** eine Unternehmung der **Aufsicht** unterliegt, so muß ihr das Recht zustehen, sich durch Befragen der maßgebenden Personen sowie durch Untersuchungen an Ort und Stelle über die tatsächlichen Verhältnisse zu unterrichten. Die Aufsichtsbehörde hat daher das in § 83 Abs. 2 festgelegte Recht auf Vorlegung von Büchern, Belegen und Schriften und auf Auskunfterteilung auch solchen Unternehmungen gegenüber, die nach ihrer **Vermutung** aufsichtspflichtige Geschäfte betreiben, damit sie klarstellen kann, ob die Unternehmung der Aufsicht unterliegt (vgl. § 2 Anm. 10). Über die Prüfung von Transport- und RückVU. vor der Zulassung zum Geschäftsbetrieb in aufsichtspflichtigen V.zweigen vgl. VA. 24, 24.

§ 84.

Die Aufsichtsbehörde soll, wenn möglich unvermutet, die Prüfung nach § 83 Abs. 1 mindestens alle fünf Jahre einmal vornehmen. Die Aufsichtsbehörde kann zu der Prüfung Personen heranziehen, die nach § 59 zu Prüfern bestimmt werden können. Sie kann die Prüfung auch so vornehmen, daß sie an einer von der Versicherungsunternehmung nach § 57 veranlaßten Prüfung teilnimmt und selbst weitere Feststellungen trifft, die sie für nötig hält.

Abs. 1 Satz 1, 3 gelten nicht für Versicherungsunternehmungen, die als kleinere Vereine (§ 53) anerkannt sind oder keinen Aufsichtsrat haben.

1. Nach **Abs. 1 Satz 1** soll die Aufsichtsbehörde ihre Prüfungen mindestens **alle fünf Jahre** einmal vornehmen. Dieser vom Gesetz gegebene Anhalt für den zeitlichen Ansatz der Prüfungen beruht auf der schätzungsweisen Feststellung, welcher Zahl von amtlichen Prüfungen das Reichsaufsichtsamt mit seinem Beamtenbestande mutmaßlich gewachsen sein wird (Begr. S. 21). Die Vorschrift ist nach ihrem Wortlaut eine Ordnungsvorschrift (Sollvorschrift); die Begründung des Gesetzes spricht von einer Pflicht der Aufsichtsbehörde zur Vornahme von Prüfungen (Begr. S. 9). Darin liegt kein Widerspruch (a. M. **Bruck** in JR. 30, 394; **Gerhard** in JW. 30, 3589). Auch durch eine Sollvorschrift wird die rechtliche Notwendigkeit eines Geschehens ausgedrückt. Wird in einem Gesetz ausgesprochen, daß eine Behörde etwas tun soll, so hat das regelmäßig dieselbe Bedeutung, wie wenn gesagt wäre, die Behörde müsse etwas tun oder habe etwas zu tun. Nur für das Tun und Lassen von Privatpersonen ergeben sich rechtliche Unterschiede, je nachdem eine Gesetzesvorschrift als Mußvorschrift oder als Sollvorschrift erlassen ist. Nach der Fassung des Abs. 1 Satz 1 besteht kein Zweifel darüber, daß die Unternehmungen mindestens alle fünf Jahre einmal von der Aufsichtsbehörde zu prüfen sind. Doch ist es nicht erforderlich, daß sich die Prüfung der Aufsichtsbehörde jedesmal auf den ganzen Betrieb der Unternehmung erstreckt. Die Worte „wenn möglich unvermutet" sind auf Antrag des RT.ausschusses in den Regierungsentwurf eingefügt worden. Die Aufsichtsbehörde prüft in der Regel unvermutet.

Aber manchmal ist es aus sachlichen oder persönlichen Gründen erforderlich, der VU. die bevorstehende Prüfung anzuzeigen. Bei kleinen und mittleren Unternehmungen ergibt sich bei unvermuteten Prüfungen oft, daß sämtliche Personen, die die erforderlichen Aufschlüsse geben könnten, dienstlich abwesend und mehrere Tage nicht zu erreichen sind. Außerdem sind zu unterscheiden die eigentlichen Prüfungen und bloße Feststellungen an Ort und Stelle, die oft vor Genehmigung von Geschäftsplanänderungen erforderlich werden. Die Pflicht der Aufsichtsbehörde zur regelmäßigen Vornahme der amtlichen Prüfungen beginnt am 1. Januar 1932 (§ 158 Abs. 3).

2. Nach **Abs. 1 Satz 2** kann die Aufsichtsbehörde zu der von ihr vorzunehmenden, amtlichen Prüfung auch Personen heranziehen, die nicht dem Beamtenkörper der Behörde angehören. Die Auswahl dieser heranzuziehenden Kräfte ist auf Personen beschränkt, die nach § 59 zu Prüfern bestimmt werden können. Die Vornahme von **Amtshandlungen durch Privatpersonen** ist etwas Neues. Diese Gesetzesvorschrift wird damit begründet, daß „immerhin angesichts der großen Zahl beaufsichtigter VU. und der Ungewißheit, ob und in welchem Ausmaß diese Zahl im Laufe der Jahre zunehmen wird, nicht mit Sicherheit vorausgesagt werden kann, ob die Aufsichtsbehörde mit ihren eigenen Kräften die Prüfungen wird vornehmen können." (Begr. S. 21.) Über die Verpflichtung dieser Privatpersonen als Hilfskräfte der Aufsichtsbehörde vgl. § 85. Über die Kosten, die durch die Heranziehung der privaten Prüfer entstehen, vgl. § 101 Abs. 1 (s. auch § 61 Anm. 5; § 101 Anm. 1). Über die bürgerlichrechtliche Haftung der herangezogenen Prüfer vgl. § 85 Satz 5; über ihre strafrechtliche Haftung vgl. § 137.

3. Nach **Abs. 1 Satz 3** kann die Aufsichtsbehörde die ihr obliegende amtliche Prüfung so vornehmen, daß sie an einer von der VU. nach § 57 veranlaßten Prüfung teilnimmt und weitere, von ihr für erforderlich gehaltene Feststellungen selbst trifft. Durch die **Teilnahme der Aufsichtsbehörde** an einer nichtamtlichen Pflichtprüfung soll unerwünschte Doppelarbeit vermieden werden (vgl. Vorbem. 4 vor § 57). Die Teilnahme der Aufsichtsbehörde an der Pflichtprüfung ist eine Ausübung des Prüfungs-

rechts und der Prüfungspflicht der Behörde; für sie gilt daher die Kostenerstattung nach § 101 Abs. 1 (vgl. § 61 Anm. 5; § 101 Anm. 1). Die der Aufsichtsbehörde vorbehaltenen **weiteren Feststellungen** haben sich namentlich auf solche Geschäftsvorgänge zu erstrecken, die sich bei der von der VU. nach § 57 veranlaßten Prüfung, bei der Erörterung des vom Prüfer nach § 61 erstatteten Berichts oder nach den sonstigen Wahrnehmungen der Aufsichtsbehörde als besonders prüfungsbedürftig erwiesen haben. Die Befugnis der Aufsichtsbehörde zu weiteren Feststellungen muß als etwas Selbstverständliches gelten, da sich die privaten Pflichtprüfungen der VU. ihrem Gegenstande nach nicht mit den amtlichen Prüfungen der Aufsichtsbehörde decken und diese amtlichen Prüfungen niemals ersetzen können (vgl. Vorbem. 3 vor § 57; § 57 Anm. 3a; § 59 Anm. 3; Vorbem. 1 vor § 83). In einem solchen Falle setzt sich die amtliche Prüfung der Aufsichtsbehörde zusammen aus der Teilnahme an der von der VU. veranlaßten Prüfung und aus den eigenen, zur Ergänzung getroffenen Feststellungen.

4. Nach **Abs. 2** sind **kleinere Vereine** und VU., die keinen Aufsichtsrat haben, von der in Abs. 1 Satz 1 und 3 getroffenen Regelung ausgenommen. Das Gesetz hat hier, ebenso wie an anderen Stellen, den **Grundsatz** befolgt, daß der Prüfungsaufwand in einem angemessenen Verhältnis zum Umfang des Geschäftsbetriebs stehen soll (vgl. § 64 Anm. 2; § 70 Anm. 4). Bei den kleineren VU. muß die Aufsichtsbehörde die Freiheit haben, ihre Maßnahmen nach den Besonderheiten des einzelnen Falles einzurichten. Die Vorschrift des Abs. 1 Satz 1 soll für kleinere Unternehmungen nicht gelten; d. h. bei kleineren Unternehmungen besteht für die Aufsichtsbehörde keine Pflicht zur Vornahme amtlicher Prüfungen innerhalb bestimmter Zeiträume. Die Vorschrift des Abs. 1 Satz 3 gilt ebenfalls nicht, da infolge der Vorschrift des § 64 für solche Unternehmungen kein gesetzlicher Zwang zu jährlichen Pflichtprüfungen besteht. Nur die Vorschrift des Abs. 1 Satz 2 gilt auch für kleinere Unternehmungen. Die Aufsichtsbehörde kann demnach, wenn sie die amtliche Prüfung einer derartigen Unternehmung gemäß § 83 vornimmt, auch Prüfer heranziehen, die nicht ihrem Beamtenkörper angehören.

§ 85.

Prüfer, die nach § 84 Abs. 1 Satz 2 zu einer Prüfung herangezogen werden, und Gehilfen, deren sie sich dabei bedienen wollen, sind von der Aufsichtsbehörde unter Hinweis auf die Strafvorschriften des § 137 auf die gewissenhafte Erfüllung ihrer Obliegenheiten durch Handschlag zu verpflichten. Über die Verpflichtung ist eine Niederschrift aufzunehmen, die der Verpflichtete mitunterzeichnet. Wird jemand wiederholt herangezogen, genügt ein Hinweis auf die frühere Verpflichtung. Wird eine Prüfungsgesellschaft herangezogen, so sind die Inhaber, Vorstandsmitglieder oder Geschäftsführer zu verpflichten. Im übrigen gilt § 63.

1. Nach § 84 Abs. 1 Satz 2 kann die Aufsichtsbehörde zu ihren amtlichen Prüfungen **Privatpersonen als Hilfskräfte** heranziehen, und zwar ist nach § 59 die Heranziehung von Einzelpersonen oder von Prüfungsgesellschaften zulässig. Nach § 85 sind die als Hilfskräfte herangezogenen Personen durch Handschlag auf die gewissenhafte Erfüllung ihrer Obliegenheiten zu verpflichten.

2. Bei der Heranziehung von **Einzelpersonen** sind nach Satz 1 durch Handschlag zu verpflichten:

a) der Prüfer selbst, der nach § 84 Abs. 1 Satz 2 herangezogen wird;

b) die Gehilfen, deren sich der Prüfer bei der Prüfung bedienen will (vgl. § 57 Anm. 3a; § 63 Anm. 2).

3. Bei der Heranziehung von **Prüfungsgesellschaften** sind nach Satz 1 und 4 durch Handschlag zu verpflichten:

a) die Inhaber, Vorstandsmitglieder oder Geschäftsführer der Gesellschaft, d. h. bei einer Aktiengesellschaft sämtliche Vorstandsmitglieder, bei einer Gesellschaft mit beschränkter Haftung sämtliche Geschäftsführer, bei einer offenen Handelsgesellschaft sämtliche Gesellschafter;

b) die Gehilfen, deren sich die Prüfungsgesellschaft bei der Prüfung bedienen will.

4. Die von der Aufsichtsbehörde zu einer Prüfung herangezogenen Prüfer und ihre Gehilfen haben ebenso wie die von der VU. zu der Pflichtprüfung herangezogenen Prüfer eine Reihe besonderer **gesetzlicher Leistungspflichten**. Sie haben gewissenhaft zu prüfen. Sie sind zur Verschwiegenheit verpflichtet. Sie dürfen Geschäfts- und Betriebsgeheimnisse, die sie bei der Prüfung erfahren haben, nicht unbefugt verwerten (§ 85 Satz 5 vbd. mit § 63 Abs. 1 Satz 1 und 2).

5. Die **bürgerlichrechtliche Haftung** der von der Aufsichtsbehörde herangezogenen Prüfer ist ebenso geregelt wie die bürgerlichrechtliche Haftung der von der VU. beauftragten Pflichtprüfer (§ 85 Satz 5 vbd. mit § 63 Abs. 1 Satz 3 und Abs. 2—5). Das Entsprechende gilt für die **strafrechtliche Haftung** (§ 85 Satz 1 vbd. mit § 137).

§ 67a

ist durch das Gesetz vom 30. März 1931 gestrichen worden.

1. Die Vorschrift des § 67a war durch das Gesetz v. 19. Juli 1923 (RGBl. I S. 684) in das VAG. eingefügt worden. Diese Vorschrift gab den VU. in der LebensV. (auch in der Unfall- und HaftpflichtV.) die Möglichkeit, mit Genehmigung der Aufsichtsbehörde den Geschäftsplan und den Geschäftsbetrieb mit Wirkung für bestehende V.verhältnisse zu ändern. Sie hatte von Anfang an nur die Bedeutung einer vorübergehend anwendbaren Gesetzesvorschrift (vgl. Koenige-Petersen § 67a Anm. 2). Die Vorschrift war durch den **Währungsverfall** geboten. Sie hat seit der **Währungsbefestigung** ihre Bedeutung verloren. Sie wurde daher jetzt wieder gestrichen, da „ihr Fortbestehen geeignet sein könnte, das deutsche Versicherungswesen im Wettbewerb zu schwächen und über die Sicherheit und Unberührbarkeit der Ansprüche eines Versicherten bedenkliche Vorstellungen zu wecken“ (Begr. S. 21 ff.).

2. Infolge der Streichung des § 67a mußte auch der frühere § 73 Abs. 1 Nr. 9 (jetzt § 93 Abs. 1 Nr. 11) geändert werden.

§ 89.

Ergibt sich bei Prüfung der Geschäftsführung und der Vermögenslage einer Unternehmung, daß diese für die Dauer nicht mehr imstande ist, ihre Verpflichtungen zu erfüllen, die Vermeidung des Konkurses aber zum Besten der Versicherten geboten erscheint, so kann die Aufsichtsbehörde das hierzu Erforderliche anordnen, auch die Vertreter der Unternehmung auffordern, binnen bestimmter Frist eine Änderung der Geschäftsgrundlagen oder sonst die Beseitigung der Mängel herbeizuführen. Alle Arten Zahlungen, besonders Versicherungsleistungen, Gewinnverteilungen und bei Lebensversicherungen der Rückkauf oder die Beleihung des Versicherungsscheins sowie Vorauszahlungen darauf, können zeitweilig verboten werden.

Unter der Voraussetzung im Abs. 1 Satz 1 kann die Aufsichtsbehörde, wenn nötig, die Verpflichtungen einer Lebensversicherungsunternehmung aus ihren Versicherungen dem Vermögensstand entsprechend herabsetzen. Dabei werden zunächst die rechnungsmäßigen Deckungsrücklagen der einzelnen Versicherungen herabgesetzt und danach die Versicherungssummen neu festgestellt. Die Pflicht der Versicherungsnehmer, die Versicherungsentgelte in der bisherigen Höhe weiterzuzahlen, wird dadurch nicht berührt.

Die Maßnahmen nach Abs. 1, 2 können auf eine selbständige Abteilung des Deckungsstocks (§ 66 Abs. 4) beschränkt werden.

1. Die Vorschriften des § 89 handeln von den Stützungsmaßnahmen der Aufsichtsbehörde zur Vermeidung des Konkurses einer VU. Unter diesen Stützungsmaßnahmen sind von besonderer

Bedeutung der Erlaß eines zeitweiligen Zahlungsverbots nach Abs. 1 Satz 2 und die Ermäßigung der Ansprüche aus LebensV.-verträgen nach Abs. 2. Entscheidungen der Aufsichtsbehörde gemäß § 89 Abs. 2 unterliegen der Nachprüfung der Gerichte (RG. v. 13. Mai 1930, RGZ. 129, 1; VA. 30, 175).

2. Nach der bisherigen Fassung des Abs. 2 Satz 1 konnte die Aufsichtsbehörde die Verpflichtungen einer **Lebensversicherungsunternehmung** aus ihren **laufenden** Versicherungen, dem Stande ihres Vermögens entsprechend, ermäßigen. Die Bestimmung bezieht sich nur auf die LebensV., nicht auf die RückV., auch nicht auf die LebensrückV. (RG. v. 13. Mai 1930, RGZ. 129, 1; VA. 30, 175). Unter den laufenden Versicherungen hat man solche V. verstanden, bei denen die V.leistung noch nicht fällig ist. Später sind jedoch Zweifel entstanden, ob man die Vorschrift nicht auch auf solche V.verträge anwenden solle, bei denen der V.fall (Tod oder Ablauf) eingetreten, die V.summe aber noch nicht ausgezahlt sei. Ein besonderer Grund für die Beschränkung der Vorschrift auf die noch nicht abgelaufenen V. liegt nicht vor (vgl. **Koenige-Petersen** § 69 Anm. 4). Die durch Eintritt des V.falls fällig gewordenen V.ansprüche können, namentlich in besonders gelagerten Fällen, so hoch sein, daß sich der Konkurs nicht mehr vermeiden läßt. Hierdurch würde aber gerade der mit § 89 verfolgte Stützungszweck vereitelt werden. Zur Klarstellung ist jetzt das Wort „laufenden" gestrichen worden. Damit steht fest, daß alle Verpflichtungen aus den Versicherungen gleichmäßig zu behandeln sind.

3. Die der Aufsichtsbehörde in § 89 Abs. 1 und 2 zugewiesenen Maßnahmen (Erlaß der erforderlichen Anordnungen, zeitweiliges Zahlungsverbot, Ermäßigung der Ansprüche der Versicherten) beziehen sich auf den gesamten Geschäftsbetrieb der VU. Es ist aber denkbar, daß die Verlustquellen oder die sonstigen Ursachen der Geldschwierigkeiten nur bei einer nach § 66 Abs. 4 gebildeten **selbständigen Abteilung** des **Deckungsstocks** vorhanden sind. In einem solchen Falle muß es möglich sein, die in § 89 vorgesehenen Stützungsmaßnahmen auf die Abteilung des Deckungsstocks zu beschränken, bei der die Voraussetzungen zu einem Einschreiten nach § 89 Abs. 1 Satz 1 vorliegen. Sonst würden die übrigen Versicherten ohne zureichenden Grund geschädigt werden.

Schon früher wurde mit Recht darauf hingewiesen, daß die selbständige Behandlung der einzelnen Abteilungen bei der Sanierung einer ausdrücklichen Klarstellung bei § 89 bedürfe (vgl. Koenige-Petersen § 57 Anm. 7; § 69 Anm. 4). Diese Klarstellung ist durch den neu geschaffenen Abs. 3 jetzt getroffen.

§ 93.

Das Reichsaufsichtsamt entscheidet auf Grund mündlicher Beratung durch drei Mitglieder, darunter den Vorsitzer, unter Zuziehung von zwei Mitgliedern des Versicherungsbeirats,

1. ob eine Unternehmung der Aufsicht unterliegt (§ 2),
2. ob ein Geschäftsbetrieb zu erlauben ist (§§ 5 bis 8),
3. ob eine Änderung des Geschäftsplans zu genehmigen ist (§ 13), aber nur, wenn das Reichsaufsichtsamt Bedenken hat, sie ohne weiteres zu genehmigen,
4. ob eine Bestandsveränderung zu genehmigen ist (§ 14),
5. ob die Auflösung eines Versicherungsvereins auf Gegenseitigkeit zu genehmigen ist (§ 43),
6. ob ein Verein ein kleinerer Verein ist (§ 53),
7. ob nach § 81 Abs. 2 eine Anordnung zu treffen ist, aber nur, wenn dabei eine Strafe nach § 81 Abs. 3 angedroht werden soll,
8. ob eine Beteiligung nach § 82 vorliegt und eine Anordnung danach zu erlassen ist,
9. ob ein Geschäftsbetrieb zu untersagen ist (§ 87),
10. ob die Konkurseröffnung zu beantragen ist (§ 88),
11. ob nach § 89 Abs. 1 Satz 2, Abs. 2 etwas anzuordnen ist,
12. sonst, wenn es der Vorsitzer des Reichsaufsichtsamts anordnet.

Die Mitglieder des Versicherungsbeirats werden in der Regel in einer im voraus (§ 100) aufgestellten Reihenfolge zugezogen. Weicht der Vorsitzer des Reichsaufsichtsamts aus besondern Gründen von der Reihenfolge ab, so sind diese in den Akten zu vermerken.

Die Vorschriften der Zivilprozeßordnung über Ausschließung und Ablehnung der Gerichtspersonen gelten entsprechend für alle zur Mitwirkung bei der Entscheidung berufenen Personen.

Vor einer Entscheidung sind Vertreter der beteiligten Unternehmungen anzuhören und auf ihren Antrag zur mündlichen Verhandlung zu laden; in den Fällen des Abs. 1 Nr. 2 bis 6 gilt dies nur, wenn ein Antrag abgelehnt werden soll.

Die Entscheidungen sind zu begründen; die Einschränkung des Abs. 4 Halbsatz 2 gilt auch hier.

Hält der Vorsitzer des Reichsaufsichtsamts den Antrag, einen Geschäftsbetrieb zu erlauben oder eine Änderung des Geschäftsplans oder des Versicherungsbestandes zu genehmigen, für nicht gerechtfertigt, so kann er ihn durch einen Vorbescheid ablehnen; binnen zwei Wochen nach dessen Zustellung kann eine Entscheidung nach den Abs. 1 bis 5 beantragt werden.

Sämtliche Entscheidungen sind den Beteiligten zuzustellen. Die rechtskräftige Erlaubnis zum Geschäftsbetriebe, die Genehmigung einer Bestandsveränderung und die Untersagung eines Geschäftsbetriebs hat das Reichsaufsichtsamt im Reichsanzeiger öffentlich bekanntzumachen.

1. Zu Abs. 1 Nr. 1. Vgl. § 2 Anm. 9. Soweit das RA. Aufsichtsbehörde ist, kann die Entscheidung nur im verwaltungsrechtlichen Verfahren durch einen Spruchsenat erfolgen. Eine

verwaltungsrechtliche Entscheidung ist jedenfalls erforderlich, wenn das RA. als Verwaltungsbehörde eine Unternehmung als aufsichtspflichtig ansieht, während die Unternehmung selbst Aufsichtsfreiheit für sich beansprucht. Hält das RA. als Verwaltungsbehörde eine Unternehmung für aufsichtsfrei, so genügt im allgemeinen eine formlose Mitteilung dieser Auffassung an die Unternehmung. Aber die Unternehmung kann im Einzelfalle ein rechtliches Interesse an der Feststellung ihrer Aufsichtsfreiheit durch Senatsentscheidung haben, z. B. wenn der Prozeßrichter oder der Registerrichter den Nachweis der Aufsichtsfreiheit verlangt. Die beteiligte Unternehmung hat das Recht, einen Berufungssenat anzurufen (§§ 94, 95).

2. Zu Abs. 1 Nr. 8. Vgl. § 82 Anm. 7; § 94 Abs. 1 Satz 4 und Anm.

3. Zu Abs. 1 Nr. 11. Die Änderung ergibt sich aus der Streichung des bisherigen § 67a VAG.

4. Zu Abs. 1 Nr. 12. In Abs. 1 Nr. 1—11 sind die Fälle aufgezählt, in denen das RA. im verwaltungsrechtlichen Spruchverfahren durch einen Senat zu entscheiden hat. Aber auch sonst hat das RA. häufig Entscheidungen zu treffen, die von ebenso großer Bedeutung sind wie die Entscheidungen in den ausdrücklich aufgeführten Fällen. Nach der neu eingefügten Vorschrift in Abs. 1 Nr. 12 kann in derartigen Fällen der Vorsitzer des RA. die Einleitung des verwaltungsgerichtlichen Verfahrens vor einem Senat anordnen.

5. Zu Abs. 4 und Abs. 5. Die Änderungen dieser beiden Vorschriften ergeben sich aus der Änderung des Abs. 1.

§ 94.

Gegen die Entscheidungen nach § 93 Abs. 1 können die Beteiligten Berufung einlegen. Beteiligte sind, wenn ein Auflösungsbeschluß nicht genehmigt worden ist, nur der Vereinsvorstand, bei einer Genehmigung dagegen nur die Mitglieder der obersten Vertretung, die dem Auflösungsbeschlusse zur Niederschrift widersprochen haben. Ist ein Verein nicht als kleinerer Verein anerkannt worden, so ist Beteiligter nur der Vereinsvorstand, der die Anerkennung beantragt hatte. Betrifft die Entscheidung eine Beteiligung nach § 82, so ist Beteiligter nur die Versicherungsunternehmung, die an der anderen Unternehmung beteiligt ist.

Über die Berufung entscheidet das Reichsaufsichtsamt durch drei Mitglieder, darunter den Vorsitzer, unter Zuziehung von zwei Mitgliedern des Versicherungsbeirats, eines richterlichen Beamten und eines Mitglieds eines höchsten Verwaltungsgerichts eines Landes.

Die richterlichen Beamten sowie die Mitglieder höchster Verwaltungsgerichte ernennt für die Dauer ihres Hauptamts auf Vorschlag des Reichsrats der Reichspräsident.

Für die Zuziehung der Mitglieder des Versicherungsbeirats gilt § 93 Abs. 2, für die Ausschließung und Ablehnung der zur Mitwirkung bei der Entscheidung berufenen Personen § 93 Abs. 3.

Vgl. § 82 Anm. 5; § 93 Abs. 1 Nr. 8 und Anm. 2.

§ 101 (Abs. 1—3:).

Die Kosten des Reichsaufsichtsamts für Privatversicherung und des Verfahrens vor ihm sind dem Reiche von den seiner Aufsicht unterstellten Versicherungsunternehmungen und Bausparkassen (Abschnitt VII) durch Entrichtung von Gebühren nach Abs. 2 zu erstatten; zu den Kosten gehören auch die Kosten, die durch eine Heranziehung von Prüfern nach § 84 Abs. 1 Satz 2 entstanden sind. Zu den Kosten sind hinzuzurechnen die Gebühren, die im Vorjahr nicht eingegangen sind.

Der Gesamtbetrag der Gebühren soll drei Viertel der Kosten des Abs. 1 betragen. Der Satz von eins vom Tausend der gebührenpflichtigen Einnahme an Versicherungsentgelten sowie an Spar- und Tilgungsbeiträgen (Bausparkassen) darf nicht überschritten werden. Bei Versicherungsunternehmungen werden die Gebühren nach dem Verhältnis der Rohentgelte (Bruttoprämien, Beiträge, Vor- und Nachschüsse, Umlagen) berechnet, die einer jeden Unternehmung im letzten Geschäftsjahr aus den von ihr im Inland abgeschlossenen Versicherungen, jedoch nach Abzug der zurückgewährten Überschüsse oder Gewinnanteile, erwachsen sind; bei Bausparkassen treten an Stelle der Rohentgelte die um Zuschläge für Verwaltungskosten oder ähnliche Aufwendungen erhöhten Spar- und Tilgungsbeiträge.

Den Gebührensatz bestimmt jährlich das Reichsaufsichtsamt in Tausendteilen der gebührenpflichtigen Einnahme an Versicherungsentgelten sowie an Spar- und Tilgungsbeiträgen. Dabei kann es die gebührenpflichtige Einnahme und die Gebühren nach Grundsätzen abrunden, die der Genehmigung des Reichswirtschaftsministers bedürfen. Der Reichswirtschaftsminister kann einen Mindestgebührenbetrag festsetzen.

1. Gebührenpflicht der Versicherungsunternehmungen.

Soweit die Gebührenpflicht der VU. in Betracht kommt, bringen nur die Vorschriften des Abs. 1 Satz 1 Halbsatz 2 und des Abs. 2 Satz 1 etwas Neues.

a) Schon von jeher war die Aufsichtsbehörde befugt, die Geschäftsführung und die Vermögenslage einer Unternehmung an Ort und Stelle zu prüfen (§ 83). Die Kosten dieser örtlichen Prüfungen sind Kosten der Aufsichtsbehörde. Soweit das RA. Aufsichtsbehörde ist, sind die Kosten dem Reiche gemäß § 101 von den beaufsichtigten VU. durch Entrichtung von Gebühren zu erstatten. Nach der durch das Gesetz v. 30. März 1931 neu geschaffenen Vorschrift des § 84 Abs. 1 Satz 2 kann das RA. zu seinen amtlichen Prüfungen auch Personen heranziehen, die nicht dem Beamtenkörper der Behörde angehören. Diese Befugnis ist als eine Erweiterung der dem RA. schon immer zustehenden Befugnis zur Vornahme örtlicher Prüfungen anzusehen. Daher müssen die durch die Heranziehung solcher Personen entstehenden Kosten als Kosten des RA. gelten (vgl. § 61 Anm. 5; § 84 Anm. 2). Andere Kosten, die sich aus den durch das Gesetz v. 30. März 1931 neu geschaffenen Vorschriften ergeben, sind nicht Kosten des RA., sondern fallen den beaufsichtigten VU. zur Last. Das gilt vor allem von den Kosten der Pflichtprüfung und des Treuhänders (vgl. § 57 Anm. 3a und § 71 Anm. 6b). Als Kosten des RA. gelten jedoch auch solche Kosten, die durch Ergänzungen der Pflichtprüfung entstehen, falls die Ergänzungen vom RA. veranlaßt werden und sich nicht im Rahmen der §§ 57—64 halten (vgl. § 61 Anm. 5).

b) Abs. 2 Satz 1 ist, noch bevor das Gesetz in der Fassung v. 6. Juni 1931 im RGBl. verkündet wurde, erneut geändert worden durch die Zweite Verordnung des Reichspräsidenten zur Sicherung von Wirtschaft und Finanzen v. 5. Juni 1931 (RGBl. I S. 279). Im Zweiten Teile Kapitel VIII dieser Notverordnung (S. 292) ist bestimmt, daß die VU. und BSpK. von den Kosten des RA. nicht mehr $^3/_4$, sondern $^9/_{10}$ zu tragen haben. § 101 Abs. 2 Satz 1 lautet demnach jetzt:

„Der Gesamtbetrag der Gebühren soll neun Zehntel der Kosten des Abs. 1 betragen."

Diese Vorschrift gilt erstmalig für die Kosten des Rechnungsjahrs 1930.

2. Gebührenpflicht der Bausparkassen.

Da das RA. nach dem Gesetz v. 6. Juni 1931 nicht nur die privaten VU., sondern auch die privaten BSpK. zu beaufsichtigen hat, so sind auch die BSpK. mit einem angemessenen Teile der Kosten des RA. zu belasten. Der Grundsatz, daß von den Kosten des RA. neun Zehntel durch Entrichtung von Gebühren dem Reiche zu erstatten sind, gilt in Zukunft auch für die BSpK. Für die VU. werden die Gebühren nach der Entgelteinnahme berechnet. Den V.entgelten entsprechen bei den BSpK. die Spar- und Tilgungsbeiträge. Die in diesen Beiträgen etwa mitenthaltenen Zinsbeträge dürfen hierbei abgesetzt werden.

§ 110.

Für ausländische Versicherungsunternehmungen gelten die §§ 57 bis 64 nur, soweit es das Reichsaufsichtsamt bestimmt. § 65, § 66 Abs. 1 Satz 1, Abs. 2, 3, 4, die §§ 67 bis 69, 77 bis 79 gelten bei ausländischen Unternehmungen nur für die im Inland abgeschlossenen Versicherungen.

Der Deckungsstock für diese Versicherungen ist nach näherer Bestimmung des Reichsaufsichtsamts so sicherzustellen, daß nur mit seiner Genehmigung darüber verfügt werden kann. Ein Treuhänder nach den §§ 70 bis 76 wird nicht bestellt.

1. Ausländische Unternehmungen, die im Deutschen Reiche eine Niederlassung unterhalten und das V.geschäft betreiben, sind nicht ohne weiteres kraft Gesetzes den Vorschriften über die **Pflichtprüfung** unterworfen. Nach Abs. 1 Satz 1 hat das **Reichsaufsichtsamt** darüber zu bestimmen, ob solche Unternehmungen ihren Rechnungsabschluß nach den Vorschriften der §§ 57—64 prüfen lassen müssen und wie gegebenenfalls der Gegenstand der Prüfung abzugrenzen ist (vgl. Vorbem. 5b vor § 57). Die in Betracht kommenden Verhältnisse sind bei den einzelnen ausländischen Unternehmungen sehr verschieden. Die Aufstellung einer allgemeinen gesetzlichen Regel war daher nicht möglich.

2. Der **Deckungsstock** ausländischer VU., der sich auf die von ihnen im Inlande abgeschlossenen V. bezieht, ist schon nach Abs. 2 Satz 1 in der Weise sicherzustellen, daß nur mit Genehmigung des RA. darüber verfügt werden kann (vgl. Koenige-Petersen § 90 Anm. 3). Der Bestellung eines Treuhänders wie bei in-

ländischen VU. bedarf es daher nicht. Um Zweifel auszuschließen, wurde dies in dem neu hinzugefügten Satz 2 ausdrücklich ausgesprochen (vgl. Vorbem. 5b vor § 70).

3. Abs. 1 Satz 1 gilt entsprechend auch für **Bausparkassen** (vgl. § 112 Abs. 1 Satz 2).

VII. Bausparkassen.

Vorbemerkungen.

1. Die Bausparkassen haben in den **angelsächsischen Ländern** schon eine längere Entwicklung hinter sich. In England wurde die erste größere Bausparkasse 1781 gegründet, in den Vereinigten Staaten von Amerika 1831. Die englischen „building societies" und die amerikanischen „building and loan associations" spielen in der Kapitalwirtschaft ihrer Länder eine große Rolle. Sie sind Vermittler zwischen solchen Personen, die ihre Ersparnisse verzinslich anlegen wollen, und solchen Personen, die ein Darlehen zum Bau oder Kauf eines Hauses benötigen. Sie erfüllen daher im wesentlichen die Aufgaben, die in Deutschland den öffentlichen Sparkassen sowie den Hypothekenbanken und anderen Bodenkredit-Anstalten zufallen (Begr. S. 27, Block S. 26, 233, 404).

2. In **Deutschland** haben erst die Wohnungsnot und die Kapitalknappheit der Nachkriegszeit zur Bildung von BSpK. geführt. Die älteste und größte deutsche BSpK. ist die im Jahre 1924 gegründete BSpK. der Gemeinschaft der Freunde in Wüstenrot. Seit dem Jahre 1927 haben sich die privaten BSpK. besonders stark vermehrt; ihre Zahl wird auf 300 geschätzt. Für das Bausparen der Beamten wurde eine besondere gesetzliche Grundlage geschaffen (Beamten-Heimstättengesetz vom 30. Juni 1927, RGBl. I S. 317; DurchfVO. v. 12. März 1928, RGBl. I S. 61). Seit Mitte 1929 haben sich auf Grund von Richtlinien des Deutschen Sparkassen- und Girokassenverbandes auch öffentlichrechtliche BSpK. gebildet. Nur die **privaten BSpK.** unterliegen den Vorschriften des Gesetzes (§ 112: „Privatunternehmungen"). Die öffentlichrechtlichen BSpK. sind nur zur Einreichung bestimmter Zählnachweise verpflichtet (§ 151 Abs. 2). Über die Pflicht des RA. und der aufsichtführenden Landesbehörden zur gegen-

seitigen Mitteilung der Rechts- und Verwaltungsgrundsätze vgl. § 152.

3. Für die BSpK. ist in § 112 Abs. 1 eine **gesetzliche Begriffsbestimmung** aufgestellt („Privatunternehmungen, bei denen durch die Leistungen mehrerer Sparer ein Vermögen aufgebracht werden soll, woraus die einzelnen Sparer Darlehen für Beschaffung oder Verbesserung von Wohnungen oder Siedlungen oder zur Ablösung hierzu eingegangener Verpflichtungen erhalten"). Als BSpK. gelten hiernach nur solche Unternehmungen, die das kollektive Sparen betreiben. Durch eine Gemeinschaft von Sparern wird ein Vermögen aufgebracht. Aus diesem Vermögen werden zunächst einzelnen Sparern, die nach bestimmten Grundsätzen ausgewählt werden, Tilgungsdarlehen gegeben. Aus den weiterhin eingehenden Sparbeträgen der noch nicht berücksichtigten Sparer und aus den Tilgungs- und anderen Zahlungen der schon zum Zuge gekommenen Sparer werden weitere Darlehen so lange zugeteilt, bis der letzte Sparer die von ihm benötigte Summe erhalten hat (Begr. S. 27). Der Bausparer, der ein Tilgungsdarlehen erhalten hat, kann seine Verbindung mit der BSpK. nicht lösen; denn er muß das ihm zugeteilte Darlehen zurückzahlen. Ein Bausparer, der einen Bausparvertrag abschließt, ist also in jedem Falle während eines längeren, meist 12—20 Jahre umfassenden Zeitraums zu regelmäßigen Zahlungen verpflichtet. Vgl. Bernard in Z. 30, 355. Darüber, ob hier von kollektivem Sparen oder von kollektiver Kreditbeschaffung zu reden ist, vgl. Block S. 327; gegen die Einführung des kollektiven Bausparens in Deutschland ebd. S. 387.

4. Das kollektive Bausparen ist mit manchen **Gefahren** für die Bausparer verbunden. Die BSpK. kann ihre Verpflichtungen gegenüber den Bausparern nur dann einhalten, wenn die wirtschaftlichen und rechnerischen Unterlagen des Geschäftsplans richtig sind. Der einzelne kann sich bei einer BSpK. ebensowenig wie bei einer VU. ein zutreffendes Urteil über die Richtigkeit des Geschäftsplans und über die Vertrauenswürdigkeit der ganzen Unternehmung bilden. In den wenigen Jahren seit der Gründung der ersten deutschen BSpK. sind Unternehmungen entstanden, die überhaupt kein eigenes Kapital hatten, deren Geschäftspläne

äußerst mangelhaft waren und die überdies bei der Werbung von Bausparern mit irreführenden und unlauteren Versprechungen arbeiteten. Eine besondere Gefahr liegt auch in der gegenseitigen Abhängigkeit der in einer BSpK. vereinigten Bausparer. Denn die Ansprüche des einzelnen Sparers können nur dann erfüllt werden, wenn die Sparbeträge der übrigen Sparer und die Tilgungs- und anderen Zahlungen der Darlehensempfänger wirklich eingehen.

5. Wegen der erwähnten Gefahren mußte das Bausparwesen gesetzlich geregelt werden. Die privaten BSpK. werden ebenso wie die privaten VU. einer Staatsaufsicht mit Zulassungspflicht unterworfen (Koenige-Petersen Einl. II; Vorbem. § 4). Das Bausparwesen ist im vorliegenden Gesetz nur nach der **verwaltungsrechtlichen** (gewerbepolizeilichen), nicht nach der privatrechtlichen Seite geregelt. Von verschiedenen Seiten war angeregt worden, auch das Recht des Bausparvertrags (das materielle Bausparrecht) gesetzlich zu regeln. Vor allem wurden gesetzliche Vorschriften für die Zuteilung von Baudarlehen gefordert. Gesetzliche Vorschriften für das Recht des Bausparvertrags sind jedoch bis jetzt nicht erlassen worden, da die Bausparbewegung vorläufig noch zu sehr im Fluß ist. Ebenso wie im VAG. von 1901 zuerst die gewerbepolizeiliche Seite des V.wesens und erst 7 Jahre später im VVG. von 1908 die privatrechtliche Seite geregelt worden ist, so wird in den vorliegenden, in das VAG. eingefügten Vorschriften zuerst die gewerbepolizeiliche Seite des Bausparwesens gesetzlich geregelt.

6. Die Aufsicht über die privaten BSpK. ist dem **Reichsaufsichtsamt für Privatversicherung** übertragen, da die Geschäftspläne der BSpK. und der VU. (wenigstens in einigen V.zweigen) manche Ähnlichkeit aufweisen und da hier wie dort die Aufsicht nach ähnlichen Grundsätzen geführt werden muß (Begr. S. 28). Dem RA. wird die Aufsicht über sämtliche private BSpK. zugewiesen, auch über diejenigen, deren Geschäftsbetrieb auf das Gebiet eines Landes beschränkt ist (Abweichung von § 3). Bei der Ausgestaltung der Aufsicht im einzelnen schließen sich die gesetzlichen Vorschriften in den §§ 112—121 eng an die Grundsätze an, die für die Beaufsichtigung privater VU. gelten. In § 112 Abs. 1

ist die entsprechende Anwendung zahlreicher für BU. geltender Vorschriften des Gesetzes ausdrücklich angeordnet. Vgl. auch die Ausführungen über die gesetzliche Regelung des Bausparwesens in Deutschland bei Block S. 385ff.

7. Die Vorschriftenеüber die BSpK. treten am 1. Okt. 1931 in **Kraft** (§ 158 Abs. 1). Die BSpK., die nach dem früheren Gesetz über Depot- und Depositengeschäfte vom 26. Juni 1925 (vgl. Einl. I) zum Geschäftsbetriebe berechtigt waren, bedürfen keiner Erlaubnis, sondern gelten auch nach Inkrafttreten des Ges. v. 30. März 1931 als zum Geschäftsbetriebe berechtigt (vgl. im einzelnen § 133 Abs. 1). BSpK., die nach dem Gesetz über Depot- und Depositengeschäfte nicht zum Geschäftsbetriebe berechtigt waren, müssen erst die Erlaubnis zum Geschäftsbetriebe erwirken (vgl. im einzelnen § 133 Abs. 2). Eine besondere Vorschrift gilt für BSpK., die sich bei Inkrafttreten des Gesetzes in Liquidation oder in Konkurs befinden (vgl. § 133 Abs. 3).

8. Die **gesetzlichen Vorschriften** über die BSpK. sind vor allem in dem Abschn. VII enthalten, der die §§ 112—121 umfaßt. Aber auch in den anderen Abschnitten des Gesetzes sind Vorschriften über die Bausparkassen enthalten. § 101 regelt die Kosten der Aufsicht. § 133 enthält Übergangsvorschriften. Die §§ 134, 135, 136, 137, 140, 141 enthalten Strafvorschriften. § 146 Abs. 2 gibt eine gesetzliche Grundlage für den Erlaß von Rechtsverordnungen und allgemeinen Verwaltungsvorschriften. § 150 begründet für die privaten, § 151 für die öffentlich-rechtlichen BSpK. die Pflicht zur Einreichung von Zählnachweisen. § 152 bezweckt die Schaffung einheitlicher Grundsätze für die Aufsicht über die privaten und die öffentlich-rechtlichen BSpK. § 156 betrifft die Ermächtigung des Aufsichtsrats zur Vornahme von Satzungsänderungen. § 158 regelt das Inkrafttreten der gesetzlichen Vorschriften. Im § 112 Abs. 2 ist die entsprechende Geltung einer großen Anzahl von Gesetzesvorschriften für die privaten BSpK. angeordnet.

§ 112.

Privatunternehmungen, bei denen durch die Leistungen mehrerer Sparer ein Vermögen aufgebracht werden soll, woraus die einzelnen Sparer Darlehen für Beschaffung oder Verbesserung von Wohnungen oder Siedlungen oder zur Ablösung hierzu eingegangener Verpflichtungen erhalten (Bausparkassen), unterliegen der Aufsicht. Soweit dieses Gesetz keine besonderen Vorschriften über Bausparkassen enthält, gelten entsprechend die §§ 2, 5, 6, 8 Abs. 1 Nr. 1 und 3, Abs. 2, § 10 Abs. 3, §§ 13, 14, 54, 55, 57 bis 64, 81 bis 86, 87 Abs. 1, 2, §§ 88 bis 91, 93 bis 100, 102, 103, 105 bis 109, 110 Abs. 1 Satz 1, § 111. Dabei kann die Aufsichtsbehörde bestimmen, daß und in welchem Sinne Vorschriften, die für Unternehmungen einer bestimmten Rechtsform erlassen sind, auch auf die einer anderen Rechtsform anzuwenden sind.

Der Reichswirtschaftsminister kann im Einvernehmen mit dem Reichsarbeitsminister und mit Zustimmung des Reichsrats Geschäftsbetriebe, die wirtschaftlich dieselben oder ähnliche Zwecke wie Bausparkassen verfolgen, den für diese geltenden Vorschriften unterstellen; die Geschäftsbetriebe sind im einzelnen zu bezeichnen. Die Anordnung des Reichswirtschaftsministers ist im Reichsgesetzblatt bekanntzumachen.

Als Bausparkassen sind nicht anzusehen Wohnungsunternehmen, die nach Kapitel III des Siebenten Teils der Verordnung des Reichspräsidenten zur Sicherung von Wirtschaft und Finanzen vom 1. Dezember 1930 (Reichsgesetzbl. I S. 517) als gemeinnützig anerkannt sind.

1. In Abs. 1 Satz 1 ist eine **gesetzliche Begriffsbestimmung** der BSpK. gegeben. Von der gesetzlichen Regelung werden nur private Unternehmungen, nicht öffentlichrechtliche Unternehmungen erfaßt (vgl. § 151 Abs. 2, § 152). Besonders hervorgehoben

ist das Begriffsmerkmal des kollektiven Sparens (vgl. Vorbem. 3 vor § 112). Durch die Leistungen mehrerer Sparer wird ein Vermögen aufgebracht, aus dem die einzelnen Sparer Darlehen erhalten. Unternehmungen, bei denen die Sparer unabhängig von anderen Sparern zur Erlangung eines Baudarlehens Einzahlungen leisten, werden nicht von der gesetzlichen Regelung betroffen. Zweck der den Sparern zu gewährenden Darlehen ist die Beschaffung oder Verbesserung von Wohnungen oder Siedlungen oder die Ablösung hierzu eingegangener Verpflichtungen. Die Bauspargeschäfte sind Zweck- oder Zielspargeschäfte. Der Ausdruck Siedlung umfaßt die städtische und die ländliche Siedlung. Die gesetzliche Begriffsbestimmung bezeichnet nur die Gewährung von Darlehen an die Sparer als erforderlich. In Wirklichkeit erhalten die Sparer nicht nur Darlehen, sondern auch ihre eigenen Sparbeträge ausbezahlt; Spargeld und Darlehen bilden zusammen das Baugeld, das der Sparer benötigt.

2. In Abs. 1 Satz 2 ist in weitem Umfange die **entsprechende Anwendung** der für private VU. geltenden Vorschriften angeordnet. Diese Vorschriften sind:

a) ausschließliches Entscheidungsrecht der Aufsichtsbehörde über die Aufsichtspflicht (§ 2).
b) Erlaubnis zum Geschäftsbetriebe (§§ 5, 6, 8 Abs. 1 Nr. 1 und 3, Abs. 2, 10 Abs. 3; vgl. jedoch §§ 115, 116, 118).
c) Übertragung des Bestandes an Bausparverträgen (§ 14).
d) Grundstückerwerb (§ 54).
e) Rechnungslegung und Pflichtprüfung (§§ 55, 57—64).
f) Überwachungsrecht der Aufsichtsbehörde; Recht der Aufsichtsbehörde zum Antrag auf Konkurseröffnung und zu Stützungsmaßnahmen, besonders zum Erlaß eines Zahlungsverbots (§§ 81—86, 87 Abs. 1, 2, 88, 89).
g) Verfassung und Verfahren des RA. (§§ 90, 91, 93—100, 102, 103; vgl. jedoch § 121).
h) ausländische Unternehmungen (§§ 105—109, 110 Abs. 1 Satz 1, 111).

Die im § 56 für VU. aufgestellten Bewertungsvorschriften gelten für BSpK. nicht (vgl. jedoch § 146 Abs. 2).

3. Die in Abs. 1 Satz 3 der Aufsichtsbehörde eingeräumte Be-

fugnis beruht darauf, daß manche Vorschriften, die entsprechend auch für BSpK. gelten sollen, ihrem Wortlaut nach auf Unternehmungen einer bestimmten **Rechtsform** zugeschnitten sind. Die Aufsichtsbehörde wird die ihr hier gewährte Befugnis vor allem dann anzuwenden haben, wenn einer in Genossenschaftsform betriebenen BSpK. die Beibehaltung der bisherigen Rechtsform gestattet wird (§ 133 Abs. 1 u. 2).

4. Durch die Vorschrift des Abs. 2 soll verhindert werden, daß Unternehmungen, die wirtschaftlich **dieselben oder ähnliche Zwecke** wie die BSpK. verfolgen, von der Aufsicht frei bleiben, sei es, daß sie sich durch eine entsprechende Gestaltung des Gesellschaftsvertrags oder der Satzung der Aufsicht zu entziehen suchen, sei es, daß sie aus irgendeinem andern Grunde nicht unter die Begriffsbestimmung des Abs. 1 Satz 1 fallen. Vgl. auch die im § 146 Abs. 2 erteilte Ermächtigung zum Erlaß von Rechtsverordnungen und allgemeinen Verwaltungsvorschriften.

5. **Gemeinnützige Wohnungsunternehmungen** sind nach Abs. 3 nicht als BSpK. anzusehen. Es handelt sich hier um Wohnungsunternehmungen, deren Rechtsverhältnisse in Kap. III des siebenten Teils der VO. des Reichspräsidenten zur Sicherung von Wirtschaft und Finanzen vom 1. Dez. 1930 geregelt sind (RGBl. I S. 593). Solche Wohnungsunternehmungen stehen schon nach den Bestimmungen der angeführten VO. unter einer laufenden Aufsicht (vgl. Kap. III § 20). Im übrigen trifft die Begriffsbestimmung des § 112 Abs. 1 Satz 1 auf diese Wohnungsunternehmungen nicht zu.

6. Nach einer vom volkswirtschaftlichen Ausschuß des RT. beantragten, vom RT. angenommenen Entschließung soll die Reichsregierung ersucht werden, das RA. anzuweisen, sofern BSpK. auf Grund von Sparverträgen **Darlehen** gegen hypothekarische Sicherheit gewähren, die nicht unmittelbar der Beschaffung oder Verbesserung von Wohnungen oder Siedlungen oder zur Ablösung hierzu eingegangener Verpflichtungen, sondern **anderen wirtschaftlichen Zwecken** dienen, auch diesen Teil ihres Geschäftsbetriebs der Beaufsichtigung zu unterziehen, sofern durch diesen der Hauptzweck und die Sicherheit der BSpK. nicht beeinträchtigt wird (vgl. Ausschußbericht S. 1).

§ 113.

Bausparkassen werden vom Reichsaufsichtsamte für Privatversicherung beaufsichtigt, auch wenn ihr Geschäftsbetrieb auf ein Land beschränkt ist.

Bevor das Reichsaufsichtsamt über einen Antrag auf Erlaubnis zum Geschäftsbetrieb entscheidet, soll es die für den Hauptsitz der Bausparkasse zuständige oberste Landesbehörde oder die von dieser bestimmte Stelle über die Zuverlässigkeit der verantwortlichen Geschäftsleiter und die der Bausparkasse zur Verfügung stehenden Mittel hören.

1. **Aufsichtsbehörde** ist ohne Rücksicht auf den Umfang des Geschäftsgebiets das RA. (Abweichung von § 3).

2. In Abs. 2 ist den **obersten Landesbehörden** bei der Erteilung der Erlaubnis ein Mitwirkungsrecht gesichert. Welche obersten Landesbehörden für diese Mitwirkung in Betracht kommen, ist der Bestimmung der einzelnen Länder überlassen. Vgl. auch § 119 Abs. 1 und Anm. 1 ebd.

§ 114.

Der Geschäftsbetrieb darf nur Aktiengesellschaften, Kommanditgesellschaften auf Aktien und Gesellschaften mit beschränkter Haftung erlaubt werden.

1. Für den Betrieb von Bauspargeschäften werden drei verschiedene **Unternehmungsformen** zugelassen: Aktiengesellschaften, Kommanditgesellschaften auf Aktien und Gesellschaften mit beschränkter Haftung. Das Gesetz geht davon aus, daß bei den drei genannten Unternehmungsformen die Verhältnisse so durchsichtig und nachprüfbar sind, wie es zum Schutze der Bausparer gefordert werden muß.

a) Die **Aktiengesellschaft** ist für den Betrieb von Bauspargeschäften als geeignet anzusehen. Bei dieser Rechtsform haftet von Anfang an ein Aktienkapital für etwa eintretende Verluste. Der durch die Aktiengesetzgebung begründete Zwang zu weitgehender öffentlicher Darlegung der Verhältnisse und die Erschwerung der Gründung dienen ebenfalls der Sicherheit der Bausparer.

b) Die **Kommanditgesellschaft auf Aktien** ist der Aktiengesellschaft wesensverwandt.

c) Auch die **Gesellschaft mit beschränkter Haftung**, die neben der Aktiengesellschaft eine freiere und einfachere Form der Kapitalgesellschaft darstellt, wird vom Gesetz als geeignete Unternehmungsform zugelassen. Tatsächlich hat die Rechtsform der G.m.b.H. auf den verschiedensten wirtschaftlichen Gebieten große Verbreitung erlangt und sich in vielen Fällen als gesunde Gemeinschaftsbildung bewährt. Allerdings ist die G.m.b.H. nicht verpflichtet, die Jahresbilanz zu veröffentlichen und zum Handelsregister einzureichen. Nur Bankgeschäfte, die in der Form einer G.m.b.H. betrieben werden, sind dazu verpflichtet (§ 41 Abs. 4 GmbHG.). Der RWR. hat vorgeschlagen, BSpK., die in der Form von Gesellschaften mit beschränkter Haftung betrieben werden, zur Bekanntmachung ihrer Jahresbilanz zu verpflichten. Eine solche Vorschrift würde jedoch nicht in das vorliegende Gesetz, sondern in ein Gesetz zur Änderung des GmbHG. gehören; dem Vorschlag des RWR. wurde daher nicht stattgegeben.

2. Die Rechtsform der **eingetragenen Genossenschaft** gilt nach den Vorschriften des Gesetzes grundsätzlich als ungeeignet für den Betrieb von BSpK. BSpK. müssen in der Regel bestrebt sein, den Kreis der Bausparer zu erweitern und das räumliche Gebiet des Geschäftsbetriebs auszudehnen. Bei größerer persönlicher und räumlicher Ausdehnung ist eine ordnungsmäßige genossenschaftliche Selbstverwaltung nicht möglich. Die Genossen stehen zur Genossenschaft in einem personenrechtlichen und einem vermögensrechtlichen Verhältnis. Diese Doppelstellung als Mitglieder und als Kunden der Genossenschaft kann bei den auf mehrere Jahrzehnte sich erstreckenden Rechtsverhältnissen einer BSpK. leicht zu Unzuträglichkeiten führen. (Über die Bedenken gegen die Zulassung von Genossenschaften zum Betriebe von BSpK. vgl. auch Stein im Jahrbuch des Deutschen Genossenschaftsverbandes e. V. 1928 S. 47; dagegen Block S. 387.)

3. BSpK., die bei **Inkrafttreten des Gesetzes** in einer künftig nicht mehr zugelassenen Rechtsform betrieben werden, dürfen ihr

Geschäft zunächst weiter betreiben. Das RA. kann die Umbildung in eine zugelassene Rechtsform vorschreiben. Setzt eine von einer eingetragenen Genossenschaft oder einem eingetragenen Verein betriebene BSpK. ihren Geschäftsbetrieb in der bisherigen Form fort, so kann die Aufsichtsbehörde bei Erteilung der Erlaubnis zur Fortsetzung des Geschäftsbetriebs die Beibehaltung dieser Rechtsform gestatten (§ 133 Abs. 1 u. 2).

§ 115.

Die Erlaubnis zum Geschäftsbetriebe darf außer den Gründen des § 8 Abs. 1 Nr. 1 und 3 nur versagt werden, wenn nach dem Geschäftsplan die Belange der Bausparer nicht hinreichend gewahrt oder durch die eingereichten sachlichen Geschäftsunterlagen die Verpflichtungen aus den Bausparverträgen nicht genügend als erfüllbar dargetan sind.

Die Erfüllbarkeit darf nicht deshalb allein bezweifelt werden, weil bei der Sicherung der Baudarlehen nicht die Grundsätze des § 69 für die Beleihung von Grundstücken eingehalten werden.

1. **Die Versagung der Erlaubnis** zum Geschäftsbetriebe regelt sich bei BSpK. nach § 8 Abs. 1 Nr. 1 und 3 vbd. mit § 112 Abs. 1 und nach § 115. Nach § 112 gelten von den Versagungsgründen des § 8 Abs. 1 nur die dort unter Nr. 1 und 3 genannten ohne weiteres für BSpK. Die Nr. 2 des § 8 Abs. 1 gilt nicht für BSpK.; sie ist ersetzt durch die Sondervorschrift des § 115 Abs. 1.

Nach den §§ 8, 112, 115 darf einer BSpK. die Erlaubnis zum Geschäftsbetriebe nur versagt werden:

a) wenn der Geschäftsplan gesetzlichen Vorschriften widerspricht (§ 8 Abs. 1 Nr. 1);
b) wenn Tatsachen die Annahme rechtfertigen, der Geschäftsbetrieb werde nicht den Gesetzen oder den guten Sitten entsprechen (§ 8 Abs. 1 Nr. 3);
c) wenn nach dem Geschäftsplan die Belange der Bausparer nicht hinreichend gewahrt oder durch die eingereichten sachlichen Geschäftsunterlagen die Verpflichtungen aus

den Bausparverträgen nicht genügend als erfüllbar dargetan sind (§ 115 Abs. 1).

2. **Der Unterschied** zwischen § 8 Abs. 1 Nr. 2 und § 115 Abs. 1 liegt in folgendem: Nach § 8 Abs. 1 Nr. 2 darf die Erlaubnis zum Geschäftsbetriebe versagt werden, wenn nach dem Geschäftsplane die dauernde Erfüllbarkeit der aus den Versicherungen sich ergebenden Verpflichtungen nicht genügend dargetan ist. Nach § 115 Abs. 1 darf die Erlaubnis versagt werden, wenn durch die eingereichten sachlichen Geschäftsunterlagen die Erfüllbarkeit der sich aus den Bausparverträgen ergebenden Verpflichtungen nicht genügend dargetan ist. Nur für VU. kann sich die Aufsichtsbehörde bei der Entscheidung über die Erlaubnis zum Geschäftsbetriebe ein sicheres Urteil über die dauernde Erfüllbarkeit der Verpflichtungen bilden; sie kann das deshalb, weil für VU. die strengen Vorschriften über die Vermögensanlagen gelten (vgl. Koenige-Petersen § 7 Anm. 6; § 8 Anm. 3). Für BSpK. dagegen kann die Aufsichtsbehörde bei der Zulassung zum Geschäftsbetriebe die dauernde Erfüllbarkeit der sich aus den Bausparverträgen ergebenden Verpflichtungen nicht schlechthin bestätigen; die unveränderte Übernahme der Vorschrift des § 8 Abs. 1 Nr. 2 auf BSpK. würde dazu führen, daß die Aufsichtsbehörde fast stets die Erlaubnis versagen müßte. Wohl aber kann die Aufsichtsbehörde prüfen, ob das in den sachlichen Geschäftsunterlagen entwickelte System geeignet ist, die Erfüllbarkeit der Verpflichtungen darzutun oder nicht. Ergibt sich schon aus diesem System, daß die BSpK. zur Erfüllung ihrer Verpflichtungen außerstande ist, so ist die Erlaubnis zum Geschäftsbetriebe zu versagen. (Vgl. auch den Unterschied zwischen § 5 Abs. 2 und § 116 Abs. 1; § 116 Anm. 2).

3. Die Verpflichtungen aus den Bausparverträgen sind nur dann als erfüllbar dargetan, wenn die **geldliche Ausrüstung** der BSpK. ausreichend ist. Hierzu gehört bei Aktiengesellschaften und Kommanditgesellschaften auf Aktien ein genügend hohes Grundkapital, bei Gesellschaften mit beschränkter Haftung ein entsprechendes Stammkapital. Die Höhe des eigenen Kapitals einschließlich der gesetzlichen Rücklagen muß in einem angemessenen Verhältnis zum Umfang des Geschäftsbetriebs stehen.

4. Nach Abs. 2 brauchen bei der Sicherung der Baudarlehen die in § 69 aufgestellten Grundsätze für die **Beleihung von Grundstücken** nicht eingehalten zu werden. BSpK. müssen bei der Sicherung der Baudarlehen in der Regel die in § 69 Abs. 1 aufgestellte Beleihungsgrenze von drei Fünfteln des Grundstückswertes überschreiten. Sie sind dazu in der Lage, weil die von ihnen gegebenen Darlehenssummen auch noch anderweitig gesichert sind (z. B. durch eine auf das Leben des Bausparers genommene TodesfallV., vgl. § 118 Nr. 6). Die Aufsichtsbehörde darf daher die Erfüllbarkeit der sich aus den Bausparverträgen ergebenden Verpflichtungen nicht allein wegen Überschreitung der genannten Beleihungsgrenze in Zweifel ziehen (vgl. auch § 116 Abs. 2 Nr. 3 und § 118 Nr. 3).

§ 116.

Der Geschäftsplan hat den Zweck und die Einrichtung der Bausparkasse und den Bezirk des beabsichtigten Geschäftsbetriebs anzugeben sowie die Staffeln unter Hervorhebung der längsten und kürzesten Wartezeit vollständig darzustellen.

Der Geschäftsplan hat ferner Angaben zu enthalten:

1. welche Grundsätze bei den Berechnungen angewandt, besonders ob und wie die Leistungen der Bausparer und der Bausparkasse zu verzinsen sind;
2. ob und wie die Bausparer in Spargruppen zusammengefaßt werden;
3. welche gesonderten Nachweisungen über das für die Zuteilung von Baudarlehen anzusammelnde Vermögen, das in dinglich gesicherten Baudarlehen angelegte Vermögen sowie über das andere Vermögen der Bausparkasse geführt werden;
4. unter welchen Voraussetzungen Baudarlehen

zugeteilt werden und zu welcher Zeit es geschieht;

5. wie die Verwaltungskosten gedeckt werden;
6. wie Rücklagen gebildet werden;
7. ob und wie Darlehen aufgenommen und gesichert werden, die eine beschleunigte Zuteilung der Baudarlehen ermöglichen sollen.

1. Nach § 112 Abs. 1 vbd. mit § 5 Abs. 2 hat die BSpK. mit dem Antrag auf Erteilung der Erlaubnis zum Geschäftsbetriebe den **Geschäftsplan** einzureichen. Der Geschäftsplan soll die Aufsichtsbehörde instandsetzen, den beabsichtigten Geschäftsbetrieb nach der rechtlichen, wirtschaftlichen und sachlichen Seite zu beurteilen und danach die Entscheidung über die Zulassung zu treffen. Was der Geschäftsplan einer BSpK. im einzelnen anzugeben hat, ergibt sich aus § 5 Abs. 3 und § 116.

2. **Zu § 116 Abs. 1.**

Die Vorschrift des § 116 Abs. 1 entspricht der für VU. geltenden Vorschrift des § 5 Abs. 2. Der **Geschäftsplan** einer BSpK. hat ebenso wie der Geschäftsplan einer VU. den Zweck und die Einrichtung des Unternehmens und den Bezirk des beabsichtigten Geschäftsbetriebs anzugeben. Während aber der Geschäftsplan einer VU. nach § 5 Abs. 2 die Verhältnisse klarzulegen hat, woraus sich die künftigen Verpflichtungen der Unternehmung als d a u e r n d erfüllbar ergeben sollen, hat der Geschäftsplan einer BSpK. nach § 116 Abs. 1 die Staffeln unter Hervorhebung der längsten und kürzesten Wartezeit vollständig darzustellen. (Vgl. hierzu den Unterschied zwischen § 8 Abs. 1 Nr. 2 und § 115 Abs. 1; § 115 Anm. 2.)

Durch den **Bausparvertrag** verpflichtet sich der Bausparer zur fortlaufenden Zahlung von Sparbeträgen. Dagegen verspricht die BSpK. die Gewährung eines Darlehens zum Bau oder Erwerb von Wohnhäusern oder zur Ablösung von Hypothekenschulden. Das Darlehen wird in der Weise gegeben, daß damit der Betrag der vom Bausparer selbst ersparten Summe (Sparguthaben) zu dem benötigten Baugeld (Bausparsumme) aufgefüllt wird. Die Bausparverträge sehen gleichmäßige Mindestleistungen

(Pflichtleistungen) der Bausparer vor. Diese Mindestleistungen werden meist in monatlichen Raten entrichtet und in Bruchteilen der Bausparsumme berechnet. Außerdem geben die meisten BSpK. Gelegenheit zu Sonderleistungen („Wettsparen"). Wann der einzelne Bausparer das Darlehen bekommt, ist ungewiß. Man unterscheidet längste, mittlere und kürzeste Wartezeiten. Die Höhe der voraussichtlichen Wartezeit, mit der im Durchschnitt zu rechnen ist, hängt ab von der Höhe des Sparzinses, von der Höhe der vorgesehenen Beiträge und von der Stärke der Beteiligung an der BSpK. Aus der Staffel muß sich ergeben, welchen Einfluß die Sonderleistungen der sparstarken Bausparer auf die Wartezeiten der sparstarken und der sparschwachen Bausparer ausüben. Man unterscheidet BSpK. mit geschlossenen Gruppen und solche mit offenem Sparerkreis. Den BSpK. mit offenem Sparerkreis ist durch die Besonderheiten des Geschäftsplans die Angabe der längsten Wartezeit erschwert, da sich nicht genau übersehen läßt, welchen Einfluß auf die Wartezeit die Zugänge oder Nichtzugänge von Bausparern haben. Aber auch diese BSpK. können in ihrem Geschäftsplan unter Anführung von Beispielen die für die Wartezeit maßgebenden Umstände erörtern, so daß der Bausparanwärter weiß, mit welcher Wartezeit er im ungünstigsten Falle zu rechnen hat. Vgl. im übrigen § 118 Anm. 3 zu Nr. 1 und 2.

3. Zu § 5 **Abs. 3.**

Nach § 5 Abs. 3 vbd. mit § 112 Abs. 1 sind als Bestandteile des Geschäftsplans besonders einzureichen: der Gesellschaftsvertrag, die allgemeinen Spar- und Darlehensbedingungen und die fachlichen Geschäftsunterlagen.

a) Der **Gesellschaftsvertrag** ist die rechtliche Grundlage der BSpK. Bei VU. gesellschaftlicher Art bilden der Gesellschaftsvertrag oder die Satzung die rechtliche Grundlage der Unternehmung. Bei BSpK. kommt, da hier als Rechtsform nach § 114 nur Aktiengesellschaften, Kommanditgesellschaften auf Aktien und Gesellschaften mit beschränkter Haftung zugelassen sind, nur der Gesellschaftsvertrag in Betracht. Über den Inhalt des Gesellschaftsvertrags vgl. § 117.

b) Die allgemeinen Spar- und Darlehensbedingungen und die sachlichen Geschäftsunterlagen sind die Unterlagen, die der Aufsichtsbehörde eine Beurteilung der abzuschließenden Geschäfte ermöglichen. Über den Inhalt der allgemeinen Spar- und Darlehensbedingungen vgl. § 118. Die sachlichen Geschäftsunterlagen sind vor allem die mathematisch-technischen Grundlagen, auf denen der Bausparbetrieb beruhen soll. Hierzu gehören die Staffeln und die verschiedenen in § 116 Abs. 2 hervorgehobenen Punkte.

4. Zu § 116 Abs. 2.

In § 116 Abs. 2 ist zur Ergänzung von § 5 Abs. 3 noch eine Reihe von Punkten aufgeführt, über die der Geschäftsplan Aufschluß zu erteilen hat.

Zu Nr. 1. Über die bei den Berechnungen anzuwendenden Grundsätze, besonders über die Zinsfrage, sind die Ansichten noch sehr geteilt. Die BSpK., die keinen Zins auf die Sparbeträge gewähren, geben in der Regel zinslose Darlehen und erheben einen besonderen Verwaltungskosten-Zuschlag. Dagegen decken die zinsnehmenden BSpK. ihre Verwaltungskosten in der Regel aus dem Unterschied zwischen Soll- und Habenzinsen. Zinsfreie BSpK. können manchmal billiger, manchmal aber auch teurer arbeiten als die zinsnehmenden BSpK.

Zu Nr. 2. Bei den meisten BSpK. werden die Bausparer in geschlossenen Gruppen zusammengefaßt, in Jahresgruppen, in Monatsgruppen oder in Gruppen mit bestimmten Gesamtsparbeträgen. Den geschlossenen Gruppen können neue Bausparer nicht beitreten. Den Gegensatz hierzu bilden die BSpK. mit offenem Sparkreis, bei denen den vorhandenen Gruppen jederzeit neue Bausparer beitreten können.

Zu Nr. 3. Erforderlich sind drei gesonderte Vermögensnachweisungen, unter anderem eine Nachweisung des in dinglich gesicherten Baudarlehen angelegten Vermögens. Eine Vorschrift des Inhalts, daß Baudarlehen dinglich zu sichern seien, ist in dieser Bestimmung nicht enthalten. Wohl aber kann die Aufsichtsbehörde kraft ihrer allgemeinen Aufsichtsbefugnisse die dingliche Sicherung der Baudarlehen vorschreiben und einer BSpK., die ihre Darlehensforderungen nicht dinglich sicherstellen läßt, die Erlaubnis zum Geschäftsbetriebe versagen. (Vgl. auch § 118 Nr. 3.)

Zu Nr. 4. Die Aufstellung gerechter Zuteilungsgrundsätze ist die wichtigste Aufgabe der BSpK. Die Zuteilung hat im Bausparwesen eine so ausschlaggebende Bedeutung, daß man die BSpK. vor allem nach der Art der Zuteilung zu unterscheiden hat. Die meisten BSpK. fordern bestimmte Sparleistungen vor Zuteilung des Darlehens. Manche fordern außerdem noch gewisse Mindestsparzeiten. Andere arbeiten mit besonderen Zuteilungsschlüsseln. Bei einigen Kassen entscheidet das Los. Auch soziale Verhältnisse, wie Alter, Familienstand, Wohnungslosigkeit und andere Notstände werden bisweilen berücksichtigt. Zu fordern ist jedenfalls, daß der Geschäftsplan über die Zuteilung vollständige Klarheit gibt. Vgl. auch § 119 (Vertrauensmann) und § 136 (Strafvorschrift).

Zu Nr. 5. Bei den meisten deutschen BSpK. ist die Höhe der Verwaltungskosten bis jetzt nur schwer zu erkennen. Die Aufsichtsbehörde wird darauf zu dringen haben, daß die Höhe der Verwaltungskosten aus den Rechnungsabschlüssen klar hervorgeht. Zur Beantwortung der Frage, ob eine BSpK. wirtschaftlich arbeitet, müssen die Verwaltungskosten mit den Hypotheken-Darlehen verglichen werden.

Zu Nr. 6. Die Bildung ausreichender Rücklagen ist zu fordern, damit nicht durch Ausfälle die Bausparer geschädigt werden.

Zu Nr. 7. Beabsichtigt eine BSpK. die Aufnahme und Sicherung von Darlehen für eine beschleunigte Zuteilung der Baudarlehen, so hat die Aufsichtsbehörde zu prüfen, ob nicht durch die beabsichtigte Sicherstellung die Belange der Bausparer gefährdet werden. Daneben ist zu prüfen, ob bei der Annahme von Depositen anderer Personen als der Bausparer auch die Belange der Einleger gewahrt werden und ob überhaupt die Verbindung zwischen allgemeinen Depositengeschäften und Bauspargeschäften nicht zu Unzuträglichkeiten führen kann. (Begr. S. 31.)

5. Nach einer vom volkswirtschaftlichen Ausschuß des RT. beantragten, vom RT. angenommenen Entschließung soll die Reichsregierung ersucht werden, dem RA. zur Pflicht zu machen, mit besonderem Ernst die Frage zu prüfen, ob und inwieweit die

Hereinnahme fremder Gelder durch BSpK. mit den Belangen der Bausparer und der Allgemeinheit vereinbar ist. (Vgl. Ausschußbericht S. 1.)

6. Über die strafrechtliche Bedeutung des Geschäftsplans vgl. § 135 Abs. 2.

§ 117.

Der Gesellschaftsvertrag soll die einzelnen Geschäftsarten bezeichnen und die Grundsätze für die Vermögensanlage angeben.

1. Der notwendige Inhalt des Gesellschaftsvertrags ergibt sich zunächst aus dem Gesellschaftsrechte. Vgl. hierzu für Aktiengesellschaften §§ 182ff. HGB., für Kommanditgesellschaften auf Aktien § 322 HGB., für Gesellschaften mit beschränkter Haftung § 3 GmbHG. Über die Zuständigkeit des Aufsichtsrats zu Änderungen des Gesellschaftsvertrags vgl. § 156 vbd. mit § 39 Abs. 3.

2. Die Sondervorschrift des § 117 entspricht der Vorschrift des § 9 für VU.

§ 118.

Die allgemeinen Spar- und Darlehnsbedingungen sollen Bestimmungen enthalten:

1. über Höhe und Fälligkeit der Leistungen der Bausparer und über die Rechtsfolgen eines Verzuges;
2. über Höhe und Fälligkeit der Leistungen der Bausparkasse, über die Grundsätze für die Gewährung von Baudarlehen, über die Dauer der Wartezeiten unter Hervorhebung der längsten und kürzesten Wartezeit sowie über die Voraussetzungen, wovon Zuteilung und Auszahlung der Baudarlehen abhängen;
3. über die dingliche Sicherung der Baudarlehen;
4. darüber, ob und unter welchen Voraussetzun-

gen die Bausparer ihre Ansprüche abtreten oder verpfänden dürfen;

5. darüber, ob und wie der Bausparvertrag gekündigt oder sonst ganz oder teilweise aufgehoben werden kann, und welche Verpflichtungen daraus dem Bausparer und der Bausparkasse erwachsen;
6. darüber, ob auf die Bausparer eine Lebensversicherung genommen wird;
7. über das Verfahren bei Streitigkeiten aus dem Bausparvertrag und über das zuständige Gericht;
8. darüber, ob und nach welchen Grundsätzen und Maßstäben Bausparer an den Überschüssen der Bausparkasse teilnehmen.

1. Die Vorschrift des § 118 betrifft den Inhalt der **allgemeinen Spar- und Darlehensbedingungen**. Sie entspricht der im § 10 Abs. 1 für VU. gegebenen Vorschrift. Beide Vorschriften enthalten acht verschiedene Punkte. Die Eingangsworte von § 10 Abs. 1 und § 118 weisen jedoch eine Verschiedenheit auf; aus dieser Verschiedenheit ergibt sich auch ein sachlicher Unterschied in der Bedeutung und Tragweite der beiden Vorschriften. Im § 10 ist nicht gefordert, daß die allgemeinen Versicherungsbedingungen Bestimmungen über die in Nr. 1—8 bezeichneten Punkte enthalten; vielmehr ist nur verlangt, daß die Bestimmungen, wenn sie getroffen sind, in den allgemeinen Versicherungsbedingungen enthalten sein sollen. Im § 118 dagegen ist verlangt, daß die allgemeinen Spar- und Dahrlehensbedingungen Bestimmungen über die unter Nr. 1—8 aufgeführten Punkte enthalten sollen.

2. Von der **öffentlichrechtlichen** und der **privatrechtlichen Bedeutung** der allgemeinen Spar- und Darlehensbedingungen gilt das, was von den allgemeinen V.bedingungen zu sagen ist (vgl. Koenige-Petersen § 9 Anm. 1, 2). Durch Klarheit und Vollständigkeit der Bedingungen sollen Zweifels- und Streitfragen nach Möglichkeit ausgeschlossen werden. Die Bausparer sollen in der

Lage sein, sich aus den Bedingungen über den Umfang der beiderseitigen Vertragsleistungen zu unterrichten. Die Bedingungen sollen für den Bausparer keine unbilligen Härten enthalten. Beispiele von Bedingungen, die den deutschen Bausparverträgen zugrunde liegen, bei Block S. 441ff.

3. Zu den einzelnen Punkten ist folgendes zu bemerken:

Zu Nr. 1. Man unterscheidet Pflichtleistungen und Sonderleistungen. Die Pflichtleistungen scheiden sich wiederum in laufende und einmalige Leistungen vor der Zuteilung und in laufende und einmalige Leistungen nach der Zuteilung. Unter den laufenden Pflichtleistungen nach der Zuteilung sind die wichtigsten die Tilgungsleistungen. Zu hohe Abzahlungen gefährden, da sie das Einkommen des Bausparers empfindlich belasten, die Sicherheit des Tilgungsdarlehens. Zu niedrige Abzahlungen verlängern die Vertragsdauer ungebührlich und vermindern die Zuteilungsaussichten der Wartenden.

Zu Nr. 2. Manche BSpK. beschaffen das Geld für die gesamten Baukosten, manche nur für einen Teil. Manche BSpK. teilen das Darlehen in einem Betrage, manche in zwei gleichen Teilbeträgen zu. Über die Zuteilungsgrundsätze vgl. § 116 Anm. 4 zu Nr. 4. Über die Wartezeiten vgl. § 116 Anm. 2. Sind die laufenden Pflichtleistungen vor Zuteilung des Tilgungsdarlehens niedrig, so muß selbst die kürzeste Wartezeit verhältnismäßig hoch sein. Über die Unbestimmtheit der Wartezeiten vgl. Block S. 352. Die Zuteilung und Auszahlung der Baudarlehen wird meist davon abhängig gemacht, daß Bauvorhaben, Kauf, Hypotheken- oder Schuldablösung von der BSpK. genehmigt sind und daß die Darlehenssumme dinglich sichergestellt wird.

Zu Nr. 3. Vgl. § 115 Anm. 4 und § 116 Anm. 4 zu Nr. 3. Die Beleihungsgrundsätze der BSpK. werden verschieden sein, je nachdem die BSpK. das Geld für die gesamten Baukosten oder nur für einen Teil beschaffen. Beschafft sich der Bausparer auf dem freien Markt eine erste Hypothek zu erträglichen Bedingungen, so ist das Tilgungsdarlehen der BSpK. an zweiter oder dritter Stelle innerhalb einer bestimmten Beleihungsgrenze sicherzustellen. Die BSpK., die sich auf eine teilweise Geldbeschaffung beschränken und deren Tilgungsdarlehen nicht an erster Stelle stehen können, werden die Beleihungsgrenze niedriger halten müssen als die BSpK., die sich nur mit erststelliger Beleihung befassen. Vgl. auch Block S. 349.

Zu Nr. 4. Zur Abtretung und Verpfändung der Ansprüche aus dem Bausparvertrag ist nach den üblichen Vertragsbestimmungen meist die Genehmigung der BSpK. und die Entrichtung einer Genehmigungsgebühr erforderlich.

Zu Nr. 5. Bei den meisten BSpK. sind die Bedingungen für die Kündigung oder sonstige Aufhebung des Bausparvertrags außerordentlich drückend. Viele BSpK. gewähren dem Bausparer überhaupt kein Kündigungsrecht; bei anderen bringt die Kündigung dem Bausparer schwere Verluste (vgl. hierzu Block S. 338). Viele Bausparer haben infolge von Todesfällen oder aus anderen Gründen den berechtigten Wunsch, von der Kasse loszukommen. Es wird Aufgabe der Aufsichtsbehörde sein, unbillige Bestimmungen über Kündigung und Aufhebung des Vertrags zu beseitigen. Für die der BSpK. erwachsenden Verpflichtungen wird die Bereitstellung besonderer Rücklagen zu fordern sein.

Zu Nr. 6. Häufig schließt die BSpK. als V.nehmerin durch einen SammelV.vertrag eine TilgungsV. auf das Leben des Bausparers ab, dem ein Baudarlehen zugeteilt ist. Für die V. hat der Bausparer einen Zuschlag zu zahlen, der sich nach dem Alter bei V.beginn richtet.

Zu Nr. 7. Vgl. § 10 Abs. 1 Nr. 6.

Zu Nr. 8. Vgl. § 10 Abs. 1 Nr. 7.

4. Hinsichtlich der **Abweichungen** von den allgemeinen Spar- und Darlehensbedingungen zuungunsten der Bausparer gilt entsprechend die Vorschrift des § 10 Abs. 3 (vgl. § 112 Abs. 1).

§ 119.

Bei jeder Bausparkasse hat das Reichsaufsichtsamt im Einvernehmen mit der für den Sitz der Bausparkasse zuständigen obersten Landesbehörde nach Anhörung der Bausparkasse einen Vertrauensmann zu bestellen; dieser hat darüber zu wachen, daß die Baudarlehen an die Bausparer nach dem Geschäftsplan zugeteilt werden. Das Reichsaufsichtsamt kann dem Vertrauensmann weitere Aufgaben übertragen. Es kann die Bestellung jederzeit widerrufen.

Der Vertrauensmann kann jederzeit die Bücher und Schriften der Bausparkasse einsehen, soweit es seine Pflichten fordern.

Der Vertrauensmann kann von der Bausparkasse eine angemessene Vergütung für seine Tätigkeit verlangen; die Höhe der Vergütung ist dem Reichsaufsichtsamt anzuzeigen. Bestehen Bedenken gegen die Höhe der Vergütung oder kommt eine Einigung des Vertrauensmannes mit der Bausparkasse über die Höhe der Vergütung nicht zustande, so setzt das Reichsaufsichtsamt die Vergütung fest. Streitigkeiten zwischen dem Vertrauensmann und der Bausparkasse über dessen Obliegenheiten entscheidet das Reichsaufsichtsamt.

In besonderen Fällen kann das Reichsaufsichtsamt anordnen, daß statt eines Vertrauensmanns ein von der Gesamtheit der Bausparer aus ihrer Mitte zu wählender, aus mindestens drei Mitgliedern bestehender Ausschuß bestellt wird, der ehrenamtlich tätig ist. Die Anordnung ist widerruflich. Abs. 2, 4 gelten entsprechend.

1. Bei jeder BSpK. ist ein Vertrauensmann zu bestellen. Bei der Bestellung hat sich das RA. des Einvernehmens der obersten Landesbehörde zu versichern. Die oberste Landesbehörde kann auch hier durch eine andere, von ihr bestimmte Stelle ersetzt werden. Das ist zwar im § 119 im Gegensatze zu § 113 nicht ausdrücklich ausgesprochen; es ist aber nicht anzunehmen, daß der Gesetzgeber in dieser Beziehung einen Unterschied zwischen § 113 Abs. 2 und § 119 Abs. 1 herbeiführen wollte. Die Haupt-

aufgabe des Vertrauensmannes ist, darüber zu wachen, daß die Baudarlehen an die Bausparer nach dem Geschäftsplan zugeteilt werden (Abs. 1 Satz 1). Die Bausparer müssen dagegen geschützt werden, daß die BSpK. (etwa wegen persönlicher Beziehungen eines Bausparers zu einem Vorstandsmitglied oder Geschäftsleiter) von der geschäftsplanmäßigen Reihenfolge der Zuteilungen abweicht. Die Aufsichtsbehörde kann die ordnungsmäßige Zuteilung der Baudarlehen nicht unmittelbar selbst überwachen. Deshalb ist für die Überwachung dieser Zuteilungen die Bestellung eines besonderen Vertrauensmannes erforderlich. Neben dieser gesetzlichen Aufgabe kann die Aufsichtsbehörde dem Vertrauensmann noch weitere Aufgaben übertragen (Abs. 1 Satz 2). Sie kann, wenn sie durch Beschwerden von Bausparern oder auf andere Weise von einzelnen Mißständen erfährt, die nur durch eine Prüfung an Ort und Stelle klargelegt und beseitigt werden können, den Vertrauensmann mit der Untersuchung an Ort und Stelle beauftragen.

2. Über das Recht des Vertrauensmannes zur **Einsicht** von Büchern und Schriften und über die Entscheidung von **Streitigkeiten** sind in Abs. 2 und 4 Bestimmungen getroffen. (Vgl. hierzu §§ 60, 74, 75.)

3. Der Vertrauensmann kann von der BSpK. eine **Vergütung** verlangen (Abs. 3). Dem Vertrauensmann kann, da seine Arbeit meist mit erheblichem Zeitaufwand und großer Verantwortung verbunden sein wird, eine unentgeltliche Tätigkeit nicht zugemutet werden. Die Höhe der Vergütung soll der vom Vertrauensmann zu leistenden Arbeit entsprechen. Grundsätzlich ist die Vergütung durch freie Vereinbarung zwischen der BSpK. und dem Vertrauensmann festzusetzen. Das RA. setzt die Vergütung fest, wenn keine Einigung zustandekommt oder wenn Bedenken gegen die Höhe der Vergütung bestehen. Solche Bedenken können bestehen, wenn die Höhe der Vergütung den Verdacht nahelegt, die BSpK. wolle durch eine hohe Vergütung den Vertrauensmann zu ihren Gunsten beeinflussen.

4. In besonderen Fällen ist statt eines gegen Vergütung arbeitenden Vertrauensmannes ein ehrenamtlich tätiger **Ausschuß** aus der Reihe der Bausparer zu bestellen (Abs. 5). Diese Vor-

schrift soll kleineren BSpK. die Möglichkeit geben, die Kosten eines Vertrauensmannes zu sparen.

5. Vgl. die Strafvorschrift in § 136 Abs. 2.

§ 120.

Das Gesetz über den Vergleich zur Abwendung des Konkurses (Vergleichsordnung) gilt nicht für Bausparkassen.

1. Das Gesetz über den Vergleich zur Abwendung des Konkurses (**Vergleichsordnung**) vom 5. Juli 1927 (RGBl. I S. 139) gilt nicht für VU., die der Beaufsichtigung nach dem VAG. unterliegen (§ 94 der Vergleichsordnung). Ebenso wie für VU. ist die Anwendung der Vergleichsordnung auch für BSpK. ausgeschlossen worden. Denn bei den meist sehr verwickelten Verhältnissen einer BSpK. wird das Amtsgericht nur selten in der Lage sein, einen angemessenen Vergleich herbeizuführen, der den Belangen aller Beteiligten nach Möglichkeit gerecht wird.

2. Nach § 112 Abs. 1 gelten die §§ 88, 89 entsprechend für BSpK. Nach § 88 hat die Aufsichtsbehörde allein das Recht, die Eröffnung des **Konkurses** zu beantragen. Nach § 89 kann die Aufsichtsbehörde zur Vermeidung des Konkurses Anordnungen treffen, besonders Zahlungen jeder Art verbieten oder die Verpflichtungen der BSpK. ermäßigen. Über die Sicherung des Bausparers im Konkurs der privaten BSpK. vgl. Ehrenforth in der Deutschen Sparkassen-Zeitung Nr. 62 S. 5 v. 28. 5. 31.

3. Vgl. auch die Strafvorschrift in § 141.

§ 121.

Beim Reichsaufsichtsamt wird aus Sachverständigen des Bausparwesens ein Beirat für Bausparkassen gebildet. Die Mitglieder haben bei der Aufsicht über die Bausparkassen ebenso mitzuwirken wie die Mitglieder des Versicherungsbeirats bei der Aufsicht über die privaten Versicherungsunternehmungen. Im übrigen gilt § 92 entsprechend.

1. Beim RA. ist ein aus Sachverständigen des V.wesens bestehender **Versicherungsbeirat** gebildet. Die Bildung des V.beirats sowie die Rechte und Pflichten seiner Mitglieder sind in § 92 geregelt. Der V.beirat kann bei der Aufsicht über die BSpK. nicht mitwirken, da ihm die Sachkunde auf diesem Gebiete fehlt. Deswegen ist nach § 121 aus Sachverständigen des Bausparwesens ein **Beirat für BSpK.** zu bilden. Die Vorschriften des § 92 gelten entsprechend.

2. Die **Zusammensetzung** des V.beirats, die Zuziehung seiner Mitglieder und der **Geschäftsgang** sind gemäß § 80 des früheren VAG. durch die VO. v. 23. Dez. 1901 (RGBl. S. 498; VA. 02, 1) geregelt worden (vgl. Koenige-Petersen § 80 Anm.). Diese VO. ist mit Rücksicht auf den Beirat für BSpK. durch eine neue VO. zu ergänzen. Die neue VO. ist vom Reichswirtschaftsminister im Einvernehmen mit dem Reichsarbeitsminister mit Zustimmung des Reichsrats zu erlassen (vgl. § 146).

3. Über die **Anhörung** des Beirats für BSpK. vor Erlaß von Rechtsverordnungen und allgemeinen Verwaltungsvorschriften vgl. § 146 Abs. 2. Über seine Anhörung wegen der von den BSpK. zu erfordernden Zählnachweise vgl. § 150 Satz 2.

§ 131.

Soweit Bestände des Deckungsstocks einer Versicherungsunternehmung am 1. April 1931 in Aktien inländischer Aktiengesellschaften oder Kommanditgesellschaften auf Aktien oder in kurzfristigen verbrieften Forderungen gegen inländische kaufmännische, gewerbliche oder landwirtschaftliche Unternehmungen angelegt gewesen sind, hat sie die Versicherungsunternehmung bis zum 31. Dezember 1933 so anzulegen, wie es § 68 vorschreibt. Die Aufsichtsbehörde kann auf Antrag Ausnahmen zulassen.

1. Vgl. die in § 99 des früheren VAG. enthaltenen Übergangsvorschriften für die Prämienreserve der bereits zugelassenen Unternehmungen.

2. Infolge der Streichung von Abs. 1 Nr. 5 des früheren § 59 werden zahlreiche VU. ihre Vermögensanlagen umstellen müssen, soweit nicht die bisher gemäß § 59 Abs. 1 Nr. 5 ohne weiteres zulässig gewesenen Vermögensanlagen künftig infolge einer von der Aufsichtsbehörde gemäß § 68 Abs. 3 Satz 2 besonders erteilten Erlaubnis zulässig bleiben (vgl. § 68 Anm. A 1—5). Verluste bei der Umstellung sollen nach Möglichkeit vermieden werden. Durch § 131 Satz 1 wird daher den VU. eine Frist eingeräumt. Nach Satz 2 kann die Aufsichtsbehörde Ausnahmen in sachlicher oder zeitlicher Hinsicht zulassen.

§ 132.

Versicherungsunternehmungen, die am 1. April 1931 die Kraftfahrzeugversicherung oder die Fahrradversicherung betrieben haben, bedürfen keiner Erlaubnis, haben aber der Aufsichtsbehörde auf Erfordern binnen einer Frist, die sie bestimmt, ihren Geschäftsplan klarzulegen. Dafür gilt entsprechend § 81 Abs. 3.

Versicherungsunternehmungen nach Abs. 1 unterliegen keiner Aufsicht, wenn seit dem 1. April 1931 keine neuen Versicherungen mehr abgeschlossen und bestehende nicht mehr erhöht oder verlängert werden.

1. Vgl. § 148 Abs. 2 und die in § 92, § 98 und § 104 des früheren VAG. enthaltenen Übergangsvorschriften.

2. Die Vorschrift des § 132 Abs. 2 zieht den Kreis der aufsichtsfreien Unternehmungen weiter als die entsprechende Vorschrift des früheren § 104. Dem Erfordernis des § 132 Abs. 2 ist genügt, wenn die VU. nach dem Inkrafttreten des Gesetzes planmäßig keine neuen V. mehr abgeschlossen hat. Hat die Leitung der VU. den planmäßigen Geschäftsbetrieb eingestellt, so schadet es nichts, wenn die eine oder andere, nicht rechtzeitig unterrichtete

örtliche Geschäftsstelle nachträglich noch einzelne V.scheine ausgestellt hat.

§ 133.

Bausparkassen, die am 31. Dezember 1929 nach dem Gesetz über Depot- und Depositengeschäfte vom 16. Juni 1925 (Reichsgesetzbl. 1925 I S. 89) zum geschäftsmäßigen Betriebe von Depot- und Depositengeschäften berechtigt gewesen sind, bedürfen keiner Erlaubnis; sie haben dem Reichsaufsichtsamt im Oktober 1931 den Geschäftsplan einzureichen. Dafür gilt entsprechend § 81 Abs. 3. Wird eine Bausparkasse in einer andern Rechtsform betrieben, als § 114 zuläßt, so kann das Reichsaufsichtsamt bis zum 30. September 1933 ihr eine Frist setzen, binnen der sie sich in eine zugelassene Rechtsform umzubilden hat. Nach fruchtlosem Fristablaufe kann ihr die Fortführung des Geschäftsbetriebs untersagt werden.

Bausparkassen, die in der Zeit vom 1. Januar 1930 bis zum 30. September 1931 den Geschäftsbetrieb begonnen oder die einen vor dem 1. Januar 1930 ohne Berechtigung zum geschäftsmäßigen Betriebe von Depot- und Depositengeschäften begonnenen Geschäftsbetrieb fortgesetzt haben, können bis zur Entscheidung des Reichsaufsichtsamts über einen Antrag auf Erlaubnis den Geschäftsbetrieb fortsetzen, wenn sie einen solchen Antrag im Oktober 1931 stellen. Das Reichsaufsichtsamt kann, wenn es den Geschäftsbetrieb erlaubt, die Beibehaltung einer andern Rechtsform gestatten, als § 114 zuläßt.

Für Bausparkassen, die am 1. Oktober 1931 in Liquidation sind oder über deren Vermögen Konkurs eröffnet ist, gilt für die Dauer der Liquidation oder des Konkurses nicht dieses Gesetz.

1. Das Gesetz über Depot- und Depositengeschäfte v. 26. Juni 1925 galt bis zum 31. Dez. 1929 (vgl. Einl. unter I). Bausparkassen, die am 31. Dez. 1929 nach jenem Gesetze **zum Geschäftsbetriebe berechtigt** waren, sollen vor den anderen BSpK. bevorzugt werden. Sie sind auch nach dem 1. Okt. 1931 (vgl. § 158 Abs. 1) zum Geschäftsbetriebe berechtigt. Für die zum Geschäftsbetriebe berechtigten BSpK. ist alsbald nach dem 1. Okt. 1931 gemäß § 119 ein Vertrauensmann zu bestellen. Wird die BSpK. nicht in einer der drei durch § 114 zugelassenen Rechtsformen betrieben, so kann das RA. die Umbildung in eine der zugelassenen Rechtsformen verlangen. Die Aufsichtsbehörde kann dieses Recht nur binnen zwei Jahren nach dem Inkrafttreten der gesetzlichen Vorschriften über BSpK. ausüben. Hat die Aufsichtsbehörde innerhalb dieser Frist die Umbildung nicht verlangt, so gilt die andere Rechtsform als endgültig genehmigt. Über die Möglichkeit einer erleichterten Umwandlung in eine andere Rechtsform vgl. § 146 Anm. 3.

2. BSpK., die nach dem Gesetz über Depot- und Depositengeschäfte **zum Geschäftsbetriebe nicht berechtigt** waren, haben auch beim Inkrafttreten des Gesetzes zunächst kein Recht zum Geschäftsbetriebe, sondern müssen den Antrag auf Erteilung der Erlaubnis zum Geschäftsbetriebe erst stellen. Stellen sie einen solchen Antrag binnen einem Monat nach dem Inkrafttreten der gesetzlichen Vorschriften über BSpK., so dürfen sie zunächst so lange weiterarbeiten, bis die Entscheidung des RA. über den Antrag auf Erteilung der Erlaubnis vorliegt. Setzt eine BSpK. nach Abs. 2 Satz 1 im Oktober 1931 den Geschäftsbetrieb fort, so ist für sie alsbald gemäß § 119 ein Vertrauensmann zu bestellen. Es wäre bedenklich, bei den unter Abs. 2 fallenden BSpK. mit der Bestellung des Vertrauensmannes länger zuzuwarten als bei den nach Abs. 1 zu beurteilenden BSpK. Der später gemäß §§ 5, 93 über die Erlaubnis zum Geschäftsbetriebe ergehenden Senatsentscheidung

wird durch die Bestellung des Vertrauensmannes nicht vorgegriffen (vgl. § 119 Abs. 1 Satz 3).

3. Zu Abs. 3 vgl. § 104 des früheren VAG.

IX. Strafvorschriften.

Vorbemerkungen.

Der Abschnitt IX des Gesetzes, der die §§ 134—145 (früher §§ 105—113) umfaßt, enthält Strafvorschriften. Die Strafvorschriften für BSpK. sind in die Strafvorschriften für VU. eingefügt und auch inhaltlich diesen Vorschriften angepaßt. Folgende Strafvorschriften sind durch das Gesetz v. 30. März 1931 neu geschaffen oder geändert worden: die §§ 134 (105), 135 (106), 136 (106a), 137 (106b), 138 (106c), 139 (107), 140 (108) und 141 (109). Die Änderungen der §§ 134, 140 und 141 bedürfen keiner besonderen Erläuterung, da Sinn und Zweck ohne weiteres verständlich sind (Begr. S. 33). Im folgenden sind daher nur Erläuterungen zu den §§ 135, 136, 137, 138 und 139 gegeben.

§ 135.

Mit Gefängnis bis zu sechs Monaten und zugleich mit Geldstrafe oder mit einer dieser Strafen werden die Mitglieder des Vorstandes, eines Aufsichtsrats oder einer ähnlichen Stelle sowie die Liquidatoren einer Versicherungsaktiengesellschaft oder eines Versicherungsvereins auf Gegenseitigkeit bestraft, wenn sie wissentlich

1. entgegen den Vorschriften des Gesetzes oder der Satzung über die Bildung von Rücklagen eine Gewinnverteilung vorschlagen oder zulassen;
2. . . . .
3. den Vorschriften der Satzung über die Anlegung von Geldbeständen zuwiderhandeln;
4. Geschäfte betreiben, die in dem genehmigten Geschäftsplan nicht vorgesehen sind, oder den Betrieb solcher Geschäfte zulassen.

Ebenso werden Vorstands- oder Aufsichtsratsmitglieder, persönlich haftende Gesellschafter, Geschäftsführer oder Liquidatoren einer Bausparkasse bestraft, wenn sie eine der im Abs. 1 Nr. 1, 3 und 4 bezeichneten Handlungen begehen.

1. Zu Abs. 1 Nr. 4.

a) Der **Geschäftsplan** einer VU. ist von **grundlegender Bedeutung** für die Aufsichtstätigkeit der Aufsichtsbehörde. Das gilt für die Erlaubnis zum Geschäftsbetriebe (§ 5) und für die Genehmigung jeder Geschäftsplanänderung (§ 13). Der Gesetzgeber ging davon aus, daß durch eine eingehende Darlegung des Geschäftsplans die Aufsichtsbehörde in den Stand gesetzt werden soll, die V.geschäfte, deren Betrieb beabsichtigt ist, nach der rechtlichen und wirtschaftlichen Seite hin zu beurteilen und sich namentlich auch die Überzeugung davon zu verschaffen, daß durch die Verfassung und die geldlichen Geschäftsunterlagen der dauernde Bestand einer Unternehmung und ihre dauernde Leistungsfähigkeit hinreichend gesichert ist (Begr. S. 23).

b) Der Betrieb und die Zulassung des Betriebs von Geschäften, die nicht unter den genehmigten Geschäftsplan fallen, war schon nach dem bisherigen Recht **unzulässig**. Unter den Strafbestimmungen des Gesetzes fehlte aber bisher eine Vorschrift, die alle Fälle solcher Zuwiderhandlungen mit **Strafe** bedroht. § 135 Abs. 1 Nr. 3 bezieht sich nur auf die Anlegung von Geldbeständen, § 140 nur auf den unbefugten Betrieb von V.- oder Bauspargeschäften. Die Vorschrift des Abs. 1 Nr. 4 schließt diese Lücke und gibt dem Geschäftsplan jetzt auch in strafrechtlicher Beziehung eine erhöhte Bedeutung.

c) Die Vorschrift des § 135 Abs. 1 Nr. 4 kann auf **Transport- oder RückV.-Unternehmungen** nicht ohne weiteres angewendet werden, da diese keinen genehmigten Geschäftsplan haben. Um die Geltung der Vorschrift auf solche Unternehmungen auszudehnen, ist eine ausdrückliche Anordnung nach § 148 Abs. 1 Satz 2 erforderlich.

2. Zu Abs. 2.

In Abs. 2 sind entsprechende Strafvorschriften für **Bauspar-**

kassen enthalten. Die Strafvorschrift wendet sich gegen die Vorstands- oder Aufsichtsratsmitglieder, persönlich haftende Gesellschafter, Geschäftsführer oder Liquidatoren der BSpK. Die Nennung von persönlich haftenden Gesellschaftern und Geschäftsführern beruht darauf, daß nach § 114 zum Betriebe von Bauspargeschäften auch Kommanditgesellschaften auf Aktien und Gesellschaften mit beschränkter Haftung zugelassen werden können. Über die persönlich haftenden Gesellschafter der Kommanditgesellschaft auf Aktien vgl. § 325 HGB., über die Geschäftsführer der GmbH. vgl. §§ 6, 35 GmbHG.

§ 136.

Mit Gefängnis oder mit Geldstrafe werden Vorstandsmitglieder, persönlich haftende Gesellschafter, Geschäftsführer, Liquidatoren oder Bevollmächtigte einer Bausparkasse bestraft, wenn sie zum Nachteil eines oder mehrerer Bausparer bei der Zuteilung von Baudarlehen vom Geschäftsplan abweichen.

Ebenso wird bestraft, wer als Vertrauensmann bei einer Bausparkasse oder Mitglied eines Ausschusses (§ 119) zum Nachteil eines oder mehrerer Bausparer handelt.

1. Die Strafvorschrift des **Abs. 1** richtet sich gegen die verantwortlichen Leiter einer BSpK. (Vorstandsmitglieder, persönlich haftende Gesellschafter, Geschäftsführer, Liquidatoren oder Bevollmächtigte). Bestraft wird die Abweichung vom Geschäftsplan bei der **Zuteilung** von Baudarlehen. Die gerechte Zuteilung der Baudarlehen ist für die Bausparer die wichtigste Frage beim ganzen Bauspargeschäft (vgl. §§ 116, 118). Voraussetzung der Strafbarkeit ist, daß die Abweichung vom Geschäftsplan zum Nachteil eines oder mehrerer Bausparer erfolgt. Nachteil ist Vermögensbeschädigung; unter Umständen genügt schon eine Gefährdung des Vermögens. Dauernder Schaden ist nicht erforderlich (vgl. hierzu § 138 Anm. 3 und die Rechtsprechung zu den §§ 263 und 266 StGB.).

2. Die Strafvorschrift des Abs. 2 richtet sich gegen den Vertrauensmann und die Ausschußmitglieder. Auch diese haben in erster Linie über die geschäftsplanmäßige Zuteilung der Baudarlehen zu wachen (§ 119).

§ 137.

Prüfer oder Gehilfen, deren sich ein Prüfer bei der Prüfung bedient, werden, wenn sie über das Ergebnis der Prüfung falsch berichten oder erhebliche Umstände im Berichte verschweigen, mit Gefängnis bis zu einem Jahr oder mit Geldstrafe bestraft.

Ebenso wird bestraft, wer entgegen § 63 Abs. 1 oder § 85 Satz 5 seine Pflicht zur Verschwiegenheit verletzt oder Geschäfts- und Betriebsgeheimnisse, die er bei Wahrnehmung seiner Obliegenheiten erfahren hat, unbefugt verwertet.

Ebenso wird ferner bestraft, wer als Aufsichtsratsvorsitzer einer Prüfungsgesellschaft oder als sein Stellvertreter entgegen § 63 Abs. 3 Satz 2 oder § 85 Satz 5 die durch Einsicht eines Berichts erlangten Kenntnisse verwertet, ohne daß es die Erfüllung der Überwachungspflicht des Aufsichtsrats fordert.

Die Handlungen werden nur auf Antrag der Aufsichtsbehörde oder des Vorstandes der Versicherungsunternehmung oder der Bausparkasse verfolgt.

1. Vgl. AktREntw. § 258.

2. Die Strafvorschriften des § 137 gelten für Prüfer und für Gehilfen, deren sich ein Prüfer bei der Prüfung bedient. Über den Prüfer, der von einer VU. mit der Pflichtprüfung beauftragt wird, vgl. §§ 57—59; über die Gehilfen, deren sich der Prüfer bedient, vgl. § 63 Abs. 1 Satz 1 und § 63 Anm. 2, § 57 Anm. 3a. Über den Prüfer einer VU., der von der Aufsichtsbehörde zu einer Prüfung herangezogen wird, und seine

Gehilfen vgl. § 84 Abs. 1 Satz 2; § 85. Über den Prüfer, der von einer BSpK. mit der Pflichtprüfung beauftragt wird, und seine Gehilfen vgl. die §§ 57—59, § 63 Abs. 1 Satz 1 vbd. mit § 112 Abs. 1. Über den Prüfer einer BSpK., der von der Aufsichtsbehörde zu einer Prüfung herangezogen wird, und seine Gehilfen vgl. § 84 Abs. 1 Satz 2, § 85 vbd. mit § 112 Abs. 1. Ist eine **Prüfungsgesellschaft** als Prüfer bestimmt, so kann die in § 137 dem Prüfer auferlegte strafrechtliche Verantwortlichkeit nur Einzelpersonen treffen. Ist die Prüfungsgesellschaft eine juristische Person (Verbandspersönlichkeit), so sind ihre gesetzlichen Vertreter strafrechtlich verantwortlich, soweit bei ihnen ein Verschulden vorliegt; die verantwortlichen Personen sind beispielsweise bei Aktiengesellschaften die Vorstandsmitglieder, bei Gesellschaften mit beschränkter Haftung die Geschäftsführer. § 137 ist Schutzgesetz i. S. d. § 823 Abs. 2 BGB. (vgl. § 58 Anm. 5 c; § 63 Anm. 3).

3. Nach **Abs. 1** werden Prüfer und ihre Gehilfen bestraft, wenn sie über das Ergebnis der Prüfung falsch berichten oder erhebliche Umstände im Berichte verschweigen. Strafbar ist nur die vorsätzlich, also wissentlich falsche Berichterstattung. Nach **Abs. 2** wird bestraft, wer seine Pflicht zur Verschwiegenheit verletzt oder Geschäfts- und Betriebsgeheimnisse, die er bei der Wahrnehmung seiner Obliegenheiten erfahren hat, unbefugt verwertet. Über die Pflicht zur Verschwiegenheit und über die unbefugte Verwertung von Geschäfts- und Betriebsgeheimnissen vgl. § 63 Anm. 2.

4. **Abs. 3** enthält eine besondere Strafvorschrift für den Vorsitzenden des Aufsichtsrats einer Prüfungsgesellschaft und seinen Stellvertreter (vgl. § 63 Anm. 6).

5. In **Abs. 4** ist ausgesprochen, daß die strafbaren Handlungen nach Abs. 1—3 nur auf **Antrag** der Aufsichtsbehörde oder des Vorstandes der VU. oder der BSpK. verfolgt werden (vgl. §§ 61—64 StGB.).

6. Als **Strafgericht** ist zuständig das Schöffengericht (§ 24 Nr. 2, § 28 GVG.), gegebenenfalls auf Antrag der Staatsanwaltschaft der Amtsrichter allein (§ 25 Abs. 1 Nr. 2c, Abs. 2 GVG.).

§ 138.

Treuhänder, die zur Überwachung eines Deckungsstocks bestellt sind, oder ihre Stellvertreter (§ 70) werden, wenn sie zum Nachteil der Versicherten handeln, wegen Untreue nach § 266 des Strafgesetzbuchs bestraft.

1. § 266 StGB. lautet:

„Wegen Untreue werden mit Gefängnis, neben welchem auf Verlust der bürgerlichen Ehrenrechte erkannt werden kann, bestraft:

1. Vormünder, Kuratoren, Güterpfleger, Sequester, Massenverwalter, Vollstrecker letztwilliger Verfügungen und Verwalter von Stiftungen, wenn sie absichtlich zum Nachteile der ihrer Aufsicht anvertrauten Personen oder Sachen handeln;
2. Bevollmächtigte, welche über Forderungen oder andere Vermögensstücke des Auftraggebers absichtlich zum Nachteile desselben verfügen;
3. ...

Wird die Untreue begangen, um sich oder einem anderen einen Vermögensvorteil zu verschaffen, so kann neben der Gefängnisstrafe auf Geldstrafe erkannt werden."

Die Geldstrafe beträgt 3 RM. bis 10 000 RM., bei Gewinnsucht bis zu 100 000 RM. (VO. v. 6. Febr. 1924, RGBl. I S. 44).

Zu vergleichen ist vor allem die Strafvorschrift in § 36 HypBG., ferner die gleichartigen Strafvorschriften in § 142 BAG., § 312 HGB., § 146 GenG., § 95 BörsG. (s. ferner § 348 des Entwurfs eines Allgemeinen Deutschen Strafgesetzbuchs).

2. **Untreue** ist Vermögensbeschädigung innerhalb eines Vertrauensverhältnisses, das die persönliche Pflicht zur Wahrnehmung fremder Vermögensinteressen auferlegt. Bereicherungsabsicht ist nicht Voraussetzung für die Strafbarkeit, wirkt aber strafverschärfend. Unter die Strafvorschrift fallen nur Handlungen zum Nachteile der Versicherten, nicht Handlungen zum Nachteile der VU. Denn der Treuhänder hat die Interessen der Versicher-

ten, nicht die Interessen der Unternehmung zu wahren (vgl. § 71 Anm. 6c).

3. **Absichtlich** ist hier gleich vorsätzlich. Der Treuhänder muß das Bewußtsein gehabt haben, daß seine Handlung den Versicherten zum Nachteile gereichen werde. Der Nachteil muß nicht gerade bezweckt gewesen sein. Bedingter Vorsatz genügt (a. M. Staub-Pinner zu § 312 HGB.). Eine besondere Rechtswidrigkeit der Absicht ist für die Strafbarkeit nicht erforderlich. Pflichtwidriges Unterlassen steht dem Tun gleich. **Nachteil** ist Vermögensbeschädigung. Unter Umständen genügt schon eine Gefährdung des Vermögens (vgl. hierüber die Rechtsprechung zu den §§ 263 und 266 StGB.). Dauernder Schaden ist nicht erforderlich. Eine Handlung zum Nachteile der Versicherten liegt vor allem in einer pflichtwidrigen Verminderung der Bestände des Deckungsstocks. Ob der Treuhänder pflichtwidrig gehandelt hat, ist zunächst nach den §§ 72—74, sodann nach den von der Aufsichtsbehörde erlassenen Bestimmungen zu beurteilen. Der Treuhänder handelt zum Nachteile der Versicherten, wenn er entgegen der Vorschrift des § 72 Abs. 2 Satz 2 einen Bestand des Deckungsstocks herausgibt. Unerheblich ist hierbei, ob das sonstige Vermögen der Unternehmung den Versicherten volle Deckung bietet; denn für die Erhaltung dieses sonstigen Vermögens besteht keine besondere Sicherheit. Dritte Personen können nicht Mittäter, wohl aber Anstifter sein.

4. Als **Strafgericht** ist zuständig das Schöffengericht (§ 24 Nr. 2, § 28 GVG.), gegebenenfalls auf Antrag der Staatsanwaltschaft der Amtsrichter allein (§ 25 Abs. 1 Nr. 2c, Abs. 2 GVG.).

§ 139 Abs. 2.

Ebenso werden Treuhänder, die zur Überwachung eines Deckungsstocks bestellt sind, oder ihre Stellvertreter (§ 70) bestraft, wenn sie die Erklärung unter der Bilanz (§ 73) wissentlich falsch abgeben.

1. Vgl. § 73 Anm. 1—3. Die falsche Bestätigung des Treuhänders nach § 73 wird ebenso bestraft wie die falsche Bestätigung des Sachverständigen nach § 65 Abs. 2.

2. Zuständig zur Aburteilung ist das Schöffengericht (§ 24 Nr. 2, § 28 GVG.), gegebenenfalls auf Antrag der Staatsanwaltschaft der Amtsrichter allein (§ 25 Abs. 1 Nr. 2c, Abs. 2 GVG.).

§ 146.

Der Reichswirtschaftsminister kann mit Zustimmung des Reichsrats nach Anhörung des Versicherungsbeirats zur Durchführung der für Versicherungsunternehmungen geltenden Vorschriften dieses Gesetzes Rechtsverordnungen und allgemeine Verwaltungsvorschriften erlassen.

Der Reichswirtschaftsminister kann im Einvernehmen mit dem Reichsarbeitsminister mit Zustimmung des Reichsrats nach Anhörung des Beirats für Bausparkassen zur Durchführung der für Bausparkassen geltenden Vorschriften dieses Gesetzes Rechtsverordnungen und allgemeine Verwaltungsvorschriften erlassen, besonders auch darüber, wie Bausparkassen ihre Vermögensgegenstände in der Bilanz zu bewerten haben.

1. Nach der Fassung des dem jetzigen § 146 entsprechenden früheren § 114 konnte der Bundesrat nach Anhörung des Versicherungsbeirats Vorschriften zur Ausführung des Gesetzes erlassen. Wegen der veränderten staatsrechtlichen Verhältnisse hat § 114 jetzt eine neue Fassung erhalten.

2. In der Sprache der deutschen Gesetze werden **Rechtsverordnungen** und **allgemeine Verwaltungsvorschriften** unterschieden. Die Rechtsverordnungen wenden sich an die Allgemeinheit und greifen unmittelbar in Freiheit und Eigentum der Bürger ein. Die allgemeinen Verwaltungsvorschriften wenden sich an Behörden und Beamte und regeln deren Tätigkeit innerhalb der Schranken des geltenden Rechts. **Rechtsverordnungen** können nur auf Grund besonderer gesetzlicher Ermächtigung erlassen werden. Weder die RV. noch ein ergänzendes Reichs-

gesetz gibt eine allgemeine Ermächtigung zum Erlaß von Rechtsverordnungen (Anschütz Art. 77 Anm. 2, 6; Giese Art. 77 Anm. 4). Aber Sondervollmachten zum Erlaß inhaltlich begrenzter Rechtsverordnungen können nicht nur durch die RV., sondern auch durch einfache Reichsgesetze erteilt werden. Rechtsverordungen werden grundsätzlich von der Reichsregierung erlassen (Art. 179 Abs. 2 RV.). Diese bedarf gegebenenfalls der Zustimmung des Reichsrats. Doch kann auch der zuständige Reichsminister zum Erlaß von Rechtsverordnungen ermächtigt werden. Die Rechtsverordnungen werden im Reichsgesetzblatt oder im Reichsministerialblatt (früher Zentralblatt für das Deutsche Reich) oder im Deutschen Reichsanzeiger verkündet (RGes. v. 13. Okt. 1923, RGBl. I 959, 1236). Die zur Ausführung der Reichsgesetze erforderlichen **allgemeinen Verwaltungsvorschriften** erläßt, soweit die Gesetze nicht anders bestimmen, die Reichsregierung. Sie bedarf dazu der Zustimmung des Reichsrats, wenn die Ausführung der Reichsgesetze den Landesbehörden zusteht (Art. 77 RV.). Die allgemeinen Verwaltungsvorschriften brauchen nicht, wie Rechtsverordnungen, verkündet zu werden, sondern müssen nur den Dienststellen, an die sie sich richten, amtlich bekanntgegeben werden.

3. § 146 Abs. 1 bezieht sich auf VU., Abs. 2 auf VSpK. Die Ermächtigung nach Abs. 1 und 2 zum Erlaß von Rechtsverordnungen und allgemeinen Verwaltungsvorschriften ist dem **Reichswirtschaftsminister** übertragen, der in beiden Fällen der Zustimmung des **Reichsrats** bedarf. Die Zustimmung des Reichsrats ist gefordert wegen des Interesses, das die Länder an der Art der Durchführung des Gesetzes haben. In Sachen der VSpK. ist außerdem das Einvernehmen des **Reichsarbeitsministers** erforderlich, da die Tätigkeit der VSpK. mittelbar den Geschäftsbereich dieses Ministers, nämlich die Wohnungsfürsorge, berührt (vgl. auch § 112 Abs. 2). Soweit sich die zu erlassenden Rechtsverordnungen und allgemeinen Verwaltungsvorschriften auf VU. beziehen, ist der V.beirat, soweit sie sich auf VSpK. beziehen, der Beirat für VSpK. anzuhören. Die Ermächtigung nach Abs. 2 ist so weit gefaßt, daß auf Grund der Ermächtigung im Bedarfsfalle auch Vorschriften über eine erleichterte Umwandlung von

VSpK. der einen Rechtsform in solche einer anderen Rechtsform erlassen werden können (§ 133). Das Verordnungsrecht nach Abs. 2 erstreckt sich besonders auch darauf, wie VSpK. ihre Vermögensgegenstände in der Bilanz zu bewerten haben (vgl. § 112 Anm. 2).

§ 148.

Unternehmungen, welche die Versicherung gegen Kursverluste oder die Transportversicherung oder ausschließlich die Rückversicherung zum Gegenstande haben, mit Ausnahme von Versicherungsvereinen auf Gegenseitigkeit, unterliegen nicht der Aufsicht nach diesem Gesetze. Der Reichswirtschaftsminister kann jedoch mit Zustimmung des Reichsrats anordnen, daß auch solche Unternehmungen der Aufsicht unterliegen oder bestimmte Vorschriften dieses Gesetzes für sie gelten.

Als Transportversicherung sind die Kraftfahrzeugversicherung und die Fahrradversicherung nicht anzusehen.

A. Zu Abs. 1.

1. Unternehmungen, welche die Kursverlust-, die Transport- oder ausschließlich die RückV. betreiben, sind aufsichtsfrei, wenn sie nicht Gegenseitigkeitsgesellschaften sind. Der in dem früheren § 116 enthaltene Satz, daß diese Unternehmungen keiner Zulassung bedürften, fehlt in dem jetzigen § 148. Aus der veränderten Fassung ist nicht zu folgern, daß die Unternehmungen der Zulassung bedürfen und nur der laufenden Aufsicht nicht unterliegen. Vielmehr bedürfen die genannten Unternehmungen auch nach der neuen Fassung des § 148 grundsätzlich keiner Zulassung.

2. Nach dem früheren § 116 konnte der Bundesrat anordnen, daß bestimmte Vorschriften des Gesetzes auf solche Unternehmungen anzuwenden sind. Durch die neue Fassung des § 148 Abs. 1 Satz 2 ist die Möglichkeit geschaffen, daß die Unterneh-

mungen in vollem Umfange der **Aufsicht** unterstellt werden. Zuständig für den Erlaß einer derartigen Anordnung ist der Reichswirtschaftsminister mit Zustimmung des Reichsrats.

3. Ob und in welchem Umfange für die **TransportV.** eine VO. gemäß Abs. 1 Satz 2 ergehen wird, ist noch ungewiß. Für die **RückV.** ist schon auf Grund des früheren § 116 eine Bekanntmachung des Bundesrats v. 18. Juni 1908 ergangen (RGBl. 08 S. 409; vgl. Koenige-Petersen § 116 Anm. 7). Das RA. hat dementsprechend für RückV.unternehmungen besondere Rechnungsvorschriften erlassen (VA. 27, 433). Im volkswirtschaftlichen Ausschuß des RT. herrschte die Auffassung vor, daß künftig mindestens die Vorschriften über die jährliche Pflichtprüfung des Rechnungsabschlusses auch auf die RückV. anzuwenden seien. Auch die Anwendung der §§ 81 und 87 VAG. auf die RückV.-unternehmungen wird zu erwägen sein. Es ist damit zu rechnen, daß durch eine gemäß Abs. 1 Satz 2 ergehende Anordnung die frühere Bekanntmachung des Bundesrats ergänzt wird.

B. **Zu Abs. 2.**

1. Die **Kraftfahrzeugversicherung** (KraftfahrzeugsachV., AutokaskoV.) ist die V. gegen den Verlust und die Beschädigung von Kraftfahrzeugen. Sie umfaßt nach den im Geschäftsverkehr üblichen V.bedingungen alle Schäden, die an dem versicherten Fahrzeug oder seinen einzelnen Teilen entstehen und verursacht werden durch Unfall, d. h. durch ein unmittelbar von außen her plötzlich mit mechanischer Gewalt einwirkendes Ereignis, durch Zusammenstoß, Brand, Diebstahl oder durch mut- oder böswillige Handlungen dritter, betriebsfremder Personen. Heute wird die KraftfahrzeugV. meist in einem einheitlichen V.vertrage mit Kraftfahrzeughaftpflicht- und KraftfahrzeugunfallV. (vielfach auch mit ReisegepäckV.) zusammengefaßt (VA. 21, 127; 28, 131). Die für diese KraftfahrzeuggesamtV. (KraftfahrzeugvollV., KraftfahrzeugeinheitsV.) üblichen allgemeinen V.bedingungen sind abgedruckt in den VA. 29, 120. Vgl. auch Gerlach, Die Autokaskoversicherung in Deutschland, in Z. 30, 138.

2. Das VAG. enthielt bis 1931 keine ausdrückliche Vorschrift darüber, ob die KraftfahrzeugV. aufsichtspflichtig ist oder nicht. Die KraftfahrzeugV. befand sich bei Inkrafttreten des Gesetzes

erst im Anfang ihrer Entwicklung. Das **Reichsaufsichtsamt** hat von jeher den Standpunkt vertreten, die KraftfahrzeugV. bilde nicht eine Unterart der TransportV., sondern eine selbständige Art der SachschadenV. (vgl. Koenige-Petersen § 116 Anm. 4). Diese Rechtsauffassung hat ein Spruchsenat des RA. in einer rechtskräftigen Entscheidung v. 16. Juni 1908 gebilligt (VA. 08, 154). Das **Reichsgericht** dagegen hat in einem Urteil v. 8. Febr. 1910 entschieden, die KraftfahrzeugV. sei TransportV. (RGZ. 72, 418; VA. 10, Anh. 77). Für das RA. war der gesamte Inhalt der für die Einrichtung und Durchführung der V. maßgebenden V.bedingungen, für das Reichsgericht dagegen das Vorherrschen der Transportgefahr vor den Gefahren während des Ruhezustands entscheidend. Das Reichsgericht hat seine Entscheidung auf Grund des preußischen Stempelsteuergesetzes v. 31. Juli 1895 gefällt und die Frage, wie § 116 VAG. auszulegen sei, ausdrücklich offen gelassen. Das RA. hat nach Erlaß des Reichsgerichtsurteils, um einen Widerstreit der Auffassungen zwischen Gerichten und Verwaltungsbehörden zu vermeiden, auf die Durchsetzung seines Standpunkts verzichtet und beschlossen, die KraftfahrzeugV., soweit sie nicht von Gegenseitigkeitsvereinen betrieben wird, bis auf weiteres als aufsichtsfrei zu behandeln (VA. 10, 122).

3. Die bei der **TransportV.** gegebenen Gründe für die **Aufsichtsfreiheit** liegen bei der KraftfahrzeugV. nicht vor. Nach der Begründung zum VAG. (RT.drucksache 10. Legislaturperiode II. Session 1900/1902 Nr. 5 S. 178) waren für die Freistellung der TransportV. von der Aufsicht folgende Erwägungen bestimmend:

a) Den VU. stehen fast stets geschäftskundige Leute gegenüber, die ihre Interessen selbst zu wahren wissen.

b) Die Eigenart der V. wird in starkem Maße durch den zwischenstaatlichen Verkehr bestimmt.

c) Es handelt sich meist um V. von kurzer Dauer.

Diese Voraussetzungen treffen bei der KraftfahrzeugV. nicht zu, namentlich nicht bei der V. der Krafträder, die auch von der weniger bemittelten Bevölkerung benützt werden. Die gewaltige **Vermehrung** der Kraftfahrzeuge in den letzten 20 Jahren ließ die Forderung nach Einführung der Staatsaufsicht über die KraftfahrzeugV. allmählich immer dringlicher werden. Nach den Angaben in den Statistischen Jahrbüchern des Deutschen Reichs waren im Deutschen Reich am 1. Jan. 1910 rund 50000 Kraftfahrzeuge vorhanden. Am 1. Juli 1930 waren es ohne Einrechnung des Saargebiets rund 1400000 Kraftfahrzeuge. Außer der starken Zunahme des Bestands an Kraftfahrzeugen erheischten auch die in der KraftfahrzeugV. aufgetretenen **Mißstände** die Einführung der Aufsicht. Durch die Freistellung von der Aufsicht war es zahlreichen VU. mit unzuverlässiger Leitung und mangelhafter Kapitalausstattung möglich geworden, sich diesem V.zweig zuzuwenden. Ferner sind bei den heute fast die Regel bildenden Fahrzeugkäufen auf Borg häufig die Vertreter der Kraftfahrzeugfirmen als V.vermittler aufgetreten; die Käufer, die nicht bar zahlten, mußten eine KraftfahrzeugV. abschließen und hierbei oft V.anträge unterschreiben, in denen nicht einmal der Name des Versicherers genannt war. Außerdem konnten wegen der Aufsichtsfreiheit ausländische VU. und sogar ausländische Einzelpersonen ohne behördliche Prüfung den Betrieb der KraftfahrzeugV. im Inlande aufnehmen und den deutschen VU. wichtige Tätigkeitsgebiete entziehen. Endlich hat der geschäftliche Wettbewerb mit solchen nicht immer einwandfreien Unternehmungen auch gute und zuverlässige VU. zu bedenklichen Zugeständnissen genötigt, die die Leistungsfähigkeit der Gesellschaften und die dauernde Erfüllbarkeit der übernommenen Verpflichtungen ernstlich gefährdeten und dadurch auch ungünstig auf das von einem Teile der Gesellschaften betriebene aufsichtspflichtige V.geschäft einwirkten. Als Mißstand wurde aber vor allem auch empfunden, daß bei der KraftfahrzeuggesamtV. das in einem einheitlichen Vertrage geregelte V.verhältnis zu einem Teil unter Aufsicht stand, zum andern Teil dagegen aufsichtsfrei war (Koenige-Petersen § 116 Anm. 4; VA. 28, 131). Die ernst zu nehmenden Versicherer hielten schon seit längerer Zeit eine Beaufsichtigung der KraftfahrzeugV. für erforderlich; eine Besprechung im Reichsaufsichtsamt v. 19. Febr. 1929 hat das Vorherrschen dieser Auffassung unter den Versicherern bestätigt (vgl. auch Koenige-Petersen § 116 Anm. 8; AV. 29, 156).

4. Nach der Fassung des § 148 Abs. 2 ist die KraftfahrzeugV. **nicht als TransportV.** anzusehen. Damit ist die KraftfahrzeugV. als ein selbständiger, aufsichtspflichtiger V.zweig anerkannt. Jede VU., gleichviel welcher Rechtsform, bedarf zum Betriebe der KraftfahrzeugV. nach § 5 der Erlaubnis der Aufsichtsbehörde. Die Aufsichtsbehörde wird, wenn auch die KraftfahrzeugV. nicht zu den in § 7 Abs. 2 erwähnten V.zweigen gehört, vermutlich nur Aktiengesellschaften oder Gegenseitigkeitsvereine zum Betriebe der KraftfahrzeugV. zulassen. Nach § 81 steht der Aufsichtsbehörde die Überwachung des ganzen Geschäftsbetriebs zu; sie hat nicht nur die Geschäftsergebnisse und die Schadenregelung nachzuprüfen. Von der Vorschrift werden alle **Kraftfahrzeuge** betroffen, Kraftwagen und Krafträder, Fahrzeuge, die dem Sport oder der Bequemlichkeit dienen, und Fahrzeuge, die zur Güterbeförderung oder zur gewerblichen Beförderung von Personen bestimmt sind. Auch in Österreich und der Schweiz wird die KraftfahrzeugV. als zulassungspflichtiger V.zweig angesehen. Über die Prüfung von Transport- und Rückversicherungsunternehmungen vor der Zulassung zum Geschäftsbetrieb in aufsichtspflichtigen V.zweigen vgl. VA. 24, 24. Darüber, daß auf die KraftfahrzeugV. nicht § 130, sondern § 61 VVG. anzuwenden ist, vgl. RG. v. 13. März 1931 (VII 281/30; JR. 31, 104); VA. 31, 74.

5. Auch die Versicherung von **Fahrrädern**, die nicht durch Maschinenkraft bewegt werden, ist durch § 148 Abs. 2 für aufsichtspflichtig erklärt. Die wichtigste Art der FahrradV. ist die FahrraddiebstahlV. In manchen Fällen ist jedoch in der FahrradV. der V.schutz ähnlich abgegrenzt wie in der KraftfahrzeugV. Die Gerichte haben sich bisher überwiegend für die Aufsichtspflicht der FahrradV. ausgesprochen (vgl. z. B. LG. Karlsruhe v. 24. Juni 1927, VA. 28, 15; AG. Breslau v. 5. Mai 1928, VA. 28, 205). Das **Reichsaufsichtsamt** hat für Unternehmungen, die die FahrradV. betreiben, als zulässige Rechtsformen den Versicherungsverein auf Gegenseitigkeit, die Aktiengesellschaft oder die Gesellschaft mit beschränkter Haftung angesehen (VA. 27, 92; 28, 163). Gegen Unternehmungen, die nach ihrem Aufbau und nach der Art ihrer Geschäftshandhabung die Merkmale von VU. aufwiesen, die sich

aber, um Aufsichtsfreiheit zu genießen, als Fahrrad-Fahndungsunternehmungen bezeichneten, ist das RA. mit Erstattung von Strafanzeigen nach § 108 (jetzt § 140) VAG. vorgegangen (VA. 27, 167; 28, 163). Der **Reichsfinanzhof** hat in zwei Urteilen, v. 16. Nov. 1928 und v. 21. März 1929, erklärt, die FahrraddiebstahlV. sei keine TransportV.; Fahndungsverträge seien v.steuerpflichtig (VA. 29, 60, 283). Allgemeine V.bedingungen für Versicherungen gegen Fahrraddiebstahl sind abgedruckt in den VA. 29, 153; 31, 160. Über die Unzulässigkeit eidesstattlicher Erklärungen bei der Schadenregelung in der FahrradV. vgl. VA. 29, 155.

6. Die Vorschrift des § 148 Abs. 2 bezieht sich nicht auf **Wassersportfahrzeuge.** Die Anregung des RWR., auch die Versicherung dieser Fahrzeuge unter Aufsicht zu stellen, wurde abgelehnt. Die V. von Wassersportfahrzeugen ist nicht von großer Bedeutung. Außerdem ist es bei Wasserfahrzeugen oft sehr schwierig, zu unterscheiden zwischen Fahrzeugen, die dem Sport, und solchen, die dem Erwerb dienen.

7. Die im Rahmen der KraftfahrzeugV. übernommene Deckung der **Veruntreuung** eines auf Abzahlung gekauften Kraftfahrzeugs ist als eine Art der **KreditV.** anzusehen. Die Deckung einer derartigen Gefahr im Rahmen der KraftfahrzeugV. ist nur solchen VU. erlaubt, die zum Betriebe der KreditV. zugelassen sind (VA. 31, 179).

8. Der **Beginn** der **Aufsicht** über die KraftfahrzeugV. und die FahrradV. wurde auf den 1. April 1931 festgesetzt (Art. VI Abs. 2 d. Ges. v. 30. März 1931). Übergangsvorschriften enthält Art. III d. Ges. v. 30. März 1931 (vgl. jetzt § 132 VAG.).

§ 152.

Das Reichsaufsichtsamt und die aufsichtführenden Landesbehörden sind verpflichtet, ihre Rechts- und Verwaltungsgrundsätze sich gegenseitig mitzuteilen. Dies gilt auch für die Grundsätze, welche die Landesbehörden bei der Beaufsichtigung der öffentlich-rechtlichen Versicherungsunternehmungen und Bausparkassen aufstellen.

1. Die privaten VU. werden, wenn ihr Geschäftsbetrieb auf das Gebiet eines Landes beschränkt ist, durch **Landesbehörden** beaufsichtigt (Verzeichnis der aufsichtführenden Landesbehörden bei Koenige-Petersen § 2 Anm. 5). Die Beaufsichtigung solcher VU. kann auf Antrag des betreffenden Landes der Reichsbehörde, d. h. dem RA., übertragen werden (§ 4 Abs. 1). Von dieser Möglichkeit haben bis jetzt 6 Landesregierungen (Bayern, Bremen, Hessen, Lippe, Mecklenburg-Strelitz und Schaumburg-Lippe) Gebrauch gemacht (vgl. Koenige-Petersen § 2 Anm. 5 Fußnoten). Die privaten VSpK. werden, auch wenn ihr Geschäftsbetrieb auf das Gebiet eines Landes beschränkt ist, durch das RA. beaufsichtigt (§ 113 Abs. 1). Unter Landesaufsicht stehen auch die auf Landesrecht beruhenden öffentlichen V.anstalten und die öffentlichrechtlichen VSpK. (§ 151 Abs. 1 und 2).

2. Das VAG. galt in seiner bisherigen Fassung grundsätzlich nur für **Privatunternehmungen** (§ 1 Abs. 1). Alle auf Reichs- oder Landesrecht beruhenden **öffentlichrechtlichen** VU. unterlagen nicht den Vorschriften des Gesetzes. Für die auf Grund landesgesetzlicher Vorschriften errichteten öffentlichen V.anstalten (Sozietäten) war dies im § 151 (früher 119) VAG. ausdrücklich klargestellt. Nach der Begründung zum Entwurf von 1900 (S. 17) fehlte es für die Reichsgesetzgebung an einem ausreichenden Anlasse, diese landesrechtlichen Anstalten in die Neuregelung des Verwaltungsrechts mit einzubeziehen. Daß die Verschiedenheit der Aufsicht sich im **Wettbewerb** nachteilig auswirken würde, wurde vom Gesetzgeber augenscheinlich nicht verkannt; er glaubte aber, in dem damaligen Entwurf eine Regelung der „Konkurrenzbedingungen der verschiedenen Arten von Versicherungsunternehmungen zueinander" nicht vornehmen zu können. Im § 151 (früher 119) war für die auf Grund landesgesetzlicher Vorschriften errichteten öffentlichen Versicherungsanstalten nur eine Bestimmung nebensächlicher Art gegeben (vgl. Koenige-Petersen § 1 Vorbem. u. Anm. 1a, § 119, § 120).

3. In der Praxis ergaben sich aus der Verschiedenheit der Beaufsichtigung insofern **Mißstände**, als öffentlichrechtliche VU., die einer Aufsicht nach dem VAG. nicht unterliegen, in ihrer Geschäftsgebarung andere Richtlinien befolgten als private

Unternehmungen. Besonders groß waren die Unzuträglichkeiten auf dem Gebiet der **Vorversicherungsverträge**, durch die sich die V.nehmer gegenüber einer anderen als der besitzenden Gesellschaft verpflichten, nach Ablauf ihres laufenden Vertrags die V. bei der sich bewerbenden Gesellschaft zu nehmen. Zwischen den privaten und öffentlichen VU. war streitig, von welchem Zeitpunkt an sich ein Versicherer um Kunden eines anderen Versicherers bewerben und sie zum Abschluß eines Vorversicherungsvertrags veranlassen dürfe. Der Bewerber begnügte sich dabei mitunter auch an Stelle eines förmlichen Vertrags mit einer einseitigen Verpflichtungserklärung des V.nehmers, sich nach Ablauf des bestehenden Vertrags bei ihm zu versichern. Derartige Vorversicherungsverträge können für den V.nehmer überaus nachteilig sein. In der Zeit, die zwischen der Unterzeichnung des Antrags und dem Inkrafttreten der V. liegt, können Änderungen in den Gefahrumständen und den V.bedingungen eintreten, so daß die dem unterzeichneten Antrag entsprechende V. auf die veränderten Verhältnisse und Bedingungen nicht mehr paßt. Auch ist der V.nehmer der Gefahr der DoppelV. ausgesetzt, da er infolge der Länge der Zeit leicht vergißt, daß er sich anderweitig gebunden hat. Das RA. verlangte deshalb bereits im Jahre 1917 von den privaten Haftpflichtversicherern die Abgabe einer geschäftsplanmäßigen Erklärung, wonach derartige Vorverträge nicht früher als ein Jahr vor Ablauf des bestehenden Vertrags abgeschlossen werden dürften (VA. 17, 174; 18, 95; 28,129; vgl. auch Koenige-Petersen § 64 Anm. 6). Die privaten Feuerversicherungsgesellschaften faßten unter dem Druck des RA. im Jahre 1919 einen entsprechenden Beschluß, und seit 1921 macht das RA. auf dem Gebiet der SachV. — abgesehen von der HagelV., wo es gelungen ist, zwischen öffentlichen und privaten Versicherern eine Einigung zu erzielen (vgl. VA. 28, 140) — die Zulassung neuer Gesellschaften zum Geschäftsbetrieb überhaupt davon abhängig, daß Vorversicherungsverträge nur innerhalb des letzten V.jahres abgeschlossen werden. Während den privaten Gesellschaften also die Hände gebunden waren, veranlaßten öffentlichrechtliche V.anstalten Kunden privater Gesellschaften oft schon viele Jahre vor Ablauf des Vertrags bei der Privatgesellschaft zum Abschluß eines Vorversicherungsvertrags oder zur Abgabe einer Verpflichtungserklärung, da für die öffentlichen Anstalten derartige Bindungen wie für die Privatgesellschaften nicht bestanden. Die Bemühungen des RA., die Aufsichtsbehörden in Preußen zu einer entsprechenden Anordnung zu veranlassen, blieben ohne Erfolg. Über die Rechtsprechung zu dieser Frage vgl. unten Anm. 7a.

4. Die Frage, wie den aus der Verschiedenheit der Beaufsichtigung sich ergebenden Mißständen abzuhelfen sei, hat wiederholt die maßgebenden Stellen beschäftigt, wobei die Wege erörtert worden sind, die — theoretisch betrachtet — begangen werden könnten, um die Aufsicht über alle VU. — öffentlichrechtliche wie privatrechtliche — nach **einheitlichen Grundsätzen** zu gestalten. Bei diesen Erörterungen hat sich ergeben, daß in dieser Hinsicht wohl eine gewisse Zurückhaltung geübt werden müsse; besonders erschien eine gesetzliche Vorschrift, die etwa die aufsichtführenden Landesbehörden zwänge, die Rechts- und Verwaltungsgrundsätze des Reichsaufsichtsamts auch in ihrem Geschäftsbereiche zur Anwendung zu bringen, kaum durchsetzbar. Das Gesetz beschränkt sich daher auf eine Vorschrift, die allen aufsichtführenden Behörden die Pflicht auferlegt, sich gegenseitig die von ihnen aufgestellten Rechts- und Verwaltungsgrundsätze mitzuteilen (Begr. S. 25).

5. Eine dem § 152 entsprechende Bestimmung befand sich bereits in der dem **Vorläufigen Reichswirtschaftsrat** gemachten Vorlage. Im RWR. wurde sowohl von den sachverständigen Gesellschaftsleitern wie auch vom Vertreter des Deutschen Versicherungsschutzverbandes eine Erweiterung jener Bestimmung gemäß folgendem Antrage befürwortet:

„Soweit das Reichsaufsichtsamt für Privatversicherung in der in § 73 vorgesehenen Zusammensetzung, verstärkt durch vier vom Reichsrat gewählte Mitglieder des Reichsaufsichtsamts, im Interesse der Versicherungsnehmer Grundsätze über den Wettbewerb der privaten Versicherungsunternehmungen untereinander aufstellt, sind sie in gleicher Weise für die der Landesaufsicht unterstehenden privaten Versicherungsunternehmungen und öffentlichrechtlichen Versicherungsunternehmungen bindend. Solche Entscheidungen des Aufsichtsamts sind ausdrücklich als im Interesse der Versicherungsnehmer erlassen zu bezeichnen und den Landesregierungen mitzuteilen; die Landesregierungen sind vorher zu hören."

In der Begründung zu diesem Antrag war u. a. auf den aus der verschiedenen Behandlung der Vorversicherungsverträge (vgl. oben Anm. 3) durch die Aufsichtsbehörden sich ergebenden unerfreulichen Zustand hingewiesen sowie darauf, daß eine Reihe von Landesregierungen gemäß § 3 (jetzt § 4) des Gesetzes freiwillig bereits dem RA. die ihnen über kleinere VU. zustehende Aufsicht übertragen hätten; es sei nicht einzusehen, weshalb für diese Unternehmungen andere Grundsätze gelten sollten als für die, deren Aufsicht mangels solcher Vereinbarung bei den Landesregierungen verblieben sei.

Dieser Antrag wurde zugunsten nachstehender einstimmig angenommener Entschließung (Begr. S. 44) nicht weiter verfolgt:

„Der Reichswirtschaftsrat begrüßt den § 120a des Entwurfs und ersucht das Reichswirtschaftsministerium, den Länderregierungen nahezulegen, die gleichen Grundsätze für die öffentlichrechtlichen Versicherungsunternehmungen aufzustellen, wie sie von dem Reichsaufsichtsamt für Wettbewerbsfragen der Privatversicherung vorgeschrieben werden."

Dabei war die Erwägung der Vertreter bei allen drei Abteilungen maßgebend, daß gewisse Mißstände im Wettbewerb zwischen den privaten und öffentlichrechtlichen VU. nicht bestritten werden, und daß es geboten erscheine, für das gesamte Reichsgebiet dafür zu sorgen, daß die von dem mit gewissen richterlichen Befugnissen ausgestatteten RA. zum Schutze der V.nehmer und zur Pflege des V.wesens aufgestellten Grundsätze innerhalb des ganzen Reichsgebiets einheitlich zur Anwendung gebracht werden müßten, ohne Rücksicht auf die juristische Form des Geschäftsbetriebs der Unternehmungen und ohne Rücksicht darauf, ob die VU. der Reichs- oder der Landesaufsicht unterstehen. Das müsse insbesondere gelten, wenn sich Mißstände bereits ergeben hätten (Begr. S. 44).

6. Das Gesetz beschränkt sich darauf, den Aufsichtsbehörden die Pflicht zur **gegenseitigen Mitteilung** ihrer Rechts- und Verwaltungsgrundsätze aufzuerlegen. Wie sich aus der dargelegten Entstehungsgeschichte der gesetzlichen Bestimmung ergibt, dürfen sich die Aufsichtsbehörden indessen nicht mit einer bloßen Kenntnisnahme der von den anderen Behörden aufgestellten Grundsätze begnügen. Die Bestimmung ist vielmehr in der Erwartung getroffen, „daß die aufsichtführenden Behörden bestrebt sein werden, im Interesse der Sache die Grundsätze wechselseitig anzupassen und so zu erreichen, daß im Ergebnis nach einheitlichen Grundsätzen verfahren wird" (Begr. S. 25). Die **Aufsichtsbehörden** haben also ihrerseits die **Pflicht, von sich aus für eine Vereinheitlichung** der Rechts- und Verwaltungsgrundsätze **zu sorgen.**

7. Für die Vereinheitlichung kommen in Betracht sowohl Anordnungen allgemeiner Art als auch die V.bedingungen, gleichviel ob diese in den allgemeinen V.bedingungen oder in der Satzung aufgeführt sind.

a) Von den Allgemeinen Anordnungen des RA. ist vor allem die Bestimmung, von wann an der Abschluß von Vorversicherungsverträgen (oben Anm. 3) zulässig ist, von Bedeutung. Sache der Aufsichtsbehörden wird es sein, die Befolgung des vom RA. aufgestellten Grundsatzes nunmehr für sämtliche öffentlich-rechtliche Versicherungsanstalten vorzuschreiben, zumal da das RG. in seiner Entscheidung vom 21. April 1931 (JR. 31, 158) auf Grund von § 1 UnlWG. einer öffentlichen V.anstalt untersagt hat, V.nehmer, die noch auf länger als ein Jahr bei einem anderen V.unternehmen versichert sind, zum Abschluß von V.verträgen mit ihr zu veranlassen.

In der Entscheidung spricht das RG. ferner aus, daß durch die Anordnungen des RA. innerhalb der Kreise des Versicherungsgewerbes bestimmt sei, was Redlichkeit und Anstand im gewöhnlichen V.verkehr erheische. Die darauf beruhenden sittlichen Anschauungen über das im Wettbewerb Zulässige und Anstößige könnten aber für öffentliche V.anstalten nicht andere sein als für private, weil sie die Methoden des Wettbewerbs an sich beträfen und von der Persönlichkeit des Bewerbers unabhängig seien. Das RG. bezeichnet es als sittenwidrig, wenn die beklagte Sozietät nur um ihres öffentlichrechtlichen Charakters willen eine Form der Kundenwerbung betreibe, die ihre privaten Konkurrenten, und zwar unter dem Druck des RA., in ihrem gegenseitigen Verhältnis als verwerflich gemißbilligt hätten, und durch Nichtachtung der damit jedem anständigen Konkurrenten gezogenen Schranken für sich auf Kosten ihrer Mitbewerber geschäftliche Erfolge davonzutragen suche. Diese Grundsätze sind für die Auslegung des § 152 von entscheidender Bedeutung insofern, als die von den aufsichtführenden Behörden für den Wettbewerb aufgestellten Grundsätze nicht lediglich deshalb andere sein dürfen, weil die Rechtsformen der zu beaufsichtigenden Unternehmungen verschiedene sind.

b) Die Versicherungsbedingungen weichen vornehmlich in folgenden Punkten voneinander ab:

aa) **Feuerversicherung.**

Mehrfache V. derselben Sache gegen die gleiche Gefahr ist bei Privatgesellschaften unbeschränkt zulässig und bedarf nur einer Anzeige an die besitzende Gesellschaft. Bei den öffentlichen V.anstalten bedarf jede anderweit genommene GebäudeV. der Genehmigung durch die Anstalt. Wird diese nicht eingeholt oder versagt, so entfällt die Haftung der Anstalt, so daß der V.nehmer allein auf den Anspruch aus der anderweit genommenen V. angewiesen ist.

Veräußert der V.nehmer die versicherten Sachen, so ist der Erwerber bei einer Privatgesellschaft gemäß § 70 VVG. berechtigt, das V.verhältnis ohne Einhaltung einer Kündigungsfrist zu kündigen. Die öffentlichrechtlichen Feuersozietäten nehmen für sich das Recht in Anspruch, das Kündigungsrecht des Erwerbers bei annahmepflichtigen Versicherungen auszuschließen. Dem Annahmezwang unterliegen die innerhalb des Gebiets der Anstalt gelegenen Gebäude, die diese gemäß § 9 des Preußischen Feuersozietätengesetzes vom 25. Juli 1910 (GS. S. 241) gegen Brandschaden versichern muß, sofern nicht eine der in § 10 a. a. O. vorgesehenen Ausnahmen vorliegt. Vgl. hierzu RGZ. 124, 330: Das RG. legt die von den meisten Sozietäten verwandte Vertragsbestimmung „die Anstalt und der Erwerber sind berechtigt, die Versicherung mit einmonatiger Frist zu kündigen, wenn es sich um Versicherungen handelt, zu deren Annahme die Anstalt nicht verpflichtet ist“ dahin aus, daß durch diese Fassung das dem Erwerber nach § 70 VVG. zustehende Kündigungsrecht auch für annahmepflichtige V. nicht abgedungen sei, der Erwerber also kündigen könne. Der Ausschluß des Kündigungsrechts des Erwerbers wird schlechthin für unzulässig gehalten in den Urteilen des KG. vom 9. Juni 1928 (JR. 28, 231), des OLG. Stettin vom 20. Oktober 1930 (JR. 31, 12) und des OLG. Naumburg vom 31. März 1931 (JR. 31, 177), dagegen schlechthin für zulässig erachtet in den Urteilen des OLG. Celle vom 3. Juni 1930 (JR. 30, 302) und des OLG. Kiel vom 12. November 1930 (Praxis des V.rechts 31, 14).

Bei Kündigung von GebäudeV. haben die V.nehmer einer öffentlichen Anstalt einen Monat vor Ablauf der V. den Nachweis zu erbringen, daß dingliche Lasten nicht vorhanden sind oder daß die Realberechtigten in die Aufhebung der V. bei der Anstalt willigen. Grundbuchauszug und Erklärungen der Realberechtigten sind auf Verlangen der Anstalt zu beglaubigen. Bei den Privatgesellschaften sind diese Nachweisungen nur zu erbringen, falls ein Hypothekensicherungsschein ausgestellt ist; Beglaubigung der Erklärungen wird indessen nicht gefordert. Ebenso genügt an Stelle des Grundbuchauszugs eine bloße Bescheinigung des Grundbuchamts, daß die durch den Sicherungsschein zu sichernde Hypothek gelöscht ist. Nach eingetretenem Schaden darf eine GebäudeV., zu deren Annahme die Anstalt verpflichtet ist, von dem V.nehmer einer Sozietät nicht gekündigt werden. Der V.nehmer einer Privatgesellschaft ist dagegen hierzu berechtigt.

bb) **Hagelversicherung.**

Der Kündigungstermin ist sowohl von den privaten als auch von den öffentlichen VU. einheitlich auf den 30. September festgesetzt. Nach einer Vorschrift des RA. dürfen die privaten Hagelversicherer indessen die Kündigung zu diesem Termin nur dann aussprechen, wenn sie mindestens zwei Wochen vorher den von ihnen zur Erhebung kommenden Nachschuß bekanntgegeben haben. Für die öffentlichen Hagelversicherer besteht keine derartige Verknüpfung des Kündigungstermins mit der Nachschußbekanntgabe. Sie pflegen tatsächlich auch ihren Nachschuß erst bedeutend später bekanntzugeben. Die Aufsichtsbehörden werden dafür sorgen müssen, daß die Anstalten eine Kündigung nach dem 30. September wegen Fristversäumnis nicht zurückweisen können, falls die Kündigung binnen zwei Wochen nach der Nachschußbekanntgabe bei der Anstalt eingegangen ist.

8. Die Aufsichtsbehörden haben die Vereinheitlichung der Rechts- und Verwaltungsgrundsätze **von Amts wegen** in Angriff zu nehmen und sich um eine Einigung zu bemühen. Entsprechend der Anregung des RWR. wird auch das RWM. in geeigneten Fällen versuchen, auf die aufsichtführenden Behörden dahin einzuwirken, daß einheitliche Grundsätze bei der Aufsichtstätigkeit befolgt werden (Begr. S. 26).

9. Die Pflicht zur gegenseitigen Mitteilung der Rechts- und Verwaltungsgrundsätze gilt auch für die Beaufsichtigung der **Bausparkassen.**

§ 156.

§ 39 Abs. 3 gilt entsprechend auch für Versicherungsaktiengesellschaften und Bausparkassen.

1. Vgl. § 39 Abs. 3 VAG. und § 274 Abs. 1 Satz 2 HGB.

2. Der Aufsichtsrat einer VU. kann durch Beschluß der obersten Vertretung ermächtigt werden, **inhaltliche Änderungen** der Satzung oder des Gesellschaftsvertrags vorzunehmen, wenn die oberste Vertretung zwar eine inhaltliche Änderung beschlossen hat, die Aufsichtsbehörde aber die erforderliche Genehmigung nur erteilen will, wenn an dem Änderungsbeschluß bestimmte Änderungen vorgenommen werden (vgl. Koenige-Petersen § 39 Anm. 3). Diese Vorschrift gilt jetzt auch für **Bausparkassen.**

§ 158.

Die Vorschriften dieses Gesetzes über Bausparkassen treten am 1. Oktober 1931 in Kraft.

Nach den §§ 57 bis 64 ist erstmalig der Rechnungsabschluß für das erste Geschäftsjahr zu prüfen, das nach dem 1. April 1931 abläuft; für Bausparkassen tritt an die Stelle des 1. April 1931 der 1. Oktober 1931.

Die im § 84 vorgesehene Pflicht der Aufsichtsbehörde, eine Prüfung mindestens alle fünf Jahre einmal vorzunehmen, beginnt als solche am 1. Januar 1932.

In Bayern tritt das Gesetz, soweit es das Immobiliarversicherungswesen betrifft, nur mit Zustimmung der Bayerischen Regierung in Kraft.

1. Die Vorschriften über die BSpK. treten ein halbes Jahr später in Kraft als die anderen Vorschriften des Gesetzes vom 30. März 1931, da vor Beginn der Aufsicht über die BSpK. erst der Beamtenstand des RA. erheblich verstärkt werden muß (Abs. 1).

2. Im Abs. 2 und 3 sind zwei Sondervorschriften für die privaten Pflichtprüfungen und für die amtlichen Prüfungen enthalten

Sachregister.

Die Zahlen der Gesetzesparagraphen sind nach der Paragraphenfolge des Gesetzes v. 6. Juni 1931 angeführt.

Abkürzungen:

V.	=	Versicherung, Versicherungen, Versicherungs-.
Vr.	=	Versicherer.
Vt.	=	Versicherter.
VU.	=	Versicherungsunternehmung.
BSpK.	=	Bausparkasse.

Anmerkungen:

2^{1}	=	§ 2 Anm. 1.
V.^{1} 112	=	Vorbemerkung 1 vor § 112.
Einl. I	=	Einleitung Abschnitt I.

A.

W.

Z.

Gedruckt bei A. W. Hayn's Erben, Potsdam.

Reichsgesetz über den

Versicherungsvertrag

nebst dem zugehörigen

Einführungsgesetz

vom 30. Mai 1908

Sechste, vollkommen neu bearbeitete Auflage

(16.–19. Tausend)

von

Dr. jur. E. Bruck

ord. Professor der Versicherungswissenschaft
an der Hamburgischen Universität

(Guttentagsche Sammlung Deutscher Reichsgesetze Nr. 83)

Taschenformat 1929 708 Seiten RM. 14.—

Diese bekannte Erläuterungsausgabe des Versicherungsvertragsgesetzes hat in der vorliegenden sechsten Auflage alle Ergänzungen und Erweiterungen erfahren, die sich seit Erscheinen der letzten Auflage durch die ergangene Rechtsprechung und die erschienene Literatur notwendig gemacht haben.

Senatspräsident i. R. Dr. Hagens nennt dieses Buch in der „Hanseatischen Rechtszeitschrift" „ausgezeichnet und den führenden Kommentar des Versicherungsvertrags-Rechts".

Verlag Walter de Gruyter & Co.
Berlin W 10 und Leipzig C 1

Soeben erschien:

Seligsohn

Haftpflichtgesetz

Zweite Auflage Groß-Oktav 360 Seiten

RM. 12.—, geb. RM. 13.50

Seligsohns bekannter Kommentar über das Haftpflichtgesetz liegt nunmehr in zweiter Auflage vor. Gründlichste Systematisierung, wissenschaftliche Durchdringung dieser Gesetzesmaterie, deren Überalterung in der Kodifizierung durch die Rechtsprechung den völlig veränderten verkehrstechnischen Verhältnissen angeglichen werden muß (die gesamten wichtigen und neuen Entscheidungen sind aufgeführt) und schärfste Formulierung sind die Kennzeichen dieses Kommentars. Mit seiner Anlage, die unter Vermeidung jeden Ballastes auf größte Konzentration hinzielt und darum einen nicht zu starken Umfang ermöglichte, ist dieses Werk ein Kommentar, wie ihn gleicherweise die Praxis und die Wissenschaft brauchen.

Verlag Walter de Gruyter & Co.
Berlin W 10 und Leipzig C 1

Berichtigungen

zu Seite

6: VON DER MOSEL, Lösungen zu dem von Kammergerichtsrat Dr. Richard Schück herausgegebenen Zivilrechtspraktikum. 5. Auflage. 1931. RM 6.-, kartoniert 6.50

7: HEDEMANN, Schuldrecht des Bürgerlichen Gesetzbuches. 2., verm. und verb. Auflage. 1931. RM 14.50, geb. 16.-

8: CRISOLLI, Das Reichsgesetz betr. die Abzahlungsgeschäfte. 4., völlig umgearb. Auflage des Werkes von Hoffmann-Wilke. 1931. Geb. RM 8.-

11: VON GIERKE, Handelsgesetzbuch. 1931. Geb. RM 5.-

24: BORN, Reichspressgesetz. 4., veränderte Auflage. 1931. Geb. RM 6.-

August 1931.

Nachweis wichtiger Gesetzesausgaben

mit und ohne Erläuterungen, größere und kleinere Kommentare, Lehrbücher, Sammelwerke, Entscheidungssammlungen, Zeitschriften

Verlag Walter de Gruyter & Co., Berlin W 10 Genthiner Str. 38

Frühjahr 1931

Inhaltsübersicht

I. Allgemeines, Sammelwerke.

Handwörterbuch der Rechtswissenschaft. Unter Mitberatung von Reichsgerichtspräsident Dr. Dr. E. Bumke, Reichsgerichtsrat L. Busch, Oberreichsanwalt Prof. Dr. L. Ebermayer, Geh. Justizrat Professor Dr. Dr. Fr. Endemann, Geh. Justizrat Professor Dr. Dr. E. Heymann, Senatspräsident am Reichsgericht Dr. O. Strecker, Präsident des Bayerischen Obersten Landesgerichts Staatsrat Dr. K. v. Unzner †, herausgegeben von Dr. jur. **Fritz Stier-Somlo,** o. Professor an der Universität Köln, und Dr. jur. **Alexander Elster,** Berlin. 6 Bände. Lexikon-Oktav. 1926/29. In Halbleder geb. RM. 304.—

Ein Ergänzungsband, der das Handwörterbuch bis auf den letzten Stand von Wissenschaft und Praxis fortführt, befindet sich im Druck.

„Es zeigt sich doch jetzt immer mehr, daß Ihr Handwörterbuch ein ganz großer Wurf war. Wie ich höre, wird es auch in der Praxis in steigendem Maße benutzt." Professor Dr. Nipperdey, Köln.

Die Reichsgerichtspraxis im deutschen Rechtsleben. Festgabe der juristischen Fakultäten zum 50jährigen Bestehen des Reichsgerichts (1. Oktober 1929). unter Mitwirkung der Professoren Gerhard Anschütz, Heidelberg, Ernst Heymann, Berlin, Theodor Kipp, Berlin, Wilhelm Kisch, München, Alfred Schultze, Leipzig, Heinrich Siber, Leipzig, herausgegeben von Otto Schreiber, weiland Professor in Königsberg i. Pr. 6 Bde. Groß-Oktav. 1929.
Geh. RM. 110.—, in Halbfranz geb. RM. 134.—

I. Band: Öffentliches Recht. II. Band: Zivil- und Handelsrecht. III. Band: Zivil- und Handelsrecht (Fortsetzung). IV. Band: Handels- und Wirtschaftsrecht. V. Band: Strafrecht und Strafprozeß. VI. Band: Zivilprozeßrecht.

Die Bände werden einzeln abgegeben.

Mit dieser umfangreichen Festgabe wird eine große, systematisch geordnete Reihe hervorragender Monographien veröffentlicht, die durchweg besonders wichtige und schwierige Fragen aus allen Teilen des Rechts behandeln.

Fünfzig Jahre Reichsgericht am 1. Oktober 1929. Von Dr. Adolf **Lobe,** Senatspräsident am Reichsgericht i. R., M. d. R. unter Mitarbeit von Mitgliedern und Beamten des Reichsgerichts, der Reichsanwaltschaft und der Rechtsanwaltschaft am Reichsgericht. Mit 14 Porträts und 15 Abbildungen. Lexikon-Oktav. VI, 436 Seiten. 1929.
RM. 20.—, in Halbfranz RM. 24.—

Von den beiden Festschriften „Lobe, Fünfzig Jahre Reichsgericht" und der Festgabe der juristischen Fakultäten gibt die vorliegende ein Bild der organisatorischen Gestaltung des Reichsgerichts und seiner Einrichtungen, in deren Schutz sich seine Aufgaben und seine Arbeit gestalten. Ausführlicher Prospekt mit Inhaltsverzeichnis kostenlos.

Bürgerliches Rechtslexikon. (Nach dem Bürgerlichen Gesetzbuch, dem Handelsgesetzbuch und sonstigen Reichs- und Landesgesetzen.) Von **E. Christiani,** weil. Amtsgerichtsrat. Vierte, durchgearbeitete und verbesserte Auflage von Dr. **Alexander Elster,** Rechtsanwalt Dr. Hugo **Hoormann,** Amtsgerichtsrat Georg **Krause,** Lexikon-Oktav. **IV, 474** Seiten. 1930 . . . . Geb. RM. 15.—

„Wir kennen kein zweites Werk, das das gleiche Material in so kurzer, trefflicher und verständlicher Weise enthält und das so brauchbar wäre wie das hiermit warm empfohlene Buch."
Zeitschrift für das gesamte Gebiet der direkten Steuern.

Hedemann, J. W., **Einführung in die Rechtswissenschaft.** Zweite, erweiterte und umgestaltete Auflage. Oktav. XXII, 566 Seiten. 1927. (Lehrbücher und Grundrisse der Rechtswissenschaft Bd. IX.)
RM. 14.—, geb. RM. 16.—

„... Das Buch Hedemanns, welches die Aufgabe einer Einführung am reichsten und umfassendsten auffaßt und löst ...“
Juristische Wochenschrift.

Sternberg, Theodor, **Einführung in die Rechtswissenschaft.**
I. Teil: Methoden- und Quellenlehre. Zweite, neugestaltete Auflage. Verbesserter Neudruck. 190 Seiten. 1927. (Sammlung Göschen Bd. 169.)
Geb. RM. 1.80
II. Teil: Das Rechtssystem. Erste Hälfte: Grundbegriffe und Privatrecht. Zweite, vermehrte Auflage. 133 Seiten. 1922. (Sammlung Göschen Bd. 170.) . . . . Geb. RM. 1.80
Eine in ihrer Knappheit ganz ausgezeichnete Darstellung der juristischen Begriffe und Probleme.

Schröder, Richard, und **Künßberg,** F., **Lehrbuch der deutschen Rechtsgeschichte.** Sechste, verbesserte Auflage. Groß-Oktav. Mit einer Abbildung im Text, fünf Tafeln und einem Bildnis. 1124 Seiten. 1922.
RM. 26.—, in Halbleder geb. RM. 30.—
Dieses bekannte Lehrbuch hat sich seit langen Jahren bestens bewährt.

Fehr, Hans, **Deutsche Rechtsgeschichte.** Zweite, verbesserte und ergänzte Auflage. Oktav. 416 Seiten. 1925. (Lehrbücher und Grundrisse der Rechtswissenschaft Bd. X.) RM. 13.—, geb. RM. 14.50
Das Buch gibt eine plastische Darstellung der deutschen Rechtsgeschichte, die eine Anhäufung von Stoff ausdrücklich vermeidet, vielmehr das Schwergewicht auf eine mehr ideengeschichtliche Behandlung des Gegenstandes legt.

Schröder, Richard, und **Glitsch,** Heinrich, **Deutsche Rechtsgeschichte.** Zweite Auflage. Neudruck.
I. Bis zum Ende des Mittelalters. 160 Seiten. 1929. (Sammlung Göschen Bd. 621.) . . . . Geb. RM. 1.80
II. Die Neuzeit. 90 Seiten. 1929. (Sammlung Göschen Bd. 664.)
Geb. RM. 1.80
Eine gemeinverständliche kurze Darstellung der deutschen Rechtsgeschichte.

Giese, Friedrich, **Preußische Rechtsgeschichte.** Übersicht über die Rechtsentwicklung der preußischen Monarchie und ihrer Landesteile. Ein Lehrbuch für Studierende. Groß-Oktav. 256 Seiten. 1920.
RM. 5.—, geb. RM. 6.50
„Das Buch ist nicht ein, sondern das (bisher fehlende) Lehrbuch der preußischen Rechtsgeschichte.“
Dr. Karl Strupp im „Verwaltungsarchiv“.

von Mayr, Robert, **Römische Rechtsgeschichte.** I. Buch. Die Zeit des Volksrechtes. 1. Hälfte: Das öffentliche Recht. 150 Seiten. 1912. (Sammlung Göschen Bd. 577.) . . . . Geb. RM. 1.80
2. Hälfte: Das Privatrecht. 117 Seiten. 1912. (Sammlung Göschen Bd. 578.) . . . . Geb. RM. 1.80
II. Buch: Die Zeit des Amts- und Verkehrsrechtes. 1. Hälfte: Das öffentliche Recht. 158 Seiten. 1912. (Sammlung Göschen Bd. 645.)
Geb. RM. 1.80
2. Hälfte: Das Privatrecht I. 122 Seiten. 1913. (Sammlung Göschen Bd. 646.) . . . . Geb. RM. 1.80
Das Privatrecht II. 150 Seiten. 1913. (Sammlung Göschen Bd. 647.)
Geb. RM. 1.80

III. Buch. Die Zeit des Reichs- und Volksrechtes. 111 Seiten. 1913. (Sammlung Göschen Bd. 648.) . . . . Geb. RM. 1.80

IV. Buch. Die Zeit der Orientalisierung des römischen Rechtes. 155 Seiten. 1913. (Sammlung Göschen Bd. 697.) . . . . Geb. RM. 1.80

Stammler, Rudolf, **Lehrbuch der Rechtsphilosophie.** Dritte, vermehrte Auflage. Groß-Oktav. XVI, 396 Seiten. 1928.
RM. 13.—, geb. RM. 15.—

„. . . Ein Werk aus einem Gusse, ein herbes Werk von größter wissenschaftlicher Strenge, eine Schule, durch die jeder gehen muß, der mit den rechtsphilosophischen Problemen der Gegenwart ringt.“ Schweizerische Juristenzeitung.

Stammler, Rudolf, **Rechts- und Staatstheorien der Neuzeit.** Leitsätze zu Vorlesungen. Zweite, vermehrte und verbesserte Auflage. Oktav. IV, 116 Seiten. 1925. . . . . RM. 3.50, geb. RM. 4.50

Ein unentbehrlicher Führer durch die Rechts- und Staatstheorien der Neuzeit.

Stammler, Rudolf, **Wirtschaft und Recht** nach der materialistischen Geschichtsauffassung. Eine sozialphilosophische Untersuchung. Fünfte, durch einen Nachtrag ergänzte Auflage. Oktav. VIII, 704 Seiten. 1924. . . . . RM. 14.—, geb. RM. 16.—

„Das Werk Stammlers darf den Ruhm in Anspruch nehmen, unter allen Büchern, die in der letzten Zeit auf dem hier in Betracht kommenden Gebiet erschienen sind, die stärkste Wirkung hervorgebracht zu haben.“ Historische Zeitschrift.

Friedrichs, Karl, **Der Allgemeine Teil des Rechts.** Eine Darstellung der gemeinsamen Lehren des öffentlichen und des privaten Rechts. Groß-Oktav. X, 306 Seiten. 1927. . . . . . RM. 12.—, geb. RM. 13.50

„Eine solche Arbeit fehlte bisher in der juristischen Literatur. Friedrichs ist wie kein anderer berufen, eine grundlegende Arbeit über dieses Gebiet zu schreiben.“ Mitteilungen des Preuß. Richtervereins.

Maas, Georg, und **Magnus,** Julius, **Abkürzungsverzeichnis der Rechtssprache.** Abkürzungen der Bezeichnungen von Rechtsquellen, Behörden, Entscheidungen usw. des deutschen und österreichischen Rechts. Oktav. IV, 140 Seiten. 1929. . . . . RM. 4.—

„Bis jetzt fehlte eine Zusammenstellung, die in zuverlässiger Weise die gebräuchlichsten Abkürzungen wiedergab. Diese Lücke füllt das neue Buch in glücklicher Weise aus.“ Der junge Rechtsgelehrte.

Endemann, Friedrich, **Grundriß des römischen Privatrechts.** Oktav. X, 256 und 30 Seiten. 1925. (Lehrbücher und Grundrisse der Rechtswissenschaft Bd. XII.) . . . . RM. 9.—, geb. RM. 10.50

„. . . ein nach jeder Richtung hochstehendes Werk.“ Der junge Rechtsgelehrte.

Stammler, Rudolf, **Aufgaben aus dem römischen Recht.** Der „Institutionenübungen für Anfänger“ vierte Auflage. Oktav. IV, 92 Seiten. Mit Figuren im Text. 1919 . . . . Geb. RM. 5.—

Zum selbständigen Einarbeiten in das System des römischen Privatrechts.

II. Bürgerliches Recht

1. Bürgerliches Gesetzbuch

Lehmann, Heinrich, **Allgemeiner Teil des Bürgerlichen Gesetzbuches.** Dritte, vermehrte und verbesserte Auflage (9. bis 12. Tausend). Oktav. XIV, 439 Seiten. 1928. (Lehrbücher und Grundrisse der Rechtswissenschaft Bd. I.) . . . . RM. 12.—, geb. RM. 13.50

„Es liegt ein großer pädagogischer Wert in diesem Buch. Es wird sich unter den Studenten rasch großer Beliebtheit erfreuen."
Das Recht.

Leonhard, R., **Der Allgemeine Teil des Bürgerlichen Gesetzbuches** in seinem Einflusse auf die Fortentwicklung der Rechtswissenschaft. Groß-Oktav. XVI, 537 Seiten. 1900. (Recht des Bürgerlichen Gesetzbuches in Einzeldarstellungen Nr. X.) . . . . RM. 10.—
Die Sammlung „Recht des Bürgerlichen Gesetzbuches" umfaßt systematische Darstellungen des BGB. aus der Feder erster Juristen der Wissenschaft und Praxis.

Oertmann, Paul, **Allgemeiner Teil des Bürgerlichen Gesetzbuches.**
I. Einleitung. Lehre von den Personen und von den Sachen. Dritte, verbesserte Auflage. 136 Seiten. 1926. (Sammlung Göschen Bd. 447.) Geb. RM. 1.80
II. Erwerb und Verlust, Geltendmachung und Schutz der Rechte. Dritte, verbesserte Auflage. 147 Seiten. 1928. (Sammlung Göschen Bd. 448.) . . . . Geb. RM. 1.80
Nach der die Vorgeschichte des BGB. und einzelne für seine Bedeutung und Anwendung wichtige Hauptfragen behandelnden Einleitung bespricht der Verfasser die Lehre von den Personen und von den Sachen. Er verarbeitet den Inhalt der einzelnen Gesetzesparagraphen wissenschaftlich und erörtert dabei auch mehrfach Fragen, die im BGB. selbst nicht geregelt, höchstens gestreift werden.

Plancks Kommentar zum Bürgerlichen Gesetzbuch nebst Einführungsgesetz. Bisher herausgegeben von E. Strohal. Bearbeitet von E. Brodmann, L. Busch, J. Ebbecke, F. Flad, M. Greiff, K. Gunkel, P. Knoke, M. Landois, A. Lobe, Fr. Oegg, H. Siber, O. Strecker, K. von Unzner. Vierte, völlig neubearbeitete Auflage. Lexikon-Oktav. Bisher sind erschienen:
I. Band: Allgemeiner Teil. 606 Seiten. 1913. RM. 15.—, geb. RM. 17.—
II. Band, 1. Hälfte: Recht der Schuldverhältnisse. (Allgemeiner Teil.) 640 Seiten. 1914 . . . . RM. 15.—, geb. RM. 17.—
II. Band, 2. Hälfte: Recht der Schuldverhältnisse. (Besonderer Teil.) 1296 Seiten. 1928 . . . . RM. 49.—, geb. RM. 52.—
III. Band: Sachenrecht. 1464 Seiten. 1920. RM. 30.—, geb. RM. 33.—
IV. Band: Familienrecht. 1. Hälfte §§ 1297—1588. 701 Seiten. 1928. RM. 26.—, geb. RM. 28.—
V. Band: Erbrecht. Vierte, völlig neubearbeitete Auflage. Groß-Oktav. XII, 1136 Seiten. 1930 . . RM. 51.—, geb. RM. 54.—
„Für jeden Praktiker, der tiefer in den Rechtsstoff eindringen muß, um die zur Entscheidung stehende Frage zu prüfen, ist Plancks Kommentar immer ein zuverlässiger Ratgeber und seine Erläuterung und Meinung von hohem Wert und Gewicht, stets sorgfältiger Beachtung wert." *Zentralblatt für freiwillige Gerichtsbarkeit.*

Das Bürgerliche Gesetzbuch mit besonderer Berücksichtigung der Rechtsprechung des Reichsgerichts. Erläutert von Dr. Busch, Erler, Dr. Lobe, Michaelis, Oegg, Sayn, Schliewen und Seyffarth, Reichsgerichtsräten und Senatspräsidenten am Reichsgericht. Siebente, unveränderte Auflage. 5 Bände. §§ 1—2385. Lexikon-Oktav. 3182 Seiten. 1928 . . . . RM. 125.—, in Halbleder geb. RM. 150.—
I. Band: Allgemeiner Teil. Recht der Schuldverhältnisse I. (Allgemeiner Teil.) — II. Band: Recht der Schuldverhältnisse II. (Einzelne Schuldverhältnisse.) — III. Band: Sachenrecht. — IV. Band: Familienrecht. — V. Band: Erbrecht. Alphabetisches Sachverzeichnis.
(Das Werk wird nur komplett abgegeben.)
„Eine neue Auflage dieses für die Praxis wertvollsten Kommentars ist ein Ereignis für die Juristenwelt."
Blätter für Rechtspflege im Bezirk des Kammergerichts.

Achilles-Greiff, Bürgerliches Gesetzbuch nebst Einführungsgesetz. Mit Einleitung, Anmerkungen und Sachregister. Nach dem Tode des ersten Herausgebers Dr. A. Achilles in Verbindung mit J. Altstötter, Oberamtsrichter in Sonthofen, O. Meyer, Oberlandesgerichtspräsident in Celle, Dr. J. Kieckebusch, Land- und Amtsgerichtsrat in Kassel, Dr. O. Strecker, Senatspräsident am Reichsgericht i. R. in Leipzig, herausgegeben von Dr. M. Greiff, Wirkl. Geh. Oberjustizrat, Oberlandesgerichtspräsident i. R. in Berlin. Dreizehnte, vermehrte und verbesserte Auflage. Mit Erläuterungen der Verordnung über das Erbbaurecht, des Gesetzes über die religiöse Kindererziehung und des Gesetzes für Jugendwohlfahrt. Groß-Oktav. XXIII, 1304 Seiten. 1930. (Guttentagsche Sammlung Deutscher Reichsgesetze Bd. 38/39.) . . . . . Geb. RM. 24.—, in Halbleder geb. RM. 26.—

„Das ausgezeichnete Buch, das einer weiteren Empfehlung kaum bedarf, wird seine führende Stellung unter den Handausgaben ohne Zweifel behaupten.“ Juristische Rundschau.

Bürgerliches Gesetzbuch nebst Einführungsgesetz. Vom 18. August 1896 mit Berücksichtigung der bis zum 1. Januar 1928 ergangenen Abänderungen. Textausgabe mit ausführlichem Sachregister. Sechzehnte Auflage. (61. bis 66. Tausend). Taschenformat. 758 Seiten. 1928. (Guttentagsche Sammlung von Textausgaben ohne Anmerkungen mit Sachregister.) . . . . Geb. RM. 2.80

Die vorliegende Ausgabe zeichnet sich durch Vollständigkeit und besondere Ausführlichkeit des Sachregisters aus.

Lindemann, Otto, Ausführungsgesetz zum Bürgerlichen Gesetzbuche vom 20. September 1899 nebst einem Anhang: Verordnung zur Ausführung des Bürgerlichen Gesetzbuchs vom 16. November 1899. Nach dem Tode des früheren Herausgebers Kammergerichtsrat Dr. P. Siméon, erläutert von Geh. Oberjustizrat Otto Lindemann, Ministerialdirektor im Pr. Justizministerium. Vierte Auflage. Taschenformat. 208 Seiten. 1930. (Guttentagsche Sammlung Preußischer Gesetze Bd. 23.) Geb. RM. 5.—

Die neue Auflage kommt im richtigen Augenblick, um dem fühlbaren Mangel an neuen Bearbeitungen der Ausführungsgesetze zum Bürgerlichen Gesetzbuch abzuhelfen. Sie ist völlig neu bearbeitet und nach den Ergebnissen von Gesetzgebung und Rechtsprechung bis in die jüngste Zeit ergänzt.

Schulz, F. H., Bürgerliches Gesetzbuch. Taschenformat. XI, 682 Seiten. 1930 . . . . Geb. RM. 8.—
(Lehrausgaben Deutscher Gesetze, Bd. I.)

Dieser Band bringt auch die Bezeichnung der entsprechenden römisch-rechtlichen bzw. gemeinrechtlichen Institute und verwirklicht damit einen Gedanken, der eigentlich wohl schon vor dreißig Jahren hätte ausgeführt werden sollen.

Schück, Richard, Zivilrechtspraktikum. Zum Selbststudium und zum Lehrgebrauch. Vierte, vermehrte Auflage. Herausgegeben von Gustav Schreiber. Groß-Oktav. 160 Seiten. 1930.
Geb. RM. 6.—

Das „Schücksche Zivilrechtspraktikum“ bringt in einem billigen Band über 600 Fälle aus allen fünf Büchern des BGB. und dem Einführungsgesetz. Es hat sich seit seinem Erscheinen durch seine praktische Auswahl überall durchgesetzt und durch drei hohe Auflagen hindurch bewährt. Die vorliegende vierte Auflage weist eine Anzahl Ergänzungen auf, die aber durch die besondere Art ihrer Einordnung den Gebrauch mehrerer Auflagen nebeneinander nicht stören.

von der Mosel, Heinrich, **Lösungen** zu dem von Kammergerichtsrat Dr. Richard Schück herausgegebenen Zivilrechtspraktikum. Nach dem Bürgerlichen Gesetzbuch bearbeitet für Studierende und Referendare. Vierte Auflage. Groß-Oktav. 148 Seiten. 1924. Geb. RM. 5.50

Die Lösungen behandeln fast alle in dem Praktikum enthaltenen Fälle.

v. Schwerin, Cl., Frhr., **Grundzüge des deutschen Privatrechts.** Zweite Auflage. Oktav. XII, 342 Seiten. 1928. (Lehrbücher und Grundrisse der Rechtswissenschaft Bd. XIII.) RM. 9.50, geb. RM. 11.—

„Was dem Studenten not tut, ist ein kurzgefaßtes Handbuch. ... Ein ausgezeichnetes Hilfsmittel dieser Art ist das vorliegende Buch.“
Zeitschrift für Rechtspflege in Bayern.

Wegner, Arthur, **Jugendrecht.** Ein Lehrbuch zur Einführung. Oktav. IX, 219 Seiten. 1929 . . . . RM. 6.—, geb. RM. 7.50

„Ein gleichartiges und gleichwertiges Werk über das Jugendgericht gibt es noch nicht.“ *Breslauer Zeitung.*

Schuldverhältnisse insbesondere

Hedemann, Justus Wilh., **Schuldrecht des Bürgerlichen Gesetzbuches.** Oktav. Zweite Auflage in Bearbeitung. (Lehrbücher und Grundrisse der Rechtswissenschaft Bd. II.)

„Die Schrift bietet die beste mir bekannte Einführung in das schwierige Recht der Schuldverhältnisse.“ *Staats- und Selbstverwaltung.*

Oertmann, Paul, **Schuldrecht.** (BGB. II.)

I. Allgemeine Lehren. Dritte, verbesserte Auflage. 142 Seiten. 1927. (Sammlung Göschen Bd. 323.) . . . . Geb. RM. 1.80

II. Die einzelnen Schuldverhältnisse. Dritte, verbesserte Auflage. 159 Seiten. 1929. (Sammlung Göschen Bd. 324.) . . Geb. RM. 1.80

„In knapper Form und gemeinverständlicher Ausdrucksweise ist ein vorzüglicher Überblick über den Stoff gegeben.“
Leipziger Zeitschrift für deutsches Recht.

Meyer, Georg, **Das Recht der Beschlagnahme von Lohn, Gehalt und Diensteinkommen.** Auf Grund des Reichsgesetzes vom 21. Juni 1869, der Verordnung über Lohnpfändung vom 25. Juni 1919 nebst Abänderungen und der Zivilprozeßordnung dargestellt. Siebente, vermehrte Auflage. Taschenformat. 174 Seiten. 1930. (Guttentagsche Sammlung Deutscher Reichsgesetze Bd. 55.) . . Geb. RM. 4.50

„Das Lohnbeschlagnahmegesetz wird hier in mustergültiger Weise erläutert. Die zahlreichen Zweifelsfragen werden gründlich erörtert.“ *Hessische Rechtsprechung.*

Seligsohn, Franz, **Kommentar zum Haftpflichtgesetz.** Zweite Auflage. Groß-Oktav. 360 Seiten. 1930 . . . . . . RM. 12.—, geb. RM. 13.50

„Das reiche Material hat der Verfasser mit logischer Schärfe und in knapper Form bearbeitet und damit ein mustergültiges Werk geschaffen, das für die meist veralteten Kommentare zum Reichshaftpflichtgesetz einen wertvollen Ersatz bietet.“
Blätter für Rechtspflege im Bezirk des Kammergerichts.

Krieg, O., **Mietrecht und Wohnungsmangelgesetzgebung** im Reiche, in Preußen und in Berlin, einschließlich Hauszinssteuer, Kostenwesen und Rechtsentscheiden des Kammergerichts und des Obersten Landesgerichts. Zusammengestellt und mit ausführlichem Schlagwortregister versehen. Vierte Auflage. Taschenformat. XII, 594 Seiten. 1928. (Guttentagsche Sammlung Deutscher Reichsgesetze Bd. 156.) Geb. RM. 10.—

„Eine solche Ausgabe zu besitzen, ist wertvoll. Diese Ausgabe verdient schon wegen ihrer Vollständigkeit besondere Beachtung. Ein vortreffliches Sachregister ist beigegeben.“ *Juristische Wochenschrift*

Stölzle, Hans, **Viehkauf** nach Bürgerlichem Gesetzbuch und ausländischem Recht. Verordnung, betreffend die Hauptmängel und Gewährfristen beim Viehhandel. Von Eugen Fröhner. Sechste, vermehrte und wesentlich verbesserte Auflage. Taschenformat. 699 Seiten. 1926. (Guttentagsche Sammlung Deutscher Reichsgesetze Bd. 50.) Geb. RM. 15.—

„Das Buch ist Juristen wie Laien als lichtvoller Ratgeber in allen Fragen nur auf das wärmste zu empfehlen." *Deutsche Juristen-Zeitung.*

Hoffmann, J., **Abzahlungsgeschäfte.** Vierte Auflage, besorgt von K.-A. Crisolli. Taschenformat. Im Druck. (Guttentagsche Sammlung Deutscher Reichsgesetze Bd. 34.)

„Jeder, der mit Abzahlungsgeschäften zu tun hat, kann sich bestens aus dem Büchlein informieren. Der Kommentar ermöglicht es auch dem Laien, sich mit allen einschlägigen Fragen vertraut zu machen." *Berliner Intelligenz-Blatt.*

Göppert, H., **Gesetz, betreffend die gemeinsamen Rechte der Besitzer von Schuldverschreibungen.** Zweite Auflage, bearbeitet von E. Trendelenburg. Taschenformat. 156 Seiten. 1915. (Guttentagsche Sammlung Deutscher Reichsgesetze Bd. 52.) . . . . . Geb. RM. 1.50

Beiträge zum ausländischen und internationalen Privatrecht, herausgegeben vom Institut für ausländisches und internationales Privatrecht.

Heft 1:

Nußbaum, Arthur, **Vertraglicher Schutz gegen Schwankungen des Geldwertes.** Goldklauseln und andere Abreden zur Minderung des Valutarisikos. Groß-Oktav. 95 Seiten. 1928 . . . . . . RM. 5.—

Heft 2:

Wolff, John, **Die Haftung des Verkäufers einer fremden beweglichen Sache** in den Vereinigten Staaten von Amerika in Vergleichung mit dem deutschen bürgerlichen Recht. Groß-Oktav. 84 Seiten. 1930. RM. 4.—

Heft 3:

Friedmann, Wolfgang, **Die Bereicherungshaftung** im anglo-amerikanischen Rechtskreis in Vergleichung mit dem deutschen bürgerlichen Recht. Groß-Oktav. 148 Seiten. 1930 . . . . . . RM. 7.—

Heft 4:

Raiser, Ludwig, **Die Wirkungen der Wechselerklärungen im internationalen Privatrecht.** Groß-Oktav. 124 Seiten. 1931 . . RM. 9.—

Sachenrecht insbesondere

Hedemann, Justus Wilh., **Sachenrecht des Bürgerlichen Gesetzbuches.** Oktav. XXXII, 507 Seiten. 1924. (Lehrbücher und Grundrisse der Rechtswissenschaft Bd. III.) . . . . . RM. 12.—, geb. RM. 13.50

„Ein trotz seiner Kürze ausgezeichnetes und inhaltreiches Lehrbuch, nicht nur für den Studierenden, sondern auch für ältere Juristen. Die Arbeit ist wissenschaftlich tiefgründig und doch gemeinverständlich geschrieben." *Zeitschrift des Deutschen Notarvereins.*

Kretzschmar, F., **Sachenrecht.**

I. Allgemeine Lehren. Besitz und Eigentum. Zweite, verbesserte Auflage. 142 Seiten. 1922. (Sammlung Göschen Bd. 480.) Geb. RM. 1.80
II. Begrenzte Rechte. 144 Seiten. 1923. (Sammlung Göschen Bd. 481.) Geb. RM. 1.80

Diese Bändchen bieten die Grundzüge des Sachenrechts in gedrängter und klarer Form.

Lenzen, Georg, **Das Deutsche Pfandleihrecht.** Kommentar zum preußischen Pfandleihgesetz unter Berücksichtigung der außerpreußischen Gesetze. Oktav. XXVI, 266 Seiten. 1929 . . . . Geb. RM. 20.—

„Diese zusammenfassende Darstellung ist die erste ihrer Art und sehr verdienstlich. Das Buch regt zu allerhand Fragen an."
Juristische Wochenschrift.

Günther, Hermann, **Erbbaurecht.** Taschenformat. 167 Seiten. 1919. (Guttentagsche Sammlung Deutscher Reichsgesetze Bd. 135.)
Geb. RM. 2.—

„Günther ist ausführlich, ohne weitschweifig zu sein; ausgezeichnete Vorbemerkungen geben vorzügliche Übersicht und wahren den Zusammenhang. Überall ist der bisherige Rechtszustand, der ja für absehbare Zeit seine Bedeutung behält, mit in das Bereich der Betrachtungen gezogen. Der Praxis wird das Werk von hervorragendem Nutzen sein." Beiträge zur Erläuterung des deutschen Rechts.

Arnheim, Hugo, **Grundbuchordnung.** Kommentar zur Grundbuchordnung für das Deutsche Reich nebst den für Preußen erlassenen Ausführungsbestimmungen. Zweite, völlig neubearbeitete Auflage. Lexikon-Oktav. 959 Seiten. 1913 . . . . RM. 15.—

„Der Band weist außerordentliche Gründlichkeit, Klarheit und Übersichtlichkeit auf. Man kann wohl sagen, daß kaum eine Frage auftauchen wird, die nicht wenigstens berührt wäre; die bisher zutage getretenen Fragen aber sind sämtlich in der eingehendsten Weise erörtert." Zentralblatt für freiwillige Gerichtsbarkeit.

Fischer, Otto, und **Fischer**, Norbert, **Grundbuchordnung für das Deutsche Reich** nebst den preußischen Ausführungsbestimmungen. Neunte, durchgearbeitete und ergänzte Auflage. Taschenformat. 322 Seiten. 1927. (Guttentagsche Sammlung Deutscher Reichsgesetze Bd. 42.)
Geb. RM. 5.—

„Eine der vortrefflichen alteingeführten Handausgaben der Guttentagschen Sammlung, bei der schon die Auflagenziffer für die Brauchbarkeit in der Praxis spricht. Nach wie vor ist das Buch ein vortrefflicher Wegweiser und Berater." Juristische Wochenschrift.

Ricks, Gerhard, **Die Grundbuchpraxis.** Ein Handbuch für den täglichen Gebrauch in Grundbuchsachen. Achte Auflage. Groß-Oktav. XII, 412 Seiten. 1929 . . . . RM. 12.—, geb. RM. 14.—

„Das Buch hat einen Anspruch darauf, in der Praxis geradezu verschlungen zu werden. Es ist aus der täglichen Praxis heraus für die Praxis lebensfrisch und unterhaltend geschrieben."
Mitteilg. a. d. Württemb. Notariats-Praxis.

Friedlaender, Martin, **Hypothekenbeschaffung für Wohn- und Geschäftshäuser.** Handbuch für die Praxis der Grundstückswirtschaft. Groß-Oktav. VIII, 151 Seiten. 1929 . . . . . RM. 6.—, geb. RM. 7.50

„Das Buch gibt einen außerordentlich praktischen Überblick über alle Fragen der Hypothekenbeschaffung. Die anschauliche Art der Zergliederung und die gründliche Darlegung des Statuts sichern dem Buch eine weite Verbreitung." Deutsche Sparkassen-Zeitung.

Familienrecht, Erbrecht

Lehmann, Heinrich, **Familienrecht** des Bürgerlichen Gesetzbuches einschließlich Jugendfürsorgerecht. Oktav. XII, 352 Seiten. 1926. (Lehrbücher und Grundrisse der Rechtswissenschaft Bd. IV.)
RM. 11.—, geb. RM. 12.50

„Die Schilderung Lehmanns ist überall anregend und fesselnd. Das Werk kann allen Rechtsstudenten und Referendaren zur Anschaffung dringend empfohlen werden." Der junge Rechtsgelehrte.

Titze, Heinrich, **Familienrecht.** (BGB. IV.) 169 Seiten. Neudruck. 1924. (Sammlung Göschen Bd. 305.) . . . . Geb. RM. 1.80

Endemann, Fr., **Erbrecht.** Oktav. XII, 166 Seiten. 1923. (Lehrbücher und Grundrisse der Rechtswissenschaft Bd. V.) RM. 3.—, geb. RM. 4.50

„Dieser Leitfaden behandelt den spröden Stoff des schwierigen Erbrechts in meisterhafter, fesselnder Darstellung."
Zeitschrift des Bundes Deutscher Justizamtmänner.

v. **Blume,** Wilh., **Erbrecht.** (BGB. V.)
I. Einleitung. Die Grundlagen des Erbrechts. 75 Seiten. 1913. (Sammlung Göschen Bd. 659.) . . . . Geb. RM. 1.80
II. Die Nachlaßbeteiligten. Mit 23 Figuren. 131 Seiten. 1913. (Sammlung Göschen Bd. 660.) . . . . Geb. RM. 1.80

Riesenfeld, S., **Die Erbenhaftung nach dem Bürgerlichen Gesetzbuch.** Groß-Oktav. 2 Bände. 1916 . . . . . RM. 15.—, geb. RM. 18—
I. Band: Die Grundsätze der Haftung. XII, 461 Seiten.
II. Band: Das Inventar und die Mittel der Haftungsbeschränkung. VIII, 455 Seiten.

„Ein hervorragendes Werk, das in allen Teilen die vollständige Beherrschung des schwierigen Stoffes erkennen läßt und sich dabei durch klare und gemeinverständliche Darstellung auszeichnet."
Sächsisches Archiv für Rechtspflege.

Aufwertung

Michaelis, Richard, **Das Aufwertungsrecht** nach den Aufwertungsgesetzen und nach allgemeinem bürgerlichem Rechte. Kommentar zu den Gesetzen vom 16. Juli 1925 über die Aufwertung von Hypotheken und anderen Ansprüchen und über die Ablösung öffentlicher Anleihen sowie systematische Darstellung des Aufwertungsrechts außerhalb dieser Gesetze. Zweite, gänzlich umgearbeitete Auflage des Kommentars zur Dritten Steuernotverordnung vom 14. Februar 1924 (Aufwertung). Mit einer Fristentabelle von H. Hoormann. Groß-Oktav. X, 516 Seiten. 1926. Mit Nachtrag 1927. (de Gruytersche Sammlung Deutscher Gesetze. Handkommentare.) . . . . Geb. RM. 16.—

„Es handelt sich um ein ganz erstklassiges Werk, das sich für jeden Aufwertungsinteressenten als unentbehrlich erweisen wird."
Deutsche Allgemeine Zeitung.

Michaelis, Richard, Die beiden **Aufwertungsnovellen** vom 18. Juli 1930. (Hypotheken-Fälligkeits- und Verzinsungsgesetz; Grundbuchbereinigungsgesetz.) Taschenformat. VI, 202 Seiten. 1930. (Guttentagsche Sammlung Deutscher Reichsgesetze Bd. 178.) . . . . Geb. RM. 4.—

Reichsgerichtsrat Michaelis, der im „Kommentar über das Bürgerliche Gesetzbuch von Reichsgerichtsräten" den Abschnitt „Aufwertung" bearbeitet hat, erläutert in der gleichen autoritativen Art auch die neuen Gesetze, die die Aufwertungsgesetzgebung ändern und abschließen. Die Erläuterung der zuverlässig abgedruckten Gesetzestexte ist übersichtlich und in der Sprache leicht verständlich, wie überhaupt in ihrer ganzen Anlage, nicht zuletzt aber wegen ihres niedrigen Preises, auf die Praxis zugeschnitten.

Berliner, Ludwig, und **Pfaffenberger,** Ernst, **Aufwertung von Versicherungsansprüchen** mit Durchführungsbestimmungen.
I. Teil. Oktav. 235 Seiten. 1925. (Guttentagsche Sammlung Deutscher Reichsgesetze Bd. 164.) . . . . Geb. RM. 6.50
II. Teil: Sach- und Transportversicherung; Unfall- und Haftpflichtversicherung. Oktav. 112 Seiten. 1926. Mit Nachtrag. (Guttentagsche Sammlung Deutscher Reichsgesetze Bd. 164a.) . . Geb. RM. 3.50

„Eine ganz ausgezeichnete, wohldurchdachte Darstellung und Erläuterung des Aufwertungsrechtes des gesamten Versicherungswesens, eine unentbehrliche Ergänzung zu jedem Gesamtkommentar über das Aufwertungsgesetz." *Zentralblatt für Handelsrecht.*

2. Handelsrecht.

v. Gierke, Jul., **Handelsrecht und Schiffahrtsrecht.** Dritte, ergänzte Auflage. Groß-Oktav. XIV, 744 Seiten. 1929. (Lehrbücher und Grundrisse der Rechtswissenschaft Bd. VI.) RM. 21.—, geb. RM. 22.50

„... ein außerordentlich hochstehendes, immer den neuesten Stand der Lehre und der Rechtsprechung widerspiegelndes Lehrbuch des Handelsrechts im weitesten Sinn." *Der junge Rechtsgelehrte.*

v. Gierke, Jul., **Handelsrecht.** Mit Wechselordnung und Scheckgesetz. Im Druck.
(Lehrausgaben Deutscher Gesetze, Bd. IV.)

Lehmann, K., und **Hoeniger,** H., **Lehrbuch des Handelsrechts.** Dritte Auflage. Erster Halbband, enthaltend die Lehre vom Handelsstand und von den Handelsgesellschaften. Groß-Oktav. 432 Seiten. 1921 RM. 10.—

Ein großangelegtes Lehrbuch des Handels- und Schiffahrtsrechts.

Lehmann, K., und **Hoeniger,** H., **Deutsches Handelsrecht.**
I. Einleitung. Der Kaufmann und seine Hilfspersonen. Offene Handelsgesellschaft, Kommandit- und stille Gesellschaft. 117 Seiten. 1921. (Sammlung Göschen Bd. 457.) . . . . Geb. RM. 1.80
II. Aktiengesellschaften, Gesellschaften mit beschränkter Haftung, eingetragene Genossenschaften. Handelsgeschäft, 126 Seiten. 1924. (Sammlung Göschen Bd. 458.) . . . . Geb. RM. 1.80

Eine gemeinverständliche Darstellung in gedrängter Form.

Hein, Joh., **Die Zusammenhänge zwischen Steuerrecht und Handelsrecht und ihre Entwicklung,** untersucht an dem Gewinn und an der Bewertung. Eine bilanzrechtliche und bilanzkritische Darstellung mit praktischen Beispielen. Groß-Oktav. X, 280 Seiten. 1928. RM. 10.—, geb. RM. 12.—

„Das Buch führt in klarer Gestaltung in die Probleme des Bilanzrechts ein. Eine übersichtliche Gliederung ermöglicht eine schnelle und doch gründliche Einführung. Darüber hinaus stellt das Buch eine wesentliche Förderung für die dringend notwendige wissenschaftliche Behandlung des Steuerbilanzrechts und seiner Zusammenhänge mit den verwandten Rechtsmaterien dar." *Zeitschrift für Handelsrecht.*

Staubs Kommentar zum Handelsgesetzbuch. Zwölfte und dreizehnte Auflage. Bearbeitet von Heinrich Koenige, Albert Pinner, Felix Bondi. Vier Bände und ein Registerband. Groß-Oktav. 4000 Seiten. 1927 . . . . Zusammen RM. 157.—, in Halbleder RM. 183.60

„Der Staubsche Kommentar ist das klassische Hilfswerk zum Deutschen Handelsgesetzbuch und für die Beurteilung der zahlreichen schwierigen Fragen dieses Gesetzes maßgebend geworden; es stellt ein unentbehrliches Mittel zur Erfassung und zur Anwendung des Gesetzes dar." *Frankfurter Zeitung.*

Mosse, Albert, und **Heymann,** Ernst, **Handelsgesetzbuch** (ohne Seerecht). Mit den ergänzenden Vorschriften des Bürgerlichen Gesetzbuchs und einem Anhang, enthaltend das Einführungsgesetz, das Depotgesetz, die Bestimmungen über Börsentermin- und Differenzgeschäfte u. a. Nebst Erläuterungen. Im Anschluß an die Textausgabe von F. Litthauer. Siebzehnte Auflage. Unter Mitwirkung von Karl August Crisolli. Oktav. VIII, 693 Seiten. 1926 (Guttentagsche Sammlung Deutscher Reichsgesetze Bd. 4.) . . . . .Geb. RM. 14.—

„Die Litthauer-Mossesche Ausgabe des Handelsgesetzbuches hat bei allen Praktikern seit langem den wohlbegründeten Ruf größter Zuverlässigkeit und übersichtlicher Anordnung, die mit möglichster Knappheit des Ausdrucks gepaart sind. Das Buch ist ein zuverlässiger Führer durch das immer schwieriger werdende Gebiet des Handelsrechts." *Vossische Zeitung.*

Handelsgesetzbuch nebst Einführungsgesetz vom 10. Mai 1897, unter Berücksichtigung der bis 15. Juni 1930 ergangenen Novellen. Textausgabe mit Sachregister. Zwölfte Auflage. 370 Seiten. 1930. (Guttentagsche Sammlung von Textausgaben ohne Anmerkungen mit Sachregister.) . . . . Geb. RM. 3.50

Die handliche Ausgabe enthält den genauen Gesetzestext mit einem das Zurechtfinden sehr erleichternden Sachregister.

Baum, G., **Das vertragliche Wettbewerbsverbot** (Konkurrenzklausel). Nebst Kommentar zum Gesetze vom 10. Juni 1914. Taschenformat. XII, 231 Seiten. 1914. (Guttentagsche Sammlung Deutscher Reichsgesetze Bd. 115.) . . . . Geb. RM. 3.—

Gesellschaften

Brodmann, Erich, **Aktienrecht**. Kommentar. Groß-Oktav. XII, 580 Seiten. 1928. (Gewerbe- und Industrie-Kommentar Bd. IV.)
RM. 28.—, geb. RM. 30.—

„Mit unvergleichlichem Geschick hat der Verfasser Großartiges geleistet — Brodmann ist Trumpf!" Zeitschrift für Aktiengesellschaften.

Brodmann, Erich, **Die Sanierung unseres Aktienwesens**. Groß-Oktav. 46 Seiten. 1931 . . . . RM. 3.—

Entwurf eines Gesetzes über Aktiengesellschaften und Kommanditgesellschaften auf Aktien sowie Entwurf eines Einführungsgesetzes nebst erläuternden Bemerkungen. Veröffentlicht durch das **Reichsjustizministerium**. Lexikon-Oktav. 132 Seiten. 1930 . . . . . RM. 3.—

Hachenburg, Max, **Kommentar zum Gesetz, betr. die Gesellschaften mit beschränkter Haftung**. (Früher **Staub-Hachenburg**.) Fünfte Auflage unter Mitarbeit von Fritz Bing und Walter Schmidt. 2 Bände . . . . RM. 43.—, geb. RM. 47.—
I. Band: §§ 1—34. Groß-Oktav. VI, 527 Seiten. 1926.
II. Band: §§ 35—84. Groß-Oktav. II, 452 Seiten. 1927.

„Was Hachenburg in seinen Neubearbeitungen aus diesem Buche gemacht hat, ist erstaunlich. Sein reiches juristisches Wissen, sein überlegener und kritischer Verstand, seine vorzügliche Gestaltungskraft und seine nur wenigen Juristen eigene vielseitige Auslegungskunst haben etwas Großes, Unvergleichliches geschaffen. Man findet selten ein literarisches Werk, in welchem Rechtsgelehrsamkeit und praktisches Können vereint einem Spezialgesetz so zugute kamen wie hier."
Zeitschrift für Aktiengesellschaften.

Brodmann, Erich, **Gesetz, betr. die Gesellschaften mit beschränkter Haftung**. Kommentar. Zweite Auflage. Groß-Oktav. VIII, 304 Seiten. 1930. (Gewerbe- und Industrie-Kommentar Bd. I.)
RM. 16.—, geb. RM. 18.—

„Übersichtliche, klare Anordnung der Erläuterungen, tiefes Eindringen in die Einzelheiten des Gesetzes unter steter Berücksichtigung des Wirtschaftslebens, erschöpfende Wiedergabe der Rechtsprechung, namentlich des Reichsgerichts, sind die besonderen Vorzüge des Werkes, das damit ein unentbehrliches Rüstzeug werden wird." *Badische Rechtspraxis.*

Parisius, Ludolf, und **Crüger**, Hans, **Das Reichsgesetz, betr. die Gesellschaften mit beschränkter Haftung**. Textausgabe mit Anmerkungen und Sachregister. Achtzehnte Auflage, bearbeitet von Adolf Crecelius und Fritz Citron. Taschenformat. 244 Seiten. 1929. (Guttentagsche Sammlung Deutscher Reichsgesetze Bd. 32.)
Geb. RM. 3.50

„Die äußerst sachkundig erläuterte Ausgabe wird von den interessierten Kreisen freudig begrüßt werden. Wir können das Bändchen der bekannten Sammlung bestens empfehlen."
Badische Wirtschafts-Zeitung.

Starke, Arthur. **Offene Handelsgesellschaften, Kommanditgesellschaften und stille Gesellschaften** von der Errichtung bis zur Auflösung. Nebst Vertrags- und Anmeldeformularen und mit Berücksichtigung des Steuerrechts. Oktav. XIV, 167 Seiten. 1928 . . . . RM. 5.—

Eine systematische Darstellung für Studium und Praxis.

Wechselordnung und Scheckrecht

Staubs Kommentar zur Wechselordnung. Fortgesetzt von J. Stranz und M. Stranz. Zwölfte Auflage, bearbeitet von M. Stranz und Martin Stranz. Groß-Oktav. 432 Seiten. 1929.

RM. 16.—, geb. RM. 18.—

„Staub-Stranz ist der Kommentar zur Wechselordnung. Auch die jüngste Auflage des Kommentars gibt einen echten Staub-Stranz. Weiterer Kommentar dazu ist überflüssig." Juristische Wochenschrift.

Stranz, J., und **Stranz,** M., **Wechselordnung** in der Fassung der Bekanntmachung vom 3. Juni 1908. Kommentar. Dreizehnte, der Neubearbeitung sechste Auflage. Taschenformat. 419 Seiten. 1930. (Guttentagsche Sammlung Deutscher Reichsgesetze Bd. 5.)

Geb. RM. 7.—

Diese Ausgabe enthält nicht etwa nur Hinweise und kurze Erläuterungen, sondern ist ihrer ganzen Anlage nach ein verkürzter Kommentar; außer der Wechselordnung bringt sie auch die bekannten Nebengesetze: sie umfaßt also das gesamte Wechselrecht.

Wechselordnung in der Fassung der Bekanntmachung vom 3. Juni 1908 (RGBl. S. 326 ff.). Mit einem Anhang, enthaltend den Wechselprozeß und Nebengesetze. Textausgabe mit Einleitung und Sachregister. Taschenformat. 102 Seiten. 1928. (Guttentagsche Sammlung von Textausgaben ohne Anmerkungen.) . . . . Geb. RM. 1.50

Vorteilhafte Anordnung, ein zuverlässiges Sachregister, das das Gesetz erschließt, Handlichkeit und sauberer Druck zeichnen auch die neue Auflage der Wechselordnung aus, deren Einleitung den letzten Stand dieser Materie erfaßt und deren Anhang „Nebengesetze" bis auf die letzte Zeit ergänzt ist.

Michaelis, Richard, **Scheckgesetz** mit allen einschlägigen Nebengesetzen, den ausländischen Gesetzen und dem Deutschen Postscheckgesetz mit Postscheckordnung. Kommentar. Groß-Oktav. VII, 339 Seiten. 1927. (Gewerbe- und Industrie-Kommentar Bd. II.) RM. 16.—, geb. RM. 18.—

„Wenn irgendein Buch, so entspricht dieses einem Bedürfnis." Berliner Tageblatt.

Der Eigentumsvorbehalt in Wirtschaft und Recht. Herausgegeben von der Industrie- und Handelskammer zu Berlin. Oktav. 280 Seiten. 1931 . . . . RM. 4.—, geb. RM. 5.—

Die Industrie- und Handelskammer zu Berlin bringt in diesem Buche zum Thema „Kreditsicherung durch Eigentumsvorbehalt" eine geschlossene Reihe von Kapiteln erster Autoritäten bei, in denen diese zum Eigentumsvorbehalt von allen Gesichtspunkten (z.B. seiner Bedeutung in der Industrie, im Großhandel, im Einzelhandel, im Bankverkehr, im internationalen Verkehr, im Konkursverfahren, im Steuerrecht, im Strafrecht, seiner zweckmäßigsten Formulierung usw.) ausführlich Stellung nehmen. Seiner Zweckbestimmung nach ist dieses Buch gleicherweise nach der praktischen wie nach der wissenschaftlichen Seite hin orientiert.

Schiffahrtsrecht

Schaps, Georg, **Das deutsche Seerecht.** Kommentar zum vierten Buche des Handelsgesetzbuches (als Ergänzung zu Staub's Kommentar) nebst Erläuterungen zu den seerechtlichen Nebengesetzen. Zweite, vollständig umgearbeitete Auflage herausgegeben von Max Mittelstein † und Julius Sebba.

I. Band. (Handelsgesetzbuch: Viertes Buch.) Groß-Oktav. VIII, 1041 Seiten. 1921 . . . . RM. 25.—, geb. RM. 28.—
II. Band. (Seerechtliche Nebengesetze mit Nachtrag zur Ergänzung des I. Bandes nach dem Stand von 1929.) Bearbeitet von J. Sebba. XVI, 1108 Seiten. 1929 . . . . RM. 52.—, geb. RM. 55.—

„Die alte, auf der Staubschen Kommentierungsmethode beruhende Auflage erfreute sich mit Recht schon großen Ansehens. In diesen bewährten Bahnen leistet die zweite Auflage an Vollständigkeit, Übersichtlichkeit und Genauigkeit das Höchste, was Wissenschaft und Praxis nur wünschen können." Juristische Wochenschrift.

Brandis, Otto, **Das deutsche Seerecht** (mit Ausschluß des Seeversicherungsrechts.) I. Allgem. Lehren: Personen und Sachen des Seerechts. 130 Seiten. 1908. II. Die einzelnen seerechtlichen Schuldverhältnisse: Verträge des Seerechts und außervertragliche Haftung. 156 Seiten. 1908. (Sammlung Göschen Bd. 386/87.) . . . . . Geb. je RM. 1.80

Sieveking, Gustav, **Das deutsche Seeversicherungsrecht.** Kommentar zum zehnten Abschnitt des vierten Buches des Handelsgesetzbuches. Lexikon-Oktav. 218 Seiten. 1912 . . . . . . RM. 5.—, geb. RM. 6.80

„Der Kommentar ruht auf einer vortrefflichen Grundlage und zeigt sich auch in seinem Inhalte dieser Grundlage durchaus würdig. Er ersetzt ein Lehrbuch und kann daher auch zur Einführung in das Seeversicherungsrecht empfohlen werden."
Leipziger Zeitschrift für deutsches Recht.

Allgemeine Deutsche Seeversicherungs-Bedingungen. Im Jahre 1919 herausgegeben von den deutschen Seeversicherern nach Beratung mit deutschen Handelskammern und Fachverbänden unter Vorsitz der Handelskammer Hamburg. 16.—20. Tausend. 50 Seiten. 1925 . RM. 2.—

General Rules of Marine. Insurance 1919 adopted by the German Underwriters. Authorised Translation by Dr. Alfred Sieveking, larger in Hamburg. 64 Seiten. 1920 . . . . RM. 3.—

Materialien zu den Allgemeinen Deutschen Seeversicherungs-Bedingungen. Im Auftrag der vereinigten Handelskammern herausgegeben von Prof. Dr. E. Bruck. Groß-Oktav. 2 Bände. 678 Seiten. 1920 . . RM. 10.—

v. Liebig, Eugen, **Die Transportversicherung.** Teil I: Die Seeversicherung. Systematische Darstellung des Seeversicherungswesens. Groß-Oktav. VIII, 226 Seiten. 1914 . . . . RM. 5.—

Bene, F., **Der Begriff des Versicherungsfalles in der Seeversicherung. (Hamburger Rechtsstudien, herausgegeben von Mitgliedern der Rechts- und Staatswissenschaftlichen Fakultät der Hamburgischen Universität,** Heft 1.) Groß-Oktav. 75 Seiten. 1928 . . . . RM. 4.50

Elkan, H. H., **Die Bedeutung des Interesses für die Veräußerung der versicherten Sache.** (Hamburger Rechtsstudien, herausgegeben von Mitgliedern der Rechts- und Staatswissenschaftlichen Fakultät der Hamburgischen Universität, Heft 2.) Oktav. 58 Seiten. 1928 . . RM. 4.—

Makower, H., **Gesetze, betreffend die privatrechtlichen Verhältnisse der Binnenschiffahrt und der Flößerei.** Nach den Materialien erläutert. Sechste, vermehrte Auflage, bearbeitet von E. Loewe. Taschenformat. 458 Seiten. 1923. (Guttentagsche Sammlung Deutscher Reichsgesetze Bd. 36.) . . . . Geb. RM. 4.—

„Das vorzüglich bearbeitete Buch dürfte mit seinen klaren und verständlichen Erläuterungen für jeden, der in irgendeiner Weise mit der Binnenschiffahrt und der Flößerei zu tun hat, ein nie versagender Ratgeber sein." Schiffbau.

Sebba, Jul., **Seewasserstraßenordnung.** (Polizeiverordnung zur Regelung des Verkehrs auf den deutschen Seewasserstraßen vom 31. März 1927.) Mit Nachtrag, enthaltend die Änderungen vom 31. März 1928 und vom 20. März 1930. Taschenformat. 493 Seiten. 1928. (Guttentagsche Sammlung Deutscher Reichsgesetze Nr. 171.) . . Geb. RM. 8.50

Die vorliegende Ausgabe ist für die an dem neuen Gesetz interessierten beiden Fachgruppen, die der Nautiker und der Juristen, von gleich großer Bedeutung. Diese Verbindung zweier Kenntnisgebiete gibt dem vorliegenden Kommentar seine besondere Note und seinen großen Wert.

Genossenschaften

Parisius, Ludolf, **Crüger,** Hans, **Crecelius,** Adolf, und **Citron,** Fritz, **Reichsgesetz, betreffend die Erwerbs- und Wirtschaftsgenossenschaften.** Kommentar zum praktischen Gebrauch für Juristen und Genossenschaften. Elfte, neubearbeitete Auflage. Groß-Oktav. XV, 598 Seiten. 1928 . . . . RM. 28.—, geb. RM. 30.—

„Crüger beherrscht wie kein anderer Theorie und Praxis des Genossenschaftswesens, auch nach der wissenschaftlichen Seite hin."

Juristische Wochenschrift.

Parisius, Ludolf, und **Crüger,** Hans, **Das Reichsgesetz, betreffend die Erwerbs- und Wirtschaftsgenossenschaften.** Textausgabe mit Anmerkungen und Sachregister. Zwanzigste, neubearbeitete und erweiterte Auflage von Hans Crüger, Adolf Crecelius und Fritz Citron. Taschenformat. 297 Seiten 1930. (Guttentagsche Sammlung Deutscher Reichsgesetze Bd. 29.) . . . . Geb. RM. 4.—

„In knapper und klarer Form werden die gesetzlichen Bestimmungen abgehandelt und alles zum Verständnis unbedingt Erforderliche in den Anmerkungen beigebracht. Das Werk kann nur empfohlen werden." Ministerialblatt f. d. Preuß. innere Verwaltung.

Verschiedenes

Schreiber, Otto, **Handelsrechtliche Nebengesetze.** Taschenformat. VIII, 1002 Seiten. 1926. (Guttentagsche Sammlung Deutscher Reichsgesetze Bd. 162.) . . . . Geb. RM. 14.—

„Die Sammlung ist ein unentbehrliches Hilfsmittel für den Praktiker. Die Zusammenstellung ist sehr zuverlässig; auch das Sachregister von Kleffel verdient volle Anerkennung."

Zentralblatt für Handelsrecht.

Staffel, W., **Verordnung gegen Mißbrauch wirtschaftlicher Machtstellungen** vom 2. November 1923. Kommentar. Oktav. 108 Seiten. 1927. (Guttentagsche Sammlung Deutscher Reichsgesetze Bd. 167.) Geb. RM. 3.50

„Die für das Wirtschaftsrecht so wichtige Kartellverordnung findet hier eine eingehende Kommentierung. Die Erläuterungen werden daher um so unentbehrlicher für die wirtschaftliche Praxis auf diesem Gebiete sein." Industrie- und Handelszeitung.

Lusensky, F., **Gesetz über die Handelskammern.** Taschenformat. (Guttentagsche Sammlung Preußischer Gesetze Bd. 21.)

Neue Auflage in Vorbereitung.

„Das Buch ist ein vortrefflicher Berater aller derer, die in der Handelskammerorganisation sind, oder zu ihr in Beziehung stehen. Es kann warm empfohlen werden."

Zeitschrift für Polizei- und Verwaltungsbeamte.

Göppert-Seydel, Hypothekenbankgesetz vom 13. Juli 1899 (mit den Änderungen durch die Gesetze vom 14. Juli 1923, vom 26. Januar 1926 und 21. Dezember 1927). Textausgabe mit Einleitung, Anmerkungen und Sachregister. Dritte Auflage bearbeitet von Dr. **Martin Friedlaender.** Taschenformat. VIII, 202 Seiten. 1929. (Guttentagsche Sammlung Deutscher Reichsgesetze Nr. 51.) . . . . RM. 5.—

Die vorliegende Auflage des bekannten „Göppert-Seydel" ist den veränderten Verhältnissen entsprechend vollkommen umgearbeitet worden; sie berücksichtigt sowohl die nach dem Kriege erfolgten Änderungen und Ergänzungen des Gesetzes und des Aufwertungsrechtes wie auch die Judikatur und das Schrifttum bis auf die letzte Zeit. Damit kommen die Vorzüge des „Göppert-Seydel" der Praxis und Wissenschaft wieder in ihrem ganzen Umfange zugute.

Behlert, Heinz, **Der Konnossement-Teilschein.** Groß-Oktav. 79 Seiten. 1930.
(Hamburger Rechtsstudien, Heft 5.) RM. 5.—

Die Schrift löst die Frage, ob ein Konnossement-Teilschein dem Konnossement gleichzusetezn ist, unter Zugrundelegung der Hamburger Verhältnisse und unter Berücksichtigung der Rechtsprechung, der Lehre und des ausländischen Rechtes.

Lion, Robert, **Reine Konnossemente gegen Revers.** Groß-Oktav. 78 Seiten. 1930.
(Hamburger Rechtsstudien, Heft 7.) RM. 5.—

Die Abhandlung beginnt mit einer ausführlichen Darstellung der Entwicklung, Anwendung und Funktion des Konnossementsreverses. Es folgt eine Untersuchung der rechtlichen Probleme, die sich bemüht, die wirtschaftlichen Interessen aller Beteiligten gegeneinander abzuwägen; eine eingehende Übersicht über die Rechtsprechung ist mit ihr verbunden. Den Abschluß bildet eine Darstellung und Würdigung der zahlreichen Reformvorschläge. Wirtschaft und Recht des Auslandes sind in weitestgehendem Umfange berücksichtigt.

Bank und Börse

Koch, R., und **Schacht,** Hjalmar, **Die Reichsgesetzgebung über das Münz- und Notenbankwesen.** Textausgabe mit Anmerkungen und Sachregister. Siebente, völlig neubearbeitete Auflage. Taschenformat. XVIII, 617 Seiten. 1925. (Guttentagsche Sammlung Deutscher Reichsgesetze Bd. 26.) . . . . Geb. RM. 14.—

„Dieser Kommentar zeichnet sich durch Vollständigkeit und Reichhaltigkeit aus und bietet außerdem in der Einleitung einen vortrefflichen Überblick über die Entwicklung des deutschen Noten- und Geldwesens während der letzten Jahrzehnte."

Monatsschrift für Handelsrecht und Bankwesen.

Nußbaum, Arthur, Bank- und Börsenrecht. Eine Sammlung von Gesetzen und Geschäftsbedingungen. Taschenformat. XII, 622 Seiten. 1927. (Guttentagsche Sammlung Deutscher Reichsgesetze Bd. 169)
Geb. RM. 11.—

Die vorliegende Sammlung der verstreuten bank- und börsenrechtlichen Vorschriften fehlte bisher in der kaufmännischen und juristischen Bankpraxis ebenso wie im handelsrechtlichen und betriebswirtschaftlichen Unterricht. Ihr Erscheinen wurde daher vielseitig begrüßt. Die Sammlung berücksichtigt auch die dem freien Verkehr entstammenden Rechtsbildungen.

Kommentar zum Börsengesetz. Im Auftrage des Centralverbandes des Deutschen Bank- und Bankiergewerbes (E. V.) bearbeitet von H. Rehm, H. Trumpler, Heinrich Dove, Ernst Neukamp, R. Schmidt-Ernsthausen, James Breit. Mit einem Vorwort von J. Rießer. Lexikon-Oktav. VIII, 464 Seiten. 1909.
RM. 12.—, geb. RM. 13.50

„Einen so guten Kommentar zum Börsengesetz hat es noch nie gegeben. Wer sich darein vertieft, wird reiche Belehrung daraus schöpfen über das Börsenwesen im allgemeinen und über seine Rechtsübung und Rechtsprechung im besonderen."

Sächsisches Archiv für Rechtspflege.

Hemptenmacher, Th., **Börsengesetz.** Dritte Auflage von O. Meyer. Taschenformat. XXIII, 373 Seiten. 1915. (Guttentagsche Sammlung Deutscher Reichsgesetze Bd. 41.) . . . . Geb. RM. 3.50

„Das Bändchen bringt neben einem kurzen Überblick und einem vorteilhaft erweiterten Anhang das Börsengesetz nebst Ausführungsbestimmungen. Alles in allem schließt sich auch dieses Bändchen wieder den übrigen Textausgaben der wegen ihrer unbedingten und erschöpfenden Sachlichkeit bekannten Guttentagschen Sammlung Deutscher Reichsgesetze würdig an.“ Bayrische Handelszeitung.

Lusensky, F., Gesetz, betreffend die Pflichten der Kaufleute bei Aufbewahrung fremder Wertpapiere (Depotgesetz). Neue Auflage in Bearbeitung. (Guttentagsche Sammlung Deutscher Reichsgesetze Bd. 40.)

„Die beste Bearbeitung des sogenannten Depotgesetzes.“ Zeitschrift für Aktiengesellschaften.

Frohner, G., **Aktiensonderdepot und Legitimationsübertragung.** (Hamburger Rechtsstudien, herausgegeben von Mitgliedern der Rechts- und Staatswissenschaftlichen Fakultät der Hamburgischen Universität, Heft 3.) Groß-Oktav. VII, 114 Seiten. 1929 . . . . RM. 7.—

Schwerin, Frh. Cl. von, **Recht der Wertpapiere** (einschließlich Wechsel- und Scheckverkehr). Oktav. X, 234 Seiten. 1924. (Lehrbücher und Grundrisse der Rechtswissenschaft Bd. 7.) RM. 7.—, geb. RM. 8.50

„Das Buch löst seine Aufgabe, den Studierenden eine Einführung in die Materie des Wertpapierrechts zu geben, ausgezeichnet, vor allem deshalb, weil es eine gute theoretische Fundierung mit einer dem Lehrzweck entsprechenden Darstellung des praktischen Rechts und der Rechtstatsachen verbindet.“ Deutsche Juristenzeitung.

Zeitgemäße Bankrechtsfragen. Festgabe der Rechtsabteilung der Disconto-Gesellschaft zum 70. Geburtstage des Herrn Dr. jur. Arthur Salomonsohn. Quart. 126 Seiten. 1929 . . . RM. 8.—, geb. RM. 10.—

„Der Band enthält 8 vorzügliche Aufsätze. Die Verfasser befassen sich mit Problemen, die in der Rechtsabteilung einer Großbank oft zur Debatte stehen und deren endgültige Klärung ein praktisches Bedürfnis ist.“ Wirtschaftl. Nachrichten.

Verhandlungen des VII. allgemeinen deutschen Bankiertages. Köln 9.—11. September 1928 auf Grund stenographischer Berichte. Groß-Oktav. 436 Seiten. 1928 . . . . RM. 10.—

III. Grenzgebiete des Bürgerlichen Rechts

1. Privat- und Sozialversicherung

Koenige, Heinrich, und **Petersen,** A., **Gesetz über die privaten Versicherungsunternehmungen** vom 12. Mai 1901. Textausgabe mit Anmerkungen und Sachregister. Dritte, umgearbeitete Auflage. Taschenformat. 856 Seiten. 1927. (Guttentagsche Sammlung Deutscher Reichsgesetze Bd. 62.) . . . . Geb. RM. 20.—

„Der Verfasser hat es meisterhaft verstanden, reiche Literatur und Judikatur zu dem wichtigen Grundgesetz der Privatversicherung mit seiner eigenen selbständigen Auffassung von der Bedeutung der Gesetzesbestimmungen in Verbindung zu bringen. Für Theorie und Praxis der Privatversicherung wird das Werk dadurch zu einem unentbehrlichen Hilfsmittel.“ Deutsche Versicherten-Zeitung.

Bruck, E., **Reichsgesetz über den Versicherungsvertrag** nebst dem zugehörigen Einführungsgesetz vom 30. Mai 1908. Sechste, vollkommen neubearbeitete Auflage. Taschenformat. 708 Seiten. 1929. (Guttentagsche Sammlung Deutscher Reichsgesetze Bd. 83.) Geb. RM. 14.—

„. . . Obwohl ich mit dem Worte „unentbehrlich“ sparsam umgehe, muß ich anerkennen, daß niemand, der in irgendwelcher Art mit Versicherungsgeschäften zu tun hat, den Bruck'schen Kommentar entbehren könnte.“ Reichsgerichtsrat Schliewen i. d. Jurist. Rundschau.

Moldenhauer, Paul, **Das Versicherungswesen.**
I. Allgemeine Versicherungslehre. Vierte Auflage. 152 Seiten. 1925. (Sammlung Göschen Bd. 262.) . . . . Geb. RM. 1.80
II. Die einzelnen Versicherungszweige. Zweite Auflage. 130 Seiten. 1923. (Sammlung Göschen Bd. 636.) . . . . Geb. RM. 1.80
„Das Buch ist für jeden, der sich mit dem Versicherungswesen und seinen Zweigen vertraut machen will, ein trefflicher Führer."
Versicherungspost.

Veröffentlichungen des Reichs-Aufsichtsamts für Privatversicherung. Groß-Oktav. 29. Jahrgang. Pro Band RM. 40.—, bis RM. 50.—

Versicherungsstatistik für 1902 über die unter Reichsaufsicht stehenden Unternehmungen. Herausgegeben vom Reichsaufsichtsamt für Privatversicherung. Lexikon-Oktav. LXXVII, 384 Seiten. 1905. RM. 10.—
— für 1903 bis 1917 . . . . Je Jahrgang RM. 10.—
— für 1928 bis 1929. 1930 . . . . RM. 24.—

v. Liebig, Eugen, **Das deutsche Feuerversicherungswesen.** Groß-Oktav. 211 Seiten. 1911 . . . . RM. 5.—
„In einer außerordentlich klaren Darstellung gibt der Verfasser einen geschichtlichen Überblick von den Gilden an bis zum gegenwärtigen Stand der Feuerversicherung in Deutschland. Das Buch ist in so flüssiger, schöner Sprache geschrieben, daß auch der Anfänger und selbst der Laie durch die fesselnde Darstellung leicht einen tiefen Einblick in das Wesen der Feuerversicherung gewinnen wird." *Archiv für Versicherungswirtschaft.*

Weygand, J., **Die Grundzüge der Kundenversicherung.** (Generalversicherung der Speditions- und Lagergüter.) Mit einer Einleitung über das Interesse als Element der Sachversicherung. Groß-Oktav. 162 Seiten. 1914 . . . . RM. 4.—
„Das interessante Werk bietet namentlich für Juristen wertvolle Hinweise zur Rechtsbehandlung der Kundenversicherungsfrage."
Archiv für Gewerbepolitik und Volkswirtschaft.

Berliner, Ludwig, und **Pfaffenberger,** Ernst, **Aufwertung von Versicherungsansprüchen mit Durchführungsbestimmungen.**
I. Teil. Oktav. 235 Seiten. 1926. Mit Nachtrag. (Guttentagsche Sammlung Deutscher Reichsgesetze Bd. 164.) . . . . Geb. RM. 6.50
II. Teil: Sach- und Transportversicherung; Unfall- und Haftpflichtversicherung. Oktav. 112 Seiten. 1926. (Guttentagsche Sammlung Deutscher Reichsgesetze Bd. 164a.) . . . . Geb. RM. 3.50
„Ein bedeutsamer Kommentar, durch den die gesetzlichen Bestimmungen von der juristischen und versicherungstechnischen Seite aus eingehend erläutert werden. In seinem straffen, systematischen Aufbau, der Geschlossenheit der Darstellung muß man das Buch als ein Standardwerk für das gesamte versicherungsrechtliche Aufwertungsgebiet bezeichnen.
Ein unentbehrlicher Ratgeber in allen interessierten Kreisen."
Versicherungs-Post, Berlin.

Tsirintanis, Alexander, **Die Order-Polize.** Groß-Oktav. 95 Seiten. 1930. (Hamburger Rechtsstudien, Heft 6.) RM. 6.—
Der Verfasser behandelt die Frage, inwieweit das Versicherungsrecht, um den heutigen Verkehrsbedürfnissen zu entsprechen, die Orderklausel und das Indossament verwerten kann. Nach einer Darstellung und kritischen Würdigung der Ergebnisse aus der Anorderstellung des Versicherungsscheins in anderen Ländern, insbesondere in Frankreich, versucht der Verfasser die rechtlichen und wirtschaftlichen Folgen aus der Ausstellung von Order-Polizen darzulegen. In einem besonderen Teil wird die Order-Polize mit anderen, auf denselben wirtschaftlichen Erfolg gerichteten Rechtsinstituten, namentlich der Versicherung für Rechnung wen es angeht, verglichen und die vorhandenen Unterschiede gestreift.

Lippmann, Karl, Die **Reichsversicherungsordnung** in der Fassung der Bekanntmachung vom 15. Dezember 1924 und des Gesetzes über das Reichsschiedsamt vom 22. Januar 1925 nebst dem Einführungsgesetze, den wichtigsten Ausführungsvorschriften, den ergänzenden Gesetzen und Verordnungen sowie den Verordnungen über das Verfahren. Oktav. XV, 589 Seiten. 1925. (Guttentagsche Sammlung Deutscher Reichsgesetze Bd. 161.) . . . . Geb. RM. 11.—

Ergänzungsband, enthaltend den vollständigen Wortlaut der neuen Fassung des Unfallversicherungsgesetzes sowie die Ergänzungen der übrigen Bücher der RVO. Oktav. 224 Seiten. 1926. (Guttentagsche Sammlung Deutscher Reichsgesetze Bd. 161a.) . . . Geb. RM. 4.—

Zweiter Ergänzungsband, enthaltend weitere Änderungen und Ergänzungen durch die in der Zeit von Anfang 1926 bis Mitte 1928 erlassenen Gesetze und Verordnungen. Zweite, vermehrte Ausgabe, Stand vom 1. Juli 1928. Oktav. 71 Seiten. 1928. (Guttentagsche Sammlung Deutscher Reichsgesetze Bd. 161b.) . . . . . RM. —.80

Dritter Ergänzungsband, enthaltend weitere Änderungen und Ergänzungen durch die bis Mitte 1929 erlassenen Gesetze und Verordnungen. Oktav. 81 Seiten. 1929. (Guttentagsche Sammlung Deutscher Reichsgesetze Bd. 161 c.) . . . . RM. 1.—

„Das Buch dürfte sich in der Bibliothek eines jeden finden, der sich mit der Reichsversicherungsordnung befaßt. Es gehört zu den praktisch wertvollsten.“ *Deutsche Allgemeine Zeitung.*

Reuß, Max, und **Hense,** Fritz. **Das Reichsknappschaftsgesetz** vom 1. Juli 1926 nebst Einführungsgesetz. 2. Aufl. Taschenformat. XVI, 640 Seiten. 1926. (Guttentagsche Sammlung Deutscher Reichsgesetze Bd. 155.) . . . . Geb. RM. 12.—

„Die Herausgabe des Gesetzes bedarf keiner besonderen Empfehlung. Das Buch kann allen, die auf dem Gebiete des Knappschaftswesens tätig sind, aufs wärmste empfohlen werden.“

Zeitschrift für Bergrecht.

Embden, Helmuth, **Versicherung für Rechnung wen es angeht.** Groß-Oktav. VIII, 39 Seiten. 1930 . . . . RM. 3.—
(Hamburger Rechtsstudien, Heft 8.)

Im ersten Teil wird der versicherungsrechtliche Interessenbegriff im streng individualistischen Sinne präzisiert. Im Hauptteil versucht dann der Verfasser, die universelle Vertragsform der Versicherung für Rechnung wen es angeht in Einklang mit einer so engen Auffassung des Interessenbegriffs zu bringen.

Angestelltenversicherungsgesetz vom 28. Mai 1924. Zweite Auflage. Taschenformat. 143 Seiten. 1927. Mit Nachtrag. (Guttentagsche Sammlung Deutscher Reichsgesetze. Textausgaben ohne Anmerkungen.) Geb. RM. 2.50

Diese neue Ausgabe entspricht der neuesten Fassung des Gesetzes unter Berücksichtigung der letzten Änderungen und Verordnungen. Das beigefügte Sachregister erleichtert das rasche Zurechtfinden in den einzelnen Bestimmungen des Gesetzes.

Manes, Alfred, **Sozialversicherung.** 7., ergänzte Aufl. 1928. Kl.-Oktav. 139 Seiten. (Sammlung Göschen Bd. 267.) . . . . Geb. RM. 1.80

„Es gibt keine andere Darstellung der geltenden Sozialversicherung, die in solch erfreulicher Kürze und Sachlichkeit durch die annähernd 2400 Paragraphen führt.“

Hanseatische Rechts- und Gerichts-Zeitschrift.

Schmeißer, Herbert, **Das Gesetz über Arbeitsvermittlung und Arbeitslosenversicherung** in der Fassung der Notverordnung vom 1. Dezember 1930. 2 Bände. Taschenformat. Band I: XVI, 639 Seiten. 1931. Band II erscheint voraussichtlich im Sommer 1931. (Guttentagsche Sammlung Deutscher Reichsgesetze Bd. 165.) . . . . Geb. RM. 15.—

Der bekannte Verfasser bringt mit diesem Werk einen Kommentar zum gesamten Arbeitsvermittlungs- und Arbeitslosenrecht, das im Laufe der Jahre umfangreichen Änderungen unterworfen war und so unübersichtlich geworden ist, daß eine straffe, übersichtliche und allgemeinverständliche Kommentierung für den Fach- und Nichtfachmann immer dringlicher wird. Der Verfasser berücksichtigt das gesamte einschlägige Material: Rechtsprechung der Arbeitsgerichte, der Spruchbehörden, der Arbeitslosenversicherung und der Beschluß- und Spruchbehörden der RVO. Die grundsätzlichen Entscheidungen des Spruchsenats für die Arbeitslosenversicherung sind bis Ende Januar 1931 verarbeitet, ferner die Begründung zu den Gesetzentwürfen und die Verhandlungen der gesetzgebenden Körperschaften. — Auch die vielen Ausführungsbestimmungen sind erläutert.

2. Arbeitsrecht

Depène, Hans, **Das Arbeitsgerichtsgesetz.** Taschenformat. (Guttentagsche Sammlung Deutscher Reichsgesetze Bd. 168.) 2. Auflage im Druck.

Arbeitsrechtliche Spruchsammlung. Beiträge zum Deutschen Handwerksblatt . . . . Pro Quartal RM. 0.90

Günther, Adolf, und **Schneider,** Richard, **Arbeiterschutz und Arbeitsrecht.** Zweite Auflage. Taschenformat.

I. Teil: **Arbeitszeitschutz.** Das Arbeitszeitnotgesetz und die übrige arbeitszeitrechtliche Gesetzgebung des Reichs seit dem 9. November 1918. 386 Seiten. 1927 . . . . Geb. RM. 7.50

„Der Kommentar umfaßt die gesamte arbeitszeitrechtliche Gesetzgebung von der Staatsumwälzung bis zur Gegenwart. Er ist ein Führer durch das weite und unübersichtliche Gebiet der arbeitszeitrechtlichen Gesetzgebung. Ein ausführliches Sachregister soll die praktische Benutzung erleichtern.“ Die Wirtschaftsgenossenschaft.

II. Teil: Gesetz über die **Beschäftigung Schwerbeschädigter** nebst den einschlägigen gesetzlichen Bestimmungen. 404 Seiten. 1928. (Guttentagsche Sammlung Deutscher Reichsgesetze Bd. 138a/138c.) Geb. RM. 8.—

„Das Buch stellt nicht nur beim Studium des Gesetzes ein wertvolles Hilfsmittel dar, sondern ist auch für den Handgebrauch des Arbeitsrechtspraktikers unentbehrlich.“ Berliner Wohlfahrtsblatt.

IV. Teil: **Betriebsstillegungsverordnung.** 240 Seiten. 1929. (Guttentagsche Sammlung Deutscher Reichsgesetze. Bd. 138 d.) Geb. RM. 6.50

Warneyer, Otto, **Betriebsrätegesetz** vom 4. Februar 1920 nebst der Wahlordnung zum Betriebsrätegesetz, dem Aufsichtsratsgesetz samt Wahlordnung und den Ausführungsverordnungen des Reichs und der Länder. Auf der Grundlage der Güntherschen Textausgabe mit Anmerkungen erläutert unter besonderer Berücksichtigung der Rechtsprechung des Reichsgerichts und des Reichsarbeitsgerichts. Zweite Auflage. Taschenformat. 235 Seiten. 1931. (Guttentagsche Sammlung Deutscher Reichsgesetze Bd. 138 b.) . . . . . . Geb. RM. 5.—

Diese Handausgabe ist ihrer Anlage nach ein verkürzter Kommentar, der die Entwicklung des Gesetzes, der Rechtsprechung — vor allem des Reichsarbeitsgerichts! — und der einschlägigen Literatur bis Ende 1930 berücksichtigt. Die übersichtliche Anordnung sowie die Prägnanz und Leichtigkeit der Sprache ermöglichen allen Interessenten bequemste Auswertung.

Tilly, Dr. Helmuth Tczerclas von, **Internationales Arbeitsrecht.** Unter besonderer Berücksichtigung der Internationalen Arbeitsorganisation. 120 Seiten. 1924. (Sammlung Göschen Bd. 882.) . . . . Geb. RM. 1.80

Es ist das erste Werk, das in klarer, kurzer und allen leicht verständlicher Weise das gesamte grundlegende Tatsachenmaterial — und zwar nur dieses — auf dem umfassenden Gebiete des internationalen Arbeiterschutzes von dessen ersten Anfängen bis in die neueste Zeit bietet.

3. Gewerberecht

Hiller, Fr., und **Luppe,** H., **Gewerbeordnung für das Deutsche Reich nebst Kinderschutzgesetz und Hausarbeitsgesetz** sowie den für das Reich und Preußen erlassenen Ausführungsbestimmungen. Einundzwanzigste, veränderte Auflage. (143. bis 148. Tausend.) Taschenformat. 931 Seiten. 1928. Mit Nachtrag vom 11. 2. 1929. (Guttentagsche Sammlung Deutscher Reichsgesetze Bd. 6.) . . . . . . Geb. RM. 11.—

„Ein Wort der Empfehlung für dieses Buch zu sagen, erübrigt sich. Hervorgehoben sei, daß diese Auflage alle Vorzüge der früheren Auflagen in sich schließt. Die zahlreichen neuen Gesetze sind erschöpfend berücksichtigt." Zeitschrift des Deutschen Notarvereins.

Brassert, H., **Allgemeines Berggesetz** für die preußischen Staaten mit Kommentar. Zweite Auflage, bearbeitet von Hans Gottschalk. Groß-Oktav. XXIX, 1291 Seiten. 1914. RM. 27.—, geb. RM. 30.—

Sonnenfeld, Hugo, **Die reichsrechtlichen Bestimmungen, betreffend den Handel mit Drogen und Giften.** Dritte, veränderte Auflage. Taschenformat. 435 Seiten. 1926. (Guttentagsche Sammlung Deutscher Reichsgesetze Bd. 64.) . . . . Geb. RM. 12.—

„Die Arbeit gehört einem Spezialgebiet an, mit dem nicht jeder Jurist zu tun hat. Wird er einmal genötigt, sich auf dieses Gebiet zu begeben, so ist er um so dankbarer für eine Arbeit, die sofort den Eindruck größter Sachkunde und vollständiger Materialsammlung macht, und deren Führung man sich unbedenklich anvertrauen kann." Vossische Zeitung.

Friedrichs, Karl, **Gaststättengesetz** vom 28. April 1930 mit den Durchführungs- und Ausführungsverordnungen des Reichs und Preußens. Taschenformat. VIII, 144 Seiten. 1930. (Guttentagsche Sammlung Deutscher Reichsgesetze, Textausgabe mit Erläuterungen und Sachregister, Band 176.) . . . . RM. 3.50

Der Verlag legt hiermit auch das Gaststättengesetz in seiner neuen Fassung mit ausführlichen Erläuterungen von Justizrat Dr. Karl Friedrichs vor, der als Kommentator von Verwaltungsgesetzen einen besonderen Namen hat. Der Verfasser hat zur vollständigen und zuverlässigen Erläuterung alles herangezogen, was aus der bisherigen Rechtsprechung und den einschlägigen Reichstagsdrucksachen verwertbar ist; die Durch- und Ausführungsverordnungen für das Reich und Preußen sind wörtlich abgedruckt und, soweit notwendig, erläutert.

Lebbin, Georg, **Nahrungsmittelgesetze** mit Erläuterungen. Zweite, stark vermehrte Auflage in zwei Bänden.

I. Band: Das Lebensmittelgesetz vom 5. Juli 1927 mit Nebengesetzen (Margarine, Fleisch, Milch, Süßstoff, Essigsäure usw.). Erläutert von G. Lebbin und R. Gießner. Taschenformat. XVI, 419 Seiten. 1928. Geb. RM. 8.50

II. Band: Getränkegesetze und Getränkesteuergesetze (Wein, Bier, Branntwein, Mineralwasser). Unter Mitarbeit von Rechtsanwalt Dr. Kniebe. Taschenformat. XII, 400 Seiten. 1926. (Guttentagsche Sammlung Deutscher Reichsgesetze Bd. 54b.) . . . . Geb. RM. 10.—

„Das Werk ist für unsere Leser und überhaupt die ganze Fachwelt der Getränkeindustrie unentbehrlich, muß doch jedermann mit den einschlägigen Gesetzesbestimmungen sich soweit wie irgend möglich vertraut machen, wenn er nicht in Nachteile geraten will. Die Anschaffung des Buches kann bestens empfohlen werden." Branntweinmonopol.

Voß, Werner, **Die reichs- und landesrechtlichen Bestimmungen auf dem Gebiete des Gesundheitswesens.** Taschenformat. 608 Seiten. 1929. (Guttentagsche Sammlung Deutscher Reichsgesetze Bd. 172.) Geb. RM. 11.—

„Das Buch wird seiner Aufgabe, fast den gesamten Gesetzesstoff in einem einzigen kleinen Bande in die Hand zu geben, gewiß gerecht und wird sich schnell als unentbehrliches Hilfsmittel für jeden erweisen, der öfter mit dem Gesundheitswesen zu tun hat." Reichsverwaltungsblatt.

4. Geistig-gewerblicher Rechtsschutz.

Elster, Alexander, **Urheber- und Erfinder-, Warenzeichen- und Wettbewerbsrecht.** (Gewerblicher Rechtsschutz.) Zweite, stark erweiterte und völlig umgearbeitete Auflage. Mit Abdruck der Gesetzestexte. Oktav. XII, 611 Seiten. 1928. (Lehrbücher und Grundrisse der Rechtswissenschaft Bd. VIII.) . . . . RM. 18.—, geb. RM. 19.50

„Seit Kohler und Osterrieth endlich wieder das lang entbehrte Lehrbuch. Hier unternimmt ein wahrhaft selbständiger und ideenreicher Kopf den Versuch, eine wirkliche Synthese zu schaffen." Juristische Rundschau.

Neuberg, J., **Der internationale gewerbliche Rechtsschutz.** 2. Auflage. 128 Seiten. 1923. (Sammlung Göschen Bd. 271.) . . . Geb. RM. 1.80

Daude, Paul, **Die Reichsgesetze über das Urheberrecht an Werken der Literatur und der Tonkunst und das Verlagsrecht** vom 19. Juni 1901 in der Fassung des Gesetzes vom 22. Mai 1910 zur Ausführung der revidierten Berner Übereinkunft. Oktav. VIII, 293 Seiten. 1910. RM. 6.—

„Der Zusammenhang der erläuterten Gesetze mit dem Strafgesetzbuch, dem Bürgerlichen Gesetzbuch und anderen Gesetzen ist in leichtverständlicher Weise praktisch dargestellt. Es wird vorzügliche Dienste leisten." Deutsche Literatur-Zeitung.

Lindemann, O., **Gesetz, betr. das Urheberrecht** an Werken der Literatur und der Tonkunst. Vierte Auflage. Taschenformat. 171 Seiten. 1921. (Guttentagsche Sammlung Deutscher Reichsgesetze Bd. 60.) Geb. RM. 1.80

„Die Arbeit ist nicht bloß eine Gesetzesausgabe, sondern ein wertvoller Kommentar des Gesetzes. Das Werk sei jedermann auf das beste empfohlen." Juristische Wochenschrift.

Fuld, Ludwig, **Gesetz, betr. das Urheberrecht an Werken der bildenden Künste und der Photographie.** Zweite Auflage. Taschenformat. 192 Seiten. 1925. (Guttentagsche Sammlung Deutscher Reichsgesetze Bd. 81.) . . . . Geb. RM. 6.—

„Der zwar kleine, aber inhaltreiche und daher sehr beliebte Kommentar von Fuld erscheint in zweiter, völlig neubearbeiteter Auflage. Überall ist dem Stande der heutigen Rechtsprechung und wissenschaftlichen Auffassungen Rechnung getragen. In einem Anhang sind die einschlägigen internationalen Übereinkommen abgedruckt. Alle Interessenten werden mit Freuden die neue Auflage begrüßen." Danziger Juristische Monatsschrift.

Reininger, G., **Der Schutz des Urheberrechts im deutschen Rundfunk.** Oktav. 88 Seiten. 1929 . . . . RM. 4.—

„Eine interessante, zeitgemäße, namentlich auch für geistige Neuschöpfer wichtige Studie." Badische Rechtspraxis.

Andritzky, Christoph, **Die Rechtsstellung des Drehbuchautors.** Oktav. XI, 80 Seiten. 1931 . . . . RM. 3.50

Andritzky äußert sich zu den Streitfragen um die Urheberschaft am Film. Er trennt scharf zwischen künstlerischer Leistung und künstlerisch-urheberischer Schöpfung und kommt zu der These: Der Filmurheber ist der Urheber des kurbelfertigen Drehbuches. — Die

Verhältnisse beim Tonfilm sind, soweit dies möglich erschien, berücksichtigt.

Heinitz, Ernst, und **Marwitz,** Bruno, **Das Reichsgesetz über das Verlagsrecht.** Textausgabe mit Einleitung, Anmerkungen und Sachregister. Dritte Auflage. Taschenformat. 136 Seiten. 1922. (Guttentagsche Sammlung Deutscher Reichsgesetze Bd. 61.) . . . . Geb. RM. 1.60

„Dieser kurze Kommentar ist durch seine knappen, das Wichtige klar vortragenden Darlegungen dazu berufen, eine Lücke auszufüllen, die sich für den Praktiker des Verlagsrechts seit Jahren ergab. Man darf deshalb das Erscheinen dieser neuen Auflage aus der Feder des Spezialisten des Verlagsrechts mit größter Freude begrüßen."

Börsenblatt für den Deutschen Buchhandel.

Elster, A., **Das deutsche Urheber- und Verlagsrecht.** 128 Seiten. 1923. (Sammlung Göschen Bd. 863.) . . . . Geb. RM. 1.80

„Erstaunlich ist, wie Elster diese beiden so viel umstrittenen Gesetze auf so engem Raum in vortrefflicher Weise zur Darstellung gebracht hat." *Deutscher Journalistenspiegel.*

Heymann, E., **Die zeitliche Begrenzung des Urheberrechts.** Oktav. 74 Seiten. 1927. (Sitzungsberichte der Preußischen Akademie der Wissenschaften zu Berlin.) . . . . RM. 5.—

Pietzcker, Eduard, **Patentgesetz und Gebrauchsmusterschutzgesetz.** Kommentar unter Berücksichtigung der vorgeschlagenen und weiter beantragten Abänderungen des Patentgesetzes. Erster Halbband: §§ 1—12 PatG. Groß-Oktav. 427 Seiten. 1929. (Gewerbe- und Industrie-Kommentar Bd. V, 1.) . . . . . RM. 26.—, geb. RM. 28.—

„Die überall zutage tretende geistige Leistung macht Pietzckers Kommentar für jeden, der sich mit diesem Rechtsgebiet zu beschäftigen hat, zum unentbehrlichen Rüstzeug."

Markenschutz und Wettbewerb.

Seligsohn, Arnold, **Patentgesetz und Gesetz, betr. den Schutz von Gebrauchsmustern.** Siebente Auflage. Oktav. 1930. In Bearbeitung.

„Die Vorzüge des Buches sind bekannt. Klare, leichtfaßliche Sprache, wissenschaftliche Vertiefung, dabei starke Betonung der Praxis, lückenlose Behandlung aller Probleme sind die Vorzüge, die den Seligsohnschen Kommentar zum unentbehrlichen Rüstzeug jedes im gewerblichen Rechtsschutz Tätigen gemacht haben."

Mitteilungen vom Verband Deutscher Patentanwälte.

Lutter, R., **Patentgesetz.** Nebst Ausführungsbestimmungen, völkerrechtlichen Verträgen und Patentanwaltsgesetz, unter eingehender Berücksichtigung der Rechtsprechung des Reichsgerichts und der Praxis des Reichspatentamts. Neunte Auflage. Taschenformat. XV, 467 Seiten. 1928. (Guttentagsche Sammlung Deutscher Reichsgesetze Bd. 22.) Geb. RM. 10.—

„Der jetzige Verfasser hat einen völlig neuen Kommentar geschaffen, der in seiner Knappheit und Sparsamkeit dem ursprünglichen Zweck gerecht wird, aber an wissenschaftlicher Durcharbeitung und Gründlichkeit die vorangegangenen Auflagen weit überragt."

Gewerblicher Rechtsschutz und Urheberrecht.

Elster, A., Das deutsche Erfinderrecht. (Patent- und Musterschutzrecht). 118 Seiten. 1924. (Sammlung Göschen Bd. 891.) . . Geb. RM. 1.80

„Die Aufgabe, einen Überblick über das deutsche Erfinderrecht zu geben, ist im Rahmen der kurzen Erörterungen mit viel Geschick gelöst. Deshalb wird das Büchlein auch bei allen Gruppen der am Patentrecht interessierten Personen seine Freunde finden."

Gewerblicher Rechtsschutz und Urheberrecht.

Seligsohn, Jul., **Geheimnis und Erfindungsbesitz.** Groß-Oktav. 147 Seiten. 1921 . . . . RM. 3.—

Pinner-Elster, Gesetz gegen den unlauteren Wettbewerb. Achte, sehr vermehrte und umgestaltete Auflage. Taschenformat. 254 Seiten. 1927. (Guttentagsche Sammlung Deutscher Reichsgesetze Bd. 37.) Geb. RM. 5.—

„Das Buch ist mehr als eine bloße ‚Textausgabe mit Anmerkungen', nämlich ein richtiger Kommentar, und wird in der Praxis ausgezeichnete Dienste tun."
Senatspräsident am Reichsgericht Dr. Lobe, Leipzig, i. d. Jurist. Wochenschrift.

Wassermann, Martin, **Der unlautere Wettbewerb** nach deutschem Recht. I. Generalklausel, Reklameauswüchse, Ausverkaufswesen, Angestelltenbestechung. 160 Seiten. 1911. II. Kreditschädigung, Firmen- und Namenmißbrauch, Verrat von Geheimnissen, Ausländerschutz. 151 Seiten. 1911. (Sammlung Göschen Bd. 339 u. 535.) . . . Geb. je RM. 1.80

Wolff, F., **und Crisolli,** K.-A., **Das Recht der Reklame.** Lexikon-Oktav. 424 Seiten. 1929 . . . . RM. 20.—, geb. RM. 22.—

„. . . Mit großer Umsicht ist ein umfänglicher Stoff gesammelt und in gründlicher Arbeit juristisch durchdrungen und dargestellt. Das Buch ist wohl in erster Reihe für Juristen bestimmt, aber auch für wirtschaftliche Kreise und Reklamefachleute wertvoll und jedenfalls für die Beschäftigung mit diesem Sondergebiet ein zuverlässiges Hilfsmittel." *Juristische Rundschau.*

Hagens, Alfred, **Warenzeichenrecht.** Kommentar. Groß-Oktav. VIII, 408 Seiten. 1927. (Gewerbe- und Industrie-Kommentar Bd. III.) RM. 22.—, geb. RM. 24.—

„Eine ausführliche Darstellung, die zeigt, daß der Verfasser das gesamte Fachschrifttum und die reichhaltige Rechtsprechung restlos beherrscht. Ich habe gefunden, daß nicht ein einziger Fall von Bedeutung fehlt." *Markenschutz und Wettbewerb.*

Seligsohn, Arnold, **Gesetz zum Schutz der Warenbezeichnungen.** Dritte Auflage, bearbeitet in Gemeinschaft mit Martin Seligsohn in Berlin. Groß-Oktav. IV, 416 Seiten. 1925. RM. 15.—, geb. RM. 16.50

„Der Kommentar zeigt alle Vorzüge des in der Wissenschaft und Praxis des gewerblichen Rechtsschutzes gleich ausgezeichneten Juristen: volle theoretische und praktische Beherrschung des Stoffes, klare Darstellungsgabe, sorgsame Behandlung und treffsicheres Urteil." *Badische Rechtspraxis.*

Freund, G. S., **Magnus,** Julius, und **Jüngel,** Friedrich, **Das deutsche Warenzeichenrecht.** Sechste, neubearbeitete Auflage. Teil I: Die internationalen Verträge. VI, 247 Seiten. Mit 4 Tafeln. 1924. (Guttentagsche Sammlung Deutscher Reichsgesetze Bd. 87a.) Geb. RM. 9.—

„Das ganze Werk mit seiner Fülle von Gesetzen, Verordnungen, Verträgen, Bekanntmachungen bildet eine Quellensammlung für das internationale deutsche Zeichenrecht, ohne die man fortan nicht mehr auskommen kann." *Gewerblicher Rechtsschutz und Urheberrecht.*

Born, A., **Reichspreßgesetz** vom 7. Mai 1874 nebst den einschlägigen Bestimmungen der Reichsverfassung, des Reichsstrafgesetzbuches, der Gewerbeordnung usw. Mit Kommentar und Sachregister. Dritte Auflage. Taschenformat. 176 Seiten. 1924. (Guttentagsche Sammlung Deutscher Reichsgesetze Bd. 53.) . . . . Geb. RM. 4.—

„Das Werk bringt eine sehr reichhaltige Kommentierung des Stoffes, die um so wertvoller ist, als den Entscheidungen der Wortlaut der Urteilsbegründungen beigefügt ist. Sämtliche einschlägigen Bestimmungen der das Pressewesen berührenden Gesetze sind aufgeführt, eingehend besprochen und in Beziehung zueinander gebracht worden. Als Nachschlagewerk in Zweifelsfällen wird das Buch von großem Nutzen sein." *Ministerialblatt für die preußische innere Verwaltung.*

IV. Zivilprozeß

Fischer, Otto, **Lehrbuch des deutschen Zivilprozeß- und Konkursrechts.** Groß-Oktav. XII, 488 Seiten. 1918 . . . RM. 8.—, geb. RM. 10.—

Kisch, Wilh., **Deutsches Zivilprozeßrecht.**
I. Band. Vierte, verbesserte Auflage. 115 Seiten. 1929. (Sammlung Göschen Bd. 428.) . . . . Geb. RM. 1.80
II. Band. Vierte, verbesserte Auflage. 168 Seiten. 1929. (Sammlung Göschen Bd. 430.) . . . . Geb. RM. 1.80
III. Band. Vierte, verbesserte Auflage. 148 Seiten. 1929 (Sammlung Göschen Bd. 430.) . . . . Geb. RM. 1.80

Diese Auflage wird jedem, der sich auf gemeinverständliche Weise über unser geltendes Zivilgerichtswesen unterrichten will, gute Dienste leisten, und kann namentlich den Studierenden des Rechts als Einführung bestens empfohlen werden.

Sydow, R., **Busch**, L., und **Krantz**, W., **Zivilprozeßordnung und Gerichtsverfassungsgesetz** nebst Anhang, enthaltend Entlastungsgesetze und die Notverordnung vom 1. Dezember 1930. Handkommentar unter besonderer Berücksichtigung der Entscheidungen oberster Gerichte. Neubearbeitete, zwanzigste Auflage. Zwei Bände. Groß-Oktav. VIII, VIII und 1540 Seiten. 1930 . . . . . . Geb. RM. 33.—
(de Gruytersche Sammlung Deutscher Gesetze, Handkommentare.)

„Auch innerlich ist der ausgezeichnete Handkommentar von Sydow-Busch-Krantz verändert. Es sind viele veraltete Entscheidungen ausgemerzt und dafür die Erläuterungen durch eingehendere Darlegungen zweckmäßig erweitert worden. An der Grundanlage des Buches wurde nichts geändert, die Druckanordnung ist noch übersichtlicher als bisher. So wird das Buch seine alten Freunde behalten und ohne Zweifel viele neue hinzuerwerben."
Leipziger Zeitschrift für deutsches Recht.

Rosenberg, L., **Zivilprozeßgesetzgebung.** Taschenformat. 580 Seiten. 1930. Geb. RM. 8.—
(Lehrausgaben Deutscher Gesetze, Bd. II.)

„Die Besonderheiten dieser handlichen und erschöpfenden Ausgabe der Zivilprozeßgesetzgebung bestehen in der sachlichen Ordnung des umfassenden Stoffes, in der Hervorhebung von besonders Wesentlichem durch Sperrdruck, und vor allem aber darin, daß den einzelnen Paragraphen in systematischer Weise Überschriften vorausgeschickt sind, die die hier besonders wichtige Aufgabe erfüllen, den Aufbau des Gesetzes und den Zusammenhang der einzelnen Vorschriften klar erkennen zu lassen." *Juristische Wochenschrift.*

Zivilprozeßordnung mit Gerichtsverfassungsgesetz und Einführungsgesetzen in der Fassung der Bekanntmachung vom 13. Mai 1924 mit den bis 1. April 1929 ergangenen Abänderungen. Textausgabe mit Sachregister. Taschenformat. 440 Seiten. 1929. (Guttentagsche Sammlung von Textausgaben ohne Anmerkungen.) . . . Geb. RM. 3.50

Die handliche Ausgabe enthält den genannten Gesetzestext mit einem das Zurechtfinden sehr erleichternden Sachregister.

Sydow, R., **Busch**, L., und **Krantz**, W., **Gerichtsverfassungsgesetz** mit Einführungsgesetz. Unter besonderer Berücksichtigung der Entscheidungen des Reichsgerichts. Zehnte Auflage. Taschenformat. 347 Seiten. 1925. (Guttentagsche Sammlung Deutscher Reichsgesetze Bd. 14.)
Geb. RM. 6.—

„Das Buch bedarf keiner Empfehlung, es empfiehlt sich selbst durch die Fülle dessen, was es bietet. Gesetzgebung und Rechtsprechung sind bis in die neueste Zeit berücksichtigt."
Leipziger Zeitschrift für Deutsches Recht.

Rausnitz, Julius, **Gebührenordnung für Notare** vom 28. Oktober 1922 (GS. 404) nebst den einschlägigen Vorschriften des Preußischen Gerichtskostengesetzes vom 28. Oktober 1922 (GS. 363), beide in der Fassung der Gesetze vom 12. April 1923 (GS. 107), 18. Dezember 1923 (GS. 556) und der Verordnung vom 28. Juni 1924 (GS. 573). Sechste, umgearbeitete Auflage. Oktav. 158 Seiten. 1925. (Guttentagsche Sammlung Preußischer Gesetze Bd. 4.) . . . Geb. RM. 7.—

„Der in seiner äußeren Form sehr handlich und gut ausgestaltete Kommentar kann nur auf das wärmste empfohlen werden. Er wird sehr bald ein unentbehrlicher, weil nie versagender Ratgeber werden, der die Berufsarbeit sehr erleichtern wird." Juristische Wochenschrift.

Sydow, R., **Busch**, L., und **Krieg**, O., **Die Deutsche Gebührenordnung für Rechtsanwälte**, das Gesetz, betreffend die Erstattung von Rechtsanwaltsgebühren in Armensachen, und die Preußische Landesgebührenordnung mit Erläuterungen. Auf der Grundlage der Sydow-Busch'schen Textausgabe mit Anmerkungen in dreizehnter Auflage unter Mitaufnahme des Gesetzes über die Erstattung in Armensachen neubearbeitet. Taschenformat 496 Seiten. 1929. (Guttentagsche Sammlung Deutscher Reichsgesetze Bd. 17.) . . . . Geb. RM. 9.—

„Die Erläuterung der Gebührenordnung bietet besonders Wertvolles. Sie steht schon lange unter den Anmerkungsausgaben mit an erster Stelle. Und das mit Recht."

Zeitschrift des Bundes Deutscher Justizamtmänner.

Sydow, R., **Busch**, L., und **Krieg**, O., **Deutsches Gerichtskostengesetz nebst Gebührenordnung** für Gerichtsvollzieher und für Zeugen und Sachverständige in den neuesten Fassungen. Auf der Grundlage der Sydow-Busch'schen Textausgabe mit Anmerkungen neubearbeitet in elfter Auflage. Taschenformat. XI, 433 Seiten. 1928. (Guttentagsche Sammlung Deutscher Reichsgesetze Bd. 15.) . . . . Geb. RM. 7.50

„Die neue Auflage bietet unter gründlicher Berücksichtigung der gesamten einschlägigen Rechtsprechung eine zeitgemäße, übersichtliche und erschöpfende Erläuterung des Gesetzes. Für den täglichen Gebrauch in der Praxis erscheint diese Textausgabe mit Anmerkungen als unentbehrlich."

Dr. Natter in der „Württembergischen Zeitschrift für Rechtspflege".

Lindemann, Otto, **Preußisches Gerichtskostengesetz** (neueste Fassung). Nach dem Tode des früheren Herausgebers P. Siméon erläutert. Achte, völlig umgearbeitete Auflage. Taschenformat. 439 Seiten. 1928. (Guttentagsche Sammlung Preußischer Gesetze Bd. 17.)

Geb. RM. 8.—

„Die achte Auflage dieser bekannten Ausgabe des Preußischen Gerichtskostengesetzes ist entsprechend den bedeutsamen Änderungen der letzten Jahre völlig umgearbeitet. Die gesamte Rechtsprechung wurde eingehend berücksichtigt, so daß hier eine Erläuterung vorliegt, die Zuverlässigkeit und Vollständigkeit in sich verbindet."

Mitteilungen des Preußischen Richtervereins.

Freiwillige Gerichtsbarkeit

Jastrow, Hermann, und **Günther**, Hermann, **Die Gesetze des Reiches und Preußens über die freiwillige Gerichtsbarkeit**. Textausgabe mit Einleitung, Anmerkungen und Sachregister. Siebente, vermehrte Auflage. Taschenformat. 548 Seiten. 1928. (Guttentagsche Sammlung Deutscher Reichsgesetze Bd. 46.) . . . . Geb. RM. 9.—

„Die Anmerkungen unterrichten in zuverlässiger Weise über die wichtigste Rechtsprechung des Reichsgerichts und der deutschen Oberlandesgerichte auf dem Gebiete der freiwilligen Gerichtsbarkeit. Ein ausführliches Sachregister erhöht die Brauchbarkeit des bewährten Buches, das auch in der neuen Auflage seinen Zweck auf das beste erfüllen wird." Juristische Wochenschrift.

Die Gesetze des Reiches und Preußens über die freiwillige Gerichtsbarkeit. Textausgabe mit Sachregister. Taschenformat. 168 Seiten. 1930. (Guttentagsche Sammlung von Textausgaben ohne Anmerkungen mit Sachregister.) . . . . RM. 3.—

Das Buch enthält in der bekannten Art der Guttentagschen Gesetzesausgaben außer dem „Gesetz über die Angelegenheiten der freiwilligen Gerichtsbarkeit" alle in dieses Gebiet fallenden sonstigen Gesetze, Ausführungsbestimmungen, Abkommen, Verordnungen usw. in absolut zuverlässigem Abdruck und ein das Zurechtfinden sehr erleichterndes Sachregister.

Szkolny, Felix, und **Kober,** Leopold, **Das Notariatsrecht,** unter besonderer Berücksichtigung des materiellen Rechts und des Steuer- und Stempelrechts erläutert. Oktav. 236 Seiten. 1926. (Guttentagsche Sammlung Deutscher Reichsgesetze Bd. 163.) . . . . Geb. RM. 8.50

„Die Darlegung des materiellen Rechts, soweit es in der täglichen Anwendung den Notar hauptsächlich beschäftigt. Es wird die Beurkundung einzelner Rechtsgeschäfte und anderer Rechtsvorgänge behandelt. Die Ausführungen verwerten die neueste Lehre und Rechtsprechung eingehend, die Darstellung ist leicht faßlich und klar, einzelne Muster vervollkommnen das anschauliche Bild."

Zeitschrift des Deutschen Notarvereins.

Szkolny, Felix, **Die Belehrungspflicht des Notars.** Oktav. 52 Seiten. 1927. . . . . RM. 2.—

„Ein trotz seines geringen Umfanges sehr nützliches Buch, für das wir dem Verfasser Dank wissen müssen."

Zeitschrift des Deutschen Notarvereins.

Konkursordnung und Zwangsvollstreckung

Jaeger, Ernst, **Kommentar zur Konkursordnung** und den Einführungsgesetzen. Mit einem Anhang, enthaltend das Anfechtungsgesetz, die Vergleichsordnung, Auszüge aus den Kostengesetzen, Ausführungsgesetze und Geschäftsordnungen. Sechste und siebente, neubearbeitete Auflage. Lexikon-Oktav. Der Umfang des Gesamtwerkes umfaßt etwa 100 Bogen. Die Ausgabe erfolgt in Lieferungen.

Gesamtpreis etwa RM. 80.—

Erster Band: §§ 1—46. XXVIII, 828 Seiten. 1928—1931.

RM. 45.—, geb. RM. 54.—

(Der Kauf des ersten Bandes verpflichtet zum Bezug des ganzen Werkes.)

„. . . Kurz gesagt: das Buch ist das unübertreffliche Standardwerk, der Kommentar zur Konkursordnung." Deutsche Richterzeitung.

„Das Jaegersche Werk ist ohne Zweifel der beste von den mehreren guten Kommentaren zur Konkursordnung, die wir besitzen."

Zeitschrift für Deutschen Zivilprozeß.

Sydow, R., **Busch,** L., und **Krieg,** O., **Konkursordnung** und Anfechtungsgesetz mit Erläuterungen. Auf der Grundlage der Sydow-Buschschen Textausgabe mit Anmerkungen in fünfzehnter Auflage unter Mitaufnahme der Vergleichsordnung neubearbeitet. Taschenformat. 816 Seiten. 1929. (Guttentagsche Sammlung Deutscher Reichsgesetze Bd. 13.) . . . . Geb. RM. 12.—

„Die Erläuterungsbücher von Sydow-Busch sind als Kommentare mittleren Umfanges seit vielen Jahren in der Juristenwelt rühmlichst bekannt." Juristische Rundschau.

Fischer, K., und **Schäfer,** L., **Die Gesetzgebung, betr. die Zwangsvollstreckung in das unbewegliche Vermögen** im Reiche und in Preußen. Bearbeitet von J. Krech und O. Fischer. Zweite Auflage. Lexikon-Oktav. XVI, 728 Seiten. 1910 . . . RM. 15.—, geb. RM. 18.—

„Unter den zahlreichen Bearbeitungen des Zwangsvollstreckungsgesetzes ist der Kommentar von Fischer und Schäfer wohl der wissenschaftlich bedeutendste. Überall sind die Erläuterungen systematisch, manchmal geradezu lehrbuchartig aufgebaut, die leitenden Gedanken treten trotz der Fülle der behandelten Einzelfragen klar und deutlich hervor."

Zeitschrift für Rechtspflege in Bayern.

Krech, J., und Fischer, O., Die Gesetzgebung, betr. die Zwangsvollstreckung in das unbewegliche Vermögen im Reiche und in Preußen. Textausgabe mit Einleitung, Anmerkungen und Sachregister. Zehnte Auflage, bearbeitet von O. Fischer. Taschenformat. 266 Seiten. 1929. (Guttentagsche Sammlung Deutscher Reichsgesetze Bd. 43.) Geb. RM. 5.—

„Einer besonderen Empfehlung dieser handlichen Ausgabe, deren Hauptteil das Gesetz über die Zwangsversteigerung und Zwangsverwaltung bildet, bedarf es nicht, Gesetzgebung, Rechtsprechung und Rechtslehre sind bis zur Gegenwart berücksichtigt."

Sächsisches Archiv für Rechtspflege.

Kretzschmar, F., Die Zwangsversteigerung und die Zwangsverwaltung. 110 Seiten. 1911. (Sammlung Göschen Bd. 523.) . . Geb. RM. 1.80

Huyke, W., Offenbarungseid und Haft im Zivilprozeß. Taschenformat. 1930. (Guttentagsche Sammlung Deutscher Reichsgesetze, Bd. 177.) RM. 4.—

Dieser Band bietet eine ganz auf die Praxis zugeschnittene Erläuterung der das Offenbarungseidsverfahren betreffenden Paragraphen der ZPO. und gibt in einem allgemeinen Teil zuverlässig Auskunft über die sich auf diesem Gebiete ergebenden Streit- und Zweifelsfragen. Die Rechtsprechung der höheren Gerichte und die Literatur ist berücksichtigt worden.

V. Strafrecht und Strafprozeß

Strafgesetzbuch

Ebermayer, Ludwig, **Lobe,** Adolf und **Rosenberg,** Werner, **Das Reichsstrafgesetzbuch,** Leipziger Kommentar mit besonderer Berücksichtigung **der Rechtsprechung des Reichsgerichts.** Vierte, vermehrte und verbesserte Auflage. Lexikon-Oktav. X, 1282 Seiten. 1929. RM. 56.—, in Halbleder geb. RM. 63.—

„Zusammenfassend wird man sagen müssen, daß der Kommentar nun wohl endgültig an die Spitze der großen Kommentare zum StGB. getreten ist." *Zeitschrift für Rechtspflege in Bayern.*

Kohlrausch, Eduard, **Strafgesetzbuch für das Deutsche Reich mit Nebengesetzen.** Textausgabe mit Anmerkungen und Sachregister. Früher von Dr. Fr. v. Liszt u. Dr. E. Delaquis. Neunundzwanzigste Auflage. Taschenformat. X, 562, *48 Seiten. 1930. (Guttentagsche Sammlung Deutscher Reichsgesetze Bd. 2.) . . . Geb. RM. 8.—

„Ein Buch, an Hand dessen eine schnelle und zuverlässige Orientierung über die wichtigsten Auslegungsfragen möglich ist. Es dient in gleicher Weise dem Studierenden zur Einführung in eine Lektüre des Gesetzes wie dem Praktiker zur schnellen Auffindung einer Entscheidung."

Rechtsanwalt Dr. Max Alsberg in der „Juristischen Wochenschrift".

Liszt, Fr. v., Lehrbuch des deutschen Strafrechts. Fünfundzwanzigste, vollkommen durchgearbeitete und zum Teil umgestaltete Auflage, besorgt von Dr. E. Schmidt, Professor an der Universität Breslau. Groß-Oktav. XXXIV, 976 Seiten. 1927. RM. 27.50, geb. RM. 30.—

„Das Lisztsche Lehrbuch wird auch in dieser neuen Bearbeitung seinen ersten Platz und seinen Weltruf sich bewahren."

Zeitschrift des Deutschen Notarvereins.

Gerland, H. B., **Das deutsche Reichsstrafrecht.** Oktav. 600 Seiten. 1922. (Lehrbücher und Grundrisse der Rechtswissenschaft Bd. XVI.)
RM. 10.—, geb. RM. 11.50

„Durch knappe, geradezu klassische Kürze zeigende Darstellung gelang es Gerland, auf engem Raume eine ungeheure Fülle des Stoffes zu bieten und auf jede Frage Antwort zu geben.“
Juristische Wochenschrift.

Gerland, H., **Der Entwurf 1925.** Allgemeiner Teil. Kritische Bemerkungen. Oktav. 96 Seiten. 1925 . . . . RM. 5.—

„Eine außerordentlich interessante Abhandlung. Die Schrift stellt ein fast unentbehrliches Hilfsmittel für jeden dar, der sich mit den einschlägigen Fragen zu beschäftigen hat.“
Mitteilungen des Preußischen Richtervereins.

Aschrott, P. F., u. **Kohlrausch,** Ed., **Reform** des **Strafrechts.** Kritische Besprechung des Amtlichen Entwurfs eines Allgemeinen Deutschen Strafgesetzbuchs. Auf Veranlassung der Deutschen Landesgruppe der Internationalen Kriminalistischen Vereinigung unter Mitwirkung erster Fachgenossen herausgegeben. Gr.-Oktav. V, 415 S. 1926. RM. 18.—

„Die gestellte Aufgabe ist glänzend gelöst. Kaum ein Punkt ist übersehen worden, der die Kritik herausfordert. — Niemand, der an der endgültigen Gestaltung unseres Strafrechts Anteil nimmt, darf an dieser Sammelkritik achtlos vorübergehen.“
Geh. Hofrat Prof. Dr. v. Lilienthal in der „Deutschen Juristen-Zeitung“.

Sammlung außerdeutscher Strafgesetzbücher in deutscher Übersetzung. Herausgegeben von den Schriftleitungen der Zeitschrift für die ges. Strafrechtswissenschaft u. d. Mitteilungen der Internationalen Kriminalistischen Vereinigung. Nr. 1—43. 1881—1914 . . Preise auf Anfrage.

Nr. 44:

Japanische Strafgesetze. I. Schwurgerichtsordnung vom 18. April 1923 und strafrechtliche Nebengesetze. Übersetzt von Hyoichiro Kusano, Reichsgerichtsrat in Tokio, Tadao Sugiura, Oberlandesgerichtsrat in Sapporo, und Dr. jur. Fritz Bartelt in Berlin. II. Strafvollzugsgesetz vom 28. März 1908 nebst Ausführungsverordnung vom 16. Juni 1908. Übersetzt von Dr. jur. Toshita Tokiwa, Gerichtsassessor in Tokio, und Dr. jur. Werner Gentz, Justizrat beim Strafvollzugsamt in Kiel. Groß-Oktav. 55 Seiten. 1927. RM. 3.—

Nr. 45:

Die Auslieferungsgesetze Norwegens, Schwedens und Finnlands. Mit einer systematischen Darstellung der Grundzüge des nordischen Auslieferungsrechts im Hinblick auf den Erlaß eines deutschen Auslieferungsgesetzes Von Dr. jur. Ernst Wolgast, Privatdozent in Königsberg i. Pr. Groß-Oktav. VIII, 487 Seiten. 1928. . . RM. 20.—

Nr. 46:

Das Türkische Strafgesetzbuch vom 1. März 1926. Gesetz Nr. 765. (Türkisches Gesetzblatt Nr. 320 vom 13. März 1926.) Das Ausführungsgesetz zum Türkischen Strafgesetzbuch vom 26. April 1926. Deutsche Übersetzung von Dr. K. Ziemke. Groß-Oktav. 138 Seiten. 1927 . . . . RM. 5.—

Nr. 47:

Entwurf eines griechischen Strafgesetzbuches. Übersetzt und eingeleitet von Demetrius G. Venturas, Rechtsanwalt in Korfu, Griechenland. Groß-Oktav. 123 Seiten. 1928 . . . . RM. 7.—

Nr. 48:

Italienischer Vorentwurf zu einem neuen Strafgesetzbuch. (Progetto di un nuovo codice penale.) In deutscher Übersetzung von Dr. K. Bunge, Landgerichtsrat in Berlin. Groß-Oktav. XXXII, 244 Seiten. 1928 . . . . RM. 10.—

Nr. 49:
Strafgesetzbuch (Ugolownyj Kodex) **der Russischen Sozialistischen Föderativen Sowjet-Republik** (R.S.F.S.R.) vom 22. November 1926, übersetzt von Dr. Wilhelm Gallas, Gerichtsassessor in Berlin. Groß-Oktav. 68 Seiten. 1930 . . . . RM. 4.—

Lindemann, Otto, **Sammlung der wichtigsten preußischen Strafgesetze.** Zweite Auflage. Taschenformat. 372 Seiten. 1912. (Guttentagsche Sammlung Preußischer Gesetze Bd. 34.) . . . . . Geb. RM. 3.50

„Die durch mehrere wichtige Gesetze erweiterte zweite Auflage dieses unentbehrlichen Ergänzungsbandes zu den in Einzelausgaben erschienenen Preußischen Gesetzen ist durch die Wiedergabe der noch geltenden vereinzelten alten Strafvorschriften nebst trefflich unterrichtenden Vorbemerkungen und Erläuterungen besonders wertvoll. Nur mittels einer solchen ausgezeichneten Sammlung ist es möglich, auch die zerstreuten Gebiete des Strafrechts völlig zu beherrschen."
Deutsche Juristen-Zeitung.

Fraustädter, Werner, **Deutsches Auslieferungsgesetz** vom 23. Dezember 1929 und andere neuere Vorschriften der Rechtshilfe in Strafsachen, einschließlich der Auslieferung. Textausgabe mit Einleitung, Erläuterungen und Sachregister. Taschenformat. 143 Seiten. 1930. (Guttentagsche Sammlung Deutscher Reichsgesetze Bd. 86.) . Geb. RM. 4.—

Das Auslieferungsgesetz hat durch die Neufassung vom 25. 12. 1929 eine starke Umgestaltung erfahren, die zur Hearusgabe der vorliegenden Neubearbeitung geführt hat. Diese enthält eine ausführliche Erläuterung der neuen Bestimmungen sowie einen Abdruck der wichtigsten Verträge und Vorschriften und ermöglicht einen vollständigen Überblick über den gegenwärtigen Stand des deutschen Auslieferungsrechtes.

Lindemann, Otto, **Polizeiverordnungen in Preußen.** Zweite Auflage. Taschenformat. 189 Seiten. 1912. (Guttentagsche Sammlung Preußischer Gesetze Bd. 36.) . . . . Geb. RM. 2.50

Abhandlungen des Kriminalistischen Instituts an der Universität Berlin. Herausgegeben von Dr. **Franz von Liszt,** o. Professor der Rechte. Sonderverzeichnis kostenlos. Vierte Folge. I. Band.

Heft 1:
Dannenberg, Herbert, **Liberalismus und Strafrecht im 19. Jahrhundert unter Zugrundelegung der Lehren Karl Georg von Waechters.** Oktav. IV, 66 Seiten. 1925 . . . . RM. 3.—

Heft 2:
Tarnowski, Hans, **Die systematische Bedeutung der adäquaten Kausalitätstheorie für den Aufbau des Verbrechensbegriffs.** Oxtav. X, 340 Seiten. 1927 . . . . RM. 18.—

Heft 3:
Ehrlich, Lore, **Der Verrat von Betriebsgeheimnissen nach englischem und nordamerikanischem Recht.** Oktav. VIII, 75 Seiten. 1930. RM. 4.—

Heindl, Robert, **System und Praxis der Daktyloskopie** und der sonstigen technischen Methoden der Kriminalpolizei. Dritte, neubearbeitete und vermehrte Auflage. 900 Abbildungen im Text und 21 Bildertafeln. 780 Seiten. Groß-Oktav. 1927 . . . . RM. 36.—, geb. RM. 40.—

„Ein Werk, mit dem wohl für geraume Zeit die Literatur dieses Gebiets ihren krönenden Abschluß gefunden haben dürfte. — Es darf erwartet werden, daß jeder Richter, Rechtsanwalt und Verteidiger sich dieses vorzüglichen Werkes bedient." Deutsche Juristenzeitung.

Kleine kriminalistische Bücherei.

Band 1:
Schneickert, Hans, Die strafrechtlichen Aufgaben der Polizei. Für den Polizeiunterricht und die Polizeipraxis. Taschenformat. 182 Seiten. 1921. RM. 2.—

Band 2:

Philipp, Lothar, Beobachtungs- und Ermittlungspraxis im Polizei- und Detektivdienst. Taschenformat. 180 Seiten. 1923 . . . RM. 2.—

„Alles in allem: ein Buch, für den Fachmann lesenswert, für den Anfänger ein guter Leitfaden, für den Laien interessant."

Zeitschrift für gerichtliche Schriftvergleichung.

Band 3:

Manteuffel, H. v., Falschspieler. Formen und Technik des Spielbetruges, nebst einem Anhange: Der Spielprofessor und sein angeblich sicheres System beim Spiele gegen eine öffentliche Roulettebank. Taschenformat 90 Seiten. 1923 . . . . RM. 2.—

Gerade heutzutage, wo die Spielleidenschaft so weite Kreise zieht, ist es von besonderem Reiz, diese klare, flüssige und lehrreiche Darstellung zu verfolgen.

Band 4:

Schneickert, Hans, Kriminalistische Spurensicherung. Sammlung dienstlicher Anweisungen und sachverständiger Ratschläge für den Dienstgebrauch und für Polizeischulen. Zweite, vermehrte und verbesserte Auflage. Taschenformat. 96 Seiten. Mit 2 Abbildungen. 1925. Geb. RM. 3.—

„Alle Einzelheiten werden hervorgehoben und als möglicherweise wichtige Beweismomente in einem vielarmigen System zusammengefaßt. In der Durchführung seiner Aufgabe hat der Verfasser tatsächlich alles berücksichtigt, was für das Beweisverfahren von Bedeutung ist und sein könnte." *Archiv für Kriminologie.*

Band 5:

Rehfeld, P., Gerichtsärztliche Tatbestandsfeststellungen im Dienste der Polizei. Ein Leitfaden für Polizei- und Kriminalbeamte. Taschenformat. 133 Seiten. 1927 . . . . Geb. RM. 3.50

„Die Bearbeitung gibt eine geschlossene, einheitliche Behandlung des Stoffgebietes durch einen Arzt, wie sie anderweitig in der kriminalistischen Literatur nicht vorhanden ist." *Deutsches Polizeiarchiv.*

Strafprozeßordnung

Kohlrausch, Eduard, Strafprozeßordnung und Gerichtsverfassungsgesetz. Textausgabe mit Einleitung, Anmerkungen und Nebengesetzen. In Verbindung mit Dr. Hermann Mannheim, Landgerichtsrat und Professor in Berlin, bearbeitet von Dr. Eduard Kohlrausch, Professor der Rechte in Berlin. Zweiundzwanzigste Auflage (101. bis 104. Tausend). Taschenformat. XI, 510 Seiten. 1930. (Guttentagsche Sammlung Deutscher Reichsgesetze Bd. 12.) RM. 7.50

„Das Buch ist nicht nur für den Praktiker, der sich rasch unterrichten will, sondern auch für den Studierenden, zumal wenn ihm die wirtschaftlichen Verhältnisse die Anschaffung umfangreicher Kommentare nicht ermöglichen, von größtem Wert."
Oberreichsanwalt Dr. Ebermayer in der „Juristischen Wochenschrift".

Feisenberger, Albert, Strafprozeßordnung und Gerichtsverfassungsgesetz. Handkommentar. Groß-Oktav. IX, 517 Seiten. 1926. Mit Nachtrag. 1927. (de Gruytersche Sammlung Deutscher Gesetze. Handkommentare.) . . . . Geb. RM. 17.—

„Eine glänzende Arbeit, die bald in der Hand jedes Strafrichters und Rechtsanwalts sein wird. Geradezu vorbildlich ist der Handkommentar für den Umfang der Heranziehung der Rechtsprechung. Alles Wesentliche ist berücksichtigt." *Danziger Juristische Monatsschrift.*

Beling, E., Deutsches Reichsstrafprozeßrecht mit Einschluß des Strafgerichtsverfassungsrechts. Oktav. XIV, 568 Seiten. 1928. (Lehrbücher und Grundrisse der Rechtswissenschaft Bd. XVII.)
RM. 15, geb. RM. 16.50

Die Eigenart des vorliegenden Lehrbuches des Reichsstrafprozeßrechts ist, daß es dem Verständnis der Gesetzestexte vorarbeiten und zu ihnen hinführen will. Gerade das, was nicht im Gesetz steht, ist die Hauptsache; die Gesetzesparagraphen sind Ziel, nicht Ausgangspunkt. Insbesondere aber stellt der Verfasser die Regelungsinhalte des geltenden Rechts in die heutige rechtspolitische Gedankenwelt hinein und gibt ein auch äußerlich scharf hervortretendes System, das den Lernenden befähigt, die Fülle der Einzelheiten unter allgemeinen Ordnungsgesichtspunkten zusammenzusetzen.

Rosenfeld, E. H., **Deutsches Strafprozeßrecht.** 2 Bände. 128 und 148 Seiten. 1926. (Sammlung Göschen Bd. 938/939.) Geb. je RM. 1.80

„Eine wissenschaftlich hochstehende, auf einem knappen Raum zusammengedrängte, klar und originell geschriebene Einführung in den deutschen Strafprozeß." Schweizer. Zeitschrift für Strafrecht.

Löwe, F., und **Rosenberg,** Werner, **Die Strafprozeßordnung für das Deutsche Reich** vom 22. März 1924 nebst dem Gerichtsverfassungsgesetz. Kommentar. Achtzehnte, neubearbeitete Auflage. Lexikon-Oktav. 1332 Seiten. 1929 . . . . RM. 44.—, in Halbleder geb. RM. 50.—

„Der Löwesche Kommentar hat sich in Wissenschaft und Rechtsprechung eine so hervorragende Stellung erworben, daß er zum unentbehrlichen Ratgeber für Theoretiker und Praktiker geworden ist. Der Kommentar steht nach wie vor an erster Stelle und ist ein Meisterwerk in der Kunst einer klaren, übersichtlichen und erschöpfenden Darstellung dieses außerordentlich spröden Stoffes." Zeitschrift des deutschen Notarvereins.

Feisenberger, Albert, **Strafprozeßordnung und Gerichtsverfassungsgesetz,** in alter und neuer Fassung synoptisch gegenübergestellt. Mit ausführlichem Sachregister. Taschenformat. 265 Seiten. 1924. Mit Nachtrag. 1927. (Guttentagsche Sammlung Deutscher Reichsgesetze Bd. 158.) . . . . Geb. RM. 4.50

„Die Ausgabe ist für die Praxis auf längere Zeit unentbehrlich. Die synoptische Darstellung erleichtert die Arbeit und schützt vor Gedächtnisfehlern." Juristische Wochenschrift.

Aschrott, P. F., **Die Reform des Strafprozesses.** Kritische Besprechungen der von der Kommission für die Reform des Strafprozesses gemachten Vorschläge. Auf Veranlassung der Internationalen Kriminalistischen Vereinigung, Gruppe Deutsches Reich. Groß-Oktav. XII, 120 und 784 Seiten. 1906 . . . . RM. 12.—

Beiträge zur Reform des Strafprozesses. Herausgegeben von Dr. Franz **Adickes,** Dr. P. F. **Aschrott,** Dr. K. **von Lilienthal,** Dr. Fr. **von Liszt.** 2 Bände. Groß-Oktav. I. Bd. Heft 1—6. 1908. RM. 9.70. — II. Bd. Heft 1—5. 1909. RM. 15.10.

Frede, L., u. **Grünhut,** M., **Reform des Strafvollzugs.** Kritische Beiträge zu dem Amtlichen Entwurf eines Strafvollzugsgesetzes. Oktav. VII, 264 Seiten. 1927 . . . . RM. 10.—

Die in dem vorliegenden Buch zusammengefaßten Beiträge üben nicht nur eine Einzelkritik an den Bestimmungen des Entwurfs, sondern dienen zugleich unter dem Gesichtspunkt der gegenwärtigen gesetzgeberischen Aufgabe der wissenschaftlichen Grundlegung des ganzen Strafvollzugsproblems.

VI. Öffentliches Recht.

1. Staats- und Völkerrecht.

Fischbach, O. G., **Allgemeine Staatslehre.** Zweite Auflage. 136 Seiten. 1928. (Sammlung Göschen Bd. 358.) . . . . . Geb. RM. 1.80

„Das Buch darf einer breiten Öffentlichkeit als ausgezeichnete Einführung, den Fachgenossen aber, jung und alt, als Musterbeispiel

wissenschaftlichen Bemühens um die denkbar beste Leistung anempfohlen werden, wie man ihm heute nicht allzu häufig mehr begegnet."
Reichsverwaltungsblatt.

Fischbach, O. G., **Allgemeines Staatsrecht.**
I. Teil. 139 Seiten. 1923. (Sammlung Göschen, Bd. 415.) Geb. RM. 1.80
II. Teil. 151 Seiten. 1923. (Sammlung Göschen Bd. 416.) Geb. RM. 1.80

Diese Bearbeitung bringt nicht bloß einen leicht faßlichen gemeinverständlichen Überblick über alle Zweige des Staatsrechtes, sondern auch in den einzelnen Partien viele gründliche wissenschaftliche Erörterungen der einschlagenden Probleme und kritischen Beleuchtung der verschiedenen Rechtsansichten.

Stier-Somlo, Fritz, **Deutsches Reichs- und Landesstaatsrecht I.** Oktav. XVI, 726 Seiten. 1924. (Lehrbücher und Grundrisse der Rechtswissenschaft Bd. XVIII.) . . . . RM. 16.50, geb. RM. 18.—

„. . . Von den zurzeit vorhandenen größeren Lehrbüchern des Reichsstaatsrechts das geeignetste." *Juristische Wochenschrift.*

Stier-Somlo, Fritz, **Reichsstaatsrecht.** I. Grundbegriffe des Staatsrechts. Verfassungsgeschichte vom Ende des 18. Jahrhunderts bis zur Reichsverfassung vom 11. August 1919. 108 Seiten. 1927. (Sammlung Göschen Bd. 967.) . . . . Geb. RM. 1.80
II. Das geltende Reichsstaatsrecht. 114 Seiten. 1927. (Sammlung Göschen Bd. 968.) . . . . Geb. RM. 1.80

Stier-Somlo, Fritz, **Preußisches Staatsrecht.** Zweite Auflage. 136 Seiten. 1927. (Sammlung Göschen Bd. 298.) . . . . Geb. RM. 1.80

„Die drei schmalen Bändchen werden nicht allein als wünschenswertes Orientierungsmittel für den Laien und den angehenden Juristen zu begrüßen sein, sondern auch dem im praktischen Berufsleben stehenden Juristen Anregung und Belehrung bieten."
Juristische Wochenschrift.

Die Verfassung des Deutschen Reichs vom 11. August 1919 **mit den wichtigsten Nebengesetzen.** Textausgabe mit Einleitung und Sachregister. Dritte Auflage. Taschenformat. 104 Seiten. 1931. (Guttentagsche Sammlung von Textausgaben ohne Anmerkungen mit Sachregister.) . . . . RM. 1.—

Die handliche Ausgabe enthält den genauen Gesetzestext mit einem das Zurechtfinden sehr erleichternden Sachregister. Soweit der Text nach der Veröffentlichung vom 14. August 1919 Änderungen oder Ergänzungen erfahren hat, ist dies berücksichtigt worden. Die Ausgabe entspricht dem letzten Stand.

Anschließend an den Text der Reichsverfassung sind einige besonders wichtige Nebengesetze abgedruckt.

Arndt, Adolf, **Die Verfassung des Deutschen Reiches.** Dritte Auflage. Taschenformat. 1927. (Guttentagsche Sammlung Deutscher Reichsgesetze Bd. 137.) . . . . RM. 8.—

„Für alle, die sich auf dem schwierigen Gebiet der Reichverfassung orientieren wollen, liegt hier ein vorzügliches Nachschlagewerk von gediegener Wissenschaftlichkeit vor."
Staats- und Selbstverwaltung.

Stier-Somlo, Fritz, **Kommentar zur Verfassung des Freistaates Preußen.** Groß-Oktav. 319 Seiten. 1921 . . . . Geb. RM. 3.—

„Die Darstellung ist flüssig und knapp und ist als treffliche Orientierung über das neue Verfassungswerk, eine Orientierung, die ihre notwendige Ergänzung in dem vorzüglichen Kommentar Stier-Somlos findet, sehr zu empfehlen." *Zeitschrift für öffentliches Recht.*

Arndt, Adolf, Die Verfassung des Freistaats Preußen vom 30. November 1920. Mit Einleitung, vollständigem Kommentar, Landeswahlgesetz und Sachregister. Taschenformat. 158 Seiten. 1921. (Guttentagsche Sammlung Preußischer Gesetze Bd. 1.)
Geb. RM. 2.—

„*Die Einleitung ist eine vortreffliche staatsrechtliche Abhandlung, die unter Berücksichtigung und Verwertung der einschlägigen Literatur in die Entstehungsgeschichte und in die Bedeutung der Verfassungsurkunde einführt. Der Kommentar wird denjenigen, die sich mit den einzelnen Bestimmungen der Verfassung vertraut machen wollen, ein willkommener Ratgeber sein.*“

Zeitschrift für Polizei- und Verwaltungsbeamte.

Veröffentlichungen der Vereinigung deutscher Staatsrechtslehrer.

Heft 1: Der deutsche Föderalismus. Oktav. 1924 . . . RM. 5.—
Heft 2: Der Schutz des öffentlichen Rechts. Oktav. 1925. RM. 12.—
Heft 3: Die Gleichheit vor dem Gesetz. Der Einfluß des Steuerrechts auf die Begriffsbildung des öffentlichen Rechts. Oktav. 1927. RM. 7.—
Heft 4: Das Recht der freien Meinungsäußerung. — Der Begriff des Gesetzes in der Reichsverfassung. Oktav. 1928 . . . . . RM. 10.—
Heft 5. Wesen und Entwicklung der Staatsgerichtsbarkeit. — Überprüfung von Verwaltungsakten durch die ordentlichen Gerichte. Oktav. 1929 . . . . RM. 12.—
Heft 6: Bundesstaatliche und gliedstaatliche Rechtsordnung. Verwaltungsrecht der öffentlichen Anstalt. Berichte von Fritz Fleiner, Josef Lukas, Lutz Richter und Arnold Köttgen. Verhandlungen der Tagung der deutschen Staatsrechtslehrer zu Frankfurt a. M. am 25. und 26. April 1929. Mit einem Auszug aus der Aussprache. Oktav. IV, 166 Seiten. 1929 . . . . RM. 9.—

Sehling, Emil, Kirchenrecht. Zweite Auflage.
I. Teil. Einleitung. Quellen, Verfassung und Verwaltung der katholischen Kirche. Anhang: Die griechisch-orthodoxe Kirche. 119 Seiten. 1922. (Sammlung Göschen Bd. 377.) . . . . Geb. RM. 1.80
II. Teil: Das evangelische Kirchenrecht. Die Stellung des Staates zur Kirche und das Verhältnis der Religionsgesellschaften zueinander. 87 Seiten. 1927. (Sammlung Göschen Bd. 954.) . . . Geb. RM. 1.80

Edler v. Hoffmann, H., Deutsches Kolonialrecht. 150 Seiten. 1907. (Sammlung Göschen Bd. 318.) . . . . Geb. RM. 1.80

Delius, H., Die Beamtenhaftpflichtgesetze des Reiches und der Länder. Vierte, vermehrte und vollkommen neubearbeitete Auflage. Taschenformat. 384 Seiten. 1929. (Guttentagsche Sammlung Deutscher Reichsgesetze Bd. 94.) . . . . Geb. RM. 10.—

Wörterbuch des Völkerrechts und der Diplomatie. Begonnen von Professor Dr. **Julius Hatschek** †. Fortgesetzt und herausgegeben von Dr. **Karl Strupp,** Professor an der Universität Frankfurt a. M., Associé de l'institut de droit international, membre de l'Academie Diplomatique Internationale. Lexikon-Oktav.

Band I: Aachen—Lynchfall. VI, 860 Seiten. 1924.
RM. 35.—, in Halbleder geb. RM. 40.—
Band II: Maas—Utschiali. 779 Seiten. 1925.
RM. 35.—, in Halbleder geb. RM. 40.—
Band III (Schluß): Vasallenstaaten—Zwangsverschickung. Ferner Anhang: Abessinien—Weltgerichtshof; Sachverzeichnis und Mitarbeiterregister. II, 1316 Seiten. 1929.
RM. 62.—, in Halbleder geb. RM. 67.—

„*Der Vorsprung, den entsprechende Werke in französischem Sprachgewande bisher hatten, ist nunmehr in Deutschland eingeholt. Die Form der alphabetischen Zergliederung des Stoffes ermöglicht eine breitere Behandlung der Einzelfälle, die im internationalen Rechtsleben nicht selten von größerer Bedeutung als vorzeitig aufgestellte Abstraktionen sind."* *Zeitschrift für Völkerrecht.*

Anzilotti, D., **Lehrbuch des Völkerrechts.** Übersetzt und herausgegeben vom Institut für ausländisches öffentliches Recht und Völkerrecht, Berlin. I. Band. Groß-Oktav. 444 Seiten. 1929. RM. 19.—, geb. RM. 20.—

Mit der Herausgabe der Übersetzung dieses Lehrbuches des berühmten Völkerrechtlers ist das Institut für ausländisches öffentliches Recht und Völkerrecht einem in Deutschland außerordentlich fühlbaren Bedürfnis entgegengekommen. Das Buch ist nicht schlechthin eine Übersetzung der italienischen Originalausgabe, sondern berücksichtigt auch die gesamte Rechtsprechung und Literatur der letzten Zeit und stellt somit das zurzeit modernste Lehrbuch des Völkerrechts überhaupt dar.

Niemeyer, Theodor, **Völkerrecht.** 168 Seiten. 1925. (Sammlung Göschen Bd. 865.) . . . . Geb. RM. 1.80

Dieses Bändchen gibt in gedrängter Form eine vollständige Übersicht über das Völkerrecht.

Beiträge zum ausländischen öffentlichen Recht und Völkerrecht. Herausgegeben im Auftrage des Instituts für ausländisches öffentliches Recht und Völkerrecht in Berlin in Gemeinschaft mit Friedrich Glum, Ludwig Kaas, Rudolf Smend, Heinrich Triepel von Viktor **Bruns.** Groß-Oktav.

Eine Sammlung einschlägiger wissenschaftlicher Abhandlungen, Materialsammlungen, Übersetzungen besonders wertvoller ausländischer Werke u. a.

Heft 1:

Triepel, H., **Staatsrecht und Politik.** Rede beim Antritt des Rektorats der Friedrich-Wilhelms-Universität zu Berlin am 15. Oktober 1926. 40 Seiten. 1927 . . . . RM. 2.—

Heft 2:

Schmitt, Carl, **Volksentscheid und Volksbegehren.** Ein Beitrag zur Auslegung der Weimarer Verfassung und zur Lehre von der unmittelbaren Demokratie. 54 Seiten. 1927 . . . . . . RM. 2.60

Heft 3:

Heck, K., **Der Aufbau des britischen Reiches.** (Der Verhandlungsbericht der Reichskonferenz von 1926.) 152 Seiten. 1927. RM. 6.—

Heft 4:

Heller, H., **Die Souveränität.** Ein Beitrag zur Theorie des Staats- und Völkerrechts. 177 Seiten. 1927. . . . . RM. 8.50

Heft 5:

Grentrup, Theodor, **Die Missionsfreiheit** nach den Bestimmungen des geltenden Völkerrechts. 112 Seiten. 1928 . . . . . . RM. 5.50

Heft 6:

Robinson, Jakob, **Das Minoritätenproblem** und seine Literatur. Kritische Einführung in die Quellen und die Literatur der europäischen Nationalitätenfrage der Nachkriegszeit, unter besonderer Berücksichtigung des völkerrechtlichen Minderheitenschutzes.
Allgemeiner Teil. 265 Seiten. 1928 . . . . RM. 9.—

Heft 7:

Bilfinger, Karl, **Der Reichssparkommissar.** 68 Seiten. 1928. RM. 3.60

Heft 8:

Bumiller, J. M., **Die völkerrechtliche Stellung der fremden Truppen im Saargebiet.** 156 Seiten. 1928 . . . . RM. 9.—

Heft 9:

Das Recht des Ausnahmezustands im Auslande (Frankreich, Belgien, Niederlande, Italien, England, Irland). 296 Seiten. 1928. RM. 14.—

Heft 10:

Gerland, B., **Die Beziehungen zwischen dem Parlament und den Gerichten in England.** Eine rechtsvergleichende Studie. 137 Seiten. 1928. RM. 8.—

Heft 11:

Leibholz, Gerhard, **Zu den Problemen des fascistischen Verfassungsrechts.** Akademische Antrittsvorlesung. 112 Seiten. 1928. RM. 5.—

Heft 12:

Glum, Friedrich, **Der deutsche und der französische Reichswirtschaftsrat.** Ein Beitrag zu dem Problem der Repräsentation der Wirtschaft im Staat. 188 Seiten. 1929 . . . . RM. 9.—

Heft 13:

Leibholz, Gerhard, **Das Wesen der Repräsentation** unter besonderer Berücksichtigung des Repräsentativsystems. Ein Beitrag zur allgemeinen Staats- und Verfassungslehre. Groß-Oktav. 214 Seiten. 1929. RM. 14.—

Heft 14:

Schenk, v. **Stauffenberg,** G., **Das Recht der russischen Handelsvertretungen.** Oktav. 95 Seiten. 1930 . . . . RM. 6.—

Heft 15:

Mornik, Stanislaus, **Polens Kampf gegen seine nichtpolnischen Volksgruppen.** Mit 6 Karten. Oktav. 150 Seiten. 1931 . . . . RM. 9.—

Heft 16:

Menzel, Kurt, **Das deutsche Vorkriegs-Vermögen in Rußland und der deutsche Entschädigungsvorbehalt.** Eine Übersicht, zugleich über die Entschädigungsbemühungen der anderen Staaten. Oktav. IV, 236 Seiten. 1931 . . . . RM. 9.—

Kraus, H., **Internationale Schiedssprechung.** Eine Sammlung der für das Deutsche Reich verbindlichen Verträge und Vertragsbestimmungen, die sich auf internationale Gerichtsbarkeit, Schiedsgerichtsbarkeit, sowie Vergleichsverfahren beziehen, nebst den dazugehörigen deutschen Regierungsdenkschriften. Taschenformat. XXXVI, 348 Seiten. 1929. (Guttentagsche Sammlung Deutscher Reichsgesetze Bd. 174.) . . . . Geb. RM. 10.—

„Die vorliegende Dokumentensammlung füllt eine Lücke aus, da es bisher schwer war, alle schiedsrichterlichen Verpflichtungen des Deutschen Reiches auf einmal einzusehen." Friedenswarte.

Strupp, Karl, **Das Werk von Locarno.** Eine völkerrechtlich-politische Studie. Oktav. 180 Seiten. 1926 . . . . RM. 10.—

„Die lückenlose Mitteilung aller für das Verständnis und die Auslegung wichtiger Urkunden macht das aktuelle Buch zu einem außerordentlich wertvollen Mittel der Erkenntnis des Inhalts und der Tragweite dieser grundlegenden Staatsverträge." D. A. Z.

Sering, Max, **Deutschland unter dem Dawes-Plan.** Entstehung, Rechtsgrundlagen, wirtschaftliche Wirkungen der Reparationslasten. Oktav. VIII, 237 Seiten. 1928 . . . . RM. 10.—

„Nicht nur dem Juristen und Volkswirtschaftler, sondern auch dem Laien verständlich, gibt das Werk einem jeden wertvollen Einblick in Deutschlands wirtschaftspolitische Abhängigkeit, die sich bis in die kleinsten Betriebe hineinzieht, die jedes einzelne Glied des deutschen Volkes betrifft." Prakt. Rundschau.

2. Verwaltungsrecht.

Reichsrecht

Bühler, O., **Verwaltungsgesetze des Reiches und Preußens.** Taschenformat. XI, 682 Seiten. 1930 . . . . Geb. RM. 11.—
(Lehrausgaben Deutscher Gesetze, Bd. III.)

Außer den preußischen Verwaltungsgesetzen bringt der vorliegende Band als erster auch die immer wichtiger werdenden Verwaltungsgesetze des Reichs. Durch Weglassung aller für den Unterricht überflüssigen Gesetze, Weglassung auch unwichtiger Bestimmungen in den oft sehr weitschweifigen Verwaltungsgesetzen (wobei aber der Inhalt weggelassener Bestimmungen jeweils kurz angedeutet ist) ist es ermöglicht worden, auch hier einen Band erstehen zu lassen, der nicht schon durch seinen Umfang abschreckt.

Blume, E., und **Weirauch,** W., **Die Eisenbahn-Verkehrsordnung** vom 16. Mai 1928 mit Allgemeinen Ausführungsbestimmungen sowie dem Internationalen Übereinkommen über den Eisenbahnfrachtverkehr vom 30. Mai 1925 und dem Internationalen Übereinkommen über den Eisenbahn-Personen- und Gepäckverkehr vom 12. Juni 1925. Textausgabe mit Anmerkungen. Vierte Auflage. Taschenformat. X, 482 Seiten. 1928. (Guttentagsche Sammlung Deutscher Reichsgesetze Bd. 91.) Geb. RM. 9.—

„Ein treffliches Hilfsbuch für alle, die sich mit dem Eisenbahnverkehrsrecht theoretisch und praktisch zu beschäftigen haben. Der Kommentar wird besonders auch den Gerichten und den Anwälten gute Dienste leisten, da die Ausführungsbestimmungen zur Eisenbahnverkehrsordnung, die vollständig abgedruckt werden, sonst nur in den Tarifen veröffentlicht werden, die in den Kreisen der Juristen weniger bekannt sind. Allen, die es angeht, kann daher die Anschaffung der neuen Auflage dringend empfohlen werden."
Juristische Wochenschrift.

Fischbach, O. G., **Das Reichsbeamtengesetz vom 31. März 1873 in der Fassung der Bekanntmachung vom 18. Mai 1907 mit allen Abänderungen und Ergänzungen.** Taschenformat. 311 Seiten. 1930. (Guttentagsche Sammlung Deutscher Reichsgesetze, Bd. 82.) Geb. RM. 6.—

Die vorliegende Erläuterung des Beamtengesetzes durch den bekannten Staatsrechtlehrer kommt einem besonderen Bedürfnis der Praxis entgegen, die s. Zt. eine den neuesten Fortschritten der Wissenschaft und Rechtsprechung entsprechende Handausgabe sehr entbehrt. Bemerkenswert ist, daß auch verwandte Gesetze und Verordnungen der einheitlichen Erläuterung unterzogen wurden, so daß dieses Buch für die Praxis ein der Sache wie der Erläuterungsart wichtiges Hilfsmittel darstellt.

Fischer, D., und **Staedler,** E., **Die deutsche Post- und Telegraphengesetzgebung.** Teil I: Postrecht (mit Ausschluß des internationalen Rechts). Siebente Auflage. 47*, 586 Seiten. 1929. (Guttentagsche Sammlung Deutscher Reichsgesetze Bd. 7.) . . . . Geb. RM. 15.—

„Die Texte sind mit großer Sorgfalt und mit dem Streben nach einschlägiger Vollständigkeit zusammengestellt. Eine Verbesserung gegenüber den früheren Auflagen bedeutet der der Sammlung neu vorangestellte systematische Abriß des geltenden Postrechts."
Württembergische Industrie.

Teil II: **Telegraphen- und Fernsprechrecht** (mit Ausschluß des internationalen Rechts). Taschenformat. 495 Seiten. 1930. (Guttentagsche Sammlung Deutscher Reichsgesetze Band 7a.) . . RM. 13.—

Wie im ersten Teil, so werden auch hier die Erläuterungen unter die folgenden Gesichtspunkte gestellt: 1. die wechselseitige juristi-

sche und tatsächliche Berührung zwischen den sehr zersplitterten Rechtsquellen. 2. die rechtsgeschichtlichen Zusammenhänge, die zur kritischen Beurteilung des Gegenstandes unerläßlich sind. 3. die öffentlich-rechtliche Eigenschaft des gesamten Rechtsstoffes. Rechtsprechung und Literatur sind bis in die letzte Zeit berücksichtigt.

Sebba, Julius, **Seewasserstraßenordnung.** (Polizeiverordnung zur Regelung des Verkehrs auf den deutschen Seewasserstraßen vom 31. März 1927.) Taschenformat. 493 Seiten. 1928. (Guttentagsche Sammlung Deutscher Reichsgesetze Bd. 171.) . . . . Geb. RM. 8.50

„Es bedarf hierbei wohl nicht der besonderen Hervorhebung, daß die Kommentierungsmethode des rühmlichst bekannten Neu-Herausgebers von Schaps-Seerecht auch in dem vorliegenden Werke eine knappe und doch gründliche geworden ist."

Verkehrsrechtliche Praxis.

Busse, Rudolf, **Luftrecht einschließlich Luftverkehrsgesetz und Pariser Luftverkehrsabkommen.** Taschenformat. XVIII, 448 Seiten. 1928. (Guttentagsche Sammlung Deutscher Reichsgesetze Bd. 170.) Geb. RM. 10.—

Das vorliegende Buch sucht in einem nationalen und internationalen Teil einen klaren Überblick über das gesamte Luftrecht zu geben; der neueste Stand der Rechtsprechung ist hierbei berücksichtigt. Den erläuterten Gesetzesabkommenstexten ist eine systematische Einführung in das gesamte Luftrecht mit seinen vielseitigen Rechtsdisziplinen vorausgeschickt.

Volkmann, Kurt, **Die Straßenverkehrsordnungen** nebst den einschlägigen Nebenbestimmungen. Taschenformat. 312 Seiten. 1929. (Guttentagsche Sammlung Deutscher Reichsgesetze Bd. 175.) . . . Geb. RM. 7.—

„Das übersichtliche Werkchen, das uns eine schnelle Information über auftauchende Rechtsfragen auf diesem besonderen Verkehrgebiete verschafft, kann Polizeibeamten, Gerichten, Anwälten, Fuhrwerksbesitzern, Kraftfahrern und Radfahrern zur Anschaffung empfohlen werden."

Verkehrsrechtl. Rundschau.

Holzapfel, W., **Die Siedlungsgesetzgebung** im Reich und in Preußen. 347 Seiten. 1920. (Guttentagsche Sammlung Deutscher Reichsgesetze Bd. 140.) . . . . Geb. RM. 3.—

„Die zur Ausführung jener Gesetze bestimmten Behörden und auch die literarische Forschung wird dem Verfasser für seine mühevolle Arbeit Anerkennung zollen." *Archiv für öffentliches Recht.*

Behrend, Ernst, und **Stranz-Hurwitz,** Helene. **Sammlung von Wohlfahrtsgesetzen** des Deutschen Reichs und Preußens nebst den allgemeinen Wohlfahrtsgesetzen von Sachsen, Thüringen, Hamburg, Mecklenburg-Schwerin und -Strelitz, Oldenburg, Lippe und Lübeck.

Teil I: Taschenformat. 560 Seiten. 1923 . . . . . Geb. RM. 5.—

Teil II: Nebst Ausführungsgesetzen sämtlicher Länder zum Reichsjugendwohlfahrtsgesetz. Taschenformat. XVI, 551 Seiten. 1925. (Guttentagsche Sammlung Deutscher Reichsgesetze Bd. 152 und 152a.) Geb. RM. 9.—

Teil I und II zus. RM. 12.—

„Die kurzen, alles Wesentliche zusammenfassenden Einleitungen zu den einzelnen Gesetzen sind mit außerordentlicher Sachkunde und Klarheit geschrieben; sie genügen zusammen mit den Literaturangaben völlig für den Praktiker, um die Gesetzestexte richtig handhaben zu können. Das Werk ist für alle in der Wohlfahrtspflege Arbeitenden unentbehrlich und sehr praktisch."

Nachrichtendienst des Deutschen Vereins für öffentliche Fürsorge.

Wegner, Arthur, **Jugendrecht.** Ein Lehrbuch zur Einführung. Oktav. IX, 219 Seiten. 1929 . . . . RM. 6.—, geb. RM. 7.50

„Ein gleichartiges und gleichwertiges Werk über das Jugendrecht gibt es noch nicht." *Breslauer Zeitung.*

Drewes, Paul, und **Sandré,** Emil, **Das Reichsgesetz für Jugendwohlfahrt** vom 9. Juli 1922 und **Jugendgerichtsgesetz** vom 16. Februar 1923 nebst Nebengesetzen. Zweite Auflage. Taschenformat. XVI, 496 Seiten. 1928. (Guttentagsche Sammlung Deutscher Reichsgesetze Bd. 154.) Geb. RM. 11.—

„Eine sehr handliche Gesetzesausgabe. Sie bietet in ausführlichen geschichtlichen und rechtlichen Vorbemerkungen und Einleitungen wertvolles Material zur Einführung in den Willen und Geist beider Gesetze und gibt in knappen, aber ausreichenden Erläuterungsbemerkungen zu den einzelnen Bestimmungen dem Praktiker die erforderlichen Unterlagen zur richtigen Anwendung. Das Werk dürfte sich in der Praxis beliebt machen." *Blätter für öffentliche Fürsorge*

Sandré, Emil **Verordnung über die Fürsorgepflicht.** Vom 14. Februar 1924. Mit Einschluß der für die Durchführung dieser Verordnung in Frage kommenden reichs- und landesgesetzlichen Bestimmungen. Taschenformat. 342 Seiten. 1925. (Guttentagsche Sammlung Deutscher Reichsgesetze Bd. 160.) . . . . Geb. RM. 6.—

„Die Zusammenstellung der bis in die jüngste Zeit ergangenen gesetzlichen Bestimmungen, die in Beziehung zur Fürsorgepflichtverordnung stehen, gibt der Sandréschen Arbeit ihre besondere Bedeutung. Die Anmerkungen sind zahlreich und zeichnen sich durch einen feinen, klaren Stil aus. Das Buch ist übersichtlich geordnet und leicht zu handhaben." *Schleswig-Holsteinsche Wohlfahrtsblätter.*

Szczesny, Viktor, **Das Lichtspielgesetz** vom 12. Mai 1920 mit der Ausführungsverordnung Einleitung, Gebührenordnung und Sachregister. Taschenformat. 106 Seiten. 1920. (Guttentagsche Sammlung Deutscher Reichsgesetze Bd. 147.) . . . . Geb. RM. 1.50

„Das neue Lichtspielgesetz hat hier eine ausführliche Kommentierung gefunden. Das Buch kann bei der gründlichen Behandlung des Stoffes als ein geeignetes Hilfsmittel für die Praxis bezeichnet werden." *Preußische Gemeinde-Zeitung.*

Wündisch, Ernst, **Das Gesetz über Schußwaffen und Munition** vom 12. April 1928 (RGBl. I S. 143) nebst der Ausführungsverordnung der Reichsregierung vom 13. Juli 1928 (RGBl. I S. 198) und dem Preußischen Erlaß zur Durchführung des Gesetzes vom 7. September 1928 (MBliV. S. 925). Taschenformat. 139 Seiten. 1928. (Guttentagsche Sammlung Deutscher Reichsgesetze Bd. 173.) . . . . Geb. RM. 5.—

Ein klares zuverlässiges Erläuterungsbuch für den praktischen Gebrauch.

Fraustädter, W., und **Kreutzberger,** M., **Das deutsche Ausländerrecht.** Die Bestimmungen des Reichsrechts und preußischen Landesrechts. Textausgabe mit Erläuterungen und Sachregister. Taschenformat. 396 Seiten. 1927. (Guttentagsche Sammlung Deutscher Reichsgesetze Bd. 166.) Geb. RM. 9.—

„Eine höchst begrüßenswerte Veranstaltung, aus dem Bedürfnis der Praxis hervorgegangen und mit vollendetem Sachverständnis unternommen. Sowohl die Vollständigkeit der mannigfach verstreuten gesetzlichen Bestimmungen als deren Anordnung, Registrierung und Erläuterung durch Ausführungsbestimmungen, Gerichtsentscheidungen, Verwaltungspraxis ist vortrefflich." *Niemeyers Zeitschrift für internationales Recht.*

Voß, Werner, **Die reichs- und landesrechtlichen Bestimmungen auf dem Gebiete des Gesundheitswesens.** Zusammengestellt und mit Anmerkungen versehen. Taschenformat. 608 Seiten. 1929. (Guttentagsche Sammlung Deutscher Reichsgesetze Bd. 172.) . . . . . . Geb. RM. 11.—

„Der Band enthält eine Sammlung der Gesetze, Verordnungen und Bestimmungen auf dem Gebiete des Gesundheitswesens, wie sie in dieser Vollständigkeit sonst nicht besteht. Dadurch erst ist ein zuverlässiger und rascher Überblick über die einschlägigen weit verstreuten Bestimmungen gewährleistet."

Württ. Zeitschr. f. Rechtspflege.

Hippel, W. von, **Reichsviehseuchengesetz** vom 26. Juni 1909 nebst Ausführungsvorschriften und dem preußischen Ausführungsgesetz. Zweite Auflage. Taschenformat. 486 Seiten. 1913. (Guttentagsche Sammlung Deutscher Reichsgesetze Bd. 103.) . . . . Geb. RM. 4.—

Boxberger, L. von, **Vogelschutzgesetz** vom 30. Mai 1908 nebst den das Flugwild betreffenden Bestimmungen der Preußischen Jagdordnung. Taschenformat. 57 Seiten. 1909. (Guttentagsche Sammlung Deutscher Reichsgesetze Bd. 89.) . . . . Geb. RM. 1.—

Landesrecht

Bitter, von, **Handwörterbuch der Preußischen Verwaltung.** Dritte, vollständig umgearbeitete Auflage. Unter Mitwirkung zahlreicher hoher Reichs- und preußischer Staatsbeamten herausgegeben von Dr. Bill Drews, Staatsminister a. D., Präsident des Pr. Oberverwaltungsgerichts, und Dr. Franz Hoffmann, Wirklicher Geheimer Oberregierungsrat, Berlin. Lexikon-Oktav. 1928.
RM. 120.—, in Halbleder geb. RM. 132.—
Erster Band, 1. Halbband: Abbaugerechtigkeiten—Fleisch- und Viehagenten. 552 Seiten.
2. Halbband: Fleischvergiftung—Kyffhäuserbund. Seite 553 bis 1134 und IX Seiten.
Zweiter Band: Lackfabriken—Zwischenkredit. VII, 1220 Seiten.
(Im Verlage der Firmen: Walter de Gruyter & Co., Berlin; Carl Heymanns Verlag, Berlin; Roßberg'sche Verlagsbuchhandlung, Leipzig.)

Das zentrale Werk der Praxis des Verwaltungsrechts.

Reichelt, H., **Verwaltungsgesetzbuch für Preußen.** Systematische Zusammenstellung der wichtigsten Verwaltungsgesetze und Verordnungen für Praxis und Unterrichtszwecke. Lexikon-Oktav. VII, 1302 Seiten. 1914 . . . . Geb. RM. 7.60

„Das Buch ist sehr wertvoll, dem Praktiker unentbehrlich und leistet demjenigen, der sich auf eine Prüfung vorbereitet, vorzügliche Dienste. Allen Verwaltungsbehörden wird das Buch warm empfohlen."

Preußische Verwaltungs- und Finanz-Zeitung.

Friedrichs, K., **Die Gesetzgebung über die allgemeine Landesverwaltung** und Zuständigkeit der Verwaltungs- und Verwaltungsgerichtsbehörden. Dritte, durchgesehene Auflage. Taschenformat. XXIII, 295 Seiten. 1927. (Guttentagsche Sammlung Preußischer Gesetze Bd. 42.) Geb. RM. 5.—

„Der Wert dieser Arbeit liegt darin, daß er eine erschöpfende und klare Übersicht über das tatsächlich geltende Verwaltungsrecht bringt. Das Werk ist ein vorzügliches und nie versagendes Hilfsmittel."

Gesetz und Recht.

Pfafferoth, Carl, **Preußische Beamtengesetzgebung.** Fünfte Auflage. XIV, 280 Seiten. 1916. (Guttentagsche Sammlung Preußischer Gesetze Bd. 2.) . . . . Geb. RM. 2.40

Dultzig, Eugen von, **Das preußische Disziplinargesetz für die nichtrichterlichen Beamten.** Taschenformat. XIV, 364 Seiten. 1914. (Guttentagsche Sammlung Preußischer Gesetze Bd. 51.) . . . . Geb. RM. 4.20

„Der Verfasser kennt das Disziplinarrecht aus eigener Tätigkeit und aus langer Erfahrung. Diese hat er zu einem praktischen Nach-

schlagebuch für alle praktischen Fragen des Disziplinarrechts ausgestaltet. Bei tunlichster Kürze sind doch recht erschöpfende, klare und anschauliche Erläuterungen entstanden, die das Verständnis und die Anwendung des Disziplinarrechts in zweckmäßiger Weise erleichtern. Das Büchlein verdient volle Beachtung."

Zeitschrift für Polizei- und Verwaltungsbeamte.

Hagemann, Rudolf, **Hinterlegungsordnung** vom 21. April 1913. Taschenformat. 175 Seiten. 1914. (Guttentagsche Sammlung Preußischer Gesetze Bd. 53.) . . . . Geb. RM. 2.20

„Das in der vorteilhaft bekannten Guttentagschen Sammlung erschienene Buch darf als ein Hilfsmittel zu dem nicht immer ganz einfachen Verständnis der neuen Hinterlegungsvorschriften bestens empfohlen werden; es ist klar, übersichtlich und ausführlich."

Zentralblatt für freiwillige Gerichtsbarkeit.

Aschrott, P. F., **Gesetz über die Fürsorgeerziehung Minderjähriger.** Vom 2. Juli 1900. Nebst Ausführungsanweisungen. Dritte Auflage. Taschenformat. 374 Seiten. 1917. (Guttentagsche Sammlung Preußischer Gesetze Bd. 28.) . . . . Geb. RM. 2.80

„Das Buch gewährt nicht nur einen klaren Einblick in die gegenwärtige Gestaltung der Fürsorgeerziehung in Preußen, sondern es gibt auch über die Zweifelsfragen, welche bei der Auslegung des technisch ziemlich unvollkommenen Fürsorgeerziehungsgesetzes in besonders reicher Fülle auftauchen, durchweg eine erschöpfende und zutreffende Auskunft." *Das Recht.*

Marcks, A., **Gesetz, betr. die Unterhaltung der öffentlichen Volksschulen.** Taschenformat. 194 Seiten. 1906. (Guttentagsche Sammlung Preußischer Gesetze Bd. 39.) . . . . Geb. RM. 1.80

„Das handliche Büchlein wird, von sachkundiger Seite herrührend und praktisch angelegt, Verwaltungsbeamten, Schulvorständen, Lehrern beim Gebrauch gute Dienste leisten."

Schulblatt der Provinz Brandenburg.

Ledermann, W., und **Brühl,** L., **Die Städteordnung für die sechs östlichen Provinzen Preußens.** Zweite Auflage. Taschenformat. 593 Seiten. 1913. (Guttentagsche Sammlung Preußischer Gesetze Bd. 32.) Geb. RM. 6.—

„Der Kommentar, eine hervorragende Arbeit, ist von der Kritik und der Praxis so einmütig günstig aufgenommen worden, daß er auch in seiner zweiten durch Gesetzgebung, Literatur und Rechtsprechung der letzten zehn Jahre bereicherten Ausgabe keiner weiteren Empfehlung bedarf." *Kommunale Praxis.*

Wölbling, P., **Bildung der neuen Stadtgemeinde Berlin.** Zweite Auflage. Taschenformat. 114 Seiten. 1920. (Guttentagsche Sammlung Preußischer Gesetze Bd. 59.) . . . . Geb. RM. 1.40

„Die Ebenmäßigkeit mit den Kommentaren anderer Gesetze der Guttentagschen Sammlung erringt der Verfasser durch seine strenge Sachlichkeit. Damit muß seinem Werk die Beachtung bei der Durchführung des Gesetzes und bleibender Wert gesichert erscheinen."

Soziale Praxis.

Caro, H., **Gesetz, betr. Austritt aus der Landeskirche,** vom 14. Mai 1873. Taschenformat. 190 Seiten. 1911. (Guttentagsche Sammlung Preußischer Gesetze Bd. 46.) . . . . Geb. RM. 2.40

„Ein sehr praktisches Buch, das in den Anmerkungen zum Wortlaut des Gesetzes eine reiche Fülle von Material bietet für alle möglichen

Fragen, die mit Aus- und Übertritt zusammenhängen. Das genau gearbeitete Inhaltsverzeichnis ermöglicht bei gelegentlicher Benutzung ein leichtes Auffinden des Nötigen."

Deutsch-Protestantische Bücherschau.

Meyer, O., **Gesetz, betr. die Anlegung und Veränderung von Straßen und Plätzen in Städten und ländlichen Ortschaften.** Taschenformat. 211 Seiten. 1913. (Guttentagsche Sammlung Preußischer Gesetze Bd. 50.) RM. 3.—

Strauß-Torney, Hugo von und **Saß,** Carl, früher **Friedrichs,** R., **Gesetz, betr. Anlegung und Veränderung von Straßen und Plätzen** in Städten und ländlichen Ortschaften. (Straßen- und Baufluchtengesetz.) Kommentar. Sechste Auflage. Groß-Oktav. 211 Seiten. 1920. RM. 8.—, geb. RM. 9.50

„Das Werk zeigt eine Reichhaltigkeit und Vollständigkeit, die sonst wenigen Kommentaren eigen ist, und übertrifft hierin noch weit die früheren Auflagen. Besonders erwähnenswert ist die geschickte Anordnung der Erläuterungen und das praktische Inhaltsverzeichnis."

Wochenschrift des Architektenvereins zu Berlin.

Heinz, H. **Die preußischen Baupolizeigesetze** nebst den sonstigen einschlägigen Reichs- und Landesgesetzen. Taschenformat. 404 Seiten. 1928. (Guttentagsche Sammlung Preußischer Gesetze Bd. 64.) Geb. RM. 8.—

Diesem Band ist die Aufgabe gestellt, die in erster Linie in Betracht kommenden Gesetze und sonstigen Vorschriften und die im Zusammenhang hiermit entstehenden Rechtsfragen in übersichtlicher Weise zusammenzufassen und zu erörtern. Die Rechtsprechung des Oberverwaltungsgerichts und anderer Gerichte ist hierbei berücksichtigt worden.

Goldschmidt, O., **Gesetze gegen die Verunstaltung landschaftlich hervorragender Gegenden mit Ausführungsanweisungen.** Taschenformat. 152 Seiten. 1912. (Guttentagsche Sammlung Preußischer Gesetze Bd. 49.) Geb. RM. 2.40

„Der Kommentar bietet eine sachgemäße, sorgfältige und erschöpfende Erläuterung der einzelnen gesetzlichen Bestimmungen. Er wird als ein durch Vollständigkeit und Zuverlässigkeit ausgezeichnetes Hilfsmittel jedem Freunde des Heimatschutzes ein willkommener Ratgeber sein." Jahrbuch des Verwaltungsrechts.

Wulff, G., und **Herold,** F., **Wassergesetz** vom 7. April 1913. Mit Einleitung, Erläuterungen und Sachregister. Zweite, umgearbeite Auflage von G. Wulff. Taschenformat. XVI, 665 Seiten. 1928. (Guttentagsche Sammlung Preußischer Gesetze Bd. 52.) . . Geb. RM. 12.—

„Gründlichkeit und trefflichere Kürze bilden einen besonderen Vorzug des Werkes." Ministerialblatt f. d. preuß. innere Verwaltung.

Holtgreven, A., und **Wolff,** Th., **Das Wildschadengesetz** vom 11. Juli 1891. Kommentar. Vierte, vermehrte und verbesserte Auflage. Oktav. VIII, 216 Seiten. 1902 . . . . RM. 4.—

„Dieses Werkchen will einerseits die juristisch zweifelhaften Punkte des Wildschadengesetzes wissenschaftlich erörtern und klarstellen und andererseits allen denjenigen, welche bei der Handhabung dieses Gesetzes in irgendeiner Weise, sei es als Private, Beamte, Grundbesitzer oder als Jagdberechtigte, beteiligt sind, ein praktischer Berater sein."

Allgemeine Forst- und Jagdzeitung.

Born, A., **Das preußische Fischereigesetz** vom 11. Mai 1916 in der geltenden Fassung. Taschenformat. 428 Seiten. 1928. (Guttentagsche Sammlung Preußischer Gesetze Nr. 62.) . . . . Geb. RM. 7.50

Die Ausgabe bietet eine bis jetzt fehlende neue Darstellung des Fischereigesetzes, in der vor allem die neue Rechtsprechung eingehend verwertet ist. Außer dem Fischereigesetz, das eine ausführliche Erläuterung gefunden hat, sind die wichtigen Ausführungsverordnungen und im Anhang die einschlägigen Bestimmungen anderer für die Anwendung des Fischereigesetzes in Frage kommenden Gesetze berücksichtigt.

Born, A., Die preußischen Jagdgesetze in ihrer geltenden Fassung. Mit Erläuterungen versehen. Taschenformat. 433 Seiten. 1928. (Guttentagsche Sammlung Preußischer Gesetze Nr. 63.) . . . Geb. RM. 8.—

„Das Buch kann zur Belehrung und Handgebrauch den Gerichten, Landratsämtern, Gemeinden und Forstbehörden sowie allen jagdlich interessierten Personen warm empfohlen werden."

Leipziger Ztsch. f. dtsch. Recht.

Kunze, F., Das Jagdscheingesetz. Zweite Auflage. Taschenformat. 157 Seiten. 1899. (Guttentagsche Sammlung Preußischer Gesetze Bd. 19.) . . . . Geb. RM. 2.—

„Die eingehenden Anmerkungen und die im Titel hervorgehobenen Beigaben machen den kleinen Kommentar zu einem vortrefflichen, in der Praxis schwer entbehrlichen Hilfsmittel zur Auslegung des Gesetzes." Zeitschrift für die gesamte Strafrechtswissenschaft.

Holzapfel, W., Umlegungsordnung. Taschenformat. 144 Seiten. 1921. (Guttentagsche Sammlung Preußischer Gesetze Bd. 60.) . . RM. 1.80

„Holzapfel, der hervorragende Kenner der Auseinandersetzungsgesetze, erläutert die Vorschriften der Umlegungsordnung in seiner scharfsinnigen Art in durchaus erschöpfender Weise und gibt in diesen Erläuterungen ein außerordentlich anschauliches Bild von der Umlegung der Grundstücke. Das Buch ist auch für Laien leicht und gut verständlich und kann jedem, der für die Umlegung Interesse hat, zur Benutzung angelegentlich empfohlen werden."

Preußisches Verwaltungsblatt.

Holzapfel W., Gesetz über Landeskulturbehörden. Taschenformat. 176 Seiten. 1919. (Guttentagsche Sammlung Preußischer Gesetze Bd. 57.) Geb. RM. 2.—

„Der Titel gibt den Inhalt des Werkchens vollständig an, hinzuzufügen ist aber, daß die Erläuterung, die umfangreich und eingehend ist und der praktischen Handhabung des Gesetzes Schritt für Schritt folgt, aus der Feder eines Mannes herrührt, der durch seine sachliche Qualifikation als gründlicher Kenner der Materie für eine zuverlässige Führung die größte Gewähr bietet. Dankenswert ist die Gründlichkeit der im bescheidenen Rahmen geleisteten Arbeit."

Verwaltungs-Archiv.

Kollenscher, M., Rechtsverhältnisse der Juden in Preußen. Taschenformat. VIII, 199 Seiten. 1910. (Guttentagsche Sammlung Preußischer Gesetze Bd. 45.) . . . . RM. 2,40

„Eine zusammenfassende, erschöpfende Darstellung der in den verschiedensten Quellen zerstreuten zahlreichen Judengesetze und Verordnungen. Jede Synagogengemeinde und jeder, der sich mit jüdischen Angelegenheiten beschäftigt, müßte dieses Buch besitzen."

Jüdische Rundschau.

3. Steuerrecht

Nieberl, A., Reichsabgabenordnung vom 13. Dezember 1919 nebst Einführungsverordnung vom 18. Dezember 1919 und Übergangsverordnung vom 11. Oktober 1921. Textausgabe mit Anmerkungen und ausführlichem Sachregister. Zweite, neubearbeitete Auflage. Taschenformat. 1927. (Guttentagsche Sammlung Deutscher Reichsgesetze Bd. 143.) . . . . Mit folgendem Nachtrag geb. RM. 12.—

„Die Darstellung ist leicht verständlich und klar. Das Sachregister ist gründlich bearbeitet. Jedenfalls wird das Buch, das einen mit der praktischen Handhabung der RAbgO. vertrauten Verfasser erkennen läßt, nicht nur den Steuerbeamten, sondern auch dem rechtsuchenden Publikum und seinen Beratern ein willkommener guter Führer auf diesem Gebiet sein." Juristische Wochenschrift.

Nieberl, A., **Die Änderungen der Reichsabgabenordnung** durch die Verordnung vom 1. Dezember 1930. Taschenformat. 127 Seiten. 1931. RM. 2.—

Michaelis, Richard, **Die Dritte Steuernotverordnung** vom 14. Februar 1924. Mit besonders ausführlicher Berücksichtigung der Vorschriften über die Aufwertung und die öffentlichen Anleihen. Taschenformat. VIII, 388 Seiten. 1924. (Guttentagsche Sammlung Deutscher Reichsgesetze Bd. 157.) . . . . Geb. RM. 7.—

„Ganz besonders zu rühmen ist der Kommentar von Michaelis, der dank seiner eingehenden und gründlichen Bearbeitungsweise erheblichen Einfluß auf die Praxis gewonnen hat." Juristische Wochenschrift.

Hollaender, Adolf, **Einkommensteuergesetz und Körperschaftsteuergesetz** nebst den zugehörigen Aus- und Durchführungsbestimmungen, Verordnungen und Erlassen. Taschenformat. XXXIX, 697 Seiten. 1926. Mit Nachtrag. 1928. (Guttentagsche Sammlung Deutscher Reichsgesetze Bd. 151.) . . . . Geb. RM. 24.—

„Das auf die Bedürfnisse der Praxis abgestellte und ihnen gerecht werdende Buch wird jedem gute Dienste leisten, der sich handelnd oder leitend auf dem äußerst unsicheren, ohne Hilfsmittel überhaupt nicht begehbaren Boden der heutigen Einkommensteuer zurechtfinden muß." Juristische Rundschau.

Pick, Reichsbewertungsgesetz. Textausgabe mit Anmerkungen. In Bearbeitung.

Schachian, Herbert, **Erbschaftsteuergesetz,** Fassung vom 22. August 1925, mit Anmerkungen. Vierte Auflage. Oktav. 65 Seiten. 1926. RM. 2.50

„Eine vollständige Darstellung des Erbschaftssteuerrechts und der zugrunde liegenden bürgerlich-rechtlichen Vorschriften des Erbrechts. Als wissenschaftliche und praktische Leistung steht der klar und scharf geschriebene Kommentar in vorderster Reihe unter seinen Rivalen; er ist als Wegweiser besonders zu empfehlen." Juristische Wochenschrift.

Hoffmann, U., **Die preußischen Erbschaftsteuergesetze.** Taschenformat. 561 Seiten. 1905. (Guttentagsche Sammlung Preußischer Gesetze Bd. 20.) . . . . RM. 3.—

Lindemann, Otto, **Umsatzsteuergesetz** (neueste Fassung) mit Ausführungsbestimmungen. Vierte, vermehrte und verbesserte Auflage. Taschenformat. 518 Seiten. 1926. (Guttentagsche Sammlung Deutscher Reichsgesetze Bd. 132.) . . . . Geb. RM. 10.—

„Es handelt sich um einen ausführlichen, gediegenen und klar abgefaßten Kommentar, der den weiteren Vorzug besitzt, auf dem laufenden zu sein. Das Werk kann allen Interessenten nur warm empfohlen werden." Industrie- und Handelszeitung.

Lindemann, Otto, **Grunderwerbsteuergesetz** (neueste Fassung) mit den Ausführungsbestimmungen. Zweite, völlig umgearbeitete Auflage.

Taschenformat. 186 Seiten. 1926. Mit Nachtrag 1927. (Guttentagsche Sammlung Deutscher Reichsgesetze Bd. 139.) . . . . Geb. RM. 4.—

„Das Buch wird manchem in den mannigfachen Streitfragen des in der Praxis sehr einschneidenden Gesetzes ein willkommener Ratgeber sein. Die Erläuterungen zeichnen sich durch Klarheit und Gemeinverständlichkeit im besten Sinne aus." Württembergische Industrie.

Hagelberg, E., und Krämer, L., Grunderwerbsteuergesetz vom 12. September 1919 (RGBl. S. 1617) in der Fassung des Gesetzes vom 11. März 1927 (RGBl. I S. 72) nebst Einleitung, Sachregister und Ausführungsbestimmungen und der einschlägigen Vorschriften des Finanzausgleichs-Steuermilderungsgesetzes und Steuerstrafrechts. Für die Praxis erläutert. Zweite, völlig umgearbeitete und erweiterte Auflage. Groß-Oktav. 355 Seiten. 1928 . . . . Geb. RM. 15.—

„Die verhältnismäßige Kürze ihrer Erläuterungen bei großer Vollständigkeit ist zu rühmen. Das Buch ist nicht nur für den Juristen, sondern auch für den gebildeten Laien, namentlich Grundstücksmakler und Hausbesitzer, von großem, praktischem Wert."
Zeitschrift d. Deutsch. Notarvereins.

Hagelberg, E., und Krämer, L., Wertzuwachssteuerrecht. Kommentar. Groß-Oktav. 256 Seiten. 1929 . . . . . RM. 12.—, geb. RM. 13.50

Die Verfasser kommentieren die neue Wertzuwachssteuerordnung für Berlin und die preußische Mustersteuerordnung. Ihr Buch ist ein Leitfaden für die Steuerpflichtigen und ihre Rechtsberater und die mit der Wertzuwachssteuer befaßten Behörden. Es stellt die rechtliche und wirtschaftliche Bedeutung der Bestimmungen klar: Die Rechtsprechung des Preußischen Oberverwaltungsgerichts wurde erschöpfend berücksichtigt. Auch Spezialfragen wie die Aufwertung und das Schwarzkaufwesen wurden behandelt.

Hoepker, Heinrich, **Die Industriebelastungsgesetze** vom 30. August 1924 nebst den Durchführungsbestimmungen zum Gesetz über die Industriebelastung. Taschenformat. XV, 200 Seiten. 1925. Mit Nachträgen. (Guttentagsche Sammlung Deutscher Reichsgesetze Bd. 159.)
Geb. RM. 4.—

„Die Anmerkungen sind erschöpfend und führen den Leser mit Geschick in die schwierige und neue Materie ein. Rechtsanwälte sowie Kaufleute, für welche die Industriebelastung in Frage kommt, werden das mit einem guten Sachregister ausgestattete Werk mit gleichem Nutzen gebrauchen!" Industrie- und Handels-Zeitung.

von Lympius, W., **von Elbe,** K., **Das Kommunalabgabengesetz und das Kreis- und Provinzialabgabengesetz.** Dargestellt in der Rechtsprechung des Oberverwaltungsgerichts. Groß-Oktav. X, 440 Seiten. 1930.
RM. 22.50, geb. 24.—

„Man muß es als einen besonders glücklichen Gedanken bezeichnen, wenn die Verfasser die gesamte Rechtsprechung des OVG., ja auch die nichtveröffentlichten Entscheidungen auszugsweise in einer Form wiedergegeben haben, die in hohem Grade die Arbeit der Praxis wie auch der Wissenschaft erleichtert. Wenn dieses Werk in hervorragendem Maße geglückt ist, so ist es wohl in erster Linie darauf zurückzuführen, daß beide Verfasser als Mitglieder des OVG. zu den Berufensten in der Abfassung einer solchen Arbeit gehören." Reichsarbeitsblatt.

Eiffler, Kurt, **Staatliche Verwaltungsgebühren.** Gesetz über staatliche Verwaltungsgebühren vom 29. September 1923 nebst Gebührenordnungen und Ausführungsbestimmungen. Taschenformat. 192 Seiten. Mit Nachtrag. 1925. (Guttentagsche Sammlung Preußischer Gesetze Bd. 61.)
Geb. RM. 6.—

„Das Buch ist für alle preußischen staatlichen und kommunalen Behörden unentbehrlich." *Deutsches Beamtenarchiv.*

Loeck, P., und **Eiffler,** K., **Preußisches Stempelsteuergesetz** mit den gesamten Ausführungsbestimmungen. Unter besonderer Berücksichtigung der Entscheidungen der Verwaltungsbehörden und der Gerichte herausgegeben. Zehnte, neubearbeitete Auflage. Taschenformat. 476 Seiten. 1928. (Guttentagsche Sammlung Preußischer Gesetze Bd. 18.) Geb. RM. 13.—

„Die zahlreichen Auflagen zeugen für die Güte und praktische Brauchbarkeit des Buches, das durch den von Eiffler hinzugefügten Anhang auf den gegenwärtigen Rechtsstand gebracht ist." *Finanz-Ministerialblatt.*

Lebbin, Georg, **Nahrungsmittelgesetze** mit Erläuterungen. Zweite, stark vermehrte Auflage in zwei Bänden.
Zweiter Band: **Getränkegesetze und Getränkesteuergesetze** (Wein, Bier, Branntwein, Mineralwasser). Unter Mitarbeit von Rechtsanwalt Dr. Kniebe. Taschenformat. XII, 400 Seiten. 1926. (Guttentagsche Sammlung Deutscher Reichsgesetze Bd. 54b.) . . . . . . Geb. RM. 10.—

„Die wichtigsten Gesetze sind eingehend kommentiert und so vollständig ergänzt, daß die Sammlung als unentbehrliches Hilfsmittel, wie es in dieser Art bislang noch fehlte, für den Sachbearbeiter bei Behörden und Verbänden sowohl als auch für den Kaufmann der Branche zu begrüßen ist." *Württembergische Wirtschafts-Zeitschrift.*

Wündisch, Friedrich, **Das Tabaksteuergesetz** vom 12. September 1919 nebst den Ausführungsbestimmungen vom 26. Februar 1920. Taschenformat. 286 Seiten. 1920. Mit Nachtrag 1925. (Guttentagsche Sammlung Deutscher Reichsgesetze Bd. 146.) . . . . Geb. RM. 4.—

„Endlich ein Kommentar zum Tabaksteuergesetz! Die Ausgabe kommt den Wünschen der Praxis nach einer erschöpfenden Darstellung des neuen Gesetzes in umfassender Weise entgegen. Das Buch bildet eine ausgezeichnete Informationsquelle für alle Fragen, die in der Praxis vorkommen." *Deutsche Tabak-Zeitung.*

VII. Entscheidungs-Sammlungen und Zeitschriften.

Entscheidungen des Reichsarbeitsgerichts. Herausgegeben von den Mitgliedern des Reichsarbeitsgerichts. Oktav.
Band I. 1928. Band II. 1928/29. Band III. 1929. Band IV. 1929/30. Band V u. VI 1930, Band VII 1931 . . Je RM. 6.50, geb. RM. 8.—

Entscheidungen des Reichsgerichts. Herausgegeben von den Mitgliedern des Gerichtshofes u. d. Reichsanwaltschaft. Oktav. (2 Sammlungen.)
1. **Entscheidungen in Zivilsachen.** (Werden in Heften im Umfange von etwa 5 bis 6 Bogen sowie in vollständigen Bänden, geheftet und gebunden, ausgegeben. Jährlich 4 Bände.) 1.—130. Band.
Je RM. 6.50, geb. RM. 8.—

Generalregister zum hundertelften bis hundertzwanzigsten Bande der von den Mitgliedern des Gerichtshofes und der Reichsanwaltschaft herausgegebenen **Entscheidungen des Reichsgerichts in Zivilsachen.** Bearbeitet von **Hans Triebel.** Oktav. XXIII, 509 Seiten. 1929.
RM. 15.—, in Halbleder RM. 18.—

Durch die umfassenden Register über je 10 Bände der amtlichen Sammlung von Reichsgerichtsentscheidungen wird das in dieser enthaltene umfängliche reiche Material der praktischen Benutzung erst voll erschlossen. Die Register verarbeiten das Material in 1. einem systematischen Register (mit einer dazugehörigen alphabetischen Übersicht), 2. einem alphabetischen Register, 3. einem Quellenregister, 4. einer chronologischen Übersicht, 5. einer Zusammenstellung der Entscheidungen nach Oberlandesgerichtsbezirken. Damit ist der höchste Grad von Sicherheit und Schnelligkeit für die Benutzung der Entscheidungssammlung erreicht.

2. Entscheidungen in Strafsachen. (Werden in Heften im Umfange von 5 bis 6 Bogen sowie in vollständigen Bänden, geheftet und gebunden, ausgegeben. Jährlich 1 Band.) 1.—65. Band. Je RM. 6.50, geb. RM. 8.—

Schiedsgericht für Oberschlesien. Trybunal Rozjemczy dla Górnego Slaska. Amtliche Sammlung von Entscheidungen des Schiedsgerichts für Oberschlesien, veröffentlicht gemäß der Bestimmung des Art. 592 des Genfer Abkommens vom 15. Mai 1922. Zbiór urzedowy orzeczeń Trybunalu Rozjemczego dla Górnego Ślaska ogloszony wedle postanowienia art. 592 Konwencji Genewskiej z dnia 15 maja 1922r. Oktav. Band I. Tom. I. Nr. 1/4. 129 Seiten. 1929.

Pro Band RM. 12.—

Diese amtliche Sammlung veröffentlicht Entscheidungen des Schiedsgerichts für Oberschlesien, soweit sie von grundsätzlicher Bedeutung sind, in deutscher und polnischer Sprache. Die veröffentlichten Entscheidungen sind insofern für alle Gerichte und Verwaltungsbehörden von besonderer Bedeutung, als sie für sie bindend sind und jede Abweichung dem Schiedsgericht zur Entscheidung vorzulegen ist.

Zeitschrift für die gesamte Strafrechtswissenschaft. Gegründet von Fr. von **Liszt** und **A. Dochow.** Unter ständiger Mitarbeiterschaft hervorragender Fachmänner herausgegeben von Prof. Dr. K. **von Lilienthal,** Prof. Dr. Ed. **Kohlrausch** und Prof. Dr. W. **Gleispach.** Der Jahrgang besteht aus 8—9 Heften. Quart.

Bd. 1—43. 1881—1922. Je RM. 15.—. Bd. 44. 1922. RM. 25.—. Bd. 45. 1924. RM. 21.—. Bd. 46—49. 1925—1929. Je RM. 30.—. Bd. 50. 1929/30. RM. 36.—.

Juristische Rundschau. Herausgegeben von Otto **Lindemann,** Ministerialdirektor, Geh. Oberjustizrat, Berlin, Dr. Friedrich **Flad,** Senatspräsident beim Reichsgericht, Leipzig, **Fritz Hartung,** Reichsgerichtsrat, Leipzig und

Höchstrichterliche Rechtsprechung. Herausgegeben von Eugen **Friedrichs,** Senatspräsident, Breslau, Dr. Albert **Feisenberger,** Reichsanwalt, Leipzig. — Erscheint am 1. und 15. jeden Monats.

Jahrgang 1931. Vierteljährlich RM. 7.50, Einzelheft RM. 1.50

Beilage „Höchstrichterliche Rechtsprechung" einzeln vierteljährlich 5.—

Zeitschrift für ausländisches öffentliches Recht und Völkerrecht. Im Auftrage des Instituts für ausländisches öffentliches Recht und Völkerrecht herausgegeben von Dr. Viktor **Bruns,** Professor an der Universität Berlin, Leiter des Instituts. Lexikon-Oktav.

Band I, Teil 1: Abhandlungen. XXVIII, 657 Seiten. 1929. RM. 43.—
Band I, Teil 2: Urkunden. XVI, 858 Seiten. 1929 . . . RM. 54.—
Band II, Teil 1/2: Abhandlungen und Urkunden. 368 Seiten. 1930. RM. 45.—

Der neuen Zeitschrift für ausländisches öffentliches Recht und Völkerrecht ist es als Aufgabe gesetzt, die wichtigsten, die Wis-

senschaft und die Praxis beschäftigenden Probleme des Völkerrechts und des außerstaatlichen öffentlichen Rechts zu behandeln. Sie wird zu all diesen Fragen eingehend Stellung nehmen und über alle wichtigen Ergebnisse der Gesetzgebung und der Rechtsprechung auf diesem Gebiete im In- und Ausland eingehend berichten. Der I. Jahrgang der Zeitschrift wird in zwei Bänden herausgegeben; künftig erfolgt das Erscheinen vierteljährlich.

Zeitschrift für ausländisches und internationales Privatrecht. Herausgegeben in Gemeinschaft mit Ernst **Heymann,** Heinrich **Titze,** Martin **Wolff,** ordentliche Professoren an der Universität Berlin, wissenschaftliche Berater des Instituts, Max **Pagenstecher,** o. Professor an der Universität Hamburg, Franz **Schlegelberger,** Ministerialdirektor im Reichsjustizministerium, Honorarprofessor an der Universität Berlin, von Ernst **Rabel,** o. Professor an der Universität Berlin, Direktor des Instituts. Jährlich 6 Hefte im Umfang von etwa 65 Bogen.
Preis des vierten Jahrganges RM. 54.—

Sonderhefte: **Die deutsche Rechtsprechung auf dem Gebiete des internationalen Privatrechts in den Jahren 1926 und 1927.** 1928. RM. 8.—
do. **im Jahre 1928.** 1930 . . . . RM. 11.—

Zeitschrift für Bergrecht. Bis zu seinem Tode herausgegeben von dem Wirkl. Geh. Rat, Berghauptmann a. D. Dr. jur. H. Brassert. Redigiert und herausgegeben von den rechtskundigen Ministerialräten der Bergabteilung des Preußischen Ministeriums für Handel und Gewerbe. Jährlich ein Band von mehreren Heften. Die Hefte erscheinen in zwangloser Folge. 1928/29. RM. 20.—, Jahrgang 70. 1929. RM. 20.—, Jahrgang 71. 1930 . . . . RM. 20.—

Zeitschrift für Bergrecht. Register zu Jahrgang 37—40 . . . RM. 14.—

Zeitschrift für das gesamte Luftrecht (ZLR.). Herausgegeben von weiland Dr. jur. Otto **Schreiber.** Erscheint in Bänden zu je vier Heften.

Band I. 1926/28 . . . . RM. 50.—, geb. RM. 55.—

Band II, Heft 1 . . . . RM. 10.—

Bank-Archiv. Zeitschrift für Bank- und Börsenwesen. Unter Mitwirkung von hervorragenden Fachmännern herausgegeben von Geh. Justizrat Prof. Dr. **Rießer,** Berlin. Schriftleitung: Rechtsanwalt Otto **Bernstein,** geschäftsführendes Mitglied des Centralverbandes des Deutschen Bank- und Bankiergewerbes. Quart. Jährlich 24 Nummern. XXX. Jahrgang. 1930/31 . . . . Pro Halbjahr RM. 12.—

Veröffentlichungen des Reichs-Aufsichtsamts für Privatversicherung. Groß-Oktav. 29. Jahrgang. Heft 1—3 . . . . RM. 17.50

Jahrgang 1—28. Preise auf Anfrage.

4. Nachtrag.

Gesetz über Befugnisse der Versicherungs-aufsichtsbehörden.

Vom 27. November 1934 (RGBl. I S. 1189).

Die Reichsregierung hat das folgende Gesetz beschlossen, das hiermit verkündet wird:

Artikel 1.

Im § 89 des Gesetzes über die Beaufsichtigung der privaten Versicherungsunternehmungen und Bausparkassen (Versicherungsaufsichtsgesetz) vom 6. Juni 1931 (Reichsgesetzbl. I S. 315) wird Abs. 2 durch folgende Vorschrift ersetzt:

„Unter der Voraussetzung im Abs. 1 Satz 1 kann die Aufsichtsbehörde, wenn nötig, die Verpflichtungen einer Lebensversicherungsunternehmung aus ihren Versicherungen dem Vermögensstand entsprechend herabsetzen. Dabei kann die Aufsichtsbehörde ungleichmäßig verfahren, wenn es besondere Umstände rechtfertigen, namentlich wenn bei mehreren Gruppen von Versicherungen die Notlage der Unternehmung mehr in einer als in einer anderen begründet ist. Bei der Herabsetzung werden, soweit rechnungsmäßige Deckungsrücklagen der einzelnen Versicherungen bestehen, zunächst die Deckungsrücklagen herabgesetzt und danach die Versicherungssummen neu festgestellt, sonst diese unmittelbar herabgesetzt. Die Pflicht der Versicherungsnehmer, die Versicherungsentgelte in der bisherigen Höhe weiterzuzahlen, wird durch die Herabsetzung nicht berührt."

Artikel 2.

Die Vorschriften des § 89 des Versicherungsaufsichtsgesetzes gelten sinngemäß auch für die öffentlich-rechtlichen Versicherungsanstalten, die dem bürgerlichen Recht unterworfene Versicherungsverträge abschließen, sowie ihre Aufsichtsbehörden. Diese können, wenn sie Maßnahmen nach § 89 des Versicherungsaufsichtsgesetzes treffen, die Satzung einer Anstalt entsprechend ändern; soweit es für die Gesundung einer Anstalt unerläßlich erscheint, sind auch andere als die im § 89 des Versicherungsaufsichtsgesetzes ausdrücklich bezeichneten Maßnahmen zulässig.

Artikel 3.

Dieses Gesetz tritt mit seiner Verkündung in Kraft.

Berlin, den 27. November 1934.

Der Führer und Reichskanzler.
Adolf Hitler.

Der Reichswirtschaftsminister.
Mit der Führung der Geschäfte beauftragt:
Hjalmar Schacht,
Präsident des Reichsbankdirektoriums.

Verordnung des Reichspräsidenten über Maßnahmen auf dem Gebiete der Rechtspflege und Verwaltung vom 14. Juni 1932.

Kapitel V.
Reichsaufsichtsamt für Privatversicherung.

Die **Bausparkassenbewegung** ist in Deutschland jung; ihre rechtliche Erfassung steht in den ersten Anfängen. Die Eigenart des Geschäftsbetriebes erforderte eine Beaufsichtigung. Die Bausparkassen wurden in einem besonderen Abschnitt des neugefaßten Versicherungsaufsichtsges. vom 6. April 1931 ab 1. Oktober 1931 dem Reichsaufsichtsamt für Privatversicherung unterstellt (§§ 112 ff. AufsGes.). Der Gesetzgeber nahm sich ihrer nunmehr besonders dringlich an; Sondervorschriften gestalteten die Aufsicht straffer als bei Versicherungsunternehmungen. Diese Linie wird durch die NotVO. fortgesetzt, nachdem die ersten Erfahrungen mit der Aufsicht gemacht sind.

Schon das bisherige Recht unterstellt Bausparkassen (wie Versicherungsunternehmungen) auch nach erfolgter Untersagung oder Einstellung des Betriebes dem Aufsichtsamt (§ 112 mit § 86 AufsGes.). Nunmehr werden die Bausparkassen einer gesteigerten Kontrolle unterworfen. Das Aufsichtsamt kann anordnen, daß die Untersagung (§ 87 AufsGes.) wie ein Auflösungsbeschluß wirke. Es kann die Durchführung der Liquidation durch einen von ihm bestellten Liquidator, evtl. eine juristische Person, beherrschen (§ 2). Entsprechend hat es ein Vorschlagsrecht im Konkursfall (§ 4). Ganz neuartig ist die von der ordentlichen Liquidation abweichende „vereinfachte Abwicklung“, die nach § 1 bei Untersagung oder freiwilliger Einstellung des Geschäftsbetriebes angeordnet werden kann; sie wirkt sich im Sinne eines Zwangsrücktritts aus. Es werden keine Darlehn mehr gewährt, die Guthaben werden prozentual nach den Forderungen ohne Rücksicht auf deren Rechtslage aus den flüssigen Mitteln zurückgezahlt. Das Aufsichtsamt kann nach § 3 die Bausparkasse, wenn sich bei Prüfung ihrer Geschäftsführung und ihrer Vermögenslage ergibt, daß sie ihre Verpflichtungen nicht erfüllen kann (§ 89 AufsGes.), aber ein Konkurs nicht geboten erscheint, von einer Verpflichtung zur Auszahlung des Bardarlehens zu einer bestimmten Zeit befreien. Der Bausparer kann aber in diesem Falle, da die Nichtigkeit der Bestimmung des Termins nach § 139 BGB. die Nichtigkeit des ganzen Bausparvertrages zur Folge hat, seine Einzahlungen nach §§ 812 ff. BGB. zurückfordern; eventuell kann das Aufsichtsamt aber dann nach § 89 AufsGes. die Rückzahlung zeitweilig verbieten. § 5 regelt das Verfahren des Aufsichtsamts bei der Anordnung der vereinfachten Abwicklung, bei seinen Entscheidungen nach § 2 und bei der eben genannten Befreiung in Analogie von §§ 93 ff. AufsGes. § 6 gibt eine Abänderung der Ernennung der Beisitzer der Berufungsinstanz aller Versicherungs- und Bausparkassensachen. § 7 gibt eine weitgehende Ermächtigung zu Rechts- und Verwaltungsverordnungen.

Diese Vorschriften sind am 15. Juni 1932 in Kraft getreten. Das Aufsichtsamt kann nach § 8 die neuartigen Anordnungen auch zum größten Teil treffen, wenn vorher eine rechtskräftige Untersagung oder eine freiwillige Einstellung des Geschäftsbetriebes vorlag.

§ 1.

(1) Untersagt das Reichsaufsichtsamt für Privatversicherung einer Bausparkasse den Geschäftsbetrieb (§ 87 Abs. 1, § 112 Abs. 1 des Versicherungsaufsichtsgesetzes) oder stellt eine Bausparkasse den Geschäftsbetrieb freiwillig ein, so kann das Reichsaufsichtsamt anordnen, daß die bestehenden Bausparverträge vereinfacht abgewickelt werden.

(2) Bei einer vereinfachten Abwicklung (Abs. 1) zahlen die Bausparer, die noch kein Baudarlehen erhalten haben, keine Beiträge mehr. Baudarlehen werden nicht mehr gewährt. Die Bausparguthaben werden so zurückgezahlt, wie es jeweils die flüssigen Mittel zulassen; die Abwicklungskosten werden vorher abgezogen. Alle Bausparer werden nach Verhältnis

ihrer Forderungen ohne Vorrang voreinander befriedigt, gleichviel ob eine Kündigung vorliegt oder nicht oder ob einem Bausparer ein besonderer Anspruch eingeräumt worden ist, namentlich ein Anspruch auf Auszahlung des Baudarlehens zu einer bestimmten Zeit.

§ 2.

(1) Untersagt das Reichsaufsichtsamt einer Bausparkasse den Geschäftsbetrieb, so kann es anordnen, daß die Untersagung wie ein Auflösungsbeschluß wirkt. Es kann ferner die Liquidation der Bausparkasse einem von ihm bestellten Liquidator übertragen; es kann dabei zum Liquidator eine juristische Person bestellen, die der Reichswirtschaftsminister im Einvernehmen mit dem Reichsarbeitsminister als geeignet bezeichnet, ein solches Amt auszuüben. Satz 2 gilt auch, wenn eine Bausparkasse den Geschäftsbetrieb freiwillig einstellt.

(2) Die Anordnungen nach Abs. 1 werden auf Anzeige des Reichsaufsichtsamts ins Handels- oder Genossenschaftsregister eingetragen.

§ 3.

Ist einem Bausparer ein Anspruch auf Auszahlung des Baudarlehens zu einer bestimmten Zeit eingeräumt worden, so kann das Reichsaufsichtsamt unter der Voraussetzung in § 89 Abs. 1 Satz 1, § 112 Abs. 1 des Versicherungsaufsichtsgesetzes die Bausparkasse von der Verpflichtung befreien, das Baudarlehen zu der bestimmten Zeit auszuzahlen.

§ 4.

Bei Konkurs einer Bausparkasse kann das Reichsaufsichtsamt dem Konkursgericht für die Bestellung zum Konkursverwalter jemanden vorschlagen, den es dazu für besonders geeignet hält.

§ 5.

(1) Ob eine Anordnung nach § 1, § 2 Abs. 1, § 3 zu treffen ist, entscheidet das Reichsaufsichtsamt in der Besetzung nach § 93 des Versicherungsaufsichtsgesetzes. Gegen die Entscheidung ist Berufung zulässig, die jedoch nur von der Bausparkasse eingelegt werden kann.

(2) Die Berufung gegen die Untersagung des Geschäftsbetriebes einer Bausparkasse oder gegen die in Abs. 1 Satz 1 bezeichneten Anordnungen schiebt die Wirkung der angefochtenen Entscheidung nicht auf.

§ 6.

Bis zum 31. Dezember 1934 können bei der Entscheidung über eine Berufung sowohl in Versicherungs- wie in Bausparkassensachen richterliche Beamte und Mitglieder eines höchsten Verwaltungsgerichts des Reichs oder eines Landes mitwirken (§ 94 Abs. 2, 3 des Versicherungsaufsichtsgesetzes), die der Reichspräsident für die Zeit bis zum 31. Dezember 1934, aber nicht über die Dauer ihres Hauptamtes hinaus ernennt.

§ 7.

Der Reichswirtschaftsminister kann im Einvernehmen mit dem Reichsarbeitsminister zur Durchführung dieses Kapitels Rechtsverordnungen und allgemeine Verwaltungsvorschriften sowie solche allgemeinen Vorschriften ergänzenden Inhalts erlassen, die er zur Erreichung des Zwecks des Kapitels für erforderlich hält.

§ 8.

Anordnungen nach den §§ 1 bis 3 kann das Reichsaufsichtsamt auch dann treffen, wenn vor Inkrafttreten dieses Kapitels das Reichsaufsichtsamt einer Bausparkasse den Geschäftsbetrieb rechtskräftig untersagt oder die Bausparkasse ihren Geschäftsbetrieb freiwillig eingestellt hat.

Bekanntmachung des Reichsaufsichtsamts für Privatversicherung vom 25. August 1931 über das Inkrafttreten der Reichsaufsicht über die privaten Bausparkassen am 1. Oktober 1931.

(Reichsanzeiger Nr. 200 vom 28. August 1931.)

Am 1. Oktober 1931 beginnt die Beaufsichtigung der privaten Bausparkassen durch das Reichsaufsichtsamt für Privatversicherung in Berlin auf Grund des Gesetzes über die Beaufsichtigung der privaten Versicherungsunternehmungen und Bausparkassen vom 6. Juni 1931 — RGBl. I S. 315 — (nachfolgend „VAG." bezeichnet).

Bausparkassen, die am 1. Oktober 1931 in Liquidation sind oder über deren Vermögen Konkurs eröffnet ist, fallen für die Dauer der Liquidation oder des Konkurses nicht unter die Aufsicht des Reichsaufsichtsamts (§ 133 Abs. 3 VAG.).

Bei den Bausparkassen sind zu unterscheiden:

a) Bausparkassen, die am 31. Dezember 1929 nach dem Gesetz über Depot- und Depositengeschäfte am 26. Juni 1925 (RGBl. I S. 89) zum geschäftsmäßigen Betriebe von Depot- und Depositengeschäften berechtigt gewesen sind, und

b) solche, welche dieses Recht nicht besaßen.

I. Die zu a bezeichneten Bausparkassen bedürfen nach § 133 Abs. 1 VAG. keiner Erlaubnis für den weiteren Geschäftsbetrieb.

Sie haben dem Reichsaufsichtsamt nachzuweisen, daß sie am 31. Dezember 1929 zum geschäftsmäßigen Betriebe von Depot- und Depositengeschäften berechtigt gewesen sind. Soweit es sich um eingetragene Genossenschaften handelt, ist die rechtzeitige Anzeige des Geschäftsbetriebs bei der obersten Landesbehörde und deren Entscheidung, ob die Voraussetzungen für die Berechtigung vorgelegen haben, nachzuweisen (§ 4 Abs. 2 Nr. 4, § 6 des Gesetzes über Depot- und Depositengeschäfte vom 26. Juni 1925 — RGBl. I S. 89 —).

Im übrigen haben diese Bausparkassen im Oktober 1931 ihren Geschäftsplan einzureichen (§ 133 Abs. 1 Satz 1 VAG.). Einen Anhalt für die hierunter fallenden Angaben bieten die §§ 116 und 5 in Verbindung mit § 112 Abs. 1 VAG. Danach gehören zum Geschäftsplan u. a. die Angabe des Zwecks und der Einrichtung der Bausparkasse und des Bezirks des Geschäftsbetriebs, der Gesellschaftsvertrag, die allgemeinen Spar- und Darlehnsbedingungen und die fachlichen Geschäftsunterlagen. Unter den fachlichen Geschäftsunterlagen sind insbesondere die Berechnungen zu verstehen, welche die Erfüllbarkeit etwaiger Angaben über die Wartezeiten rechtfertigen sollen. Zur Vervollständigung der Beurteilung der Bausparkasse sind ferner dem Reichsaufsichtsamt je drei Stück der von ihr herausgegebenen Drucksachen, insbesondere der Werbeschriften, Staffeln (Tarife) und der bisher erschienenen Nummern der von ihr etwa herausgegebenen Zeitschrift einzusenden. Weiterhin sind — gleichfalls in je drei Stücken — die seit dem Bestehen der Bausparkasse aufgestellten Rechnungsabschlüsse (Bilanz sowie Gewinn- und Verlustrechnung) und Jahresberichte vorzulegen.

II. Die zu b bezeichneten Bausparkassen, die also nicht das Depot- und Depositenrecht besaßen und über den

1. Oktober 1931 hinaus Geschäfte betreiben wollen, bedürfen der Zulassung (§ 112 VAG.).

Sie können, wenn sie im Oktober 1931 einen Antrag auf Erlaubnis zum Geschäftsbetriebe stellen, bis zur Entscheidung über diesen Antrag den bisherigen Geschäftsbetrieb fortsetzen (§ 133 Abs. 2 VAG.). Mit dem Antrag auf Erlaubnis zum Geschäftsbetriebe ist nach § 112 Abs. 1 und § 5 VAG. der Geschäftsplan einzureichen, nach dem von der nunmehr beantragten Zulassung ab die Geschäfte betrieben werden sollen. Dieser Geschäftsplan hat den Vorschriften der §§ 116, 5 Abs. 2 VAG. zu entsprechen. Er hat danach u. a. den Zweck und die Einrichtung der Bausparkasse und den Bezirk des beabsichtigten Geschäftsbetriebs anzugeben sowie die Staffeln (Tarife) unter Hervorhebung der längsten und kürzesten Wartezeit vollständig darzustellen und die im § 116 Abs. 2 unter Nr. 1 bis 7 erforderten Angaben zu enthalten. Ferner ist der Gesellschaftsvertrag, der nach § 117 VAG. die einzelnen Geschäftsarten zu bezeichnen und die Grundsätze für die Vermögensanlage anzugeben hat, einzureichen; weiter sind die allgemeinen Spar- und Darlehnsbedingungen, welche die in § 118 Nr. 1 bis 8 VAG. angegebenen Bestimmungen zu enthalten haben, sowie die fachlichen Geschäftsunterlagen vorzulegen.

Daneben haben diese Bausparkassen den bisherigen Geschäftsplan einzureichen und zu erläutern sowie zur Vervollständigung der Beurteilung der Bausparkasse ihre Drucksachen, Rechnungsabschlüsse und Jahresberichte einzusenden; die Unterlagen, die danach vorzulegen sind, sind oben zu I im dritten Absatz näher bezeichnet.

Wenn eine Bausparkasse, die eine andere als die im § 114 VAG. zugelassenen Rechtsformen (Aktiengesellschaft, Kommanditgesellschaft auf Aktien, Gesellschaft mit beschränkter Haftung) besitzt, diese Rechtsform beibehalten will, so hat sie dies im Zulassungsantrag zu begründen (§ 133 Abs. 1 VAG.).

III. Das Reichsaufsichtsamt kann die Inhaber und Geschäftsleiter von Bausparkassen der zu a bezeichneten Art, die den unter I angegebenen Pflichten nicht oder nicht rechtzeitig nachkommen, zur Erfüllung ihrer Verpflichtungen nach § 133 Abs. 1, § 81 Abs. 3 VAG. durch Ordnungsstrafen in Geld anhalten. Inhaber und Geschäftsleiter von Bausparkassen der zu b bezeichneten Art, die den Geschäftsbetrieb als Bausparkasse fortsetzen, ohne im Oktober 1931 einen Zulassungsantrag zu stellen, machen sich strafbar. Sie werden nach § 140 Abs. 1 VAG. mit Geldstrafe oder mit Haft oder mit Gefängnis bis zu drei Monaten bestraft.

Dritter Nachtrag

zu

Koenige-Petersen-Wirth, Beaufsichtigung der privaten Versicherungsunternehmungen und Bausparkassen.

(Guttentagsche Sammlung Deutscher Reichsgesetze Nr. 62a.)

I.

Änderung des § 63 VAG.

In § 63 Abs. 2 VAG. ist das Wort „zweihundertfünfzigtausend" durch das Wort „hunderttausend" ersetzt worden (VO. des Reichspräsidenten über Aktienrecht, Bankenaufsicht und über eine Steueramnestie vom 19. September 1931, Erster Teil Artikel XII — RGBl. I S. 493, 501 —).

II.

Verordnung über die Beaufsichtigung der inländischen privaten Rückversicherungs-unternehmungen.

Vom 2. Dezember 1931 (RGBl. I S. 696).

Auf Grund des § 148 des Gesetzes über die Beaufsichtigung der privaten Versicherungsunternehmungen und Bausparkassen vom 6. Juni 1931 (Reichsgesetzbl. I S. 315) wird mit Zustimmung des Reichsrats hiermit verordnet:

Artikel I.

Die §§ 55, 57 bis 63, 83, 84 Abs. 1 Satz 2, 3, §§ 85, 93 Abs. 1 Nr. 12, §§ 94 bis 96, 101 bis 103, 137, 146 Abs. 1, § 150 des Gesetzes über die Beaufsichtigung der privaten Versicherungsunternehmungen und Bausparkassen vom 6. Juni 1931 (Reichsgesetzbl. I S. 315) gelten für alle inländischen privaten Unternehmungen, die ausschließlich die Rückversicherung zum Gegenstande haben, es sei denn, daß sich die Rückversicherung auf Versicherungszweige beschränkt, die keiner gesetzlichen Aufsicht unterliegen. § 2 des Gesetzes gilt entsprechend.

Artikel II.

(1) Diese Verordnung tritt am 1. Januar 1932 in Kraft. Zugleich tritt die Bekanntmachung, betreffend die Beaufsichtigung der inländischen privaten Rückversicherungsunternehmungen, vom 18. Juni 1908 (Reichsgesetzbl. S. 409) außer Kraft.

(2) Nach den §§ 57 bis 63 des im Artikel I bezeichneten Gesetzes ist erstmalig der Rechnungsabschluß für das erste nach dem 31. Dezember 1931 ablaufende Geschäftsjahr zu prüfen.

Berlin, den 2. Dezember 1931.

Der Reichswirtschaftsminister.
Warmbold.

III.
Die Notverordnung für Bausparkassen.

Verordnung des Reichspräsidenten über Maßnahmen auf dem Gebiete der Rechtspflege und Verwaltung.

Vom 14. Juni 1932 (RGBl. I S. 285, 288).

Erster Teil Kapitel V:
Reichsaufsichtsamt für Privatversicherung.

Vorbemerkungen zu den §§ 1—8.

1. Die NotVO. des Reichspräsidenten vom 14. Juni 1932 enthält im Ersten Teil Kap. V (Reichsaufsichtsamt für Privatversicherung) §§ 1—8 Vorschriften zur Ergänzung der §§ 87—89, 93—95 VAG. Die Vorschriften der NotVO. beziehen sich nach ihrem hauptsächlichsten Inhalt auf Bausparkassen; nur § 6 NotVO. gilt für VU. und BSpK. Man kann daher den Ersten Teil Kap. V NotVO. kurz als „NotVO. für Bausparkassen" bezeichnen.

2. Die hauptsächlichsten Vorschriften der NotVO. sollen dem Zweck dienen, bei BSpK. eine schonende Abwicklung der Bausparverträge zu ermöglichen und eine Vermögensverschleuderung bei der Abwicklung innerhalb und außerhalb des Konkurses zu verhindern (§§ 1—4 NotVO.). Zur Erreichung dieses Zwecks ist dem RA. die Befugnis zu weitgehenden Eingriffen in die vertraglichen Rechte und Pflichten der Bausparer übertragen (§§ 1 und 3 NotVO.). Zur Auslegung der NotVO. vgl. Bernard in JW. 32, 1935; Bauer-Mengelberg ebd. 1938; Korsch im Bank-Archiv 32, 380.

3. § 1 regelt die vereinfachte Abwicklung der Bausparverträge bei Untersagung oder freiwilliger Einstellung des Geschäftsbetriebs einer BSpK. § 2 enthält eine Vorschrift über die Wirkung der Untersagung des Geschäftsbetriebs und regelt außerdem die Übertragung der Liquidation an eine besondere Abwicklungsstelle. § 3 betrifft die Aufhebung von Verpflichtungen aus Terminzusagen als Stützungsmaßnahme bei Konkursgefahr. § 4 enthält eine Vorschrift für den Konkurs einer BSpK. Die §§ 5 und 6 ergänzen die Vorschriften der §§ 93 bis 95 VAG. über das verwaltungsrechtliche Spruchverfahren bei den Senaten des RA. § 7 schafft eine gesetzliche Grundlage für den Erlaß von Durchführungsverordnungen. § 8 gibt dem RA. die Ermächtigung zum nachträglichen Erlaß von Anordnungen nach der NotVO.

4. Die Vorschriften der NotVO. Erster Teil Kap. V sind mit dem Tage nach der Verkündung, also am 16. Juni 1932, in Kraft getreten. NotVO. Erster Teil Kap. VIII (Inkrafttreten), RGBl. I, 285, 291.

§ 1.

(1) Untersagt das Reichsaufsichtsamt für Privatversicherung einer Bausparkasse den Geschäftsbetrieb (§ 87 Abs. 1, § 112 Abs. 1 des Versicherungsaufsichtsgesetzes) oder stellt eine Bausparkasse den Geschäftsbetrieb freiwillig ein, so kann das Reichsaufsichtsamt anordnen, daß die bestehenden Bausparverträge vereinfacht abgewickelt werden.

(2) Bei einer vereinfachten Abwicklung (Abs. 1) zahlen die Bausparer, die noch kein Baudarlehen erhalten haben, keine Beiträge mehr. Baudarlehen werden nicht mehr gewährt. Die Bauspargutbaben werden so zurückgezahlt, wie es jeweils die flüssigen Mittel zulassen; die Abwicklungskosten werden vorher abgezogen. Alle Bausparer werden nach Verhältnis ihrer Forderungen ohne Vorrang voreinander be-

friedigt, gleichviel ob eine Kündigung vorliegt oder nicht oder ob einem Bausparer ein besonderer Anspruch eingeräumt worden ist, namentlich ein Anspruch auf Auszahlung des Baudarlehens zu einer bestimmten Zeit.

1. Allgemeines. § 1 Abs. 1 enthält die grundlegende Vorschrift für die vereinfachte Abwicklung der Bausparverträge; in § 1 Abs. 2 ist bestimmt, worin die vereinfachte Abwicklung im einzelnen besteht. Zweck der vereinfachten Abwicklung ist, eine schonende und tunlichst beschleunigte Abwicklung der Bausparverträge zu ermöglichen und Vermögensverschleuderungen, wie sie sich bei der gewöhnlichen Liquidation und beim Konkurs manchmal ergeben, nach Möglichkeit zu verhindern. Die vereinfachte Abwicklung ist nur am Platze, wenn neben den Bausparern nicht sonstige Gläubiger der BSpK. in nennenswertem Umfange vorhanden sind (vgl. unten Anm. 2c). Das RA. ist nicht genötigt, Anordnungen nach § 1 (vereinfachte Abwicklung) und nach § 2 (Anordnung über die Wirkung der Untersagung des Geschäftsbetriebs; Übertragung der Liquidation an eine besondere Abwicklungsstelle) gleichzeitig zu treffen. Die Vorschriften der §§ 1 und 2 NotVO. sind selbständig. Das ergibt sich aus ihrer Fassung; beide Vorschriften beginnen mit den Worten: „Untersagt das Reichsaufsichtsamt einer Bausparkasse den Geschäftsbetrieb" (vgl. § 2 Anm. 2b). Denkbar ist auch, daß das RA. zunächst die vereinfachte Abwicklung anordnet und daß sich im Laufe des Abwicklungsverfahrens die Notwendigkeit des Konkurses (§ 88 VAG.) ergibt. Durch die Konkurseröffnung wird die vereinfachte Abwicklung ebenso wie die gewöhnliche Liquidation gegenstandslos (vgl. unten Anm. 2c).

2. Zu Abs. 1.

a) Voraussetzung für die vereinfachte Abwicklung ist die Untersagung oder die freiwillige Einstellung des Geschäftsbetriebs. Soweit es sich um die vereinfachte Abwicklung bei Untersagung des Geschäftsbetriebs handelt, treten die Vorschriften des § 1 NotVO. neben die Vorschriften von § 87 Abs. 1, 2, § 112 Abs. 1 VAG. Die Untersagung des Geschäftsbetriebs hat nach § 87 Abs. 1 VAG. nur die Wirkung, daß keine neuen Bausparverträge abgeschlossen, früher abgeschlossene nicht erhöht werden können. Im übrigen aber ist bei einer Betriebsuntersagung nach § 87 Abs. 1 VAG. der bisherige Geschäftsplan weiter durchzuführen; d. h. die Bausparer, die noch kein Baudarlehen erhalten haben, zahlen ihre Sparbeiträge weiter und erhalten auf Grund der planmäßigen Zuteilungen Baudarlehen. Nach Untersagung (und ebenso nach freiwilliger Einstellung) des Geschäftsbetriebs stehen aber der BSpK. für Zuteilungen nicht mehr soviele Geldmittel zur Verfügung wie früher, da der Neuzugang an Sparern ausfällt und auch die vorhandenen Sparer mit der weiteren Zahlung von Sparbeträgen zurückhalten. Dadurch verlängern sich die Wartezeiten, und die geschäftsplanmäßige Abwicklung der Bausparverträge erfordert ungebührlich lange Zeit. Einer Bestandsübertragung nach § 14 VAG. stehen besondere Schwierigkeiten entgegen (Korsch a. a. O. S. 381). Eine vom Geschäftsplan abweichende Abwicklung aber wäre ohne die gesetzliche Regelung in § 1 NotVO. nur mit Zustimmung aller Bausparer möglich, die in der Regel nicht zu erreichen ist. Den Belangen der Bausparer wird daher in vielen Fällen durch die vereinfachte Abwicklung am besten gedient sein.

b) Das RA. kann die vereinfachte Abwicklung anordnen. Die Anordnung wird im verwaltungsrechtlichen Spruchverfahren durch einen Senat des RA. getroffen (§ 5 NotVO.). Ob die vereinfachte Abwicklung anzuordnen ist, steht im richterlichen Ermessen des entscheidenden Senats. Im Einzelfalle ist es denkbar, daß das RA. zunächst nur den Geschäftsbetrieb untersagt (§ 87 Abs. 1, § 93 Abs. 1 Nr. 9, § 112 Abs. 1 VAG.), mit oder ohne Einsetzung eines Vermögensverwalters (§ 87 Abs. 2, § 112 Abs. 1 VAG.), und erst später nach Klärung der Vermögenslage die vereinfachte Abwicklung anordnet (§§ 1, 5 NotVO.; vgl. auch § 8 NotVO.).

c) Die bestehenden Bausparverträge werden vereinfacht abgewickelt. Von der vereinfachten Abwicklung werden betroffen die Verträge der Bausparer, die noch kein Baudarlehen erhalten haben und die als Inhaber von Sparguthaben Gläubiger der BSpK. sind. Nicht betroffen werden die Verträge der Bausparer, die schon Baudarlehen erhalten haben und infolgedessen nicht mehr Gläubiger, sondern Darlehensschuldner der BSpK. sind (Bernard a. a. O. S. 1936 ff.). Ebensowenig werden von der vereinfachten Abwicklung betroffen die sonstigen Gläubiger der BSpK., d. h. die Personen, die nicht aus einem Bausparvertrag, sondern aus anderen Rechtsgründen von der BSpK. etwas zu fordern haben. Hierher gehören Darlehensgeber (Personen, die der BSpK. „fremdes Geld" gegeben haben, § 116 Abs. 2 Nr. 7 VAG.), Inhaber von Miet-, Gehalts- und Provisionsforderungen. Die vereinfachte Abwicklung kann ohne Schaden für die Bausparer nur angewandt werden, wenn die Forderungen der sonstigen Gläubiger im Vergleich zu den Forderungen der Bausparer nicht erheblich sind. Denn die Bausparer werden nach § 1 Abs. 2 Satz 3 und 4 NotVO. nur nach Verhältnis ihrer Forderungen befriedigt, wie es jeweils die flüssigen Mittel zulassen, während die sonstigen Gläubiger voll befriedigt werden müssen. Sind sonstige Gläubiger mit erheblichen Forderungen vorhanden, so ist bei Zahlungsunfähigkeit oder Überschuldung der BSpK. Antrag auf Konkurseröffnung zu stellen (§ 88 VAG.). Im Konkurs werden die Bausparer und die sonstigen Gläubiger im allgemeinen gleichmäßig befriedigt. Die Angestellten der BSpK. haben ein Konkursvorrecht nur wegen der rückständigen Forderungen an Lohn oder anderen Dienstbezügen (§ 61 KO.).

3. **Zu Abs. 2 Satz 1.** Ist die vereinfachte Abwicklung angeordnet, so hört die weitere Durchführung des Geschäftsplans auf (vgl. oben Anm. 2a). Die Bausparer, die noch kein Baudarlehen erhalten haben, zahlen keine Beiträge mehr. Auch soweit im Bausparvertrag für den Bausparer eine Sparpflicht festgesetzt sein sollte, ist diese Pflicht aufgehoben. Die Bausparer zahlen jedenfalls solche Beiträge nicht mehr, die nach der Anordnung der vereinfachten Abwicklung fällig werden. Die Frage, ob die BSpK. von den Bausparern die Zahlung von Bausparbeiträgen fordern darf, die vor der Anordnung der vereinfachten Abwicklung fällig waren, ist nach allgemeinen gesetz-

lichen Vorschriften zu entscheiden. Vor Erlaß der NotVO. konnte eine Befreiung der Bausparer von der Pflicht zur Zahlung von Sparbeiträgen eintreten, wenn die Voraussetzungen des § 321 BGB. erfüllt waren. Verwaltungskosten sind nach der Anordnung der vereinfachten Abwicklung nur noch zu zahlen, soweit sie bis zur Anordnung der vereinfachten Abwicklung fällig geworden sind. Über den Abzug der Abwicklungskosten vgl. § 1 Abs. 2 Satz 3 Halbsatz 2 NotVO.

4. **Zu Abs. 2 Satz 2.** Wäre nur die Untersagung des Geschäftsbetriebs angeordnet, so müßten noch Baudarlehen gewährt werden (vgl. oben Anm. 2a). Bei der vereinfachten Abwicklung jedoch werden keine Baudarlehen mehr gewährt. Das VAG. versteht unter Gewährung von Baudarlehen nicht dasselbe wie Zuteilung von Baudarlehen (vgl. § 118 Nr. 2 VAG., wo zwischen Gewährung, Zuteilung und Auszahlung der Baudarlehen unterschieden wird). Nach Anordnung der vereinfachten Abwicklung dürfen auf jeden Fall keine Baudarlehen mehr zugeteilt werden. Die Frage, ob Baudarlehen ausgezahlt werden dürfen, wenn die vereinfachte Abwicklung nach der Zuteilung, aber vor der Auszahlung angeordnet wird, ist nach allgemeinen gesetzlichen Vorschriften zu entscheiden (vgl. oben Anm. 3).

5. **Zu Abs. 2 Satz 3.** Die Bausparer erhalten das zurück, was ihnen nach dem Inhalt des Bausparvertrags als Sparguthaben zusteht, nicht die von ihnen eingezahlten, nach dem Vertrag der BSpK. verfallenen Verwaltungskostenbeiträge. Die Bauspargutthaben werden jeweils aus den flüssigen Mitteln zurückgezahlt. Als flüssige Mittel kommen nach der Untersagung des Geschäftsbetriebs im wesentlichen nur die Zinsen und Tilgungsbeiträge der zur Zuteilung gekommenen Bausparer in Betracht. Eine vorzeitige Verwertung der für die BSpK. bestellten Hypotheken wird in der Regel nur mit Verlusten möglich sein. Die Zurückzahlung der Bauspargutthaben kann daher auch bei der vereinfachten Abwicklung langwierig sein. Ist nicht nach § 2 NotVO. ein besonderer Liquidator bestellt, so hat der Vorstand der BSpK. die vereinfachte Abwicklung vorzunehmen.

Der bei der Schaffung der NotVO. mehrfach erörterte Gedanke, bei der vereinfachten Abwicklung den zur Zuteilung gekommenen Bausparern besondere Beiträge aufzuerlegen, ist in der NotVO. nicht verwirklicht worden (Bernard a. a. O. S. 1936). Die in Satz 3 Halbsatz 2 getroffene Bestimmung über den Abzug der Abwicklungskosten ist erforderlich, da die Bausparer nach Anordnung der vereinfachten Abwicklung keine Verwaltungskostenbeiträge mehr zahlen (vgl. oben Anm. 3). Die Vorschriften des GenG. über das Sperrjahr (§ 90 GenG.) gelten bei der vereinfachten Abwicklung nicht. Die Vorschriften der NotVO. haben gegenüber den Vorschriften des GenG. die Bedeutung von Sondervorschriften. Werden die Bausparverträge einer eingetragenen Genossenschaft vereinfacht abgewickelt, so ist für die Anwendung genossenschaftsrechtlicher Grundsätze kein Raum; die Genossen kommen hier nicht in ihrer Eigenschaft als Genossen, sondern nur in ihrer Eigenschaft als Bausparer in Betracht. Da die Bausparguthaben jeweils aus den flüssigen Mitteln der BSpK. zurückzuzahlen sind, so ist die vereinfachte Abwicklung selbstverständlich nicht möglich, wenn die BSpK. flüssige Mittel weder bei Anordnung der vereinfachten Abwicklung besitzt noch in Zukunft zu erwarten hat. Das ist der Fall, wenn das für die Zuteilung von Baudarlehen anzusammelnde Vermögen, das in dinglich gesicherten Baudarlehen angelegte Vermögen sowie das etwa vorhandene andere Vermögen nicht als Vermögen der BSpK., sondern als Treugut der Bausparer anzusehen ist. Grundsätzlich sind das bei einer BSpK. angesammelte Sparvermögen, die damit erworbenen hypothekarischen Forderungen sowie die auf diese Forderungen eingehenden Tilgungsbeiträge als Vermögen der BSpK. anzusehen (Gutachten von Kisch in der Deutschen Bausparkassen-Zeitung Nr. 15 vom 5. August 1932). Ist aber durch besondere Verträge ein Treuhandverhältnis geschaffen, so daß die Spargelder der Bausparer, die Tilgungsbeiträge der Darlehensnehmer, die Lebensversicherungssummen, die Darlehensforderungen und die Grundpfandrechte rechtlich nicht zum Vermögen der BSpK., sondern eines von dieser verschiedenen Treuhänders gehören, so ist für die vereinfachte Abwicklung kein Raum. Im Einzelfalle ist streng zu prüfen, ob ein

Treuhandverhältnis vorliegt (RGZ. 84, 214; 127, 341; 130, 333; 133, 87). Liegt tatsächlich ein Treuhandverhältnis vor, so ist weiter zu prüfen, ob nicht durch die Schaffung des Treuhandverhältnisses die BSpK. selbst derart ausgeschaltet ist, daß die gesetzlichen Erfordernisse des § 112 Abs. 1 VAG. nicht mehr erfüllt sind. Denn nach § 112 Abs. 1 Satz 1 gehört es zum Begriff der BSpK., daß das Sparvermögen bei der BSpK. aufgebracht wird (vgl. auch § 116 Abs. 2 Nr. 3 VAG.: „Nachweisungen über das ... Vermögen der Bausparkasse"). Ist das Treuhandverhältnis so gestaltet, daß die (rechtlich irgendwie zu einer Einheit zusammengefaßten) Bausparer Treugeber, eine Treuhandgesellschaft aber Treuhänder ist, während das als BSpK. bezeichnete Rechtsgebilde nur eine gewisse Vermittlungstätigkeit ausübt, so sind die gesetzlichen Erfordernisse nicht erfüllt.

6. **Zu Abs. 2 Satz 4.** Bei der vereinfachten Abwicklung werden alle Sonderrechte aufgehoben und alle Bausparer gleichmäßig in den allgemeinen Abwicklungsplan eingegliedert.

a) Eine Kündigung gewährt kein Recht auf bevorzugte Befriedigung. Der Bausparer, der vor der Anordnung der vereinfachten Abwicklung den Bausparvertrag gekündigt, aber die ihm vertragsmäßig zustehende Rückvergütung noch nicht erhalten hat, hat keinen Vorrang vor den anderen Bausparern.

b) Der Bausparer, der sich von der BSpK. einen besonderen Anspruch hat einräumen lassen, hat ebenfalls keinen Vorrang vor den anderen Bausparern. Häufig haben BSpK. einzelnen Bausparern Sonderrechte eingeräumt, durch die die andern Bausparer benachteiligt werden. Hierher gehört z. B. die Gewährung von Zwischenkrediten und die Einräumung besonderer Sicherheiten, vor allem durch Bürgschaften, Hinterlegung von Aktien, Eintragung von Sperrvermerken, Aushändigung von Hypotheken- oder Grundschuldbriefen (Rundschreiben des RA. vom 15. Februar 1932 — Bauspar I/364 — unter Nr. I 3 und 7, VA. 32, 205). Ein an einer Hypothek rechtswirksam bestelltes Pfandrecht wird in seinem Bestande durch die Anordnung der vereinfachten Abwicklung nicht berührt. Der Schuldner der verpfändeten Hypothek kann die Zinsen und Tilgungsbeträge nur an den gesicherten Bausparer und die BSpK. gemeinschaftlich leisten; auf Verlangen muß er die Beträge für beide hinterlegen (§ 1281 BGB.). Aber das Pfandrecht ist in seinem Bestand abhängig von dem Bestande der Forderung, zu deren Sicherung es dienen soll (zusätzliche Natur des Pfandrechts). Auch der durch Pfandrecht besonders gesicherte Bausparer hat keinen fälligen Anspruch auf Zurückzahlung seines Bausparguthabens, sondern wird im Rahmen der vereinfachten Abwicklung in gleichem Range mit allen andern Bausparern befriedigt. Kommt es später zum Konkurs, so kann er aus der verpfändeten Hypothek abgesonderte Befriedigung verlangen (§ 48 KO.).

c) Besonders hervorgehoben sind die Ansprüche auf Auszahlung des Baudarlehens zu einer bestimmten Zeit, d. h. die Ansprüche aus Terminzusagen (Rundschreiben des RA. vom 15. Februar 1932 unter Nr. I 2, VA. 32, 205). Terminzusagen gehören zu den schwersten Mißständen im Bausparwesen; vielfach handelt es sich hier um bewußte Verletzungen des Geschäftsplans. Durch die Anordnung der vereinfachten Abwicklung werden die aus Terminzusagen sich ergebenden Vorrechte beseitigt. Auch die Empfänger von Terminzusagen werden nur nach Verhältnis ihrer Forderungen ohne Vorrang vor den andern Bausparern befriedigt. Die hierdurch betroffenen Bausparer haben nur die aus § 1 Abs. 2 NotVO. ersichtlichen Rechte. Sie können nicht nach Vorschriften der bürgerlichen Rechts weitergehende Ansprüche (etwa Bereicherungs- oder Schadenersatzansprüche) geltend machen. Anders bei einer Anordnung nach § 3 NotVO. (vgl. § 3 Anm. 3b).

§ 2.

(1) Untersagt das Reichsaufsichtsamt einer Bausparkasse den Geschäftsbetrieb, so kann es anordnen, daß die Untersagung wie ein Auflösungsbeschluß wirkt. Es kann ferner die Liquidation der Bausparkasse einem von ihm bestellten Liquidator übertragen; es kann dabei zum Liquidator eine juristische Person bestellen,

die der Reichswirtschaftsminister im Einvernehmen mit dem Reichsarbeitsminister als geeignet bezeichnet, ein solches Amt auszuüben. Satz 2 gilt auch, wenn eine Bausparkasse den Geschäftsbetrieb freiwillig einstellt.

(2) Die Anordnungen nach Abs. 1 werden auf Anzeige des Reichsaufsichtsamts ins Handels- oder Genossenschaftsregister eingetragen.

1. **Allgemeines.** Das RA. war, als die Aufsicht über die BSpK. in Kraft trat, genötigt, in vielen Fällen die Konkurseröffnung zu beantragen oder den Geschäftsbetrieb zu untersagen. In der Öffentlichkeit wurde daraufhin bald der Wunsch nach Schaffung einer „Abwicklungsstelle" oder „Auffangorganisation" laut. Was von den öffentlich erörterten Gesetzgebungswünschen als brauchbar erschien, ist in § 2 NotVO. verwirklicht worden. Die NotVO. vermeldet allerdings die beiden Ausdrücke „Abwicklungsstelle" und „Auffangorganisation" (vgl. Bernard a. a. O. S. 1937; Bauer-Mengelberg a. a. O. S. 1939; Korsch a. a. O. S. 382).

2. **Zu Abs. 1 Satz 1.**

a) Die Untersagung des Geschäftsbetriebs wirkt kraft Gesetzes wie ein Auflösungsbeschluß nur bei Versicherungsvereinen auf Gegenseitigkeit (§ 87 Abs. 3 VAG.). Bei BSpK., gleichviel welcher Rechtsform, wirkt die Untersagung des Geschäftsbetriebs nicht ohne weiteres wie ein Auflösungsbeschluß. Die Wirkungen, die die Untersagung des Geschäftsbetriebs bei BSpK. hat, ergeben sich aus § 87 Abs. 1 verbunden mit § 112 Abs. 1 VAG.: neue Bausparverträge können nicht abgeschlossen, früher abgeschlossene nicht verlängert werden (vgl. oben § 1 Anm. 2a). Die entsprechende Geltung des § 87 Abs. 3 VAG. ist in § 112 Abs. 1 nicht angeordnet. Jetzt ist in § 2 Abs. 1 Satz 1 NotVO. bestimmt, daß das RA. durch besondere Anordnung der Untersagung des Geschäftsbetriebs die Wirkung eines Auflösungsbeschlusses verleihen kann. Das RA. kann durch eine solche Anordnung die Auflösung der BSpK. auch gegen den Willen der Aktionäre, Gesellschafter oder Genossen herbeiführen.

Nach der Auflösung tritt die Liquidation (nicht nur die tatsächliche, sondern auch die rechtliche Abwicklung) der BSpK. ein. Nicht nur die Bausparverträge (wie nach § 1 NotVO.), sondern alle Rechtsverhältnisse der BSpK., auch die Verbindlichkeiten gegenüber sonstigen Gläubigern, werden abgewickelt. Der „Mantel" der BSpK. wird zerstört; er kann nach Abwicklung des Bauspargeschäfts nicht etwa zum Betriebe einer Grundstücksgesellschaft oder Mobiliarzwecksparkasse verwandt werden (Korsch a. a. O. S. 382). Im einzelnen vgl. für Aktiengesellschaften §§ 294 ff., für Kommanditgesellschaften auf Aktien §§ 330, 331 HGB., für Gesellschaften mit beschränkter Haftung §§ 66 ff. GmbHG., für eingetragene Genossenschaften §§ 83 ff. GenG.

b) Die Anordnung nach § 2 Abs. 1 Satz 1 wird im verwaltungsrechtlichen Spruchverfahren durch einen Senat des RA. getroffen (§ 5 NotVO.). Ob die Anordnung zu treffen ist, steht im richterlichen Ermessen des entscheidenden Senats. Anordnungen nach § 2 NotVO. sind unabhängig von solchen nach § 1 NotVO.; die Vorschriften der §§ 1 und 2 NotVO. sind selbständig (vgl. § 1 Anm. 1).

3. Zu Abs. 1 Satz 2 Halbsatz 1. Das RA. kann die Liquidation einem von ihm bestellten Liquidator übertragen. Die Untersagung des Geschäftsbetriebs nach § 87 Abs. 1 VAG. ändert nichts an der gesetzlichen Vertretung der Unternehmung; der bisherige Vorstand bleibt im Amt. Durch die Anordnung einer Vermögensverwaltung nach § 87 Abs. 2 VAG. werden die bisherigen Vorstandsmitglieder und Geschäftsführer nur in ihrer Verfügungsmacht beschränkt, bleiben aber nach wie vor gesetzliche Vertreter der Unternehmung. Im Falle der Untersagung des Geschäftsbetriebs wird es aber oft bedenklich sein, die bisherigen Leiter der Unternehmung in ihren Stellungen zu belassen. Übt das RA. die ihm durch Abs. 1 Satz 2 verliehene Befugnis aus, so sind die Vorschriften anderer Gesetze über die Bestellung von Liquidatoren (§§ 295, 331 HGB., § 66 GmbHG., § 83 GenG.) ausgeschaltet. Bei der Liquidation einer eingetragenen Genossenschaft bedarf es nicht der Bestellung zweier Liquidatoren (vgl. § 83 Abs. 2 GenG.). Anordnungen nach § 2 Abs. 1 NotVO.

werden im verwaltungsrechtlichen Spruchverfahren durch einen Senat des RA. getroffen (§ 5 NotVO.). Doch kann der Senat des RA. die Liquidation der BSpK. einem Liquidator in der Weise übertragen, daß es dem RA. vorbehalten bleibt, die Person des Liquidators im Verfügungswege zu bezeichnen.

4. **Zu Abs. 1 Satz 2 Halbsatz 2.** Das RA. kann zum Liquidator eine juristische Person bestellen. Diese muß vom Reichswirtschaftsminister im Einvernehmen mit dem Reichsarbeitsminister als geeignet bezeichnet worden sein (vgl. § 7 NotVO.). Bisher war es in Rechtslehre und Rechtsprechung bestritten, ob eine juristische Person Liquidator einer Unternehmung sein kann (vgl. aber den auf Anordnung des Reichsjustizministeriums veröffentlichten zweiten AktREntw. von 1931 § 181 Abs. 1 Satz 2). Die zum Liquidator bestellte juristische Person ist eine Abwicklungsstelle. Sie hat, ohne selbst in Rechte oder Verbindlichkeiten der BSpK. einzutreten, deren Vermögen zu verwalten, Zinsen und Tilgungsbeiträge einzuziehen und die Schulden zu begleichen (Bernard a. a. O. S. 1937; a. M. Bauer-Mengelberg a. a. O. S. 1939). Nicht nur die Bausparverträge, sondern auch die sonstigen Forderungen und Verbindlichkeiten werden abgewickelt (vgl. oben Anm. 2 a). Die Abwicklungsstelle ist nicht eine bloße Inkassostelle. Es handelt sich um eine schwierige, nach den wechselnden Erfordernissen des Einzelfalles auszuübende Tätigkeit. Es ist nicht beabsichtigt, die Arbeit der Abwicklungsstelle durch Aufstellung einheitlicher Richtlinien einzuengen. Die Abwicklungsstelle hat zu entscheiden, ob und inwieweit sie die Hypotheken auslaufen läßt oder sofort zu verwerten sucht. Die Bausparer haben das Bedürfnis, bald zu ihrem Gelde zu kommen; eine vorschnelle Verwertung des Hypothekenbestandes kann aber zu Verlusten führen. Von der Zusammenfassung der Abwicklung bei einer bestimmten Stelle erwartet man eine sachgemäße Verwertung des Hypothekenbestandes und auch sonst noch verschiedene Vorteile, wie Anwendung einheitlicher Grundsätze, Benutzung neuzeitlicher Betriebseinrichtungen und dadurch Ersparnis an Kosten. Voraussichtlich werden einige wenige Abwicklungsstellen bestimmt werden.

Es soll weder eine einzige Abwicklungsstelle eine Monopolstellung erhalten, noch soll durch Schaffung zu vieler Abwicklungsstellen die Einheitlichkeit des Verfahrens gestört werden.

5. **Zu Abs. 1 Satz 3.** Die Übertragung der Liquidation an einen vom RA. bestellten Liquidator (auch an die Abwicklungsstelle) ist auch möglich, wenn eine BSpK. den Geschäftsbetrieb freiwillig einstellt (vgl. § 1 Abs. 1 NotVO.). Die BSpK. kann daher nicht durch freiwillige Einstellung des Geschäftsbetriebs die Anordnungen des RA. nach § 2 Abs. 1 Satz 2 NotVO. durchkreuzen.

6. **Zu § 2 Abs. 2.** Alle Anordnungen nach Abs. 1 werden auf Anzeige des RA. ins Handels- oder Genossenschaftsregister eingetragen (vgl. § 87 Abs. 3 VAG.). Bei den Anordnungen nach § 87 Abs. 2 VAG. war es zweifelhaft, ob sie ins Handelsregister einzutragen seien; die Übung der Registerrichter war nicht einheitlich. Ein solcher Zweifel ist bei den Anordnungen nach § 2 Abs. 1 NotVO. infolge der ausdrücklichen Vorschrift des § 2 Abs. 2 nicht möglich.

§ 3.

Ist einem Bausparer ein Anspruch auf Auszahlung des Baudarlehens zu einer bestimmten Zeit eingeräumt worden, so kann das Reichsaufsichtsamt unter der Voraussetzung in § 89 Abs. 1 Satz 1, § 112 Abs. 1 des Versicherungsaufsichtsgesetzes die Bausparkasse von der Verpflichtung befreien, das Baudarlehen zu der bestimmten Zeit auszuzahlen.

1. Die Vorschrift des § 3 soll der Vermeidung des Konkurses dienen. Die Vorschrift bildet für BSpK. eine Ergänzung des § 89 VAG. Sie ist nur anzuwenden, wenn die in § 89 Abs. 1, § 112 Abs. 1 VAG. aufgestellten Voraussetzungen erfüllt sind, wenn also die BSpK. für die Dauer nicht mehr imstande ist, ihre Verpflichtungen zu erfüllen, die Vermeidung des Konkurses aber zum Besten der Bausparer geboten erscheint.

2. Das RA. kann Ansprüche aus Terminzusagen beseitigen. Durch Terminzusagen kann Zahlungsunfähigkeit (nicht Überschuldung) der BSpK. eintreten; in vielen Fällen sind nur Terminzusagen die Ursache einer bestehenden oder unmittelbar drohenden Zahlungsunfähigkeit. Ist die BSpK. auch abgesehen von den Terminzusagen nicht mehr zu retten (namentlich bei Überschuldung), so ist der Antrag auf Konkurseröffnung nach § 88, § 112 VAG. das Gegebene. Für den Konkurs gilt die Vorschrift des § 17 KO. Ist jedoch die BSpK. abgesehen von den Terminzusagen gesund und lebensfähig, so ist die Stützung (Sanierung) nach § 89 Abs. 1, § 112 Abs. 1 VAG. geboten. Damit eine solche Stützung wirksam durchgeführt werden kann, ist dem RA. die Befugnis übertragen, die BSpK. von den Verpflichtungen aus Terminzusagen zu befreien. Liegen mehrere Terminzusagen vor, so trifft das RA. eine allgemeine, die verschiedenen Einzelfälle umfassende Anordnung. Aus der in § 3 NotVO. gebrauchten Wortform der Einzahl („einem Bausparer“, „das Baudarlehen“ usw.) ist nicht zu entnehmen, daß das RA. nur befugt sei, die Verpflichtungen aus einzelnen Verträgen aufzuheben.

3. Die Aufhebung der Terminzusagen nach § 3 NotVO. hat andere Voraussetzungen und andere Rechtswirkungen als die Aufhebung der Terminzusagen nach § 1 Abs. 2 NotVO. (vgl. § 1 Anm. 6 c).

a) Voraussetzung für die Beseitigung der Terminzusagen nach § 1 Abs. 2 ist Untersagung oder freiwillige Einstellung des Geschäftsbetriebs und Anordnung der vereinfachten Abwicklung nach § 1 Abs. 1 NotVO. Voraussetzung für die Beseitigung der Terminzusagen nach § 3 ist, daß der Tatbestand des § 89 Abs. 1 Satz 1 VAG. (Konkursgefahr) erfüllt ist.

b) Bei der vereinfachten Abwicklung nach § 1 NotVO. wird der Bausparvertrag als gewöhnlicher Bausparvertrag (d. h. als Bausparvertrag ohne Terminzusage) weiterbehandelt. Die Rechtswirkungen, die sich aus der Anordnung der vereinfachten Abwicklung nach § 1 Abs. 1 ergeben, sind in § 1 Abs. 2 vollständig wiedergegeben. Der von der vereinfachten Abwicklung betroffene

Bausparer kann nicht nach den Vorschriften des bürgerlichen Rechts Bereicherungs- oder Schadenersatzansprüche geltend machen (vgl. § 1 Anm. 6 c). Dagegen bei der Beseitigung der Terminzusagen nach § 3 NotVO. sind die allgemeinen Grundsätze des bürgerlichen Rechts anzuwenden. Der Bausparer wird in jedem Falle nach § 812 BGB. von der BSpK. die eingezahlten Sparbeiträge ohne Abzug von Verwaltungskosten wegen ungerechtfertigter Bereicherung zurückverlangen können; hierbei richtet sich die Fälligkeit des Rückforderungsanspruchs nicht nach dem Geschäftsplan der BSpK. Liegen die Voraussetzungen des § 325 BGB. vor, so hat der betroffene Bausparer noch weiter gehende Rechte. Die Beseitigung der Terminzusagen nach § 3 NotVO. kann daher nur dann zur Vermeidung des Konkurses dienen, wenn die BSpK. genügende Mittel besitzt, um die sofort fällig werdenden Rückforderungsansprüche zu befriedigen, oder wenn es gelingt, die Bausparer zum Verzicht auf die ihnen durch die Terminzusage eingeräumte Sonderstellung zu bewegen (vgl. Bernard a. a. O. S. 1938). Durch ein Zahlungsverbot nach § 89 Abs. 1 VAG. kann die Befriedigung der Bereicherungsansprüche zeitweilig verhindert werden.

4. Anordnungen nach § 3 werden im verwaltungsrechtlichen Spruchverfahren durch einen Senat des RA. getroffen (§ 5 NotVO.).

§ 4.

Bei Konkurs einer Bausparkasse kann das Reichsaufsichtsamt dem Konkursgericht für die Bestellung zum Konkursverwalter jemanden vorschlagen, den es dazu für besonders geeignet hält.

1. Erwünscht ist bei BSpK. eine einheitliche Abwicklung innerhalb und außerhalb des Konkurses. Nach dem geltenden Konkursrecht kann nur eine natürliche, nicht eine juristische Person zum Konkursverwalter bestellt werden. Der Konkursverwalter wird vom Konkursgericht ernannt (§ 78 KO.). An dem Grundsatz der Bestellung nur einer natürlichen Person und an dem Ernennungsrecht des Konkursgerichts wird durch

die NotVO. nichts geändert. Man hielt es aus rechtspolitischen Gründen für bedenklich, die Bestellung einer juristischen Person als Konkursverwalter zuzulassen und die Bestellung dem RA. anstatt des Konkursgerichts zu übertragen. Beides wäre eine Neuerung gewesen, die man jedenfalls nicht durch NotVO. einführen wollte. Dem RA. ist daher durch § 4 NotVO. nur ein Vorschlagsrecht eingeräumt worden.

2. Das RA. könnte auch ohne ausdrückliche Vorschrift dem Konkursgericht eine von ihm für besonders geeignet gehaltene Person vorschlagen. Die Vorschrift des § 4 bedeutet nicht, daß das Konkursgericht dem Vorschlag des RA. entsprechen muß. Die Bedeutung des § 4 liegt in folgendem: Durch besondere Vorschrift sollte ausgesprochen werden, daß es erwünscht ist, in Bausparsachen nur besonders sachkundige, nach einheitlichen Grundsätzen arbeitende Konkursverwalter zu bestellen. Es besteht die Absicht, die Konkursgerichte durch die Landesjustizverwaltungen auf die besondere Bedeutung der Vorschrift hinzuweisen (Bernard a. a. O. S. 1938). Wenn auch nicht die in § 2 genannte Abwicklungsstelle Konkursverwalter werden kann, so doch der verantwortliche Geschäftsleiter oder ein Angestellter der Abwicklungsstelle.

§ 5.

(1) Ob eine Anordnung nach § 1, § 2 Abs. 1, § 3 zu treffen ist, entscheidet das Reichsaufsichtsamt in der Besetzung nach § 93 des Versicherungsaufsichtsgesetzes. Gegen die Entscheidung ist Berufung zulässig, die jedoch nur von der Bausparkasse eingelegt werden kann.

(2) Die Berufung gegen die Untersagung des Geschäftsbetriebes einer Bausparkasse oder gegen die in Abs. 1 Satz 1 bezeichneten Anordnungen schiebt die Wirkung der angefochtenen Entscheidung nicht auf.

1. Die Anordnungen nach § 1 und § 3 NotVO. stellen ernste Eingriffe in vertragliche Rechte und Pflichten dar; auch die Anordnungen nach § 2 sind von weittragender Bedeutung. Über

den Erlaß der Anordnungen kann daher das RA. nur im verwaltungsrechtlichen Spruchverfahren durch einen Senat entscheiden (§ 93 VAG.).

2. Wird Berufung eingelegt, so hat ein Berufungssenat des RA. zu entscheiden (§ 94 VAG., § 6 NotVO.). Für die Berufungsfrist gilt § 95 Abs. 1 Satz 1 VAG.; hiernach fallen Berufungs- und Berufungsbegründungsfrist zusammen (Gegensatz zu §§ 516, 519 ZPO.). Die Frist wird nach § 222 ZPO., §§ 187, 188 BGB. berechnet. Die Berufung kann nur von der BSpK. eingelegt werden; nur diese gilt im verwaltungsgerichtlichen Verfahren als Beteiligte. Die einzelnen Bausparer gelten nicht als Beteiligte, auch dann nicht, wenn durch Anordnungen nach § 1 oder § 3 NotVO. in ihre Rechte eingegriffen worden ist (vgl. Art. 113 der DurchführungsVO. vom 29. November 1925 zum AufwG. — RGBl. I S. 392; VA. 30, 88 —).

3. Die Berufung gegen eine Senatsentscheidung hat grundsätzlich aufschiebende Wirkung. Ausnahmen gelten nur, soweit es durch Gesetz ausdrücklich bestimmt ist. Die Ausnahmevorschrift des § 95 Abs. 1 Satz 2 VAG. gilt nach wie vor übereinstimmend für VU. und BSpK. Daneben gilt nun für BSpK. allein die weitere Ausnahmevorschrift des § 5 Abs. 2 NotVO. Hiernach hat die Berufung keine aufschiebende Wirkung, wenn die angefochtene Entscheidung zum Gegenstand hatte:

a) Untersagung des Geschäftsbetriebs einer BSpK. (§ 87 Abs. 1, § 5 Abs. 2 NotVO.);
b) Anordnungen bei Untersagung des Geschäftsbetriebs, besonders die Einsetzung einer Vermögensverwalters (§ 87 Abs. 2, § 95 Abs. 1 Satz 2 VAG.);
c) Zahlungsverbot (§ 89 Abs. 1 Satz 2, § 95 Abs. 1 Satz 2 VAG.);
d) Antrag auf Eröffnung des Konkurses (§ 88, § 95 Abs. 1 Satz 2 VAG.);
e) Anordnung der vereinfachten Abwicklung (§ 1, § 5 Abs. 2 NotVO.);
f) Anordnung, daß die Untersagung des Geschäftsbetriebs wie ein Auflösungsbeschluß wirkt (§ 2 Abs. 1 Satz 1, § 5 Abs. 2 NotVO.);

g) Übertragung der Liquidation an einen vom RA. bestellten Liquidator (§ 2 Abs. 1 Satz 2, § 5 Abs. 2 NotVO.);

h) Befreiung von der Verpflichtung aus Terminzusagen (§ 3, § 5 Abs. 2 NotVO.).

§ 6.

Bis zum 31. Dezember 1934 können bei der Entscheidung über eine Berufung sowohl in Versicherungs- wie in Bausparkassensachen richterliche Beamte und Mitglieder eines höchsten Verwaltungsgerichts des Reichs oder eines Landes mitwirken (§ 94 Abs. 2, 3 des Versicherungsaufsichtsgesetzes), die der Reichspräsident für die Zeit bis zum 31. Dezember 1934, aber nicht über die Dauer ihres Hauptamtes hinaus ernennt.

1. Die Vorschrift gilt (im Gegensatze zu den übrigen Vorschriften der NotVO. Kap. V) nicht nur für Bausparkassen, sondern auch für Versicherungsunternehmungen. Sowohl in Versicherungs- als auch in Bausparsachen haben im Laufe der Zeit die Berufungsfälle beim RA. außerordentlich zugenommen. Daher war es erforderlich, die nach § 94 Abs. 2, 3 VAG. bei Berufungsentscheidungen mitwirkenden richterlichen Beamten und Mitglieder eines höchsten Verwaltungsgerichts zu vermehren.

2. Die Vorschrift des § 6 NotVO. enthält gegenüber den Vorschriften des § 94 Abs. 2, 3 VAG. zwei Änderungen:

a) Bei der Entscheidung über eine Berufung können nicht nur Mitglieder eines höchsten Verwaltungsgerichts eines Landes, sondern auch Mitglieder eines höchsten Verwaltungsgerichts des Reichs mitwirken. Beim Inkrafttreten des VAG. bestanden Verwaltungsgerichte des Reichs überhaupt noch nicht. Später wurden auf Grund verschiedener Reichsgesetze Sonderverwaltungsgerichte geschaffen, die gewisse Verwaltungsstreitsachen von Reichs wegen entscheiden. In Art. 107 RV. ist ein allgemeiner Grundsatz über die Errichtung von Verwaltungsgerichten auch des Reichs enthalten. Für die Mitwirkung im Senatsverfahren beim RA. nach § 6 NotVO. kommen zunächst vor allem Mitglieder des Reichswirtschaftsgerichts in Betracht, das jedenfalls hauptsächlich ein Verwaltungsgericht darstellt (VO. vom 21. Mai 1920, RGBl. S. 1167).

b) Bei der Entscheidung über eine Berufung können richterliche Beamte und Mitglieder eines höchsten Verwaltungsgerichts mitwirken, die der Reichspräsident nicht für die Dauer ihres Hauptamts, sondern für eine bestimmte Zeit ernennt. Diese Vorschrift beruht auf Gründen, die mit der Bewilligung des Reichshaushaltsplans zusammenhängen. Für die Vergütung der Beamten, die nach § 94 Abs. 3 VAG. für die Dauer ihres Hauptamts ernannt werden, dürfen keine außerplanmäßigen Mittel verwandt werden. Daher ist in § 6 NotVO. vorgesehen, daß bei der Entscheidung in den Berufungssenaten auch richterliche und verwaltungsrichterliche Beamte mitwirken können, die nur für eine beschränkte Zeit, nämlich bis zum 31. Dezember 1934, aber nicht über die Dauer ihres Hauptamts hinaus ernannt werden. Man rechnet damit, daß diese Vorschrift in absehbarer Zeit wieder aufgehoben werden kann. Es ist nicht zu besorgen, daß durch diese vorübergehende Regelung die Rechtsprechung der Berufungssenate des RA. in ihrer Unabhängigkeit gefährdet wird.

§ 7.

Der Reichswirtschaftsminister kann im Einvernehmen mit dem Reichsarbeitsminister zur Durchführung dieses Kapitels Rechtsverordnungen und allgemeine Verwaltungsvorschriften sowie solche allgemeinen Vorschriften ergänzenden Inhalts erlassen, die er zur Erreichung des Zwecks des Kapitels für erforderlich hält.

1. Über die Befugnis des Reichswirtschaftsministers, im Einvernehmen mit dem Reichsarbeitsminister Rechtsverordnungen und allgemeine Verwaltungsvorschriften zu erlassen, vgl. § 146 Abs. 2 VAG.

2. Nach § 7 NotVO. kann der Reichswirtschaftsminister im Einvernehmen mit dem Reichsarbeitsminister auch allgemeine

Vorschriften ergänzenden Inhalts erlassen. Für diese Vorschriften gilt (ebenso wie für die Rechtsverordnungen und die allgemeinen Verwaltungsvorschriften), daß sie „zur Durchführung dieses Kapitels" bestimmt sein müssen. Als Durchführungsvorschriften dürfen die Vorschriften keine von den Vorschriften der NotVO., zu deren Durchführung sie dienen sollen, abweichenden Rechtsvorschriften enthalten.

§ 8.

Anordnungen nach den §§ 1 bis 3 kann das Reichsaufsichtsamt auch dann treffen, wenn vor Inkrafttreten dieses Kapitels das Reichsaufsichtsamt einer Bausparkasse den Geschäftsbetrieb rechtskräftig untersagt oder die Bausparkasse ihren Geschäftsbetrieb freiwillig eingestellt hat.

1. Anordnungen nach den §§ 1—3 NotVO. kann das RA. auch nachträglich treffen, d. h. auch dann, wenn die Voraussetzungen für die Anordnungen (Untersagung oder freiwillige Einstellung des Geschäftsbetriebs) vor Inkrafttreten der NotVO. eingetreten sind (vgl. § 1 Anm. 1 und 2b).

2. Anordnungen nach den §§ 1—3 NotVO. können aber nicht mehr getroffen werden, wenn auf Grund einer rechtskräftigen Senatsentscheidung des RA. nach § 88 Abs. 1, § 112 Abs. 1 VAG. der Konkurs über das Vermögen einer BSpK. eröffnet worden ist. Anders natürlich, wenn eine Senatsentscheidung, wonach Konkurs zu beantragen war, aufgehoben worden ist (§ 95 Abs. 1 Satz 3 und 4 VAG.).

Otto Walter, Buchdruckerei, Berlin S 14

FSC
www.fsc.org
MIX
Papier | Fördert
gute Waldnutzung
FSC® C083411

Kolibri 360 GmbH
Ferdinand-Jühlke-Straße 7
99095 Erfurt, Deutschland
produktsicherheit@kolibri360.de